循证社会科学研究系列丛书

杨克虎 总主编

国家社科基金重大项目“循证社会科学的理论体系、国际经验与中国路径研究”（项目编号：19ZDA142）的阶段性研究成果

循证教育学研究方法与实践

杨克虎 郭丽萍／著

科学出版社

北京

内 容 简 介

循证教育学是一门由循证医学与教育学交叉发展而来的新兴交叉学科，致力于将最佳证据与教育教学情境、教师的专业智慧和经验结合起来，进行教育研究、教育管理决策和教育教学实践。本书遵循理论与实践相结合、方法与案例相结合的设计框架，由循证教育学研究方法篇和循证教育学研究实践篇组成。内容由浅到深，系统全面，既有循证教育学的基础理论与研究方法介绍，也有循证教育学的研究实践及方法解析。

本书可供循证教育学及相关学科师生阅读与研习。

图书在版编目（CIP）数据

循证教育学研究方法与实践 / 杨克虎，郭丽萍著．—北京：科学出版社，2023.3

（循证社会科学研究系列丛书）

ISBN 978-7-03-074407-4

Ⅰ．①循…　Ⅱ．①杨…　②郭…　Ⅲ．①教育学　Ⅳ．① G40

中国版本图书馆 CIP 数据核字（2022）第 253747 号

责任编辑：刘英红　夏水云 / 责任校对：贾娜娜

责任印制：赵　博 / 封面设计：有道文化

科学出版社出版

北京东黄城根北街 16 号

邮政编码：100717

http://www.sciencep.com

北京市金木堂数码科技有限公司印刷

科学出版社发行　各地新华书店经销

*

2023 年 3 月第　一　版　开本：720 × 1000　1/16

2025 年 5 月第四次印刷　印张：18

字数：363 000

定价：168.00 元

（如有印装质量问题，我社负责调换）

总　　序

循证社会科学（Evidence-based Social Science）是循证医学与社会科学交叉而成的一个新兴学科，主要基于最佳证据、运用循证方法来揭示和阐释社会科学领域的规律性问题。循证社会科学是随着 20 世纪 90 年代兴起的循证实践运动（EBP Movements）的发展而产生的，21 世纪以来逐渐受到关注并在国际上得到较快发展。目前，循证社会科学已成为一个具有一定学术影响力和社会影响力的新的学科交叉研究领域。

循证社会科学的兴起和发展不是偶然的，它反映了科学发展的规律和某种必然的趋势，也蕴含着深层次的驱动因素。具体来看主要有以下四个因素。

一是循证医学发展的科学影响。自 1992 年加拿大学者 Gordon Guyatt 等在《美国医学会杂志》上发表 *Evidence-based medicine: a new approach to teaching the practice of medicine* 一文标志着循证医学正式诞生以来，循证医学"基于问题的研究，遵循证据的决策，关注实践的后果，后效评价、止于至善"的理念和"有证查证用证，无证创证用证"的方法就广受科学界及社会高度认可。借鉴循证医学的理念、方法和技术，在社会科学领域通过最佳证据的生产、传播、转化和应用，进而促进科学决策的循证实践更是被誉为社会科学的第三次"科学化"浪潮。可以说，循证医学给了循证社会科学发展的理论基础和动力。

二是学科交叉融合的发展结果。当前，全球新一轮科技革命和产业变革呈现出信息、生命、材料等众多领域知识汇聚融合的新特点，在此大背景下，人类在解决经济、社会等关系到人类生存和社会发展的重大问题时，越来越多地需要综合运用多学科知识，需要在不同学科间开展广泛的交流与合作。在此过程中，学科之间知识不断相互交叉、融合、渗透，科学研究呈现出从"单一学科"向"交叉学科"的范式转变的趋势，我们已经进入了交叉科学时代。循证医学独特的视角、先进的理念、科学的方法和跨学科、跨地域合作的创新模式对自然科学领域和社会科学领域各学科的发展产生了深远的影响。心理学界自 20 世纪七八十年代开始即制订了相关心理学实践的原则、手册、指南与标准，在学校心理学、咨询心理学、家庭心理学、行为分析甚至各种社会服务或社区服务等领域开展了一场声势浩大、席卷全球的循证实践运动，推动着循证的思想、理念与方法交叉发展并渗透到传统的管理学、教育学、社会学、经济学等社会科学领域，循证社会科学在不断深化的交叉融合下迎来了一次次发展机会。

三是科学研究范式的演变革新。随着大数据时代的到来和数据的爆炸性增长，计算机不仅仅能做模拟仿真，还能进行分析总结和理论阐释，这一时代的变化显而易见的是让与数据模型构建、定量分析方法及利用计算机来分析和解决科学问题的第三科研范式——计算机科学有了丰富和可以计算的数据基础，更为重要的是推动了数据密集范式从第三范式中分离出来，成为一个独特的科学研究范式——第四范式：数据密集型科学研究范式。在数据密集型科学研究范式环境下，科学研究由传统的假设驱动向基于科学数据进行探索的科学方法转变，由大数据组成的科学数据成为科学家们进行科学研究的最佳证据选择，也就是说科学研究范式的演变革新为循证社会科学发展提供了坚定的证据保障及应用驱动。

四是社会重大问题的治理需要。循证的理念、思想和方法已经在西方发达国家的科学决策、政府治理和智库研究中受到重视并推广应用。1999 年，英国布莱尔政府公布了《政府现代化》（*Modernizing Government*）白皮书，提出“本届政府要更好地利用证据和研究的方法来制定政策，更多地专注于能产生长期影响的政策”。2007 年澳大利亚总理陆克文指出“循证决策是改革政府的核心”。2016 年 3 月 18 日，美国第 114 届国会通过了成立“循证决策委员会”的法案[H.R.1831（114th）：*Evidence-based Policymaking Commission Act of 2016*]，以确保联邦政府在制定每年为社会服务提供 1.6 万亿美金的资助政策和干预措施时是基于证据的，同时评估联邦计划和税收支出的有效性。由此可见，循证社会科学已在社会治理、政府建设等领域得到一定的应用，循证社会科学的价值在实践层面得到了挖掘和彰显。

在我国，循证社会科学研究与实践尚处于萌芽阶段，虽然教育学、法学、社会工作、管理学等社会科学领域的从业者、决策者和研究者们逐渐意识到循证科学决策的重要性和紧迫感，但相关研究证据较少，涉及领域比较局限，而且也没有支持循证社会科学研究与实践的平台。此外，人们对大数据时代获取、生产、评价、转化利用社会科学领域证据的方法知之甚少。所以，开展循证社会科学的理论与实践研究，探索和厘清循证社会科学的理论、证据、应用、平台等问题，对填补当前我国循证社会科学发展的诸多空白，推动循证的理念、方法和技术惠及更多的社会科学研究及实践，显而易见具有重要的学理意义和实践意义。部分学者及国家相关机构也已经意识到了发展循证社会科学的价值所在，并开展了相应的自觉行动。2019 年 5 月 30 日，国家科技部组织召开的香山科学会议——“循证科学的形成发展与学科交融”（第 S49 次学术讨论会），就是国家在循证科学研究领域的战略布局和发展引领的标志。

兰州大学是教育部直属的全国重点综合性大学，是国家“985 工程”“211 工程”“双一流”重点建设高校之一。成立于 2005 年的兰州大学循证医学中心一直重视将循证的理念和方法推广运用到社会科学的研究和实践领域，以推动循证社会科学研究的发展。中心邀请了国际循证社会科学权威学术组织 Campbell 协作网时任主席 Haluk Soydan 教授、美国南加利福尼亚大学社会工作学院 Iris Chi 教授等国际一流循证社会科学专家到兰州大学进行学术交流和开展培训工作。2010 年 1 月，派出博士研究生拜争刚赴美国南加利福尼亚大学师从 Haluk Soydan 教授学习；2010 年 12 月，开始与加拿大麦克马斯特大学合作推出“卫生系统证据”数据库中文版，并联合培养循证卫生决策管理方向的研究生；2014 年，与南加利福尼亚大学社会工作学院签署合作备忘录，共同开发“中国儿童与老年健康证据转化数据库”，组织团队对 Campbell 协作网及 Campbell 系统评价进行学习研究；2016 年，在兰州大学的立项支持下组建了由法学、管理学、经济学、教育学、心理学、哲学、社会工作、公共卫生、医学等学科研究人员组成的循证社会科学研究团队，开展循证方法学的培训和学术研究；2017 年，派出博士研究生王小琴赴加拿大渥太华大学师从 Campbell 协作网主席 Jeremy Grimshaw 教授研修学习，12 月，兰州大学正式成立“循证社会科学研究中心”，并将“循证社会科学研究平台建设”作为“双一流”建设项目给予优先支持。

扬帆起航的兰州大学循证社会科学研究中心以“原创导向、交叉融合、开放合作、超前发展”为指导原则，充分发挥兰州大学循证医学学科的人才优势和方法学优势，整合国内外及学校相关人文社会科学的优质资源，瞄准循证社会科学研究的前沿及空白点进行探索研究及应用。2018 年，编著出版国内第一本“循证社会科学”教材《循证社会科学研究方法：系统评价与 Meta 分析》。2018 年至 2022 年，前后举办 10 期“循证社会科学研究方法”培训班，来自全国 20 余个省（自治区、直辖市）的近百所高校、科研机构的千余名学员参加培训，“循证社会科学研究方法”作为“研究生学科前沿交叉课程”得到兰州大学立项支持；每年主办“循证科学与知识转化”论坛，邀请国际循证医学创始人、加拿大皇家科学院院士、加拿大麦克马斯特大学 Gordon Guyatt 教授，全球证据委员会共同主席、加拿大麦克马斯特大学 John N. Lavis 教授，Campbell 协作网前执行总裁 White Howard 教授，Campbell 图书馆（Campbell Library）总主编 Vivian A. Welch 教授等国际循证社会科学权威学者来兰州大学讲学，分别与 Campbell 协作网、美国哈佛大学、美国南加利福尼亚大学、英国贝尔法斯特女王大学、加拿大循证卫生决策研究中心、加拿大麦克马斯特大学、加拿大渥太华大学、瑞士日内瓦大学签署了合作协议，就循证社会科学的人才培养、科学研究、学术交流、国际合作等方面开展了实质性合作。2018 年，兰州大学循证社会科学研究中心入选中国智库索引（Chinese Think Tank Index, CTTI）。2019 年 12 月，中心申请到全国第一个“循证社会科学”国家社会科学基金重大项目“循证社会科学的理论体系、国际经验与中国路径研究”（项目编号：19ZDA142），并率先开始在全国招收循证社会学方向的博士研究生。2021 年，“循证社会科学的课程体系及教材建设实践”获教育部首批新文科研究与改革实践项目立项支持，循证科学被兰州大学列入“十四五”规划交叉学科重点建设名单，获批国家留学基金管理委员会“循证社会科学创新人才联合培养项目”；2022 年，再次获批国家留学基金管理委员会“全球卫生青年创新人才联合培养项目”，两年间连续派出 11 位青年教师和研究生赴哈佛大学、麦克马斯特大学、贝尔法斯特女王大学、日内瓦大学、鲁汶大学等国际知名大学师从权威专家进行交流访学或接受联合培养。同年，“循证科学”交叉学科博士学位授权点正式获批；“循证社会科学交叉创新实验室”作为兰州大学哲学社会科学实验室（首批）获立项支持，Campbell 协作网前执行总裁 White Howard 教授被兰州大学聘任为循证社会科学交叉创新实验室外籍教授；与全球证据委员会合作，翻译并发布了《全球证据委员会报告》（中文版）；循证社会科学研究中心被列为兰州大学新型智库建设试点单位，并入选“CTTI2022 年度高校智库百强榜”；6 门课程与 6 本教材获兰州大学立项建设，系列课程与系列教材渐成体系。

在已有的发展和研究基础上，兰州大学循证社会科学研究中心将目光瞄准到更为广阔的理论和实践领域拓展上，组织相关专家完成“循证社会科学研究系列丛书”以适应和回应循证社会科学研究和实践发展的需要。丛书包括杨克虎等的《循证社会科学研究方法：系统评价与 Meta 分析》，胡晓玲、柳春艳的《循证教育学概论》，魏丽莉、斯丽娟的《循证经济学》，李秀霞的《循证卫生决策研究方法与实践》，刘光华的《法循证学理论与实践》，王学军的《循证治理》，郭丽萍的《循证教育学研究方法与实践》，徐争的《循证艺术疗法理论与实践》，刘勐、袁陇珍的《循证图书馆信息实践》，以及《中国循证社会科学发展年报》等 10 余部著作、刊物。期待“循证社会科学研究系列丛书”的出版能为确立循证社会科学的理论体系，探索循证社会科学发展的中国路径，促进中国循证社会科学的发展，奠定我国在国际循证社会科学研究领域的学术地位发挥相应的作用。

本丛书的出版，得到了全国哲学社会科学规划办公室、国家自然科学基金委员会、甘肃省科技厅、甘肃省哲学社会科学规划办公室，以及兰州大学学科建设与发展规划处、社会科学处、科学技术发展研究院和中央高校基本科研基金的支持和资助，得到了许多领导和专家的关注和大力支持。在此表示由衷感谢！

杨克虎

2023 年 2 月

前　言

党的二十大全面开启了以中国式现代化全面推进中华民族伟大复兴的新征程，并在报告中明确指出“教育、科技、人才是全面建设社会主义现代化国家的基础性、战略性支撑”，深刻阐释了新时代实施科教兴国战略、强化现代化建设人才支撑的总体要求和重点任务，明确了加快建设教育强国、科技强国、人才强国的出发点，为教育领域的现代化建设提供了科学范式和基本遵循。因此，如何以教育强国建设实践为中国式现代化提供注解与支撑成为一项基础性、战略性课题，迫切需要教育界乃至整个科学界以知识自主为目标，以科教创新为牵引，以重大问题为导向，优化教育学学科专业体系，创新教育学的理念、理论与方法，以教育现代化服务于中国式现代化建设。

教育是人类发展的重要基础，是社会发展的动力源和坐标尺。然而，教育学一直备受学界的质疑，一个明显的原因是教育学的学理研究弱，未能做出一门成熟学科所做出的值得称道的贡献。如何实现教育学学科的成熟与发展，既需要教育学学科共同体锲而不舍的学科建设努力，也需要孜孜以求的研究方法的创新与探索，并在当前教育强国背景下赋予其新的内涵及价值。

学界至今仍然有教育学究竟是一个“领域”还是一门“学科”的思辨，但毫无疑问，趋于成熟的教育学学科范式已充分支撑教育学成为一门独立学科而存在。同时，正如社会学奠基人之一的埃米尔·涂尔干（Émile Durkheim）所言，一门学科如欲发展成为一门合乎科学的学科，必须有确定的研究主题和对象，以及科学的研究方法。发展至今，教育学不仅有着明晰的研究主题和对象，也有着科学的研究方法，且随着时代的变化而趋于丰富，为教育学研究中发现新现象、新事物，提出新理论、新观点，揭示事物内在规律提供了所需的工具和手段。

当然，作为一门研究社会问题的学科，教育学本身就不能脱离其他学科而存在。一方面，教育学学科发展随着整个科学的发展而呈现从分化走向聚合的发展态势，特别是从 20 世纪到 21 世纪，科学界分化了的知识又开始重新聚合，以一种融合的态势来解决现实生活中的实际问题，从学科交叉研究走向交叉学科成为科学发展之大势，教育学就发展出了教育哲学、教育经济学、教育管理学、教育统计学、教育社会学、教育生态学、教育文化学等一系列与其他学科相结合的交叉学科。另一方面，则是教育学研究方法随着整个科学的发展而呈现出变革周期越短、方法越丰富的发展态势，可以看到从公元前5世纪至公元6世纪末的观察法和经验总结法，到17世纪至19世纪的实验法，再到19世纪末至20世纪60年代的实证方法和测量法，各种研究方法的铺开和混合使用，教育学研究方法经过了四个发展阶段，多学科、跨学科研究方法在教育学领域得到了长足应用。

在教育学学科交叉发展的变化和研究方法的变革中，循证教育学作为一门由循证医学和教育学交叉发展而来的交叉学科近年来受到了学界的特别关注并获得了快速发展。循证研究方法也在教育学领域得到了学者推崇和传播应用。特别在新文科建设鼓励和支持高校开展交叉学科建设、开设交叉课程的背景下，循证教育学发展迎来了难得的时代机遇，如兰州大学循证社会科学研究中心在新文科建设的东风下开设了“循证教育学概论”等课程，循证教育学也因此在必然的学理逻辑和时代的政策等多重演绎推动下呈现出了良好的发展态势。

循证教育学的发展可追溯到20世纪90年代循证医学的产生。当时，西方国家医疗卫生的投入持续加大，但国民的健康状况并未得到很大改善，政府官员与民众都将矛头指向医生，认为医生的不作为导致了医疗资源的巨大浪费。一方面，医生准入门槛较高、相对具有封闭性的专业知识体系，使他们拥有超越患者及监管机构的权力。他们可能通过提供不必要的服务，从患者或保险公司那里获得更多的利润。另一方面，医生可能因为疏懒或知识陈旧，未采用当前最好的治疗方式进行治疗，使患者不但未能充分获益，而且损失财产，甚至付出生命的代价，同时，导致国家有限医疗资源的巨大浪费。为了提高医疗效率、减少医疗成本，循证医学应运而生。循证医学（Evidence-based Medicine）就是严谨、清晰、明智地运用当前最佳的证据，结合医生的临床经验和技能，充分考虑患者的意愿和价值观进行医疗决策的过程，是为临床医生的临床实践提供科学决策的一种方法与手段，代表着21世纪临床医学的主流方向，美国《华盛顿邮报》将循证医学誉为医学史上又一杰出成就。循证医学将医生的临床经验与技能、研究者的最佳证据与患者的意愿和价值观有机结合起来，使研究者、医生和患者三个方面都得到了相应的考虑：①研究者关注实践问题，提供解决问题的研究证据；②医生从诊断、治疗、评估到预后均要遵循、参考相应的治疗指南或研究证据；③患者的价值观、主观意愿得到重视，可以基于证据参与治疗决策，选择自己喜欢的治疗方案，主动地参与到治疗的过程中。循证医学诞生后，得到了官方、民众的双重认可，迅速发展成为一场席卷整个社会实践领域的循证实践运动，且至今方兴未艾。

循证的理念和循证实践运动也很快影响到了整个社会科学及教育学领域，循证社会科学的概念及循证教育学等分支学科逐渐被学界所提出。1996年，剑桥大学教授戴维·哈格里夫斯（David Hargreaves）发布了题为“教学作为一个以研究为基础的职业：可能性和前景”的系统研究报告。他发现教师与医生进行实践决策时有相当程度的一致性，医生在制定医疗方案时会严格依照循证医学的理念依证实践，而教育教学决策的制定却更多地根据经验而定。他提议将循证医学的研究方法应用到教育领域，运用循证的方法为教育教学研究提供更加科学有力的证据支持，即循证教育（Evidence-based Education）。尽管此次提议在教育实践中并没有引起太大的反响，但在 2001 年 12 月 18 日的“改善美国学校”会议上，美国教育研究与改进办公室的助理秘书怀特赫斯特（Grover J. Whitehurst）就教育预算外支出做了一个重要的主题演讲。他指出，虽然在社会科学研究的其他领域使用随机化田野试验的文章总数稳步增长，但教育研究领域内的数量一直较少，教育领域更多地依赖于专业智慧，而不是基于科学或循证的研究。他提出了循证在教育教学中的重要作用，即教师教学时要将专业智慧与最好的可用经验证据结合起来。为此，教育部将提供工具、信息、研究和培训，以资助预算外支出的循证教育发展。

循证教育的发展不仅得到了学界的关注，也吸引了政府部门乃至美国总统的关注。2002 年 1 月 8 日，美国总统布什签署了《不让一个孩子落伍》（*No Child Left Behind Act*, NCLB Act）法案，针对学前儿童的阅读制定了“早期阅读优先计划”（Early Reading First）。在此过程中，布什总统一直强调循证教育，多次提到教育要基于科学的研究证据。2002 年 11 月 5 日，布什总统签署了《2002 年教育科学改革法案》，建立了美国教育科学研究所（Institute of Education Sciences，IES），其使命就是开展循证教育研究，提供教育相关的科学证据，为教育实践和政策提供依据。教育工作者、家长、决策者、研究人员和公众也可以获取和分享这些信息。其中，有效教学策略网主要负责对现有的教育相关的项目、产品、实践和政策研究进行系统评价，为教育者提供需要的信息，以便他们做出基于证据的决策和实践，即用高质量研究的结果来回答“什么在教育中起作用”。评估部门主要负责对获得联邦政府资助的教育项目进行评估。这些评估为联邦教育投资提供有价值的信息，可以用来确定哪些投资是有效的，并根据证据指导项目的改进。至此，循证教育学在国际上已经获得了相当的认知度，循证教育的理念和方法得到了进一步的推广和应用。

近年来，循证社会科学及循证教育学等分支学科不仅在国际上发展迅速，而且在国内也得到了长足发展。兰州大学循证研究团队早在 2008 年就关注到了循证社会科学，并为此开展了包括循证教育学在内等多个分支学科的理论研究及实践探索。2017 年成立了我国第一个循证社会科学研究机构——兰州大学循证社会科学研究中心，组建了由医学、公共卫生、管理学、经济学、教育学、法学、社会学等多学科研究人员构成的研究团队，全面开展循证社会科学研究，取得了一批高显示度成果。《循证教育学研究方法与实践》作为兰州大学循证社会科学研究中心循证教育学研究和实践探索的阶段性成果展示，全书分为循证教育学研究方法篇和循证教育学研究实践篇。方法篇有 7 章内容，主要系统介绍了循证教育学的起源与发展、系统评价方法概述、系统评价的制作流程、系统评价的质量评价与报告规范、常用的文献管理软件和统计软件等内容；实践篇有 3 章内容，主要聚焦当前教育学领域的热点问题，分别对方法篇涉及的各种循证教育研究方法进行案例解析，以期为循证教育决策研究方法实践提供进一步参考和借鉴。全书既有方法学介绍，亦有案例解读，力图使本书既可供初学者了解、掌握和灵活运用循证教育决策研究方法，也可作为教育研究者、教育工作者及教育专业本科生和研究生的教学用书或循证教育决策研究方法培训参考书，同时也可作为研究者和决策者进行循证教育决策研究与实践的工具书。

本书是国家社会科学基金重大项目“循证社会科学的理论体系、国际经验与中国路径研究”（项目编号：19ZDA142）的阶段性研究成果之一，得到了兰州大学教材建设基金资助，在此表示由衷感谢！在写作过程中参考和借鉴了大量国内外相关研究成果，谨向各位作者表示诚挚谢意！囿于我们对循证教育学研究认知的局限性，以及方法学的不断发展，本书仍有不足和疏漏之处，敬请各位同人及广大读者对书中的观点和内容给予批评指正。

郭丽萍　杨克虎

2023 年 3 月于兰州

目　录

上篇　循证教育学研究方法

下篇　循证教育学研究实践

上篇　循证教育学研究方法

第一章　循证教育学的基本认识

第一节　循证教育学的起源

一、从医学“科学化”到循证医学

物理学、化学等从哲学的母体中分离后，成功地朝着科学化的方向发展。医学领域研究者也效仿成熟的自然科学开始进行医学“科学化”，他们在基础研究领域进行实证研究，以观察、调查、测量、实验等实证方法来检验自己的理论。据宋代《本草图经》记载，早在 1061 年，我国古人就开展了朴素的对照试验以鉴别人参的作用；1753 年，苏格兰海军外科医生詹姆斯·林德（James Lind）首次采用对照临床试验进行了柠檬或橙子治疗坏血病症状的研究。自此，医学逐渐从经验观察、理论思辨的方式，转变为以使用病例对照研究、队列研究、随机对照试验（randomized controlled trial，RCT）、回归分析、判别分析等实验方法为主的研究方式。然而，1972 年，英国的内科医师阿奇·科克伦（Archie Cochrane）出版的《疗效和效益：健康服务中的随机反应》（*Effectiveness and Efficiency: Random Reflections on Health Services*）一书指出，先前被认为是有效的实践大多缺乏对照试验来支持其有效性。次年，约翰·温伯格（John Wennberg）发现即使针对同一种疾病的治疗，医生的执业方式也存在巨大差异。同期，戴维·埃迪（David Eddy）也发现了临床决策中的错误和证据的空白。

20 世纪 70 ～ 90 年代，西方国家医疗卫生的投入持续加大，但国民的健康状况并未得到很大改善。政府官员与民众将矛头指向医生，认为医生的不作为导致了医疗资源的巨大浪费。一方面，医生准入门槛较高的、相对具有封闭性的专业知识体系，使他们拥有超越患者及监管机构的权力。他们可能通过提供不必要的服务，从患者或保险公司那里获得更多的利润。另一方面，医生可能因为疏懒或知识陈旧，而未采用当前最好的治疗方式进行治疗，使患者与国家遭受损失。[1] 为了加强对医生临床决策的监管，1983 年美国健康维护组织（Health Maintenance Organization，HMO）推出了按病种付费系统（Diagnosis-related Group，DRG）。该系统根据国际疾病分类诊断（International Classification of Diseases，ICD）程序，以及患者的年龄、性别、出院状态及并发症的评估进行分组，并以此来确定医疗保险向医院支付的费用。DRG 严格地监管医疗进程，要求治疗组尽量使用现有的、最佳的治疗方式，保证以尽可能低的成本治疗疾病。

1990 年 3 月，戴维·埃迪在《实践政策出自何处》（*Practice polices: where do they come from*）一文中首次提出“循证”一词，并指出“医疗决策要以证据为基础，且要对相关证据进行甄别、描述和分析”。同年，Gordon Guyatt 在戴维·萨基特（David Sackett）的指导下，将经过严格评价后的文献知识用于帮助住院医生做出临床决策，产生了有别于传统临床决策模式的新模式，即“循证医学”。循证医学认为：第一，要降低医疗费用，就要促使医生放弃提供不必要的医疗服务，转而采取最佳的治疗方案；第二，要保证医生采取最佳的治疗方案，就必须要求医生严格遵循现有的“最佳的科学研究证据”进行治疗；第三，要判定科学研究证据是否为“最佳”，就必须将所有的证据，按其方法的严谨程度及结局的好坏程度来进行分级。一般说来，在有证据表明结局相同的情况下，采取的研究方法越严谨，其证据的级别就越高。在当前所有证据中，级别最高的证据就是“最佳”证据，医生就应该采取这种证据所支持的治疗方案进行治疗。因此，循证医学实际上就是要求医生遵循当前最高级别的研究证据进行治疗，以保证患者获得最佳的治疗效果，从而减少医疗费用与资源浪费。循证医学为医生的临床决策提供了一种良好的治疗理论与可操作的实践框架：研究者提供证据；具有良好临床技能的医生运用证据；患者也可以基于证据参与治疗决策，选择自己喜欢的治疗方案，主动地参与到治疗的过程中。循证医学将医学的基础研究与临床研究分离开来，根据严格的临床研究证据建立治疗指南或医学数据库，要求医生遵循最佳的证据进行治疗。这既保证了医学理论研究的权威，也保证了实践的效果，为理论与实践的关联提供了具体的、可操作的实践框架。[2-4]

二、从教育学“科学化”到循证教育学

19 世纪后期至 20 世纪初期，是欧美社会发生重要转型的时期。随着社会工业化和城市化进程的加快，欧美国家和地区的政治疆界发生了较大变化，经济生产规模不断扩大，加速了人口的流动。在教育领域，知识的快速增长打破了学校对知识的垄断地位，学校已不再是唯一获取知识的地方，同时学校教育改革成为教育改革的中心。同时，教育的发展，特别是初等教育和中等教育的快速发展，引发了教育管理者和研究者对教育问题的关注。欧美学者也对科学的作用、科学研究与教育研究的关系等问题进行了重新的思考和认识。例如，美国教育心理学家爱德华·李·桑代克（Edward Lee Thorndike）在谈到科学与教育科学的关系时指出：“教育科学，当它在发展的时候，就像其他科学那样，有赖于对教育机构的影响做直接观察和实验，并且有赖于定量的精确性研究和描述的方法。”[5]

美国教育家约翰·杜威（John Dewey）认为，科学研究的方法就是试验的方法，就是将人的行为与人的思考和自然界的事实联系起来，通过解决问题来获得新的知识。科学研究的特点是无论是对新的观点还是对旧的观点，都不是一概推翻，也不认为是最后的真理，只是以试验的态度研究其存在的理由，它可以使研究充满试验气氛，打破垄断和教条的东西。杜威的“问题解决五步法”就是其教育研究理念的具体运用。它包括：设置一个真实的经验的情境，在情境中产生一个真实的问题，收集知识资料应对这个问题，提出解决问题的方法和假设，通过应用检验假设。这一时期，许多欧美学者都坚信，科学是社会进步的唯一可靠的基础，教育研究的发展需要依靠科学，依据事实。同时，科学也需要并能够为教育与社会进步服务。[6]

1879 年，威廉·冯特（Wilhelm Wundt）在德国莱比锡大学创建的心理学实验室，将心理学从哲学中分离出来，成为一门新兴的“心理科学”。受冯特的影响，教育研究者在定性、思辨方法的基础上，逐渐引入调查法、量表法甚至是实验法等量化研究方法，形成了所谓的“实证教育学”或“实验教育学”，并创建了教育实验室或者心理实验室、实验学校及教育研究学会，这些机构的建立促进了教育研究的“科学化”转变。随后，一些教育研究者在已有认识和建立实验机构的基础上，对教育的一些基本问题和基本理论进行实验研究和验证。例如，美国教育心理学家桑代克非常强调教育测量，被称为“测量运动之父”，他试图对与教育相关的事物都进行精确的数字测量，包括智力、行为变化甚至教育目的。法国心理学家阿尔弗雷德·比奈（Alfred Binet）重视对儿童的智力测验。经过多年研究，他和西奥多·西蒙（Theodore Simon）提出了运用智力量表进行测验的设想，试图判别正常儿童和智力缺陷儿童的智力状况。这些研究都对当时的儿童研究和学校教育教学工作产生了较大影响，同时也推动了欧美教育科学化运动的发展。

1996 年，剑桥大学教授戴维·哈格里夫斯在教育培训机构年度讲座中进行了“教学作为一个以研究为基础的职业：可能性和前景”的演讲。他提到，尽管英国政府每年在教育研究上投入 5 000 万至 6 000 万英镑，但其研究对实践的改善几乎没有影响，教师也没有从中获得任何益处，教学仍然还不是一种基于研究的工作。同时，他也指出了教师主要从哪几个方面为自己辩护：传统（一直以来的做法）、偏见（我喜欢这样做）、教条（这是做这件事的“正确”方法）和意识形态（按照当前正统的要求）。[7] 不难发现，这些理由与医生曾经为自己辩护的理由相似。除此之外，哈格里夫斯还发现教师与医生的决策有很多相同之处。一方面教师和医生的决策对象都是人，另一方面教育学如医学一样出现了严重的理论与实践分裂的问题。然而不同的是，循证医学兴起后，很多医生在决策时会遵循严格的科学证据，而教师仍然更多依赖于个人经验。[8] 因此，受循证医学的启示，他提出了循证教育学的概念，认为教育学也应该像医学一样，让实践严格地遵循研究证据。此后，这种理念影响了整个教育领域，得到了西方学界和官方的广泛认可。

第二节 循证教育学的内涵

一、循证教育学的概念

循证教育学（Evidence-based Education，EBE）是一种实践原则，即教育实践应基于现有的最佳科学证据，而不是传统观念、个人判断或其他影响。自 1996 年剑桥大学戴维·哈格里夫斯教授在教育培训机构年度讲座上首次提出循证教育学的雏形后，国内外学者对循证教育学的概念和内涵进行了不断探索和凝练，其中美国教育研究与改进办公室的助理秘书怀特赫斯特的定义最为经典。[8, 9]

2001 年，怀特赫斯特从两个层面界定了循证教育学的内涵。他认为，循证教育学是在教学过程中，将最有效的实验证据与专业智慧高效整合的一种决策。[10] 他将循证教育学划分为两个模块四个核心（图 1.1），即专业智慧（个人经验、共识）和实验证据（基于科学的研究成果、实验数据）。

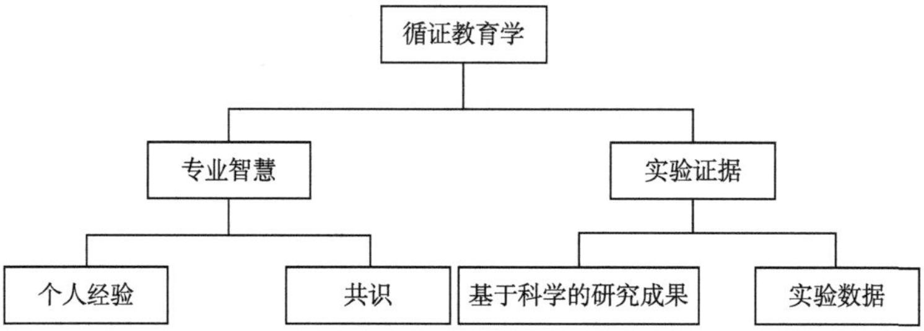

图1.1 循证教育学与专业智慧和实验证据的关系示意图

“专业智慧”指个人通过经验获得的判断，增加的专业智慧体现在许多方面，包括有效地识别证据并结合当地情况进行指导。“实验证据”是指以心理学、社会学、经济学和神经科学等领域的科学为基础的证据，特别是来自教育背景下的研究成果。与绩效相关的实验数据主要用于比较、评估和监控进展[10]，而基于科学的研究成果是指运用严谨、系统和客观的方法来获得与教育活动及教育政策相关的可靠和有效的知识的研究，在使用前必须评估其质量和相关性。[11]

（一）证据的质量

证据的质量指实验设计、分析和逻辑推理过程在多大程度上支持所得的结论。如美国教育部将原始研究的证据分为六个等级：Ⅰ级（随机实验）；Ⅱ级（准实验研究，包括前测与后测试验）；Ⅲ级（有统计控制的相关研究）；Ⅳ级（无统计控制的相关研究）；Ⅴ级（个案研究）；Ⅵ级（传言或轶事）。随机实验被认为是原始研究中的黄金标准，因为其可以：①探究教育干预对结果的影响；②探究教育干预水平不同的两个或两个以上的条件；③实验条件随机分配；④比较测试结果的差异。随机化是至关重要的，因为它可以确保被比较的被试在不同条件下具有相同的特征。机会法则意味着聪明、有动机、有经验等的被试处于条件 1 和条件 2 的概率相同，在没有随机化的情况下，两种情况之间的差异可能是参与者先前存在的差异和微妙的选择偏倚造成的。

随着循证实践的发展，系统评价和 Meta 分析以其透明、可重复和可更新，并解决特定问题的特点，位居证据质量金字塔的顶端（图 1.2）。[12] 系统评价过程包括：①使用正确的方法进行文献检索；②全面系统地收集所有相关研究；③制定严格的纳入排除标准进行研究筛选；④严格评估纳入研究的偏倚风险；⑤认真细致的资料提取；⑥对纳入研究的资料进行定量或定性分析，获得纳入研究的合并效应量或定性结果证据；⑦综合评估所获证据的质量，在此基础上形成偏倚最小、可靠性最大的结论。系统评价的每一步骤都需要详细、透明地报告，从而为管理决策和实践应用提供科学可靠的证据。

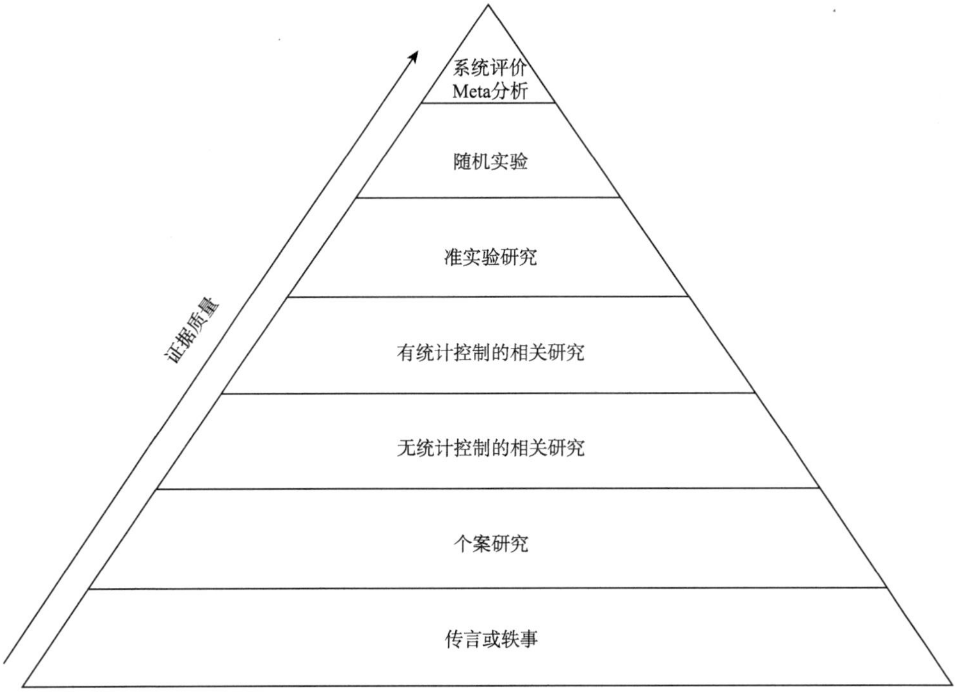

图1.2　循证教育学证据质量等级金字塔

（二）证据的相关性

证据的相关性指整个研究的变量和环境在多大程度上与当前被应用的环境相似。主要包含以下两个基本问题。

（1）这项研究涉及的干预和结果与我们感兴趣的干预和结果相似吗？

（2）这项研究的被试和环境对我们感兴趣的被试和环境是否具有代表性？

此外，证据不能做出决定，在进行方案决策时，应该对那些“包含无条件的结论、涉及假设的结论、与证据结果不同的结论、强烈的行动呼吁、意见与证据的混合及由低声望出版机构或带有意识形态的出版机构发表”的教育研究文献以怀疑和谨慎的态度进行评价，考虑实现目标的其他方式，考虑后果和当地情况，并在做出代价高昂的决策前咨询了解证据的专家。

二、循证教育学的实践步骤

循证教育学的实践所针对的是教学中的问题，是教师如何利用自己的专业智慧和最佳的研究证据来进行有效的教学。教育学领域研究者参照循证医学实践的过程，形成了循证教育实践相对固定、成熟的实施步骤（简称“5A”，图 1.3）。[8，13，14]

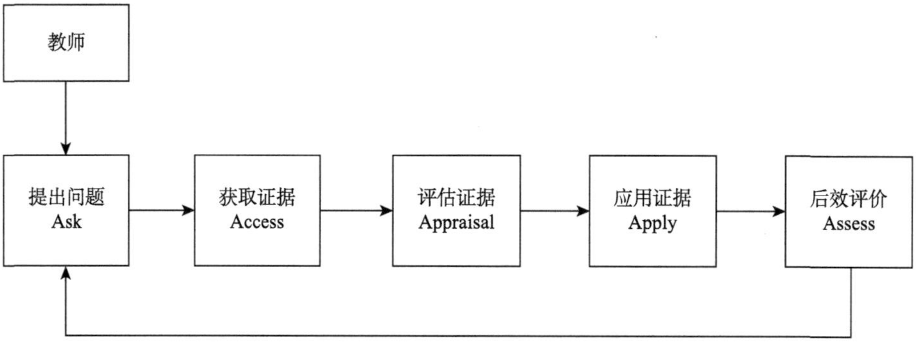

图1.3　循证教育实践“5A”模型

（1）提出问题（Ask）。将不确定性转化为可回答的问题，包括批判性提问、研究设计和证据水平，并将此问题具体化，以适合检索的方式呈现出来。

（2）获取证据（Access）。选择恰当的数据库，并在图书和情报专业人员的指导下制定详细的检索策略，系统检索现有的最佳证据。证据的检索过程如图 1.4 所示，首先查看是否已经有解决该问题的政策清单 / 指南。如果没有，则登录相关数据库，检索可以回答上述问题的所有证据；如果还是不能解决问题，就进入下一层寻找相关问题的系统评价；直到上述各层都不能解决问题时，我们才会选择检索原始研究和数据。[15]

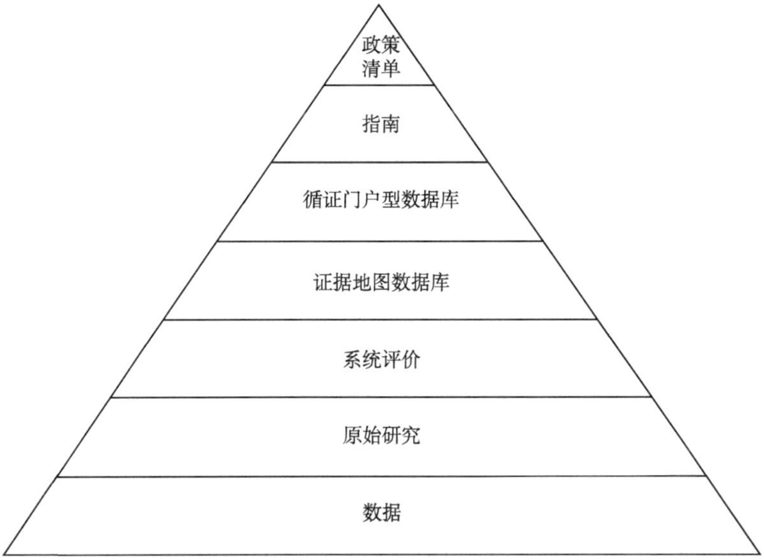

图1.4　证据体系结构金字塔

（3）评估证据（Appraisal）。如前所述，并不是所有的证据都是真实可靠的，在使用证据进行决策前，需要制定明确的标准，对所获证据进行准确性和相关性评价，找出最佳证据。

（4）应用证据（Apply）。实施最佳证据所提供的教育干预。

（5）后效评价（Assess）。对实施最佳证据所提供的教育干预的教学效果进行评价。若成功可用于指导进一步实践；反之，应分析具体原因，找出问题，再针对新的问题进行循证研究和实践，以不断去伪存真，止于至善。

第三节　循证教育学的发展

一、美国的循证教育学发展

2000 年，循证教育实践首次出现在美国联邦立法的《卓越阅读法案》（*Reading Excellence Act*）中。卓越阅读计划是一项具有竞争力的酌情拨款计划，该计划向各州提供资助以改善幼儿园至小学三年级的阅读教学效果。接受该资助的州将其资金用于低绩效、高贫困的学区。该计划旨在为儿童提供入学后学习阅读所需的技能和支持，教授每个孩子三年级之前应学习的阅读内容，并使用基于研究的方法来改进教师和其他教学人员的教学实践。[16]

2002 年 1 月 8 日，美国总统布什签署了《不让一个孩子落后法案》，要求所有接受联邦资助的公立学校每年对所有学生进行一次全国性的标准化考试。因1965年《中小学教育法案》（*Elementary and Secondary Education Act*，ESEA；向当地教育机构提供经济援助以提高低收入家庭孩子教育水平的法案）获得美国联邦 Title I 项目资助（Federal Title I Program）的学校必须在考试成绩上取得足够的年度进步。例如，五年级学生在标准化考试中的表现必须比前一年五年级学生更好。如果学校学生的成绩一直不是很好，那么联邦政府就会采取措施进行改进，包括关闭学校、将学校转变为特许学校、聘请私人公司经营学校，或要求州教育办公室直接经营学校。《不让一个孩子落后法案》主要有以下四大优点。

问责制。根据立法，学校必须通过年度测试来判断学生在财政年度的进步，这是确定学校是否达到要求标准的主要手段。如果不进行必要的改进，学校将面临资金减少和其他惩罚。这一目标帮助教师和学校认识到教育系统的必要性和重要性，以及其如何影响国家。

学校选择。如果学校连续两年或更长时间未能达到设定的目标，学校必须为符合条件的儿童提供转学到当地表现更好的学校、接受免费辅导或参加课后计划的机会。

循证实践。学校依靠基于科学的研究来制定课程和教学方法。该法案将其定义为“涉及应用严格、系统和客观的程序以获得与教育活动和计划相关的可靠和有效知识的研究”。以科学为基础的研究结果来自使用适当方法产生有说服力的实证结论的研究中的“可复制和适用的发现”；为了帮助家长和教育者理解“科学研究”的含义，2003年美国教育部发布了指导意见，强调“做有用的事”（Doing what works），即科学研究和循证教育。[17]

教师的质量。现有教师（包括那些有终身教职的教师）应该达到各州为新教师设定的“高、客观、统一的州评估标准”（High Objective Uniform State Standards of Evaluation），即 HOUSSE 标准。

此法案是对1965年颁布的《中小学教育法案》进行的最彻底的改革，重新定义了联邦政府在 K-12 教育中的角色。

2015年，美国的《不让一个孩子落后法案》被《每个学生成功法案》（*Each Student Success Act*，ESSA）取代。《每个学生成功法案》将“基于科学的研究”替换为“循证干预”，即任何“在提高学生成绩或其他相关成果方面显示出统计学显著效果的活动、策略或干预”。ESSA 有四个证据层，学校和政策制定者可以选择想要的证据层进行实践，这给了地方领导者和教育工作者更大的自主权。ESSA 四个证据层具体如下。

第一层：强有力的证据（strong evidence）。为了得到强有力的证据支持，必须至少有一个设计良好、实施良好的干预实验研究（如随机对照试验）。

第二层：中等强度的证据（moderate evidence）。由一个或多个精心设计和实施的准实验研究支持。

第三层：有希望的证据（promising evidence）。由一个或多个精心设计和实施的相关性研究（对选择偏倚进行统计控制）支持。

第四层：基本原理的论证（demonstrates a rationale）。有明确定义的逻辑模型或行动理论的实践，且有相关研究支持，并由州教育机构、地方教育机构或外部研究组织确定其有效性。

二、英国的循证教育学发展

随着循证医学的发展，循证理念逐渐渗透到社会科学领域。1999 年英国政府发布的《政府现代化》白皮书明确表示，将“证据”纳入政府决策的理念。同年，英国政府发布的《21 世纪的专业政策制定》（*Professional Policy Making for the Twenty First Century*）报告明确提出了采用循证决策的理念，以提高政策制定水平。该报告指出，政府现代化的一个主要驱动力是公共服务供给和以证据为基础的政策制定，并将“使用证据”看作是提高政府有效性的一个重要途径。2011 年萨顿信托基金会（Sutton Trust）在英国成立了伦敦教育捐赠基金会（Education Endowment Foundation of London），作为政府指定的英国教育优质证据研究中心——有效教学策略网的牵头慈善机构。

2012 年，英国教育部推出了一项以证据为基础的“语音阅读检查”项目，以帮助小学生提高阅读能力。随后，2013 年英国的循证教育在本·戈德契（Ben Goldacre）博士的简报的推动下得到了进一步发展。他提倡系统性变革和用更多的随机对照试验来评估教育干预的效果，这不是要告诉教师该做什么，而是要授权教师就可行的方法做出独立、明智的决定。[18]

2014 年，英国国家教育研究基金会（National Foundation for Educational Research）发表了一份题为《在课堂上使用证据：什么有效和为什么》（*Using Evidence in the Classroom: What Works and Why*）的报告。该报告综合了学校和教师参与的有效方法，并讨论了面临的挑战、关注的领域和行动。其目的是帮助教学人员充分利用证据，证明哪些措施可以改善教育成果。[19]

2016 年，英国教育部发布了《卓越教育无处不在》（*Educational Excellence Everywhere*）白皮书。教育部表示，计划通过增加教师对“高质量证据”的获取和使用，来支持循证教学的专业化；还将创立一个新的英国教育杂志并扩大教育捐赠基金会。[20] 此外，2016 年 10 月 4 日，英国政府宣布投资约 7 500 万英镑用于教学和领导力创新基金，以支持教师和学校领导的高质量循证实践和专业发展。

三、澳大利亚的循证教育学发展

2015年，澳大利亚教育部提出《改善学生成果框架》(*Framework for Improving Student Outcomes*，FISO)的国家教育改革倡议，并优先在维多利亚州所有公立学校实施。FISO是一个以证据为基础的框架，旨在将学校的改进工作重点放在被证明对学生成果影响最大的优先事项上。维多利亚教育局主要围绕“专业领导力”“卓越教学”“积极的学习氛围”“共同体参与学习”四个影响重大的优先事项展开(图1.5)，学校将通过评估、选择并关注一到两个改进领域，监控其进展并进行评估。[21]

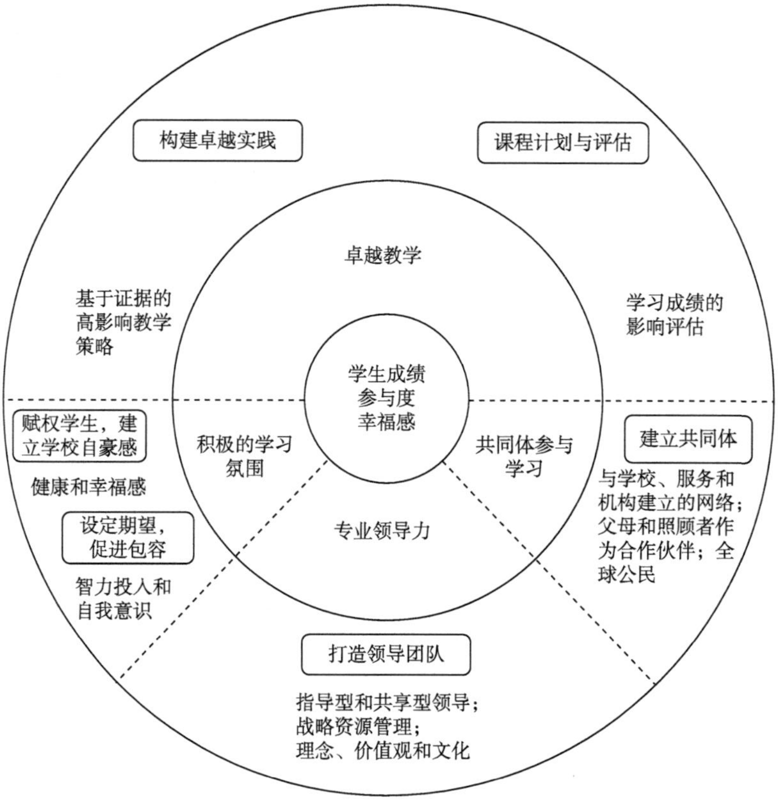

图1.5 维多利亚州学校改进框架

四、中国的循证教育学发展

21世纪初，随着社会变革和时代变迁，以现代教育手段为特色的信息化教学模式逐渐兴起，且产生了大量新的教学方式(例如，微课教学、混合教学等)，循证教育学理念也在这个时候渗透到中国教育实践中。2002年，循证教育学凭借其先进的理念和对实践科学化的追求开始进入中国，国内学者在中国传统教育理论基础上结合国外的先进理念，开始探索循证教育学的相关研究。从研究对象上来看，主要集中于高校大学生（尤其是医学生）、高校教师、青少年和留守儿童；从内容上看，主要关注教师倦怠、主观幸福感、焦虑、自闭症谱系障碍和心理健康状况研究；在教学模式/方法主题中，国内学者主要关注教学方法的效果，如基于问题的教学（problem-based learning，PBL）、翻转课堂（small private online course，SPOC）和案例教学法等。

此外，随着多媒体在教育领域的逐步应用，国内学者也开始采用循证的方法研究信息体技术、远程教育和多媒体学习等的教学效果。但目前我国的循证教育实践总体上还处于外围观望、摸索阶段，尚未形成专门的教育证据转化平台和普适性教育政策。[8]

第四节 证据生产和传播的主要机构/平台

一、有效教学策略网

有效教学策略网①（What Works Clearinghouse，WWC）成立于2002年，是美国教育科学研究所为了践行《不让一个孩子落后法案》向教育部倡议建立并直接管理的网站。当前主要由美国教育部教育科学研究所投资，美国数学政策研究公司（Mathematica Policy Research，Inc.；MPR）负责经营。主要任务是对现有的教育相关的项目（program）、产品（product）、实践（practice）及政策（policy）的研究进行系统评价，即用高质量研究的结果来回答“什么在教育中起作用”，为教育者提供他们需要的信息，以便他们做出基于证据的决定。[22]

WWC将自己的角色定位为最佳证据的提供者，它组织人员对已有研究证据进行评价（而不是做教育教学的原始研究），并将评价后的研究证据以分级的形式推荐给参与教育的实践者。具体地说，即为有效教学提供值得信赖的科学证据资源。当前，它已经评估了数千个有关教育项目、产品、实践及政策的研究，为人们提供着精确的、教育教学方面的研究信息。如图1.6所示，WWC对所有研究进行评价的原则及具体过程都是公开、透明的。而且最为关键的是，它将所有经过合理设计筛选后获得的研究证据进行系统评价，并按方法的严谨程度和有效性对证据进行分级。然后将符合证据标准的研究做出摘要与总结，或者以实践指南、标准、手册的形式呈现，以分级证据的形式纳入数据库中，免费提供给全世界的

① https://ies.ed.gov/ncee/wwc/。

人们。无论是研究者、教师、学生、家长还是其他参与教育活动的管理者，只要能上网、懂英语，就能阅读该网站上的内容，获得处理当前相关问题的最佳证据。

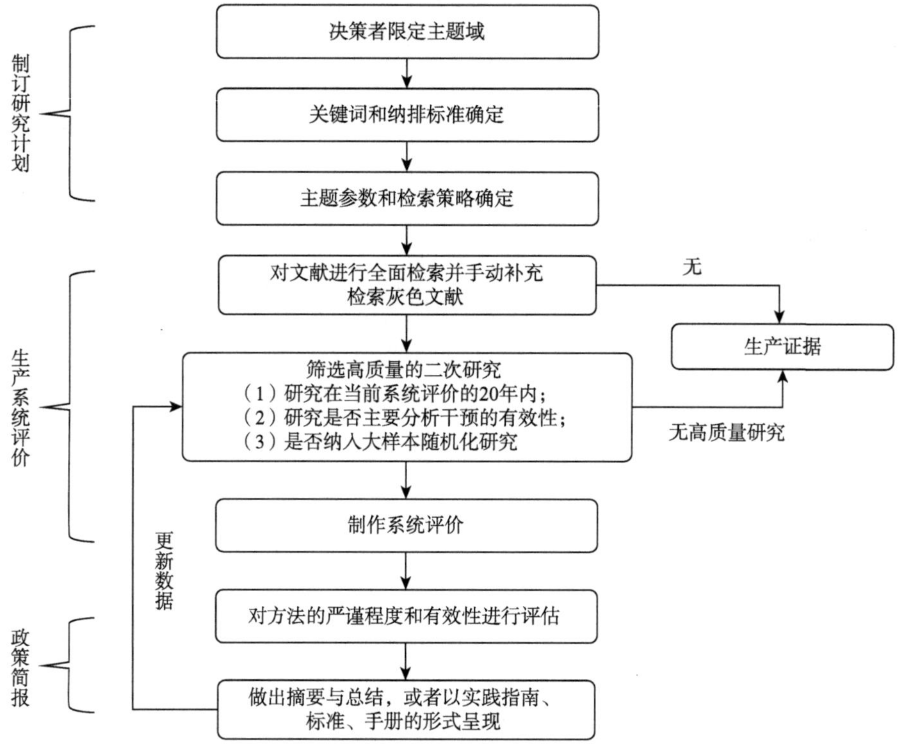

图1.6　WWC数据库证据生产、评估与输出流程图

二、Campbell 协作网

2000 年 2 月，Cochrane 协作网（Cochrane Collaboration）的姊妹组织 Campbell 协作网① 在美国宾夕法尼亚大学应运而生，旨在为社会、心理、教育、司法犯罪学及国际发展政策等非医学领域提供科学严谨的系统评价、证据地图等高质量的二次研究。同年，Campbell 协作网建立了其特有的循证社会科学二次研究数据库——Campbell 图书馆（Campbell Library），该图书馆的主要任务是制作、保存、推广高质量的系统评价，为研究者和决策者提供所需证据。[23]

Campbell 图书馆收录的研究均是在 Campbell 协作网出版的指导手册及相应的 Campbell 系统评价和在证据地图方法指导小组的协助下完成的内部二次研究。如图 1.7 所示，Campbell 协作网对所有系统评价和证据地图的产出制作有严格的

① https://www.campbellcollaboration.org/。

组织管理和质量控制系统，从系统评价的题目注册表注册、内容撰写到发表、传播和更新，都会邀请该学术领域的权威专家进行评估，拥有健全的反馈和学术成果完善机制，是社会科学研究证据的重要来源。

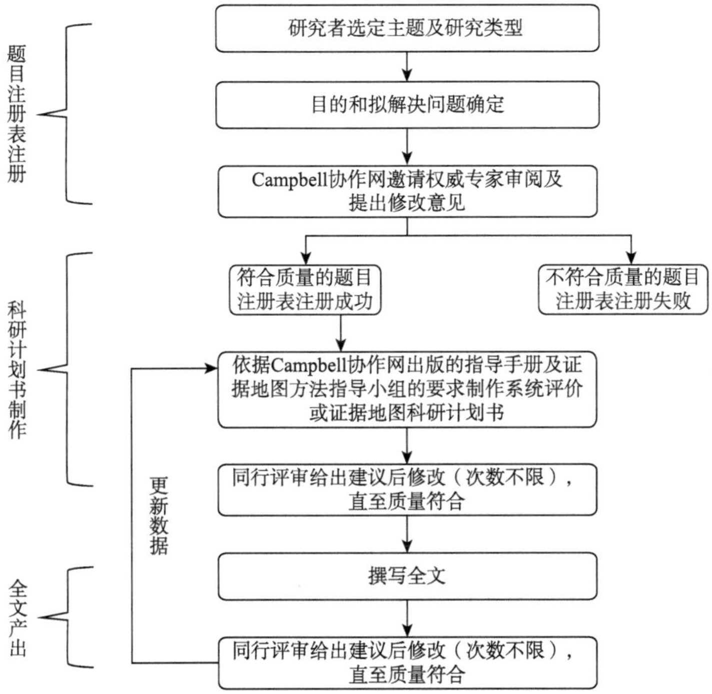

图1.7　Campbell图书馆证据生产与输出流程图

截至 2021 年 6 月 10 日，Campbell 图书馆共收录系统评价的注册题目 437 个，研究方案计划书 313 篇，全文 217 篇；收录证据地图注册题目 49 个，研究方案计划书 18 篇，全文 9 篇；政策解读文件 6 篇。主要领域包括教育（系统评价 41 篇，证据地图 2 篇，政策简报 1 篇）、法律（系统评价 52 篇，证据地图 2 篇，政策简报 2 篇）、社会福利（系统评价 70 篇，证据地图 3 篇，政策简报 2 篇）、国际发展（系统评价 42 篇，证据地图 1 篇，政策简报 1 篇）、伤残（系统评价 3 篇，证据地图 1 篇）、知识转化与应用（系统评价 2 篇）、营养（系统评价 6 篇）、方法学（系统评价 1 篇）8 个专题系列。

三、政策与实践信息协作中心

1993 年，英国伦敦大学在其教育学院主导下成立了政策与实践信息协作中心[①]

① http://eppi.ioe.ac.uk/cms/Default.aspx?tabid=63。

（The Evidence for Policy and Practice Information and Co-ordinating Centre，EPPI-Centre），即 EPPI 中心。该中心集中于主流系统评价的审查，建立在伦敦研究所对评估和综合研究的优势基础上，保持对社会科学知识和研究积累的关注。

EPPI 中心针对社会科学（含教育）与公共政策等领域执行研究整合与文献评审工作，旨在为政策制定者或实务工作者的决策提供可靠的研究发现，其涉及领域主要包括教育、健康促进、就业、社会关怀和司法。关于这些主题的系统评价均可在在线证据库中找到，该库提供广泛主题领域的证据概述及 EPPI 中心进行或支持的特定证据评估的摘要和完整报告。截至 2021 年 6 月，共生产 233 篇系统评价，其中方法学领域的证据研究最多，共生产 104 篇。

EPPI 中心是针对证据制作专家使用的数据库平台，通过与主要的国际合作机构和许多英国政府的工作中心建立合作伙伴制，交流制定研究证据的综合方法，在社会科学与公共政策领域的系统评价及其方法论方面一直处于领先地位。该中心还开发了 EPPI Reviewer 和 EPPI Mapping 等程序，提供使用人工智能技术手段高效指导系统评价和证据地图的证据生产，以理解与决策相关的研究及如何在实践中使用这些研究的方法。

四、国际干预效果评估组织

国际干预效果评估组织①（International Initiative for Impact Evaluation，3ie）是影响评估网络（Network of Networks on Impact Evaluation，NONIE）的创始人霍华德 · 怀特（Howard White）2006 年联合英国、美国和印度的循证研究科学家建立的首个致力于持续改善中低收入国家的生活的循证社会科学二次研究平台。3ie 以决策者意愿为主，通过资金支持门户数据库提供的专家团队，启动在中低收入国家农业、教育、环境气候、经济、水资源和环境卫生、社会治理、社会支持、健康、住房、生活保障等领域实施大型的影响评估项目，通过完整参与项目的实施和评估，为中低收入国家的政策决策者提供有依据、有效性的决策。[24] 该数据库的建立有三个总体目标：①支持政策相关评估证据的生成和使用；②建立战略伙伴关系和协作，推动循证发展；③推动前沿证据的转化，促进可持续和公平的社会进步。其创新点在于其完整的有效性实践评估，即影响评估。

影响评估提供了一套方法来衡量某个方案的效果（图 1.8），而且仅是该方案的效果。研究者首先确定一系列将推动决策的政策相关研究问题。然后专家团队制定严格的研究策略和实验设计，在适合该方案的运作背景下开始实施，最终形成报告，为相关问题提供可信的答案。除了对方案的效果进行严格的定量估计外，还会关注“方案为什么有效”及“费用是多少”。这些二次研究遵循科

---

① https://www.3ieimpact.org/。

学认可的评审方法，并根据国际公认的标准进行同行评审和质量保证，通过如Campbell协作网或其他认可的数据库中发布的完整的系统评价技术报告，为决策者和其他用户定制总结报告和摘要。

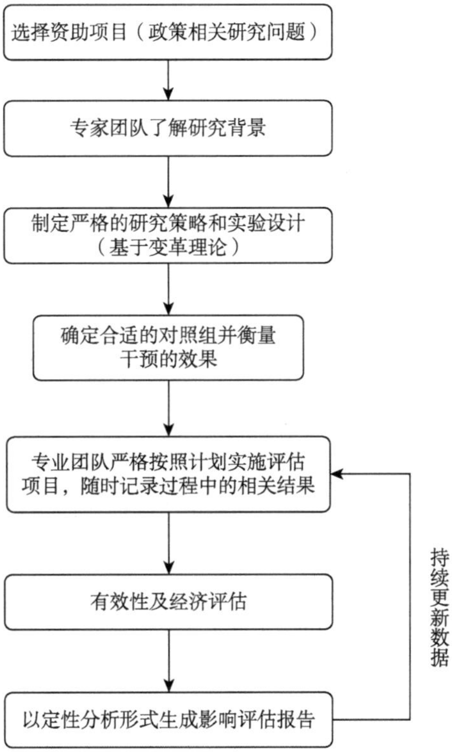

图1.8　3ie数据库影响评估生产和评估流程图

五、社会体系证据数据库

社会体系证据数据库[①]（Social Systems Evidence，SSE）由加拿大麦克马斯特大学于2016年创建，是世界上最全面的、不断更新的综合研究数据库之一，其收录的文献来源包括：史蒂芬斯数据库（EBSCOhost）、ProQuest和Web of Science。文献涉及公民、儿童/青年服务、气候行动、消费者、社会服务、文化和性别、经济发展和增长、教育、就业、能源、环境保护、金融保护、食品安全、政府服务、住房、基础设施、自然资源、公共安全与公正、娱乐、交通等20多个分类，几乎涵盖了所有可持续发展目标。

该数据库涉及广泛的政府部门和项目领域可行的计划、服务和项目，以及提

① https://www.socialsystemsevidence.org/。

供这些计划、服务和项目的财务和交付工作，并通过对每一个系统评价提供方法质量的评估，并链接到该评价中包含的研究，确保这些计划、服务和项目被研究者或决策者有效实施。

参 考 文 献

[1] Goodheart C D，Kazdin A E，Sternberg R G. Evidence-based Psychotherapy：Where Practice and Research Meet[M]. Washington：American Psychological Association，2006.

[2] 王家良 . 循证医学 [M]. 北京：人民卫生出版社，2005.

[3] 李幼平 . 循证医学 [M]. 北京：高等教育出版社，2003.

[4] 王吉耀 . 循证医学与临床实践 [M]. 北京：科学出版社，2006.

[5] Thorndike E L. Education Psychology：Briefer Course[M]. London：Routledge，1999.

[6] 郭法奇 . 教育科学化的早期探索——欧美教育科学研究运动简析 [J]. 教育文化论坛，2021，（1）：1-8.

[7] Hargreaves D H. Teaching as a research-based profession：possibilities and prospects[R]. London：Teacher Training Agency，1996.

[8] 胡晓玲，柳春艳 . 循证教育学概论 [M]. 北京：中国社会科学出版社，2021.

[9] Petty G. Evidence-based Teaching：A Practical Approach[M]. 2ed. New York：Oxford University Press，2009.

[10] Whitehurst G J. Evidence-based education[R]. San Antonio：PowerPoint Presentation at Student Achievement and School Accountability Conference，2002.

[11] Dahlkemper L. What does scientifically based research mean for schools[J]. Southwest Educational Development Laboratory，2003，15（1）：3-6.

[12] 曾宪涛，冷卫东，郭毅，等 . Meta 分析系列之一：Meta 分析的类型 [J]. 中国循证心血管医学杂志，2012，4（1）：3-5.

[13] 杨文登，叶浩生 . 社会科学的三次“科学化”浪潮：从实证研究、社会技术到循证实践 [J]. 社会科学，2012，（8）：107-116.

[14] 陈进，卿平，王聪 . 循证教育研究与实践 [M]. 北京：学苑出版社，2014.

[15] White H. The twenty-first century experimenting society：the four waves of the evidence revolution[J]. Palgrave Communications，2019，5（1）：1-7.

[16] Edmondson J. America Reads：A Critical Policy Analysis[M]. Newark：International Reading Association，2000.

[17] Smith A. Scientifically based research and evidence-based education：a federal policy context[J]. Research & Practice for Persons with Severe Disabilities，2003，28（3）：126-132.

[18] Goldacre B. Building evidence into education[R]. London：London School of Hygiene and Tropical Medicine，2013.

[19] Nelson J，O’ beirne C. Using evidence in the classroom：what works and why?[R]. Slough：National Foundation for Educational Research，2014.

[20] Morgan N. Educational Excellence Everywhere[Z]. Department for Education，2016-3-17.
[21] 刘心语．澳大利亚维多利亚州学校改进项目研究 [D]. 华东师范大学硕士学位论文，2020.
[22] 杨文登．循证教育学理论及其实践——以美国有效教学策略网为例 [J]. 宁波大学学报（教育科学版），2012，34（4）：5-10.
[23] 拜争刚，赵坤，刘丹，等．循证社会科学的推动者：Campbell 协作网 [J]. 中国循证医学杂志，2018，18（12）：1380-1385.
[24] Gaarder M，White H. The international initiative for impact evaluation（3ie）：an introduction[J]. Journal of Development Effectiveness，2009，1（3）：378-386.

第二章　循证教育学研究方法概述

第一节　系统评价概述

一、系统评价的概念与分类

（一）系统评价的概念

系统评价（systematic review，SR）是针对某一特定问题，系统全面地收集所有相关的原始研究，然后按照一定的纳入标准进行筛选，对纳入研究进行严格的偏倚风险和证据质量评估，然后再将各研究结果进行定量合并分析或定性客观评价，进而得出可信结论的一种研究方法。[1-3] 系统评价的特点是系统、全面、透明、可重复和可更新，旨在使用原始文献来发展新的理论或评估现有的理论，向政策制定者和实践者提供高质量的证据参考，是循证实践的基础，在许多科学领域里都产生了革命性的影响。[4]

系统评价的性质意味着它有潜力实现以下目标。

（1）对围绕某个特定主题的证据进行无偏倚的总结，得出稳健而广泛的结论。

（2）通过识别关系、矛盾、差距和不一致性，探索潜在原因。

（3）评价现有的理论或发展新的理论，以解释原始研究如何及为何相互关联。

（4）为实践和政策提供指导。

（5）指出未来研究的重要方向（例如，指出缺乏证据或证据质量差的地方）。

（二）系统评价的分类

根据系统评价涉及的研究问题、纳入研究的类型、结果呈现的形式和数据类型，以及是否采用统计分析等，系统评价可分为定量系统评价（quantitative systematic review）和定性系统评价（qualitative systematic review）。定量或定性的方法哪个更合适，取决于现有文献的性质和状态、研究问题、理论性和经验性方面的议题。

1. 定量系统评价

定量系统评价是指针对某一具体问题，系统全面地收集所有已发表和未发表的相关研究，运用偏倚风险评估工具进行严格的评价，筛选出符合纳入标准的研究，采用 Meta 分析的方法对同类研究的数据进行合并分析的一种研究类型。Meta 分析是系统评价中数据分析整合结果的一种统计方法，它是对目的相同、性质相近的多个研究中的数据进行定量统计分析的一种方法，实现了文献评价和统计学方法的结合，使文献评价更加科学，评价结果更加权威、可靠。当原始研究具备如下特征时，研究者可以采用定量系统评价，即 Meta 分析。

（1）报告了定量的结果（数据），而不是定性的发现或理论。

（2）测量了相同或相似的概念或关系。

（3）研究设计相似。

（4）报告的是两个变量之间的简单相关（双变量相关、零阶相关、单自由度比较），而非排除了其他变量作用后的相关（如偏相关或多变量效应）。

（5）所报告的结果可以转换成标准化的效应量（effect size）。

2. 定性系统评价

定性系统评价是指针对研究问题，经过系统检索后，纳入符合标准的研究并客观评价、综合分析得出结论的一种研究类型。定性系统评价能从不同角度观察、分析问题，如能定性探究某种干预措施的执行与持久程度的影响因素等问题，为决策者基于实际情况的决策提供可靠依据。针对某种干预措施，能提供参与者对其的接受程度和依从性证据，为定量研究提供前期理论基础，可弥补单纯定量研究的不足。[1] 根据结果合并的方法，定性系统评价又分为主题综合法（Thematic Synthesis）、Meta 民族志（Meta-ethnography）和批判性解释综合（Critical Interpretive Synthesis，CIS）。

二、系统评价的历史与发展

系统评价旨在对多个研究的资料进行综合分析，这种思想和证据合成的方法有着漫长的发展历程（图 2.1）。早在 12 世纪，中国著名的哲学家和思想家朱熹（1130—1200）就通过综合前人的思想和总结一系列相关的文献来凝练自己的哲学理论，提出了道统论。17 世纪，西方天文学家采用一系列单一数据进行合并以便得出更准确、可靠的结果。1904 年，Karl Pearson 在研究血清接种对伤寒的预防作用时，发现各个研究的样本量太少，可能存在误差，得不到科学、准确的结论，为此对不同研究的数据进行合并，来确定疫苗在防止士兵感染伤寒方面的效果。[3, 5]

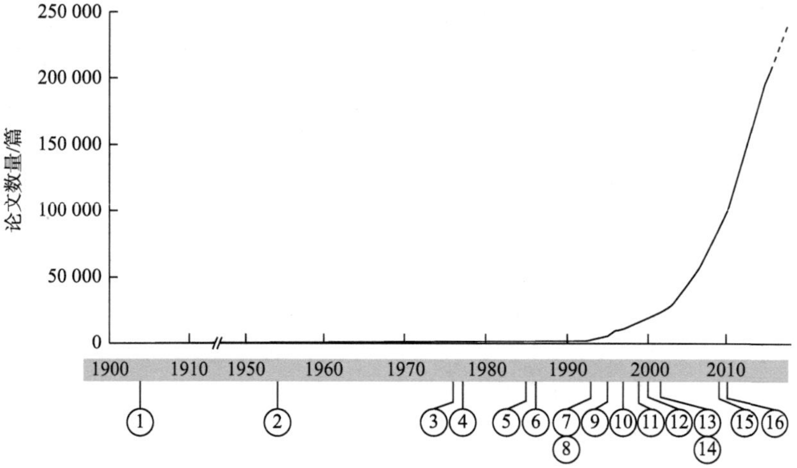

图2.1　系统评价/Meta分析的发展里程碑

注：① 1904 年第一篇（医学）Meta 分析（血清接种预防肠热病的疗效）发布；② 1954 年第一个 Meta 分析方法形成（固定和随机效应模型）；③ 1976 年首次提出“Meta 分析”一词；④ 1977 年第一篇社会科学领域 Meta 分析（心理治疗的疗效）发表；⑤ 1985 年第一本关于 Meta 分析方法的统计学教科书出版；⑥ 1986 年发展了计算研究间方差的方法；⑦ 1993 年发表了关于 302 篇社会科学领域治疗效果 Meta 分析的综述；⑧ 1993 年 Cochrane 协作网成立；⑨ 1995 年首次提出“系统评价”一词；⑩ 1997 年提出评估发表偏倚的方法（漏斗图和 Egger 检验）；⑪1999 年制定了 QUOROM 标准（Meta 分析报告质量）；⑫2000 年 Campbell 协作网成立；⑬2002 年提出异质性指标 I2；⑭2002 年首次提出“网状 Meta 分析”一词；⑮2009 年 PRISMA 指南建立；⑯2010 年 Metafor（免费且全面的 Meta 分析 R 包）发布

资料来源：Gurevitch J，Koricheva J，Nakagawa S，et al. Meta-analysis and the science of research synthesis[J]. Nature，2018，555（7695）：175-182

20 世纪 30 年代末，威廉·科克伦（William Cochrane）采用加权平均效应方法对农业试验的研究结果进行合并分析，这一统计方法被认为是随机效应模型的雏形，后来被 Cochrane 协作网正式应用和推广。1976 年，美国心理学家 G. Class 首次提出 Meta 分析（Meta-analysis，MA）一词及其统计学分析方法。此后，该方法在医学和社会科学研究中得到了进一步的应用。1985 年，Larry Hedges 和 Ingram Olkin 出版了第一本关于 Meta 分析方法的统计学教科书《Meta 分析的统计学方法》（*Statistical Methods for Meta-analysis*）；1991 年，Flesis 提出了 Meta 分析较为严谨、准确的定义，即 Meta 分析是一类用以比较和合成针对同一科学问题研究结果的统计学方法，其结论是否有意义，取决于所纳入的研究是否满足一定的条件。1993 年，Cochrane 协作网正式成立。Cochrane 协作网作为制作、保存、传播、应用系统评价的国际性组织，极大地推动了医学各个领域系统评价和 Meta 分析的生产和应用。目前，系统评价和 Meta 分析在证据分级标准中被列为最高级别的证据，也是指南及决策实践中最常被引用的证据来源。2000 年，Campbell 协作网在美国宾夕法尼亚大学正式成立，进一步推动了系统评价在社会服务、心理、教育、司法犯罪学、管理及国际发展政策等社会科学领域的快速发展。

2018年3月8日，《自然》(*Nature*)刊登了题为“*Meta-analysis and the science of research synthesis*”的文章，回顾了Meta分析的发展历程，梳理了Meta分析所取得的成就和存在的局限，指明了Meta分析未来的发展方向，强调“Meta分析是对研究结果定量、科学的综合，可以用于处理看似矛盾的研究结果，是循证实践的基础，在许多科学领域里都产生了革命性的影响”。[4] 由此可见，系统评价和Meta分析作为研究综合的一种科学方法，不仅在医学领域、自然科学领域中被广泛应用，对社会科学研究的作用亦不可忽视！

第二节　为什么要进行系统评价

一、应对信息时代的挑战

在教育学的前几十年中，由于文献较少，阅读和理解某一特定主题的文献这一任务相对比较容易。现在，几十年过去了，教育学研究领域已经大不相同，进而导致这项任务变得复杂、费时而且令人压力倍增。现在的科学文献数量庞大或呈指数级增长，知识通过互联网在世界各地迅速产生和共享，新理论、新结构和新文献不断涌现。这就需要对大量信息进行科学决策，教育工作者、研究人员和教育决策者往往容易陷入难以驾驭的信息海洋中。系统评价通过搜集、综合和评论一篇或多篇文献，以提供与特定研究问题相关的证据的范围、性质和质量的总体印象，突显出我们所知道的和需要知道的之间的差距。系统评价包含一个系统的检索过程，以定位涉及一个或多个问题的所有相关的已发表和未发表的文献，而且还包括对纳入文献的研究特征和研究结果进行系统综合和分析，这种系统的分析方法和呈现过程可以最大限度地减少主观性和偏倚。系统评价位于证据等级的最高层，可以直接为各层次的决策者提供科学依据。

二、提高统计功效

针对同一教育问题的研究很多，但因原始研究实施的教育环境、纳入研究对象的标准、测量结果的方法、教育干预措施和研究设计等的差异，可能会导致探索同一个问题或研究时产生不同甚至相互冲突的结果。当调查结果发生冲突或结果不能重复时，我们就不清楚为什么会发生这种情况，总体情况如何，还有哪些重要问题尚未解决，或者哪些结果最可靠，哪些结果应作为实践和政策决策的基础。

整体大于部分之和。系统评价在合成资料时，系统全面地收集所有相关研究，并按照一定的纳入标准筛选文献，对纳入研究进行严格的偏倚风险和证据质量评估，最后对各研究结果进行合并分析或客观评价，可以就重大问题、原则和事件得出有力的结论，或解释现有研究之间有何关系、为什么有此联系及这些联系对理论研究和未来研究有何意义。

三、避免重复性危机

近年来，与重复性危机相关的文献让人们注意到一些关键的科学研究发现不能被重复的事实。这是一个关键的问题，因为重复性，即重复原始研究时观察到一致结果的程度，是科学的定义特征之一。事实上，一项研究未能被重复并不一定说明原始研究中的发现 / 结果是错误的，因为造成重复失败的原因有很多，包括统计功效不够、研究者的自由发挥（收集和分析数据的判断力）、出版偏倚、不当的研究操作（如 p 值取整数，伪造数据）、原始或重复研究中不恰当的设计和实施过程或数据分析、未能识别和记录研究产生的环境和社会背景、人口学的变化及其他已知和未知因素。因此，我们应着重于跨研究、跨方法的一致性研究结果，减少对原始研究的依赖，即使是里程碑式的研究结果。尤其是在对政策和临床实践提出建议时，更需如此。

系统性评价的本质意味着它们本身（即它们的结果）是可复制的。如前所述，系统评价的目标是在所研究的问题及研究过程中尽可能做到全面、有条理、明确、透明和公正。纳入标准需要明确地描述并坚持执行，这意味着如果其他研究者按照此标准进行检索，就会得到完全一致的结果。当然，不同的研究者在呈现研究结果，或在做出如何使用这些结果的决策时可能会稍有不同。然而，系统评价无疑比其他类型的文献综述具有更少的偏倚和更多的再现性。与开展代价不菲的额外的重复性研究项目来审查所谓的重复性危机相比，系统评价应用更为广泛。针对某一特定主题，系统评价可以提供最稳健的方式来阐明证据的范围、证据的本质、证据的质量。因此，系统评价可以在可重复性问题的很多重要方面做出贡献，也潜在地促进了科学的严谨性。

第三节　系统评价的易陷误区

一、系统评价只是更大的文献综述

系统评价只是更大的文献综述，这是目前国内外对系统评价最常见的误解。

很多人认为系统评价与传统文献综述相同，只是检索了更多的数据库，制作过程更复杂而已。系统评价和传统文献综述都是对某一具体的教育问题的总结，都进行了文献收集整理，但两者之间存在着本质的区别（表 2.1）。[5, 6]

表 2.1　系统评价与传统文献综述的区别与联系

类型	系统评价	传统文献综述
确定研究题目	有明确的研究问题和研究假设	可能有明确的研究问题，但经常针对主题进行综合讨论，且无研究假设
原始文献来源	明确全面的原始文献来源和渠道	常未说明，不全面
文献检索	力求找出所有已发表或未发表的研究，以检索发表偏倚或其他偏倚的影响	尝试找到所有相关文献
文献筛选	清楚描述纳入研究的类型，可减少因作者利益出现的选择性偏倚	常未说明纳入或排除相关研究的原因，有潜在偏倚
文献质量评价	评价原始研究的方法学质量，发现潜在偏倚和纳入研究间异质性来源	未评价或评价方法不统一
研究结果合成	定性与定量有机结合，基于最佳的研究得出结论	多采用定性方法
结论推断	遵循研究依据	较为主观
结果更新	定期更新	未定期更新
可重复性	难以重复	可重复

首先，系统评价与传统文献综述的目的不同。传统文献综述是作者根据特定目的或兴趣，对某一个领域、某一个专业或某一个方向的课题、问题或研究专题搜集大量资料，通过分析、阅读、整理，提炼出本领域的最新进展，并结合自己的观点提出学术见解或建议，做出综合性介绍和阐述的一种学术论文。系统评价是为了全面总结某一问题，有明确的研究问题和研究假设。例如，远程教育和传统教室学习效果的比较，学校教育对经济发展的影响评价，教师责任和学生成绩之间的关系等。

其次，系统评价与传统文献综述的方法不同。传统文献综述的写作没有固定的格式和写作流程，没有严格的数据统计分析过程，也没有评价纳入研究质量的统一标准，其质量高低受作者专业水平、资料收集广度及纳入文献质量的影响，不能定量分析干预措施的总效应量。大部分情况下都是作者首先客观地展示文献的研究结果，然后再根据自己的主观认识对文献进行综合的汇总和解读。系统评价有严格的方法学和报告规范。对原始研究的质量评估是系统评价有别于传统文献综述非常重要的一点。如果将质量不同的结果进行合并分析，可能会得出错误的结论。

最后，系统评价与传统文献综述的结果不同。传统文献综述旨在总结以往研究，不一定要有什么结论；系统评价旨在评价，要得出某一干预措施对于某个特定的教育问题有效与否。

二、系统评价 = Meta 分析

循证理念起源于医学领域，在医学的背景下，随机对照试验常常被认为是确定任何一种“治疗”是否有效的黄金标准，因此系统评价通常被认为是通过Meta 分析合成随机对照试验的结果。然而并非所有系统评价只要纳入定量的原始研究就必须进行 Meta 分析，是否做 Meta 分析要视纳入研究是否具有足够的相似性。如果纳入研究不具有足够相似性，则不进行 Meta 分析（详见第四章的异质性分析），而进行描述性的系统评价，即定性系统评价；如果纳入研究具有足够相似性，则进行合并分析，即定量系统评价。

由此可见，系统评价可以包括 Meta 分析，Meta 分析可能是系统评价的一部分，但并不是所有的 Meta 分析都是系统评价（图 2.2）。当收集了一些研究，并进行了数据的定量合并，但这时研究的收集并不系统、全面，这就不是系统评价。但是，系统评价不一定必须对纳入的研究进行定量分析，若纳入研究存在明显的异质性，这时候对数据进行定量合并会产生偏倚，此时就需要对纳入的研究进行定性描述，分析其应用的不同范围。总之，进行统计合并是有条件的，要依据现有文献的性质和状态、研究问题、理论性和经验性方面等选择定性或定量合并。对纳入研究不加判断就臆断进行合并的做法，会严重影响系统评价的质量。

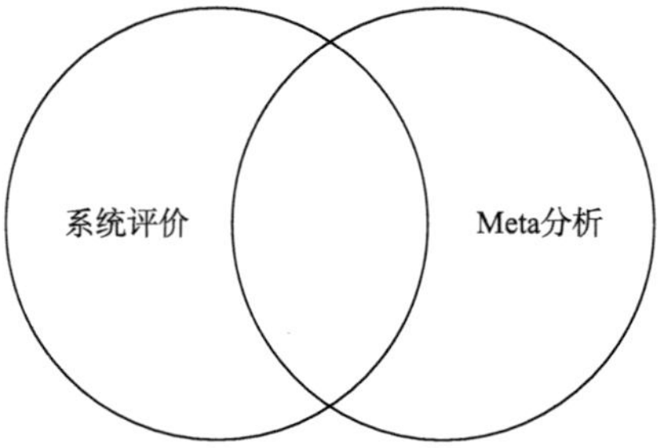

图2.2　系统评价与Meta分析关系示意图

三、原始研究质量 = 系统评价质量

经常听到这样一个比喻——“垃圾入，垃圾出”。它是用来说明：如果系统评价纳入低质量的研究，那么原始研究的基本错误将会带入系统评价中，这种错误一旦形成，往往在系统评价结果中很难被人们识别。然而我们与其说将系统评价看成一个“垃圾入，垃圾出”的过程，不如将其看成垃圾控制的过程。[7]

系统评价或 Meta 分析往往总是制定一系列基于研究质量的纳入标准。对于试验研究，我们也许限定研究为随机分配，或采用空白组作为对照；而对于观察性研究，我们也许限定纳入的研究在设计或分析中，必须能说明混杂因素的控制情况等。正是由于纳入 / 排除标准的应用，系统评价常常是从大量研究开始，而以极少量研究分析结束。

此外，能够进行系统评价的研究不可能是完美的，因为研究的局限性不可避免地会存在潜在偏倚。但是，系统评价的重要作用是能够调查研究特征的异质性是否与效应量相关。假设有十个研究是采用可接受的随机分配方法，而另外十个则采用有问题的方法。在分析的时候，我们可以采用亚组分析比较它们的效应量，并判断它们之间是否存在差别。值得注意的是，亚组间的效应比较往往具有很低的把握度，因此其结果解释需要慎重，尤其是当亚组内研究个数不多时要格外小心。

四、系统评价能代替进行高质量的原始研究

目前系统评价虽为最高级别的证据，但并非所有的教育问题都能从当前的系统评价中找到答案，也不能替代原始研究。例如，某些教育问题目前虽有系统评价，但因纳入的研究质量不高或者相关研究缺乏，尚未有确切的结论；新的教育教学措施实践时间短，缺乏足够研究用于生产系统评价；再如，某些特殊教育问题多以个案报道为唯一证据，缺乏进行系统评价的数据等。因此，更确切地说，系统评价是一种发现目前哪些地方缺少研究的有效方法。系统评价带来了更多而不是更少的原始研究，且能有效阻止正在进行的新的但不必要的原始研究。例如，当 Meta 分析通过合并许多原始研究已经表明一项干预措施有效或无效的时候，就没有必要再进行更多的原始研究，防止了资源浪费。[8]

五、系统评价仅关注综合效应

一个数字就能概括一个研究领域或研究问题是多数新入门学者对系统评价的误解。如果系统评价只关注综合效应，而忽视了干预效应随研究背景不同而不同的事实，则会造成某些教育教学措施的误用甚至滥用。例如，Bailar 写道："任何试图将结果归结到一个带有可信限的单一值上，是很有可能导致错误的结论，甚至严重的错误。"[9]

事实上，Meta 分析的目标应该是合成效应的大小，而不仅仅是简单地报告一个综合效应。如果效应是一致的，Meta 分析将会显示纳入研究的合成效应是稳健的。如果研究间存在不太大的异质性，这种变异将会起到根据具体内容说明平均效应的作用；如果研究间存在巨大的异质性，那么关注的焦点应该是异质性本身（通常是亚组分析的结果），而不是综合效应。因此，忽视了异质性而报告综合效应的研究者忽视了效应合成的关键问题。

系统评价既非无能也非万能，它只是众多科研方法中的一种，如果能够被恰

当运用，就可以帮助教育工作者更好地进行教育教学。

第四节　系统评价的方法进展

随着循证医学的兴起和发展，系统评价作为一种全面收集有关某一问题的所有相关研究证据，进行严格评价和科学整合，做出无偏倚结论的科学方法，亦取得了突飞猛进的发展。一批专门从事系统评价方法学研究的专家学者，为使系统评价方法更加科学和完善进行着不懈的探索和尝试。下面简要介绍系统评价方法学的一些进展。

一、系统评价再评价

（一）系统评价再评价概述

系统评价再评价（overviews of reviews）是全面收集同一研究问题相关的系统评价，进行综合研究的一种方法。系统评价再评价的英文名称曾有多种表达，如 overviews of reviews、umbrella review、overviews of systematic reviews 等，2008 年第 17 届 Cochrane 年会后，学界比较认同“overviews of reviews”。[10, 11]

系统评价再评价是基于系统评价的研究，其研究方法既有系统评价的特点，又有所区别（表 2.2）。系统评价再评价与系统评价都是将科学证据进行综合研究的一种方法，两者的制作都要经过确定题目、制订研究计划（包括背景、目的、研究方法等）、制定文献选择标准、全面检索认真筛选文献、提取资料、对纳入研究进行严格的质量评价、分析资料、解释结果等步骤。

表 2.2　系统评价再评价与系统评价的区别

类型	系统评价再评价	系统评价
目的	基于多个相关系统评价的综合研究	基于多个相关原始研究的综合研究
纳入研究	系统评价	原始研究，如随机对照试验、准实验和横断面调查等
文献选择标准	有严格的系统评价纳入和排除标准	有严格的原始研究纳入和排除标准
检索方法	有系统的检索策略，广泛全面地收集同一主题的相关系统评价	有系统的检索策略，广泛全面地收集相关原始研究
质量评价	对纳入的系统评价进行方法学质量评价及证据质量评价	对纳入的原始研究进行方法学质量评价及证据质量评价
资料分析	综合评价各纳入系统评价的结果。条件适宜时可应用一些附加分析方法，如间接比较等	针对每一个重要的结局指标，对纳入研究结果进行 Meta 分析或描述性分析
结果	客观描述纳入系统评价的特征、质量评价结果及效应量等信息	客观描述纳入原始研究的特征、质量评价结果、效应量及发表偏倚等信息

续表

类型	系统评价再评价	系统评价
结论	主要对相关信息进行客观陈述，获得当前研究现状下更为全面、客观的结论，并描述对将来研究的提示	综合考虑纳入原始研究的质量、效应量等多方面内容，并描述对将来研究的提示
报告	按方法、结果、讨论、结论等步骤进行报告，有相对严格的报告要求，尚无相应报告质量标准	依据 PRISMA 规范进行报告

系统评价再评价的核心是针对当前多个相关系统评价证据进行综合研究，为证据使用者提供更为集中的高质量证据，其作用主要体现在以下几个方面。

（1）对实现同一教育目标进行不同干预措施的相关系统评价进行再评价。当针对某一教育问题已有多个涉及不同干预措施的系统评价存在时，系统评价再评价可以对这一类系统评价进行综合评价。

（2）对某一干预措施相关的多个系统评价进行再评价。实际教学中，一些干预措施常常可针对不同教育背景、不同年级或不同学科进行干预，当存在多个相关系统评价时，可应用系统评价再评价对涉及该干预措施的多个系统评价进行再评价。

（3）针对相关系统评价中不同结局指标进行再评价。系统评价应纳入教育决策中需要的所有重要结局指标，然而个别系统评价所评价的结局指标不完整，重要结局指标在不同系统评价中分散报告。例如，在评价游戏化学习对学生的影响时，可能涉及对学生学习成绩的影响、对学习兴趣的影响及对身体健康的影响等。

（4）从更广的范围对某一领域的相关系统评价进行概述。由于系统评价已针对某一具体教育问题进行了系统检索和客观评价，系统评价再评价可基于多个相关系统评价证据对某一领域进行宏观概述，为使用者提供更为全面的综合信息。例如，针对降低学生辍学率的干预措施主要有加大教育投入、改善学校管理方式、提高教学质量及提高教师专业水平等。[12]

（二）系统评价再评价的应用现状

以“overviews of reviews”“overviews of systematic reviews”“synthesis of reviews”“umbrella review”“summary of systematic reviews”为主题词检索 Web of Science 核心合集，截至 2020 年 12 月 31 日共收录系统评价再评价的文章 1 157 篇。2006 年以前每年发表的文章数量不超过 10 篇，2007 年开始有了缓慢增长，直到 2013 年开始，系统评价再评价的文章数量呈指数级增长，至 2020 年达到 320 篇（图 2.3）。发表数量前 5 位的国家及其发表数量依次为：英国 366 篇（31.63%），美国 280 篇（24.20%），中国 208 篇（17.98%），加拿大 176 篇（15.21%）和澳大利亚 170 篇（14.69%）。

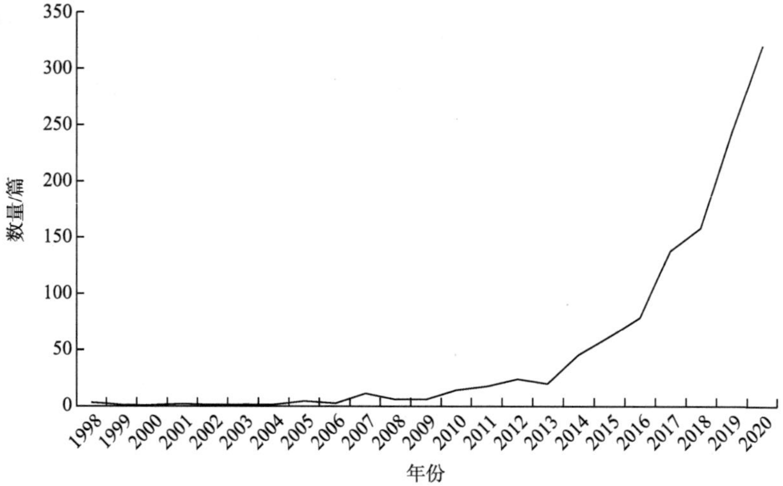

图2.3　1998～2020年Web of Science收录系统评价再评价文章数量

从研究主题上看，目前系统评价再评价的应用仍集中在医学领域，如疾病的流行率、公共卫生、临床试验等。仅两篇系统评价再评价的文章涉及教育研究，一篇利用现有的系统评价对模拟教育（Simulation-based Education）对本科 / 预备护理学生的影响进行评价 [13]，另一篇对本科医学教育不同课程和教学设计方法对学习结果的影响进行证据评价 [14]。总体上来看，系统评价再评价在教育领域的应用刚刚起步。

此外，也有一部分学者关注系统评价再评价的方法学研究，如研究的质量、指南、工具及偏倚等问题，以期使此方法更加科学和完善。

二、网状 Meta 分析

（一）网状Meta分析概述

传统的系统评价是两种干预措施的直接比较，相对简单和常见。例如，PBL 教学法是否优于传统教学法。但我们在实际教学实践中还遇到另外一大类问题：假定我们现在对提高护理专业学生人文关怀能力的教学方法有体验式教学法（A）和案例教学法（B），但直接比较这两种方法的试验研究很少甚至没有。不过，有一些随机对照试验比较了体验式教学法（A）与传统教学法（C）对提高护理专业学生人文关怀能力的效果，还有一些研究比较了案例教学法（B）与传统教学法（C）对提高护理专业学生人文关怀能力的效果。如图 2.4 所示，这时我们可以通过传统教学法（C）这个媒介实现体验式教学法和案例教学法的比较。[15]

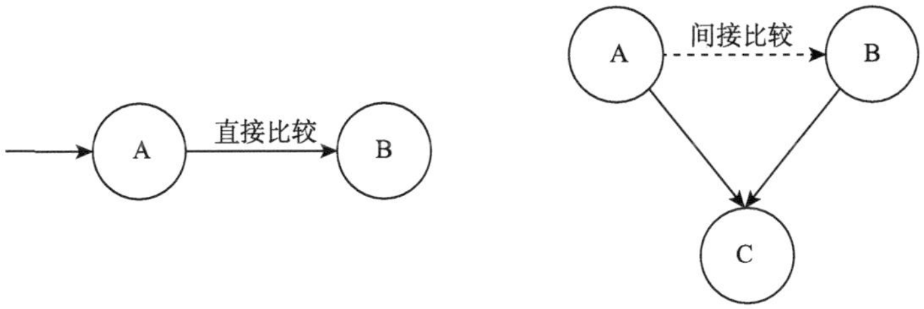

图2.4　直接比较与间接比较示意图

网状Meta分析（network meta-analysis，NMA），又称为“多种干预措施Meta分析”（multiple treatments meta-analysis，MTM）或“混合干预效应Meta分析”（mixed treatments comparison meta-analysis，MTCM），是一种在传统系统评价基础上发展起来的Meta分析的新类型。其定义为基于多个研究分析两个以上干预措施之间的间接比较结果（主要是调整间接比较），或者直接比较结果和间接比较结果的合并结果（混合干预效应）的Meta分析（图2.5）。当Meta分析涉及两个以上干预措施并存在多个研究时，可采用网状Meta分析。当证据图中存在闭合环时，可称之为混合干预比较；当不存在任何闭合环时，可称之为调整间接比较。[16, 17] 对网状Meta分析的进一步讨论及如何制作和运用感兴趣的读者，请参考田金徽和李伦的著作《网状Meta分析方法与实践》。[16]

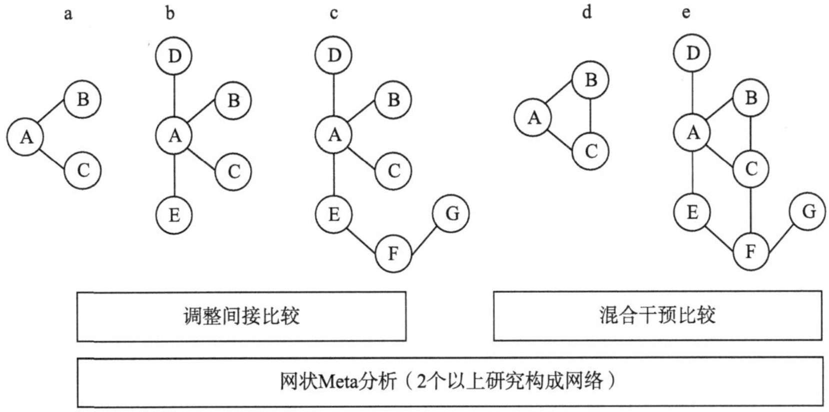

图2.5　网状Meta分析示意图

注：a～c均为对B和C进行间接比较，d～e形成了闭合环网络（A、B、C之间），整合了间接比较和直接比较的证据，在此基础上，形成了混合干预效应

（二）网状Meta分析的应用现状

以“network meta-analysis”“mixed treatments meta-analysis”“mixed treatments comparison meta-analysis”“mixed treatments comparison”“multiple treatments meta-analysis”“multiple treatment comparison meta-analysis”“multiple treatment comparison”为主题词检索 Web of Science 核心合集，截至 2020 年 12 月 31 日共收录网状 Meta 分析的文章 5 838 篇。2006 年以前每年发表的文章数量不超过 10 篇，从 2007 年开始网状 Meta 分析的文章数量呈指数级增长，至 2020 年达到 1 258 篇（图 2.6）。发表数量前 5 位的国家及其发表数量依次为：美国 1 909 篇（32.70%），中国 1 907 篇（32.67%），英国 1 546 篇（26.48%），加拿大 803 篇（13.75%）和意大利 536 篇（9.18%）。

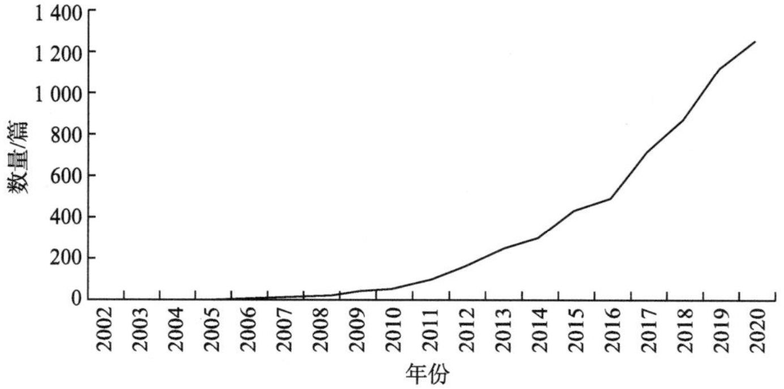

图2.6　2002～2020年Web of Science 收录网状Meta分析文章数量

从研究主题上看，网状 Meta 分析的应用主要在医学领域中对药物疗效的分析。例如，对治疗中风、糖尿病等疾病的药物效果的对比分析。虽然网状 Meta 分析方法日益成熟，但其在教育领域还没有得到广泛应用。

三、证据差距图

（一）证据差距图概述

证据差距图（evidence gap map，EGM）是对相关研究领域的现有证据进行系统收集、深入分析、综合评价、整合凝练，以表格或图形为主要呈现形式的一种新型证据综合研究方法，主要描述某一特定领域的研究性质、特点和数量，并通过比较所研究问题的相关文献来确定不同证据的样本量和结论等信息（证据差距），一般不对纳入研究进行质量评价。证据差距图通过可视化特定领域中的现有证据，为政策和实践提供信息。

如图 2.7 所示，最常见的证据差距图是有效性研究地图，通常显示为矩阵，其中干预措施作为行标题，结果作为列标题，两者都可以细分子类别，单元格包含与干预 / 结果组合相关的研究。此外，地图是交互式的，读者可以点击单元格访问研究，也可以通过过滤器看到满足特定标准的研究子集，如指定的研究设计、国家或地区等子群。[18, 19] 对证据图谱的进一步讨论及如何制作和运用感兴趣的读者，请参考 Campbell 协作网证据差距图制作指南和报告标准。[①]

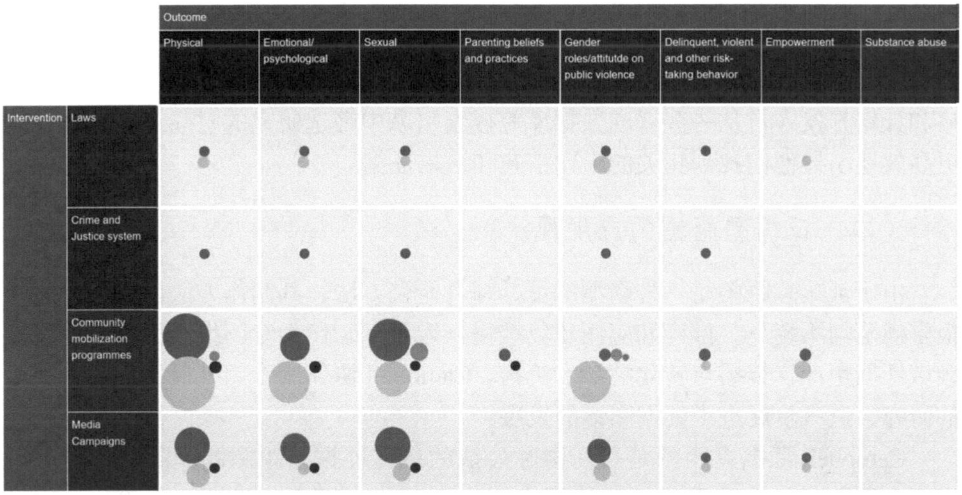

图2.7　证据差距图结果呈现示意图

资料来源：https://onlinelibrary.wiley.com/pb-assets/assets/18911803/Campbell_Interventions-for-reducing-violence- against-children.HTML

证据差距图是一种合成产物。根据纳入研究的范围及类型的不同，Campbell 协作网将证据差距图划分为三个类型，这些不同类型的证据合成结果主要在深度和广度之间存在权衡。如图 2.8 所示，广度越广，所包含研究的内容就越难深入。

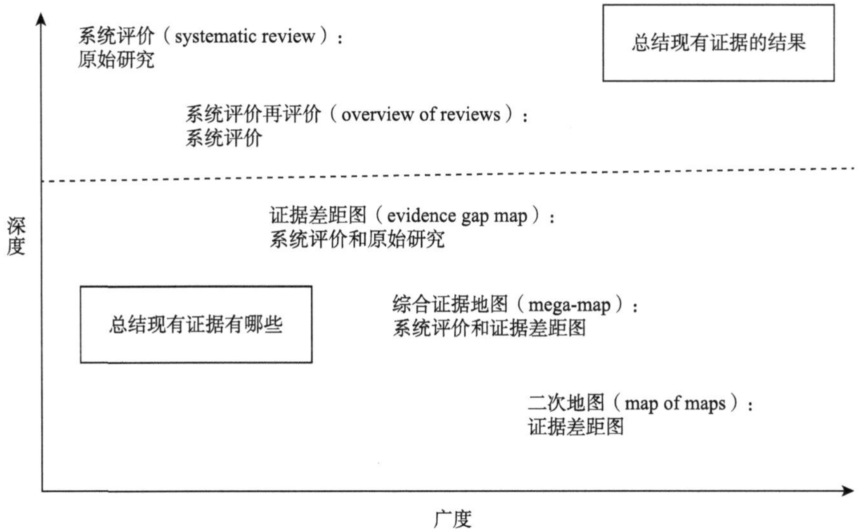

图2.8　证据差距图与系统评价示意图

① http://www.casp-uk.net/casp-tools-checklists。

与获得普遍认可的系统评价、系统评价再评价相比，证据差距图突破了仅针对具体问题证据的局限，着眼于对更为广泛的某一研究领域中的证据进行评价和综合，并以更为直观的方式为读者（研究人员和决策者）呈现现有的可获得的证据，因此是提高证据可发现性和使用性的一种方法。此外，证据差距图节省了战略和计划开发人员从一些普通数据库等搜索引擎中筛选研究的时间和精力，并能更高效地引导他们找到相关的干预措施和结果证据。

（二）证据差距图的应用现状

由于证据差距图是一种新型的证据综合研究方法，其制作方法、呈现形式和报告规范均不统一，推广和应用比较缓慢。近年来，作为专门推动循证社会科学领域证据生产、传播与转化的学术机构，Campbell 协作网专门开展了证据差距图的研究，进一步促进了证据图谱的发展。

Campbell 证据差距图是目前国际公认的最佳证据差距图制作的领导者。世界多个重要组织和政策机构均按照 Campbell 证据差距图标准，为相关政策项目做基础调研和制定指导标准。作为 Campbell 协作网开创的特色，Campbell 证据差距图的产出是对特定政策领域可用的严格研究证据的交互式可视化展示。证据差距图的出现可帮助我们巩固对“什么有效”的了解，也可以让读者更快速、直观地了解某项干预或倡议效果的强研究、弱研究或不存在研究的分布。

截至 2021 年 9 月 1 日，Campbell 图书馆共收录证据差距图注册题目 49 个，研究方案计划书 18 篇，全文 7 篇。已发表的全文中包含社会福利（4 篇）、国际发展（2 篇）和伤残（1 篇）三个主题（表 2.3）。[20-26] 从作者分布来看，Campbell 证据差距图仍未受到国内学者的重点关注。

表 2.3 Campbell 协作网证据差距图文献一览表

作者	题目	主题
V. Welch 等（2021 年）	Health, social care and technological interventions to improve functional ability of older adults living at home: an evidence and gap map	社会福利
F. Rathinam 等（2021 年）	Using big data for evaluating development outcomes: a systematic map	国际发展
M. Finch 等（2021 年）	Interventions that address institutional child maltreatment: an evidence and gap map	社会福利
A. Saran 等（2020 年）	Mega-map of systematic reviews and evidence and gap maps on the interventions to improve child well-being in low- and middle-income countries	社会福利
P. Pundir 等（2020 年）	Interventions for reducing violence against children in low- and middle-income countries: an evidence and gap map	社会福利
A. Saran 等（2020 年）	Evidence and gap map of studies assessing the effectiveness of interventions for people with disabilities in low-and middle-income countries	伤残
D.C. Miller 等（2020 年）	The impacts of agroforestry on agricultural productivity, ecosystem services, and human well-being in low-and middle-income countries: an evidence and gap map	国际发展

参 考 文 献

[1] 杨克虎 . 循证社会科学的产生、发展与未来 [J]. 图书与情报，2018，(3)：1-10.

[2] 哈立德 · 卡恩，等 . 系统评价——循证医学的基础 [M]. 曾宪涛，耿培亮，靳英辉，译 . 北京：北京科学技术出版社，2018.

[3] 罗杰，冷卫东 . 系统评价 /Meta 分析理论与实践 [M]. 北京：军事医学科学出版社，2013.

[4] Gurevitch J，Koricheva J，Nakagawa S，et al. Meta-analysis and the science of research synthesis[J]. Nature，2018，555 (7695)：175-182.

[5] 詹思延 . 系统综述与 Meta 分析 [M]. 北京：人民卫生出版社，2019.

[6] 马彬 . 系统评价 /Meta 分析在基础医学领域的应用 [M]. 兰州：兰州大学出版社，2018.

[7] Borenstein M，Hedges L V，Higgins J P T，et al. Introduction to Meta-Analysis[M]. Chichester：John Wiley & Sons，Ltd.，2009.

[8] 杨克虎 . 系统评价指导手册 [M]. 北京：人民卫生出版社，2010.

[9] Bailar J C. The promise and problems of meta-analysis[J]. The New England Journal of Medicine，1997，337 (8)：559-561.

[10] 杨克虎，刘雅莉，袁金秋，等 . 发展和完善中的系统评价再评价 [J]. 中国循证儿科杂志，2011，6 (1)：54-57.

[11] 刘雅莉，袁金秋，杨克虎，等 . 系统评价再评价的制作方法简介及相关资料分析 [J]. 中国循证儿科杂志，2011，6 (1)：58-64.

[12] 袁桂林，洪俊，李伯玲，等 . 农村初中辍学现状调查及控制辍学对策思考 [J]. 中国教育学刊，2004，(2)：1-5.

[13] Cant R P，Cooper S J. Use of simulation-based learning in undergraduate nurse education：an umbrella systematic review[J]. Nurse Education Today，2017，49：63-71.

[14] Onyura B，Baker L，Cameron B，et al. Evidence for curricular and instructional design approaches in undergraduate medical education：an umbrella review[J]. Medical Teacher，2016，38 (2)：150-161.

[15] 肖婷，胡珊博，邵佩，等 . 不同教学方法对护理专业学生人文关怀能力影响的网状 Meta 分析 [J]. 护士进修杂志，2020，35 (21)：1972-1977.

[16] 田金徽，李伦 . 网状 Meta 分析方法与实践 [M]. 北京：中国医药科技出版社，2017.

[17] 曾宪涛，曹世义，孙凤，等 . Meta 分析系列之六：间接比较及网状分析 [J]. 中国循证心血管医学杂志，2012，4 (5)：399-402.

[18] White H，Albers B，Gaarder M，et al. Guidance for producing a Campbell evidence and gap map[J]. Campbell Systematic Reviews，2020，16 (4)：e1125.

[19] 李艳飞，李秀霞，李睿，等 . 证据图谱的制作与报告 [J]. 中国循证医学杂志，2020，20 (9)：1098-1103.

[20] Welch V，Mathew C M，Babelmorad P，et al. Health，social care and technological interventions to improve functional ability of older adults living at home：an evidence and gap

map[J]. Campbell Systematic Reviews, 2021, 17 (3): e1175.

[21] Rathinam F, Khatua S, Siddiqui Z, et al. Using big data for evaluating development outcomes: a systematic map[J]. Campbell Systematic Reviews, 2021, 17 (3): e1149.

[22] Finch M, Featherston R, Chakraborty S, et al. Interventions that address institutional child maltreatment: an evidence and gap map[J]. Campbell Systematic Reviews, 2021, 17 (1): e1139.

[23] Saran A, White H, Albright K, et al. Mega-map of systematic reviews and evidence and gap maps on the interventions to improve child well-being in low- and middle-income countries[J]. Campbell Systematic Reviews, 2020, 16 (4): e1116.

[24] Pundir P, Saran A, White H, et al. Interventions for reducing violence against children in low- and middle-income countries: an evidence and gap map[J]. Campbell Systematic Reviews, 2020, 16 (4): e1120.

[25] Saran A, White H, Kuper H. Evidence and gap map of studies assessing the effectiveness of interventions for people with disabilities in low-and middle-income countries[J]. Campbell Systematic Reviews, 2020, 16 (1): e1070.

[26] Miller D C, Ordoñez P J, Brown S E, et al. The impacts of agroforestry on agricultural productivity, ecosystem services, and human well-being in low-and middle-income countries: an evidence and gap map[J]. Campbell Systematic Reviews, 2020, 16 (1): e1066.

第三章　定性系统评价的制作流程

目前为止，定性系统评价的制作并没有一个固定的模式，但大多数都遵循一般原则性的制作流程（特殊类型的系统评价将在之后的章节中进行更详细的讨论）。这些流程可分为不同但相互关联的阶段，主要包括：确定研究问题、制订研究计划、检索资料、文献筛选和资料提取、纳入研究的质量评价、资料分析和结果综合。

第一节　确定研究问题

准确地提出一个科学的问题就等于问题已经解决了一半，因为它是科学探究的第一步。爱因斯坦说过，提出问题有时比解决问题更重要。同样地，在进行系统评价前，首先要明确评价的问题，并对所提出的问题做一个全面的掌握。

一、选题前准备

（一）团队要求

系统评价不能由单个研究者完成，而应由两个及以上有相关背景知识的成员组成的团队完成。一个结构合理的研究团队应该包括具有以下背景知识的成员。

（1）熟悉教育领域的研究方法。

（2）精通证据检索和资料提取。

（3）掌握系统评价方法。

（4）具有专业统计学知识。

（5）熟悉研究问题。

（二）资源要求

系统评价需要检索多个数据库，如中国知网、心理学文摘数据库（PsycINFO）、Web of Science、ERIC 等，需要保证这些数据库可获及。同时，撰写系统评价是一个耗时费力的工程，需要保证研究团队有足够的时间与经费预算。

（三）技能要求

研究人员应熟练掌握各个文献数据库的检索方法、文献管理软件（EndNote、Rayyan 等）和数据分析软件（Review Manager、CMA、Stata 等）等。

二、选题来源

系统评价是一个创造证据的研究过程，目的是为教育实践提供证据。提出一个很好的问题是制作系统评价的重要的第一步。但好的问题不会凭空产生，需要教育专业等相关知识作为基础。教育实践是教育科研选题的丰富源泉，我们需要具备基础扎实的教育专业知识和技能，勤于思考，跟踪本领域的研究进展，经常跟同行或其他教育工作者讨论交流，关注教育实际需要，关注学生、家长和社会关注的问题，为教育科研提出问题。[1，2]

三、选题原则

定性系统评价在提出问题时一般遵循 SPIDER 原则。由于定性研究一般样本量少，无对照组、干预组之分，且结果不是以数据的形式表达，Cooke 等人于 2012 年推出了针对定性系统评价的 SPIDER 模型，即 sample（研究对象）、phenomenon of interest（研究内容）、design（研究设计）、evaluation（评价内容）和 research type（研究类型）[3]。研究者在提出研究问题前需要对“SPIDER”分别进行定义，根据界定好的细则，确定研究问题。例如，不同转学方式对幼儿健康和幸福感的影响[4]，研究对象（S）为转学的幼儿，研究内容（PI）为转学方式对幼儿健康和幸福感的影响，研究设计（D）为所有的定性研究设计，评价内容（E）为健康和幸福感，研究类型（R）为定性研究。

四、确定选题

（一）制定一个或多个研究问题

清晰、具体、可解决的研究问题是明确、全面的系统评价的起点。因此，在进行系统评价前，首先要考虑以下几个关键问题。

（1）你想了解哪些内容？

（2）关于什么的话题？

（3）你清楚地了解与研究问题相关的研究结果的类型吗？

（4）你的读者是谁？

（5）进行系统评价是否可行？

（二）确定研究问题的广度

系统评价中一个狭窄且具体的问题显然可以使研究者的任务更简单、更容易，但这也限制了结论的推广范围。一篇系统评价的推广范围取决于文献的本质、研究者的目的和时间限制等。如果研究者时间和能力有限，可重点研究相对狭窄的问题或选择相对较少的文献；如果研究者拥有基金支持，则可以组建一个稳定的团队就某个特殊系统评价进行长达几年的研究工作，这样的话才有可能对一个较广泛领域的大量文献进行系统评价。

（三）明确该领域是否已经做过系统评价

全面搜索资料以确定研究问题是否已进行过系统评价，或者是否有人注册过，目前仍在进行中。该检索可以从熟悉的文献开始，如果相关的系统评价已经存在且无须更新，将会节省研究者数周或数月的时间。

如果感兴趣的领域已经有了相关的系统评价，以下三种情况可以对现有的系统评价进行合理的更新：①对这个主题的系统评价已经超过10年而且之后又有大量文献产生，这意味着需要新的研究对相关主题进行说明；②关于这个话题的最近一次系统评价存在各种方法上的缺陷；③最近一次的系统评价主要关注的是X，基于某个重要的理论或实证原因，你认为值得关注的是Y。例如，15年前有一个系统评价总结了教师职业倦怠与一系列教学行为之间的关系。该评价并不系统且在过去的15年里，对教师职业倦怠的概念和测量方法发生了巨大的改变。

此外，在进行检索时，除了现有的系统评价外，还可以补充一些其他的相关文献，进而对文献的内容有一个大致的理解。这将有利于研究者对系统评价的范围、潜在的文献模式及研究问题的类型进行一个整体的判断。[5]

第二节　制订研究计划

问题提出后，下一步就需要仔细制订研究计划，即“计划书”。在进行系统评价前撰写计划书有助于评价团队在进行系统评价时对评价范围和评价方法达成一致的理解。不同类型的系统评价对计划书的要求不同。例如，对于调查教育干预影响相关研究问题的系统评价，应在评价开始前制订充分且详细的方案，以减少评价者偏倚的可能性。对于研究问题更具探索性的其他类型的系统评价，计划书可能更具灵活性和（或）发展性。[6]但计划书通常应包含研究背景、研究目的、制定纳入和排除标准、制定检索策略、筛选文献和提取资料的方法、方法学质量评价方法及数据处理方法等。关于特殊类型系统评价的计划书的详细内容及报告标准，请参考 Campbell 协作网系统评价指导手册。①

一、研究背景

研究背景主要描述系统评价中干预措施旨在解决的问题，以及与政策和实践的相关性。通常包含三个部分：研究问题的概述；当前已知研究的现状及理论基础；本系统评价的必要性简述。

二、研究目的

研究目的通常可用一句话来描述，主要阐明系统评价针对的教育问题、研究对象及研究目的。

三、制定纳入和排除标准

在进行系统评价时，评价者需要决定哪些研究将被纳入他们的评价中，这样可以更明确研究问题，并清楚地界定该系统评价的边界。为了保证文献筛选人员在整个筛选过程中保持一致的标准，这就需要在进行文献筛选前制定系统且透明的纳入和排除标准（甚至是在阅读文献前，以便评价者不受其他研究的影响），且制定纳入和排除标准最好是纯粹基于研究问题。制定纳入和排除标准时除了可以参考 SPIDER 原则，通常还需要考虑以下几个方面。

（1）研究问题（主题、范围）。

（2）定义或概念（术语和概念通常会根据理论或经验进行不同的定义）。例如，不同的研究者对“职业倦怠”有不同的定义或概念。

（3）测量方法或关键变量（用什么方法测量及如何测量）。

（4）时间界限（例如，近十年来，自上次系统评价以来）。

大多数研究是一个复杂的过程，需要反复修改。此外，如果系统评价研究者不是相关领域的专家，那么在开始评价前，很难或不可能制定出最终的纳入和排除标准，特别是当系统评价涉及多个主题和文献时。因此，进行大规模、复杂的系统评价的初始阶段（直到完全确定关注点），常常需要我们在潜在合适的纳入和排除标准之间循环，并观察针对研究问题和实际问题这些

① http://www.casp-uk.net/casp-tools-checklists。

标准是否能系统地应用于文献搜索中。例如，在制定初始的筛选标准后，随机选择 10 ～ 20 篇潜在文献进行预筛选来检验这个标准是否可行。若可行，则可进行下一步；若不可行，则需对当前标准进行修改再检验，直至确定最终的筛选标准。

四、制定检索策略

系统、全面是系统评价的主要特点之一，因此在进行检索前，要制定详细且全面的检索策略。[7-9]

（一）确定检索关键词

将研究问题分解为多个独立的概念进而生成检索关键词。例如，关于学校环境对学生健康影响的系统评价，可以将此研究问题分解为三个关键词：学校、环境、学生健康。检索词必须可以成功定位所有潜在相关的研究。对于经验不足的研究者，可以阅读现有文献及咨询同事，这有助于将研究问题转化为清晰、相关的检索词。

（二）考虑不同的术语

将研究问题转化为检索词后，还需要考虑检索词的不同术语表达。具体可以考虑以下几个方面。

（1）同义词（例如，“recycle”“refuse”“salvage”“recover”）。

（2）单数与复数形式（例如，“student”“students”）。

（3）动词和形容词形式（例如，“recycling”“recycled”）。

（4）不同的拼写（例如，“color”“colour”）。

（5）广义词与狭义词（例如，“学生”“中学生”“初中生”“高中生”）。

与制定筛选标准类似，制定检索策略也是一个复杂的过程，不可能一蹴而就，需要反复修改。当然，在制定初步的检索策略后，我们可以通过预检索来验证当前的检索策略是否全面。例如，我们发现一套检索策略对我们已经知道的相关研究是有用的（如之前对于这个话题的系统评价与当前正在进行的系统评价主题是明显相关的），然后，通过检索已知的相关研究来检测这一策略是否可行。这个过程有助于确定为什么没有检索到遗漏的文献，也可以促进研究者提高检索词的准确度。

在制定检索策略时，需要在敏感性（找出尽可能多的相关的文章）和特异性（确定文章确实与研究主题相关）之间保持平衡。在这个阶段，我们建议检索词可以侧重敏感性，以确保不会存在遗漏。虽然这会产生大量的研究，而且大多数研究可能与主题不相关，但这些不相关的研究可以相对迅速地被筛除掉，同时也不会遗漏重要的研究文献。此外，针对不同的数据库，检索策略可能略有不同。在制定检索策略时若能得到相关检索专家或者图书馆相关工作人员的支持和指导，将有益于提高检索的全面性、准确性及可靠性。

第三节　检 索 资 料

确定系统评价研究的题目后，需要系统且全面地通过多途径（多个电子数据库相结合，计算机检索和手工检索相结合）、多语种（避免语言偏倚）和多渠道（避免发表偏倚）收集相关文献。

一、检索技术

（一）布尔逻辑运算符

文献可能涉及一个简单的主题概念，或一个主题概念的某一侧面，也可能是由若干个概念组成的复合主题，或一个主题的若干侧面。这些概念或其侧面，无疑都需要以一定的词汇或者符号来表达，信息检索系统可借助布尔逻辑运算符来处理这些较为复杂的词组（或符号间）的语义关系（图 3.1）。

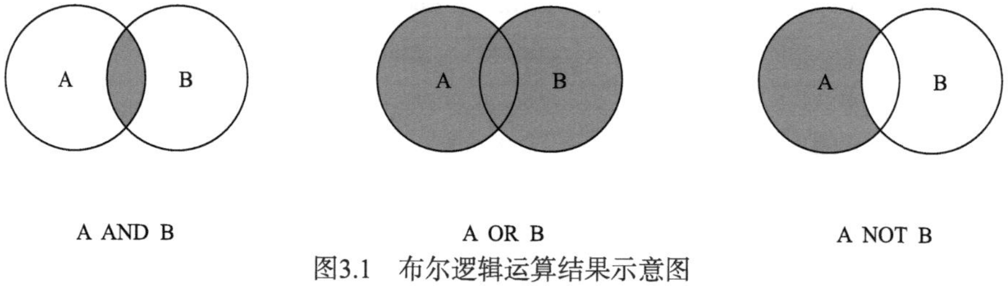

图3.1　布尔逻辑运算结果示意图

（1）"逻辑与"，符号为"AND"或"*"，表示概念之间交叉或限定关系的一种组配。表达式为 A AND B 或 A * B。只有同时包含检索词 A 和检索词 B 的文献记录才会被呈现。该运算符可缩小检索范围，提高查准率。

（2）"逻辑或"，符号为"OR"或"+"，表示概念之间并列关系的一种组配。表达式为 A OR B 或 A + B。表示数据库中含有检索词 A 或检索词 B 或同时含有检索词 A 和 B 的文献记录均会被呈现。该运算符可扩大检索范围，提高查全率。

（3）"逻辑非"，符号为"NOT"或"AND NOT"或"–"，表示概念之间不包含关系的一种组配。表达式为 A NOT B 或 A AND NOT B 或 A–B，表示数据库中包含有检索词 A，但同时不包含检索词 B 的文献记录才会被呈现。该运算符可通过从某一检索范围中去除一部分文献的方式达到缩小检索范围的目的，提高查准率。

一个检索式可以同时使用多个布尔逻辑运算符构成复杂的检索策略。不同的布尔逻辑运算符的组合，其运算次序为（ ）> NOT > AND > OR，也可用括号改变运算次序。例如，A OR B AND C 的顺序为先检索 B AND C，而（A OR B）AND C 则优先进行括号内的运算，即优先检索 A OR B。

（二）位置算符

运用布尔逻辑运算符进行检索时，由于对各个检索词之间的位置关系不能给予限定和确定，有时会产生误检，这就需要采用位置算符以弥补这一缺陷。常用的位置算符有如下三个。

（1）“WITH”，用于限定两个检索词必须同时出现在同一字段中，但不限制先后位置，如 teacher WITH burnout。

（2）“NEAR”，用于限定两个检索词必须同时出现在同一句子中，但不限制先后位置。但在“NEAR”后可加上一个数字，指明两个词的临近程度，如“teacher NEAR2 burnout”表示检出的文献记录中 teacher 和 burnout 包括在一个句子中，且它们之间的间隔距离不超过两个词。

（3）“IN”，用于限定一个检索词必须出现在某一特定的字段中。如 teacher burnout IN TI，表示检出文献必须满足 teacher burnout 一词出现在检出记录的标题字段中。

（三）截词算符

截词检索是把检索词截断，取其中一部分片段，再加上截词符号一起进行检索。检索时，系统将按照词的片段与数据库里面的索引词对比匹配，凡包含这些词的片段的文献均可被检出。截词检索可检索词根相同、词尾不同的检索词，常用于检索词的单复数、词尾变化但词根相同的词，以及同一词的拼法变异等。常见的截词算符具体如下。

（1）无限截词符“*”，常用于名词的单复数、不同拼写方法及词干相同的各个衍生词的检索。如 teach* 可检出 teach，teacher 和 teaching。

（2）有限截词符“？”，常用于一个词中间，用以替代一个字符或不替代任何字符，如 wom？n 可检出 woman，women。

二、检索步骤

（一）分析预检索课题，明确检索要求

首先要分析、明确预检索课题涉及的概念，这些概念的内涵和外延如何，这些概念之间的关系是什么。在此基础上，明确检索的内容、目的、要求，从而确定检索的学科范围、文献类型、回溯的年限等。

（二）选择合适的数据库

根据预检索课题的类型和现有条件，先选择专业数据库或专题性数据库检索，若检索的结果不能满足需要，再检索综合性数据库或其他相关数据库。

（三）确定检索词

数据库选定后，需要确定检索词。检索词是与预检索课题有关的词，这些词应包括关键词、同义词、近义词和缩写词，必要时还需要考虑反义词。

（四）制定检索策略，实施检索

根据检索课题的已知条件和检索要求，以及所选定的信息检索系统所提供的检索功能，确定适宜的检索途径，如关键词途径、主题词途径或题名途径等。检索途径确定后，编写检索策略表达式，即将选择确定的检索词作为检索标识，用布尔逻辑运算符组合，形成既可为计算机识别又能体现检索要求的提问表达式。检索策略的制定原则是敏感性要高，通过提高敏感性，达到提高检出率、降低漏检率的目的。

不同的数据库收录的范围不同，检索术语、主题词表及检索功能存在差异，因此，在检索过程中要仔细选择检索词、不断修改和完善检索策略，调整检索策略的敏感性或特异性，以便制定出能够满足检索需求的高质量的检索策略。

（五）评估检索结果

对检索结果进行评价主要是看检索的结果是否在预期的范围内。对检索结果的评价步骤有：浏览检出记录的标题和摘要、评价该记录是否符合事先制定好的纳入和排除标准、纳入符合要求的文献。对潜在符合纳入标准的记录和不能确定是否需要纳入和排除的记录，应阅读全文，以进一步判断或评估。若检索结果不能满足需要，有必要对已检索过的数据库进行再次检索或检索其他数据库（图 3.2）。

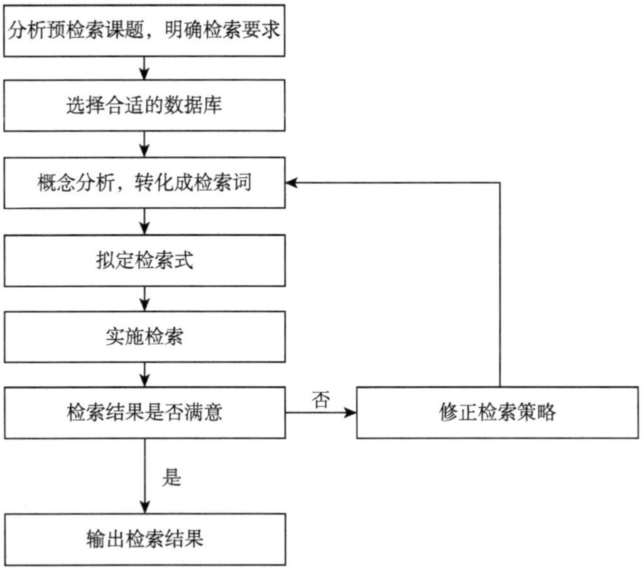

图3.2　文献检索流程

三、检索来源

当进行文献检索时，需要通过预先设定的检索词找到所有与研究问题相关的发表和未发表的研究，要找到这些研究，最佳方法是仔细检索至少两个不同的电子数据库，并与手工检索相结合。

（一）常用电子数据库

1. 教育专业数据库

美国教育资源信息中心（Educational Resource Information Centre，ERIC）[①]，是美国国家级信息系统之一，主要为教育工作者和研究人员提供教育信息服务，是目前国际上最大和访问量最多的教育数据库之一。该数据库中有大量的优秀教案、教学实践计划活动等实用资源。数据库信息量大、更新快、领域宽、范围广，几乎囊括了所有的教学科目，如艺术、计算机科学、数学、语言、健康、物理、信息素养、社会研究、职业教育等。ERIC 数据库有两种检索方式：关键词检索（Collection）和同义词检索（Thesaurus）。

1）关键词检索

利用关键词检索，可以在一组关键 ERIC 字段中查找检索词：标题、作者、来源、摘要和描述符；还可以输入 ERIC 登录号（ERIC ID）来搜索 ERIC 文档，

① https://eric.ed.gov/。

以及通过 ID 检索提到或引用文献的文档；也可以直接输入国际书号、国际标准连续出版物号（ISSN）或国际资助 / 合约编号 IES。

选择主页（图 3.3）并在 Collection 的检索框中输入关键词后，点击 Search 完成模糊检索。点击主页的 Advanced Search 进入高级检索界面后，可以通过关键词的限定来准确地找到某一类文章或者某个作者的所有文献。例如，title: test 即检索题目中含有 test 的文献。也可以使用双引号将检索词组合成词组进行检索（例如，title: “test score” 即检索题目中含有 test score 的文献）。最后，可以通过使用运算符（AND/OR/+/–）将检索词或词组连接起来，形成完整的检索式进行检索。

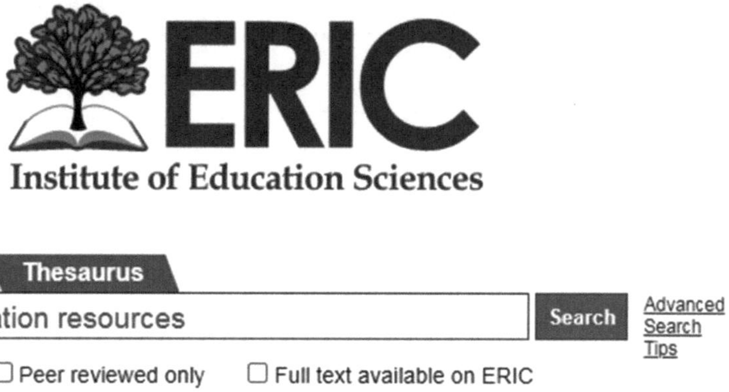

图3.3 ERIC数据库模糊检索界面

2）同义词检索

ERIC 数据库将纳入的所有教育相关研究按照主题进行划分，汇集成同义词词典。目前为止，ERIC 同义词词典总共包含 11 875 个术语，其中有 4 578 个描述符和 7 165 个同义词。还有 132 个已停用的术语，它们不再作为描述符使用，但仍然可以在同义词词典中帮助搜索之前的记录。ERIC 同义词词典最后一次更新是在 2023 年 1 月。更新的同义词词典包括 21 个新的描述符、36 个新的同义词和对 39 个现有术语的更改。

选择主页的 Thesaurus 并在检索框中输入关键词后，点击 Search 完成同义词检索。点击主页的 Browse Thesaurus，可查看当前纳入同义词词典中的所有描述符和同义词。同义词列表有两种呈现方式：按照字母表顺序排列和按照主题分类排列（图 3.4）。选定感兴趣的同义词后，选择 Search collection using this descriptor 完成同义词检索。

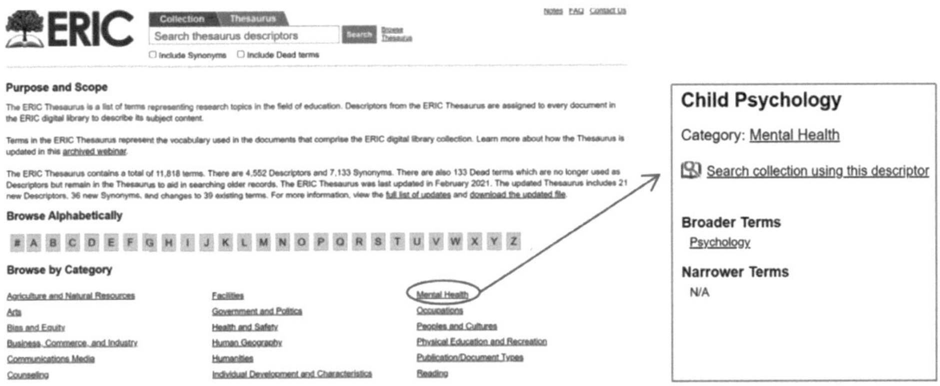

图3.4　ERIC数据库同义词浏览检索界面

3）全文下载和记录导出

检索完成后，所有结果按照相关性进行排列，且每一页显示 15 条记录。在一条检索结果右侧显示：①该文献是否通过同行评审，即 Peer reviewed；②该文献的全文链接，Download full text 表示可直接下载全文 PDF 文档，若不能直接下载，则可点击 Direct link ，通过链接访问全文。

保存检索记录的操作步骤是：检索完成→点击“Export”→选择起始结果序号→选择单次导出的条目数（10，50，100，200）→点击“Create file”创建文件即可（图 3.5）。ERIC 数据库设定导出格式为 EndNote 文件。

图3.5　ERIC数据库检索记录导出界面

2. 综合性数据库

如下所述，教育学领域常用的国内综合性数据库有 3 个，国外综合性数据库有 7 个。详细检索步骤请参考官方网站。

1）中国知网（https://www.cnki.net/）

中国国家知识基础设施（China National Knowledge Infrastructure，CNKI）始建于 1999 年，其数字出版平台由中国学术期刊（光盘版）电子杂志社和同方知网（北京）技术有限公司共同创办，集成整合了各类型数据资源，收录了学术性期刊、硕博学位论文、工具书、会议论文、年鉴等。

2）万方数据知识服务平台（https://www.wanfangdata.com.cn）

万方数据知识服务平台是由中国科技信息研究所万方数据股份有限公司于1993年推出的数据资源系统。目前平台出版的资源总量超过2亿条，全面覆盖各学科、各行业，汇集期刊、学位论文、会议论文、科技成果、专利技术、中外标准、政策法规、各类科技文献、机构和名人等近百个数据库。其中，中国学术期刊数据库（China Science Periodical Database，CSPD）是万方数据知识服务平台的重要组成部分，目前收录了理、工、农、医、哲学、人文、社会科学、经济管理和科教文艺8大类100多个类目的7 000多种各学科领域核心期刊1998年至今的内容，其中核心期刊2 800余种，期刊论文总量近2 000万篇。

3）维普期刊资源整合服务平台（http://www.cqvip.com/）

维普期刊资源整合服务平台中的中文科技期刊数据库（China Science and Technology Journal Database，CSTJ）是重庆维普资讯有限公司推出的一个功能强大的中文科技期刊检索系统，收录1989年至今12 000余种期刊，涵盖社会科学、自然科学、工程技术、农业科学、医药卫生、经济管理、教育科学、图书情报8大专辑28个专题。

4）Web of Science（http://webofknowledge.com）

Web of Science收录了12 000多种世界权威的高影响力的学术期刊，学科范围涵盖了自然科学、工程技术、生物医学、社会科学、艺术与人文等领域。通过Web of Science可检索科学引文索引扩展版（Science Citation Index Expanded，SCIE）、社会科学引文索引（Social Science Citation Index，SSCI）和艺术与人文引文索引（Arts & Humanities Citation Index，A&HCI）三大引文数据库和化学数据库，以及会议录引文索引-科学版（Conference Proceedings Citation Index-Science，CPCI-S）和会议录引文索引-社会科学与人文科学版（Conference Proceedings Citation Index-Social Science & Humanities，CPCI-SSH）。

5）EBSCOhost（http://search.ebscohost.com/）

EBSCOhost数据库是EBSCO公司三大数据系统之一，属于多数据库、单引擎的在线数据库检索系统。在EBSCOhost检索系统中，可检索到EBSCO公司制作的全文数据库和其他数据库。数据库涉及自然科学、社会科学、人文和艺术等学术领域，涵盖工商、经济、信息技术、人文科学、社会科学、教育、艺术、文学、医药、通用科学等领域，数据每日更新。其中与教育相关的资源数据库有7个，具体数据库信息见表3.1。

表 3.1　EBSCOhost 数据库一览表

序号	数据库名称	简介
1	Academic Search Premier（综合类学术期刊数据库）	涵盖社会科学、人文、教育、计算机科学、工程、物理、化学、艺术、医学等的学术型多学科全文和书目数据库
2	EBSCO Open Dissertations（开放学位论文数据库）	收录了 1902 年至今的美国博士学位论文
3	Australian Education Index（澳大利亚教育文献索引）	澳大利亚教育研究理事会收集澳大利亚教育研究方面的期刊建成的数据库
4	British Education Index（英国教育索引）	涵盖英国教育政策、管理和评估及特殊教育的期刊
5	Business Source Premier（商业资源数据库）	主要包括营销、经济管理、金融、会计、劳动人事、银行、国际商务等方面的期刊论文，以及市场、行业、国家的研究报告，案例分析，工作论文、哈佛大学研讨课视频，1 万多家大公司的概况等资源
6	CINAHL（保健协会文献索引资料库）	CINAHL（The Cumulative Index to Nursing & Allied Health Literature）是全球护理和相关健康期刊的全文数据库
7	Education Source（教育专题库）	内容覆盖范围囊括了从幼儿早期教育一直到高等教育的完整教育阶段，以及一些专业教育
8	Education Resource Information Centre（教育资源信息中心）	由美国教育部、国家教育图书馆、教育研究与发展办公室资助的教育文献数据库
9	European View of the Americas：1493 to 1750	收录 1493 年至 1750 年欧洲出版的美国题材史料 32 000 条
10	GreenFILE（节能环保类文献资源）	涉及全球变暖、绿色建筑、污染、可持续农业、再生能源、资源回收等主题
11	History Reference Centre（历史参考资源数据库）	提供近千部历史参考书和百科全书的全文，提供近 60 种历史杂志的全文
12	Library，Information Science & Technology（图书馆信息科学与技术数据库）	收录 20 世纪 60 年代中期以来的图书馆、信息科学与技术方面的期刊 500 余种，以及图书和研究报告，其中同行评议期刊近 50 种，涵盖主题有图书馆、分类、编目、文献计量学、在线信息检索、信息管理等
13	LISTA with Full Text（图书馆与信息科学全文数据库）	涵盖了图书馆分类、编目、书目学、在线信息检索和信息管理等主题。该数据库是信息科学领域收录信息量最大、回溯时间最长的数据库
14	MasterFILE Premier（综合性期刊全文）	专门为公共图书馆设计，提供 2 000 多种普通参考出版物全文，全文信息可追溯至 1975 年，涵盖了综合性学科的每个领域，还包括近 500 本全文参考书，84 074 本传记，86 135 份主要来源文献和一本包含近 20 万张相片、地图和标志的图片集
15	MEDLINE（美国医学索引）	涵盖医学、护理、牙科、兽医、卫生保健系统和基础医学等方面的权威医学信息。采用 MeSH 标引主题词，提供主题词、副主题词和树状结构扩展检索功能
16	Newspaper Source（报纸资源）	提供了美国近 30 个民族和国际出版的报纸的精选全文，还包含来自电视和收音机的全文新闻副本，以及美国 200 多种地区报纸的精选全文
17	Professional Development Collection（教育核心期刊全文数据库）	专门为职业教育者设计，是世界上最全面的全文教育期刊集
18	PsycINFO（心理学文摘）	由美国心理学会出版，提供心理学及与心理学相关的其他领域的 2 500 多本国际学术期刊论文；此外还包括学位论文、相关英文图书等
19	Regional Business News（地区商业报纸）	提供了地区商业出版物的详尽全文。将美国所有城市和乡村地区的 75 种商业期刊、报纸和新闻专线合并在一起

续表

序号	数据库名称	简介
20	Social Work Abstracts （社会工作摘要资料库）	收录 1977 年至今有关社会工作和社会福利的期刊，涵盖艾滋病、儿童和家庭福利、老年、药物滥用、立法、社区组织等主题
21	Teacher Reference Centre （教师参考中心文摘库）	提供 280 多本最畅销的教师和管理员期刊和杂志的索引和摘要，旨在为职业教育者提供帮助
22	The Belt and Road Initiative Reference Source （一带一路资源中心数据库）	提供包含“一带一路”沿线的 65 个国家的出版文献，其中收录超过 5 100 种特色全文期刊
23	Vocational and Career Collection （职业技术全集）	为服务于高等院校、社区大学、贸易机构和公众的专业技术图书馆设计，提供了 350 多种与贸易和工业相关的期刊的全文

6）ScienceDirect（https://www.sciencedirect.com/）

ScienceDirect，即 Elsevier 电子期刊全文。Elsevier 是荷兰一家全球著名的学术期刊出版商，每年出版大量的学术图书和期刊，大部分期刊被 SCI、SSCI、EI 收录，是世界上公认的高品位学术期刊之一。近几年该公司将其出版的 2 500 多种期刊和 11 000 种图书全部数字化，即 ScienceDirect 全文数据库，并通过网络提供服务。该数据库涉及众多学科：计算机科学、工程技术、能源科学、环境科学、材料科学、数学、物理、化学、天文学、医学、生命科学、商业、经济管理、社会科学等。

7）Taylor & Francis Online（https://www.tandfonline.com/）

Taylor & Francis 是英国一家全球著名的期刊出版商，拥有 200 多年的出版经验，已成为世界领先的国际学术出版集团。每年出版超过 1 500 种期刊，享有高质量美誉。Taylor & Francis Online 为 Taylor & Francis 出版的全文电子期刊数据库，提供超过 1 000 种经专家评审的高质量期刊，包括来自社会科学与人文科学先驱出版社 Routledge 及声誉卓越的 Psychology Press 的期刊。其中有 480 种期刊被 Web of Science 核心引文索引数据库收录，内容最早至 1997 年。该数据库内容涉及以下领域：人类学与考古学、艺术与人文、行为科学、商务、管理与经济、犯罪学与法学、教育学、地理、规划、城市与环境、图书馆与信息科学、媒体、文化与传播研究、政治、国际关系与区域研究、公共卫生与社会保健、社会学及其相关学科、体育、休闲与旅游、战略、防御与安全研究。

8）Campbell 图书馆（https://www.campbellcollaboration.org/better-evidence.html）

Campbell 图书馆是 Campbell 协作网建立的循证社会科学二次研究数据库，主要工作是制作、保存、推广高质量 Campbell 系统评价。Campbell 图书馆收录的文献均是在 Campbell 协作网出版的指导手册及相应的 Campbell 系统评价和在证据地图方法指导小组的协助下完成的内部二次研究。该数据库收录的文献分为两类：系统评价和证据差距图。系统评价共涉及 8 个主题领域：系统评价研究方法、经济和管理、司法犯罪、伤残、教育、国际发展、知识转化和应用、社会福利；证据差距图目前涉及3个主题领域：国际发展、伤残和社会福利。

9）JSTOR（https://www.jstor.org/）

JSTOR全名为Journal Storage，始于美仑基金会的数字典藏计划，是一个对过期期刊进行数字化的非营利性机构，于1995年8月成立。JSTOR全文数据库以收录过期外文期刊为任务和目标，所提供的期刊绝大部分都从1卷1期开始，回溯年代最早至1665年。该数据库包含14个主题，分别为人文社会主题（含8个子主题，涵盖JSTOR收录的1 100余种期刊）、生命科学主题、生物科学主题、商业主题（含2个商业子主题）、生态学与植物学主题、健康与一般科学性主题、语言文学与文学作品主题、数学与统计学主题、音乐主题、爱尔兰地区主题、19世纪英国宣传小册子文献集、非洲文化遗址与景观、非洲植物、南部非洲的自由斗争。

10）OCLC FirstSearch（https://firstsearch.oclc.org/）

OCLC全名为Online Computer Library Centre（联机计算机图书馆中心），是世界上最大的提供网络文献信息服务和研究的机构，称"信息第一站"，FirstSearch是OCLC的一个联机参考服务系统，FirstSearch数据库基本覆盖了各个领域和学科，内容涉及艺术和人文学科、传记、工商管理和经济、会议和会议录、消费者事务和大众、教育、工程和技术、综合类、普通科学、生命科学、医学和健康、新闻和时事、公共事务和法律、社会科学等领域。

（二）会议论文检索

（1）中国知网会议论文数据库（https://chkdx.cnki.net/kns/brief/result.aspx?dbPrefix=CHKP）。

（2）万方数据知识服务平台–中国会议论文全文库（https://c.wanfangdata.com.cn/conference）。

（3）国家科技图书文献中心中外文会议论文数据库（http://www.nstl.gov.cn）。

（4）Paper First和Proceeding First（https://www.oclc.org/firestsearch）。

（5）Conference Proceeding Citation Index, CPCI（http://webofknowledge.com）。

（6）Open Grey（https://opengrey.eu/）。

（7）APA PsycExtra（http://www.apa.org/psycextra）。

（三）学位论文检索

（1）中国优秀硕士学位论文全文数据库（https://cn.oversea.cnki.net/kns55/brief/result.aspx?dbPrefix=CMFD）。

（2）万方–中国学位论文全文数据库（http://c.g.wanfangdata.com.cn/Thesis.aspx）。

（3）CALIS全国高校学位论文文摘数据库（http://opac.calis.edu.cn）。

（4）国家科技图书文献中心。
（5）ProQuest Digital Dissertations（https://www.proquest.com/）。
（6）Network Digital Library of Theses and Dissertations（http://www.ndltd.org）。
（7）Index to Theses in Great Britain and Ireland（http://www.theses.com）。
（8）DissOnline（http://dissonline.de）。

（四）常用搜索引擎检索

（1）Google Scholar（http://scholar.google.com）。
（2）Microsoft Academic Search（http://academic.research.microsoft.com）。
（3）Bielefeld Academic Search Engine（https://base-search.net/）。
（4）百度学术（http://xueshu.baidu.com）。
（5）必应学术（https://www.bing.com/academic）。

（五）其他手工检索

1. 参考文献检索

在初步熟悉研究主题后，对纳入文献的参考文献进行检索，通过“滚雪球”的方式手工补充相关研究。

2. 相关期刊检索

明确研究主题后，可以手动检索针对此主题的相关期刊。

3. 相关网站检索

检索国际或国家级的教育研究机构和国际或全国性学会 / 协会网站。例如，WWC 等。

4. 专家检索

全面检索与此主题相关的权威学者的著作。

第四节　文献筛选和资料提取

一、文献筛选

系统评价的检索要求系统、全面，常选用敏感性较高的检索策略，因此需要将各个数据库检索得到的初检文献依据纳入和排除标准进行选择，确定最终纳入的文献。为了保证文献筛选的准确性，应对评价人员进行培训，并随机抽取样本文献 10 ～ 20 篇进行预筛选以确保文献筛选过程的标准化。文献筛选过程至少需要两名评价人员独立进行，有意见分歧可讨论解决，必要时需要与第三位评价员协商确定。如图 3.6 所示，文献筛选步骤如下：①用文献管理软件将初检文献进行归类、整理，排除重复文献；②阅读每篇文献的题目和摘要，排除明显不符合纳入标准的不相干的文献；③对于任何一篇潜在的相关文献进行全文阅读，排除不符合纳入标准的文献，排除文献数量及原因应详细记录；④对于信息报告不全者，尽量联系原作者补充相关资料；⑤最终确定纳入研究的文献数量，进入资料提取阶段。

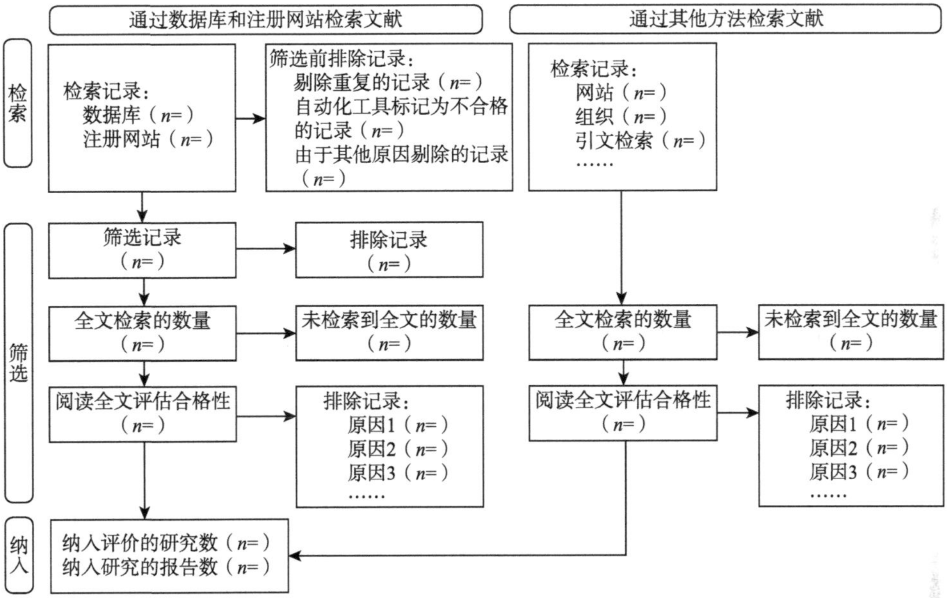

图3.6 PRISMA 2020系统评价流程图

资料来源：http://www.prisma-statement.org/PRISMAStatement/FlowDiagram

注意边缘文献的处理。

在筛选文献时，可能会遇到符合纳入或排除标准的边缘文献（例如，那些不包含特定年龄范围的研究）。对于这些文献，需要根据理论或证据进行仔细考虑，并对每一篇文献的处理方法进行详细描述以便后续研究者进行重复。如果边缘文献是在文献筛选过程中出现的，且明确突出了之前的筛选标准存在缺陷，那么就必须对这些标准进行修改。

二、资料提取和编码

资料提取是指按照纳入标准，将纳入研究的结果和所有有价值的信息正确地收集并记录下来。资料提取表既可以作为原始资料进行保存，又可以作为数据分析的来源。资料提取的过程也是对研究资料的核实过程。在进行正式资料提取前，可选取 10 ～ 20 篇样本文献进行预提取，一方面可以保证评价人员对资料提取表理解的一致性，另一方面也可以检验资料提取表中的条目是否齐全。资料提取直接影响系统评价结果的准确性，因此，在此过程中要求至少有两位评价人员各自独立提取资料，并互相复核，准确无误和意见统一后才能进行统计分析。如果原始研究数据描述不清楚或缺失，可考虑与原作者联系加以补充。资料提取主要包括以下信息。

（1）研究基本信息。包括论文基本信息和评价者对研究信息的编号，如研究题目、发表期刊、发表年份、作者、研究 ID 号、作者 ID 号和作者联系方式。

（2）研究方法。应包括质量评价的关键因素和其他偏倚来源等。

（3）受试者或调查对象的信息。不同研究中的研究对象之间存在很大的差异，评价人员应根据系统评价的实际情况确定提取哪些资料。一般来说，影响研究结果或能帮助读者评价此研究教育实践适应性的一些特征信息都应该被收集起来，如受试者的年龄、年级、国家等。

（4）测量指标和评价结果。在制定纳入和排除标准时，已经对测量指标进行了限定，但实际提取过程中也会涉及很多问题。如设定的测量指标在纳入研究中未报告，或纳入研究设定的测量指标不在系统评价的测量指标之列，甚至出现多种测量方法报告统一的结局。因此，评价人员应将这些研究报告中的结局类型进行统一。为避免潜在的错误，应先按照原始研究中的报告格式收集数据，然后再进行转换。对于不符合系统评价纳入标准的指标应列出，并标明排除原因以供读者参考。

（5）其他信息。包括基金来源、作者得出的关键性结论等可用于概括原始研究内容的信息，以便评价人员快速了解原始研究的内容。

第五节　纳入研究的质量评价

系统评价是对原始研究的二次综合分析与评价，其质量受到纳入的原始研究的质量、评价方法、评价人员的知识水平及观点影响。若纳入的原始研究的质量低，且未对原始研究方法学质量进行正确评价，系统评价结果和结论可能是不正确的，从而对教育实践造成误导。因此，对纳入系统评价的原始研究的质量进行严格的评价尤为重要。原始研究的质量评价工具主要根据研究设计、实施、结果分析整个过程中可能出现偏倚的各个因素而定。目前出现的定性研究评价工具较少，本节将对教育学常用的定性研究质量评价工具进行简要分析。

定性研究的重点是将研究理解为一种人文主义或理想主义的方法。在教育领域，定性研究常被用来理解人们的信念、经历、态度、行为和互动，生成非数值数据。在教育研究中，主要存在三类定性研究：观察性研究、访谈研究和各种书

面记录的文献 / 文本分析。定性研究提高了相关研究人员的参与度，但研究人员和参与者之间的关系往往不如定量研究正式，更容易产生研究偏倚。在循证教育研究中，常用的定性研究评价工具有 CASP 定性研究清单、JBI 定性研究清单和英国国家社会研究中心的定性研究评估框架。[10]

一、CASP 定性研究清单

CASP 定性研究清单（Critical Appraisal Skills Programme）是 Cochrane 协作网和世界卫生组织指南中关于定性证据综合中最常用的工具之一。CASP 用于评价定性研究的清单包括 3 个部分和 10 个条目，前两个条目是筛选问题，可以快速回答。如果问题的答案都是肯定的，那就继续讨论剩下的问题。这些问题之间有一定程度的重叠，大多数问题采用“是”、“否”或“不清楚”进行评价。每个问题后面都有一些提示以提醒研究者为什么这个问题非常重要（表 3.2）。

表 3.2 评价定性研究质量的 CASP 清单

主要内容	条目	提示	供选答案
第一部分 研究结果 有效吗？	1. 对该研究的目的是否有明确的说明？	① 研究的目的是什么？ ② 为什么认为它很重要？ ③ 它的相关性如何？	是 / 否 / 不清楚
	2. 采用定性研究的方法是否合适？	① 研究者是否试图解释或阐明研究参与者的行为和（或）主观经验？ ② 定性研究是解决研究目标的正确方法吗？	是 / 否 / 不清楚
	3. 研究设计是否适合解决研究的目的？	研究人员是否已经证明了研究设计是合理的（例如，他们是否讨论了如何决定使用哪种方法）？	是 / 否 / 不清楚
	4. 参与者的招募策略是否符合研究的目标？	① 研究人员是否解释了参与者是如何被选中的？ ② 研究人员是否解释了为什么他们选择的参与者是最适合的？ ③ 是否有任何关于参与者招募的讨论？	是 / 否 / 不清楚
	5. 收集的数据是否解决了研究问题？	① 数据收集方法是否合理？ ② 是否清楚数据是如何收集的（如焦点小组、半结构化访谈等）？ ③ 研究人员是否能证明所选择的方法是正确的？ ④ 研究人员是否已经明确了方法（例如，访谈方法是什么？如何进行访谈）？ ⑤ 研究过程中是否修改了方法？如果是，研究人员是否进行了解释？ ⑥ 数据收集的形式是否清晰（如磁带录音、视频材料、笔记等）？ ⑦ 研究人员是否已经讨论过数据的饱和度？	是 / 否 / 不清楚
	6. 是否充分考虑了研究人员和被试之间的关系？	① 在制定研究问题和数据收集（包括参与者招募和地点选择）的过程中，研究人员是否批判性地检查了自己的作用、潜在偏差和影响？ ② 研究人员在研究过程中如何应对？他们是否考虑了研究设计中任何变化的影响？	是 / 否 / 不清楚
第二部分 研究结果是 什么？	7. 是否考虑到了伦理问题？	① 是否有足够的细节说明该研究是如何向参与者解释的，以便读者评估是否坚守了道德标准？ ② 研究人员是否讨论了与研究相关的问题（例如，关于知情同意或保密的问题，或者他们在研究期间和之后如何处理研究对参与者的影响）？ ③ 是否已获得伦理委员会的批准？	是 / 否 / 不清楚

续表

主要内容	条目	提示	供选答案
第二部分 研究结果是什么？	8. 数据分析是否足够严谨？	① 是否对分析过程有详细的描述？ ② 是否使用主题分析？如果是，是否清楚类别 / 主题是如何从数据中衍生出来的？ ③ 研究人员是否解释所呈现的数据是如何从原始样本中选择的？ ④ 是否提供了足够的数据来支持研究结果？ ⑤ 在多大程度上考虑了矛盾的数据？ ⑥ 在分析和选择数据进行展示时，研究人员是否批判性地检查了自己的作用、潜在偏差和影响？	是 / 否 / 不清楚
	9. 是否清晰地陈述了研究发现？	① 调查结果是否明确？ ② 是否对支持和反对研究者论点的证据进行了充分的讨论？ ③ 研究人员是否讨论了研究结果的可信度？ ④ 研究结果是否与最初的研究问题相关？	是 / 否 / 不清楚
第三部分 研究结果能否适用于局域人群？	10. 这个研究有多大的价值？	① 研究人员是否讨论了研究对现有知识或理解的贡献？ ② 他们是否发现了需要研究的新领域？ ③ 研究人员是否讨论过这些发现是否可以或如何转移到其他人群中，或考虑研究的其他用途？	/

资料来源：https://casp-uk.net/casp-tools-checklists/

二、JBI 定性研究清单

JBI（Joanna Briggs Institute）是一个国际研究组织，总部设在澳大利亚阿德莱德大学健康与医学学院。JBI 开发并提供独特的循证信息、软件、教育和培训，旨在改善医疗保健实践和健康结果。JBI 用于评价定性研究的清单包括 10 个条目，所有条目采用“是”、“否”、“不清楚”或“不适用”进行判定。所有条目判定完成后，需进行总体评价，即决定此项研究是否纳入、排除或寻求更多信息进行再判定（表 3.3）。

表 3.3 评价定性研究质量的 JBI 清单

条目	供选答案
1. 所陈述的哲学视角与研究方法是否一致？	是 / 否 / 不清楚 / 不适用
2. 研究方法与研究问题或目标是否一致？	是 / 否 / 不清楚 / 不适用
3. 研究方法和收集数据的方法是否一致？	是 / 否 / 不清楚 / 不适用
4. 研究方法与数据的呈现和分析是否一致？	是 / 否 / 不清楚 / 不适用
5. 研究方法和结果的解释是否一致？	是 / 否 / 不清楚 / 不适用
6. 是否有从文化或理论上定位研究人员的声明？	是 / 否 / 不清楚 / 不适用
7. 是否解决了研究人员对研究的影响，反之亦然？	是 / 否 / 不清楚 / 不适用
8. 参与者及其声音是否得到充分体现？	是 / 否 / 不清楚 / 不适用
9. 根据当前标准进行的研究是否符合道德规范，或者最近的研究是否符合相关标准？	是 / 否 / 不清楚 / 不适用
10. 研究报告中得出的结论是否来自对数据的分析或解释？	是 / 否 / 不清楚 / 不适用
总体评价：纳入 / 排除 / 寻求更多信息进行再判定	

资料来源：https://jbi.global/critical-appraisal-tools

三、英国国家社会研究中心的定性研究评估框架

英国国家社会研究中心（National Centre for Social Research）的定性研究评估框架（Quality in Qualitative Evaluation: A Framework for Assessing Research Evidence）是特别参照与社会政策、方案和实际行动的发展和执行有关的评价而制定的，主要用于评估定性调查的产出，即报告、论文和期刊文章。[10] 该框架指导包含 9 个主题和 18 个评估问题，涵盖了定性调查过程中所有的关键特征（表 3.4）。

表 3.4　英国国家社会研究中心的定性研究评估框架

主题	评估问题
结果	1. 结果可信度？ 2. 研究如何扩展知识 / 理解？ 3. 评估如何更好地实现其最初的目的和宗旨？ 4. 进行更广泛推断的范围解释得如何？ 5. 评价的依据有多明确？
设计	6. 研究设计的合理性如何？
样本	7. 案例 / 文件的样本设计 / 目标选择如何维护？ 8. 样本组成 / 案例选择，即最终样本覆盖范围的描述如何？
数据收集	9. 数据收集进行得如何？
分析	10. 分析的方法和公式表达得如何？ 11. 数据源的背景，即原始数据被保留和描述的程度如何？ 12. 探索的角度和内容的多样性如何？ 13. 数据的细节，深度和复杂性（即丰富性）的表达程度如何？
报告	14. 数据、解释和结论之间的联系有多清楚？即如何更好地得出结论的途径？ 15. 报告内容有多清晰和连贯？
灵活性和中立性	16. 决定评估形式和结果的假设 / 理论观点 / 价值观是否清楚？
伦理	17. 对于道德问题，有哪些证据值得关注？
可听性	18. 研究过程被充分记录了吗？

资料来源：https://assets.publishing.service.gov.uk/government/uploads/system/uploads/attachment_data/file/498321/Quality-in-qualitative-evaulation_tcm6-38739.pdf

第六节　资料分析和结果综合

定性系统评价可以针对研究问题，经过系统检索后纳入符合标准的研究并客观评价和综合分析得出结论，能从不同角度观察、分析问题。定性系统评价的分析方法有三种：主题综合法、Meta 民族志和批判性解释综合。

一、主题综合法

主题综合法是以形成主题来对研究结果进行资料综合的一种方法。主题综合法符合系统评价的目的，并且能够准确反映各研究结果内容的主题观点。因兼具实用性和科学性，主题综合法被广泛地用于资料综合过程中。如图 3.7 所示，“三级诠释”是确立最终主题的有效方法，也是主题综合法的关键与核心步骤。合理且准确地运用主题综合法，对定性系统评价意义重大。[11]

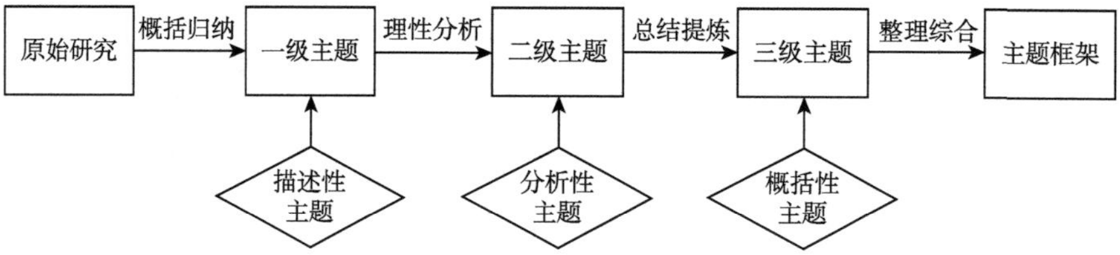

图3.7　主题综合法示意图

（一）对资料进行概括归纳，形成一级主题

研究者筛选完文献后，排除低质量文献，确定纳入文献清单的文献。对这些纳入文献仔细阅读分析后，提取系统评价所需的信息。在信息提取时应注意提取的信息内容要完整，能够明确解释研究结果。信息提取结束后，对原始研究结果进行“逐行编译”（line-by-line coding），主要是把握原始研究结果中作者描述的关键词，根据这些重要的或反复出现的关键词，将结果初步归类，进行编译和转化。研究者对提取好的信息进行归纳总结，形成多个描述性主题（descriptive themes），即一级主题。整个过程需要两名及以上研究者独立进行。描述性主题是在综合研究结果时以简洁、准确、客观的描述性语言提出的一种或多种主题观点，主要是对整理出的主题类别下的所有结果含义进行文字描述，通常以问题的方式进行表达。

（二）对形成的一级主题进行理性分析，形成二级主题

描述性主题形成后，研究者以经验知识和理论作为依据，对已形成的一级主题进行再次归纳整理，得出具有理论特点的主题词。从具有相同、相似或相关的描述性主题中，理性、专业地提取出可整合的关键点，形成分析性主题（analytic themes）。

（三）对形成的二级主题进行总结提炼，形成三级主题

分析性主题形成后，研究者需要将相似评价问题的主题观点汇总到一个主

题类别下。研究者需深刻认识各个主题的含义及产生过程，严格把握系统评价的目的、意义，对已形成的主题框架进行解析，整理具有相关性的主题，并思考其对最终所提出新观点的意义，再合理地将相关主题归纳到一起，最终提出三级主题——概括性主题。三级主题是在分析性主题的基础上概括总结出来的，更加凝练，具有概括性和针对性。

（四）对形成的三级主题进行整理综合，形成主题框架

研究者各自对三级主题进行归纳整合，形成最终的主题框架。在此过程中，研究者之间需要对形成的主题进行讨论，形成统一意见，若无法保持意见一致，则寻求专家的意见去做出判断，形成一致认可的最终主题框架。

二、Meta 民族志

Meta 民族志是将归纳和解释相结合，通过提取定性研究中的原始概念、主题，以特殊综合方法建立更高层次的综合，形成一级、二级结构，并经过“线性综合方法”最终形成三级结构，得出结论并据此提出新的概念和理论见解（图 3.8）。“解释性”是 Meta 民族志方法的最根本特征。研究者运用“扎根”和“比较”等综合方法，在主体间意义的基础之上进行建构，通过把一种研究“翻译”为另一种研究，提供新的解释，而不仅仅是简单地将研究结果组合在一起，其结果是形成一种新的、“高层次”的解释或理论，以便较完善地解释现有的证据。[11]Meta 民族志与 Meta 分析、文献综述的区别如表 3.5 所示。[12]

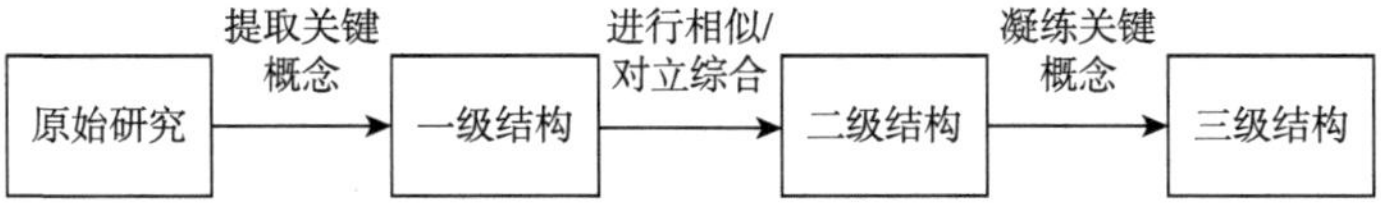

图3.8　Meta民族志示意图

表 3.5　Meta 民族志与 Meta 分析、文献综述的区别

类型	Meta 民族志	Meta 分析	文献综述
目的	重新概念化以丰富人类话语	综合结果以进行预测	逐步连接以形成推理链
资料来源	同一主题的质性研究成果	相似的定量研究	文献中的相关理论和成果
资料收集	目的性抽样	详尽的文献或随机抽样	详尽的文献
过程	对解释进行建构	重新统计和综合	将摘要或重要研究结论续接
结果	跨案例解释	结果一般化	逻辑合理化

（一）提取关键概念，形成一级结构

收集与研究主题相关的定性研究，经通篇反复阅读、理解后，根据研究主题标记并提取关键概念，作为进行综合后的原始资料，即定性综合的一级结构（the first order construct）。当提取的关键概念可采用相似分析转化法（Reciprocal Translation），即在不同纳入文献中的诠释具有相似性时，可在具体分析后进行转化合并。例如，在研究某种教学方式的教学效果相关课题时，一篇文献中出现的“满意”概念和另一篇文献的“喜欢”概念，可以进行转化合并，归到“教学满意度”一类。需要注意的是，使用相似分析转化方法时，需综合考虑研究目的和关键概念的属性，选择合适的角度进行综合。

（二）进行相似/对立综合，形成二级结构

深入分析纳入文献对关键概念的诠释，比较各种关系，通过对原始资料进行二次诠释，形成针对研究结果的二级结构（the second order construct）。对立综合（Refutational Synthesis），即当纳入文献中所提取主题、概念相互驳斥时，可找出特征矛盾点，进行对立分析，选择排除或进一步从新的角度深入分析研究问题。

（三）凝练关键概念，形成三级结构

在二级结构的基础上，分析纳入文献的相关关系，形成关于研究主题的条理性大体分析框架，得到三级结构（the third order construct），经线性分析后得出最终结论。在此过程中，可采用线性论证综合（Line of Argument Synthesis），即以多篇纳入研究的结果为基础，分析关键主题、概念间的相关关系，并将其建立成线性框架，从而形成结果的大体解释，其特征是本质性推断。

三、批判性解释综合

批判性解释综合（CIS）是基于 Meta 民族志总结出的一种资料综合方法，它以解释性的分析为主要特点，更多地应用于对某种现象、重大的事件及各种经验等方面的阐释。前两种定性研究的分析方法是基于研究问题的信息整合，而 CIS 是通过反复的评估和质询来探究各种结果之间的相关性，并且可以对其关联的层次及关联程度进行进一步的发掘。因此 CIS 更适合评价研究过程复杂的文献，其能针对研究过程中所存在的问题、研究结果中的推断性结论，以及其最终对决策选择所产生的影响，进行不断的质询、理解和评估。故应用 CIS 是一个持续的动态循环过程，具有很大的灵活性。同时，应用 CIS 也是对纳入评价的文献进行排除的过程，并可通过评价人员的反复质询，对文献的质量进行再次评价，

这对资料的综合结果有很重要的意义。

在进行 CIS 分析之前，需要对纳入研究进行评估，并对结果进行动态的转化分析。系统地将各研究结果进行相互间转化，可借助一些手段（如结构图）进行说明。这个过程更适合一些主题定位明确、研究过程系统完整，并且需要综合的文献较少（少于 50 篇）的情况。因此进行结果转化时，如果主题定义含糊不清或概念的说明有歧义，那么会直接导致转化结果产生偏差及无法追踪到原始的研究结果。若研究结果数量较多，应运用原始研究中的术语词汇进行总结性表达说明。再标示出研究报告中的矛盾冲突点，并对其进行合理的解释。通过不断地对比说明各个研究结果，重点强调和展示产生的主题目录。最终通过一系列评估、转化和分析，综合多文献的研究从而得出结论。

参 考 文 献

[1] 杨克虎 . 系统评价指导手册 [M]. 北京：人民卫生出版社，2010.

[2] 杨克虎，李秀霞，拜争刚 . 循证社会科学研究方法 ：系统评价与 Meta 分析 [M]. 兰州 ：兰州大学出版社，2018.

[3] Cooke A，Smith D，Booth A. Beyond PICO ：the SPIDER tool for qualitative evidence synthesis[J]. Qualitative Health Research，2012，22（10）：1435-1443.

[4] Fane J，MacDougall C，Redmond G，et al. Young children' s health and wellbeing across the transition to school ：a critical interpretive synthesis[J]. Children Australia，2016，41（2）：126-140.

[5] Siddaway A P，Wood A M，Hedges L V. How to do a systematic review ：a best practice guide for conducting and reporting narrative reviews，meta-analyses，and meta-syntheses[J]. Annual Review of Psychology，2019，70（1）：747-770.

[6] Zawacki-Richter O，Kerres M，Bedenlier S，et al. Systematic Reviews in Educational Research：Methodology，Perspectives and Application[M]. Wiesbaden：Springer VS，2020.

[7] Guyatt G，Rennie D，Meade M，et al. Users' Guides to the Medical Literature ：Essentials of Evidence-Based Clinical Practice[M]. 2ed. New York：McGraw-Hill Professional，2008.

[8] 马彬 . 系统评价 /Meta 分析在基础医学领域的应用 [M]. 兰州：兰州大学出版社，2018.

[9] 刘鸣 . 系统评价、Meta- 分析设计与实施方法 [M]. 北京：人民卫生出版社，2011.

[10] 李柄辉，訾豪，李路遥，等 . 医学领域一次研究和二次研究的方法学质量（偏倚风险）评价工具 [J]. 医学新知，2021，31（1）：51-58.

[11] 胡晓玲，柳春艳 . 循证教育学概论 [M]. 北京：中国社会科学出版社，2021.

[12] Doyle L H. Synthesis through meta-ethnography：paradoxes，enhancements，and possibilities[J]. Qualitative Research，2003，3（3）：321-344.

第四章　定量系统评价的制作流程

第一节　确定研究问题

如果系统评价纳入的定量研究有足够的相似性，则进行合并分析，此类系统评价称为定量系统评价。常采用 Review Manager（RevMan）或 Comprehensive Meta-analysis（CMA）软件对多个纳入研究的数据资料进行合并分析，得到定量结果，即 Meta 分析。并非所有的定量资料都适合做 Meta 分析。在进行 Meta 分析之前，研究人员首先需要认真严格地分析纳入的资料是否具有足够的相似性，只有当这些资料符合合并条件时，才能进行 Meta 分析（见第二章）。[1，2]

定量系统评价的选题前准备和选题来源与定性系统评价没有太大差异，不同的是，定量系统评价在提出问题与制定纳入和排除标准时一般遵循国际公认的 PICOS 原则，即研究对象（population，P）、干预措施（intervention，I）、对照措施（comparison，C）、结局指标（outcome，O）和研究类型（study design，S）。研究者在提出研究问题前需要对“PICOS”分别进行定义，根据界定好的细则，确定研究问题。例如，翻转课堂教学对学生学习效果的影响研究[3]，研究对象（P）为学生，干预措施（I）为翻转课堂，对照措施（C）为传统课堂，结局指标（O）为学习效果，研究类型（S）为随机对照试验和准实验。

PICOS 原则主要适用于干预性研究的系统评价，如果研究者拟进行相关性的系统评价，需要考虑 PV 原则，即研究对象（P）和相关变量（variables，V）。例如，心理资本与教师幸福感的关系研究，研究对象（P）为教师，变量 1 为心理资本，变量 2 为幸福感。[4]

第二节　文献检索、筛选和资料提取

一、文献检索、筛选

定量系统评价的纳入和排除标准一般要遵循 PICOS 原则或 PV 原则，即明确限定研究对象、干预措施、对照措施、结局指标和研究类型或明确限定研究对象和相关变量。除此之外，还需考虑以下几个方面。

（1）干预措施的定义、概念或实施过程。

（2）测量方法或关键变量（用什么方法测量及如何测量）。

（3）数据（文献中需要报告效应值大小，或者提供可用于计算效应值大小的足够信息）。

（4）时间界限（例如，自上次系统评价以来）。

二、资料提取

定量系统评价的资料提取过程与定性系统评价相似（见第三章），其资料提取主要包括以下信息。

（1）研究基本信息。包括论文基本信息和评价者对研究信息的编号，如研究题目、发表期刊、发表年份、作者、研究 ID 号、作者 ID 号和作者联系方式。

（2）研究方法。应包括质量评价的关键因素。如研究设计（简单随机 / 区组随机 / 平行对照 / 交叉设计）；随机方法（随机数字表 / 计算机随机 / 其他 / 不清楚）；盲法（实施对象包括被试、主试、测量者或资料分析者）；研究持续时间；其他偏倚来源等。

（3）受试者或调查对象信息。不同研究中的研究对象之间存在很大的差异，评价者应根据系统评价的实际情况确定提取哪些资料。一般来说，影响研究结果或能帮助读者评价此研究教育实践适应性的一些特征信息都应该被收集起来，如受试者的年龄、年级、国家等。

（4）干预措施信息。应描述干预组和对照组的干预措施及其方法。对于教育干预类系统评价，主要包括干预组人数、对照组人数、干预措施、对照措施等。对于相关性系统评价，则需提取自变量和因变量。

（5）测量指标。在制定纳入和排除标准时，已经对测量指标进行了限定，但实际提取过程中也会涉及很多问题，如设定的测量指标在纳入研究中未报告，或纳入研究设定的测量指标不在系统评价的测量指标之列，甚至出现多种测量方法报告统一结局，也可能包括亚组结局等。因此，评价者应将这些研究报告中的结局类型进行统一。为避免潜在的错误，应先按照原始研究中的报告格式收集数据，然后再进行转换。对于不符合系统评价纳入标准的指标应列出，并标明排除原因以供读者参考。

（6）结果。根据测量指标的类型，数据结果可分为分类变量和连续性变量，其中连续性变量又包含基于均值的结果变量和基于相关系数的结果变量。对于分类变量，资料提取内容包括发生事件数（Events）和总人数（N）或者发生事件的比例；对于基于均值的结果变量，资料提取内容包括测量方式、干预组总人数（Ne）、干预组均值（Mean）和标准差（SD）、对照组总人数（Nc）、对照组均值

（Mean）和标准差（SD）；对于基于相关系数的结果变量，资料提取内容包括调查总人数、自变量与因变量的相关系数（*r*）和调查方式。

（7）其他信息。包括基金来源、作者得出的关键性结论等可用于概括原始研究内容的信息，以便评价者快速了解原始研究的内容。

第三节　文献质量评估

一、随机对照试验研究的质量评价工具

随机对照试验的设计遵循三个基本原则，即对研究对象进行随机分组，设置对照组，以及应用盲法。随机分组是双盲设计的前提条件，双盲设计导致研究者和受试者均无法知晓分组结果，又保护了随机化不被破坏。正因为以上的设计原则，随机对照试验被公认为评价干预措施的金标准。现已发表的随机对照试验研究的质量评价工具有很多种，最常用的有以下几种。

（一）Cochrane偏倚风险评估工具

Cochrane 系统评价手册认为“研究质量”和“研究偏倚”是有区别的，“偏倚”能更真实地反映研究存在的缺陷，故将 5.0 及以上版本的 Cochrane 质量评价工具命名为“Cochrane 偏倚风险评估工具（Cochrane collaboration’ s tool for assessing risk of bias，RoB）”。[5] RoB 于 2008 年公布并于 2011 年更新，是系统评价中常用的主流评估工具。在 2016 年，Cochrane 方法学工作组对该工具进行了更新，并推出了新版 RCT 偏倚风险评价工具（Revised Cochrane risk-of-bias tool for randomized trials，又名 Version 2 of the Cochrane tool for assessing risk of bias in randomized trial，RoB2.0），并于 2018 年 10 月和 2019 年 8 月进行了两次重要更新。

RoB2.0 设置五个模块，从不同方面评价 RCT 研究产生偏倚的可能性，这五个模块分别为：随机化过程中的偏倚、偏离既定干预的偏倚、结局数据缺失的偏倚、结局测量的偏倚及结果选择性报告的偏倚。其中，根据系统评价目的不同，偏离既定干预的偏倚模块分为干预措施分配和干预措施依从两个不同的评价角度。[6] 每个模块的详细评价方法详见表 4.1。每个待评价的模块设置多个信号问题，并详细给出对每个信号问题作答时需要考虑的细节，引导研究者做出判断。信号问题的备选答案包括：是（yes，Y），可能是（probably yes，PY），可能不是（probably no，PN），否（no，N），不清楚（no information，NI）。如果信号问题需要根据前一个信号问题的提示作答，则备选答案中新增“不适用”（not applicable，NA）选项。[7]

表 4.1　RoB2.0 评价模块的信号问题及供选答案

模块		信号问题	供选答案
随机化过程中的偏倚		1.1 分配序列是否随机?	Y/PY/PN/N/NI
		1.2 直至受试者参加并分配到干预措施，分配序列是否隐藏?	Y/PY/PN/N/NI
		1.3 组间基线差异是否提示随机化过程中有问题?	Y/PY/PN/N/NI
偏离既定干预的偏倚	干预措施分配的效果	2.1 在试验中受试者是否知道他们分配到哪种干预措施?	Y/PY/PN/N/NI
		2.2 在试验中护理人员和干预措施提供者是否知道受试者分配到哪种干预措施?	Y/PY/PN/N/NI
		2.3 若 2.1 或 2.2 回答 Y/PY/NI，是否存在研究环境造成的偏离既定干预措施的情况?	NA/Y/PY/PN/N/NI
		2.4 若 2.3 回答 Y/PY，偏离既定干预措施的情况是否很可能影响结局?	NA/Y/PY/PN/N/NI
		2.5 若 2.4 回答 Y/PY/NI，偏离既定干预措施的情况是否在组间均衡?	NA/Y/PY/PN/N/NI
		2.6 是否采用了恰当的分析方法估计干预措施分配的效果?	Y/PY/PN/N/NI
		2.7 若 2.6 回答 N/PN/NI，分析受试者时分组错误是否有（对结果）造成实质影响的潜在可能?	NA/Y/PY/PN/N/NI
	干预措施依从的效果	2.1 在试验中受试者是否知道他们分配到哪种干预措施?	Y/PY/PN/N/NI
		2.2 在试验中护理人员和干预措施提供者是否知道受试者分配到哪种干预措施?	Y/PY/PN/N/NI
		2.3［如果适用］若 2.1 或 2.2 回答 Y/PY/NI，重要的计划外的干预措施是否在组间均衡?	NA/Y/PY/PN/N/NI
		2.4［如果适用］未完成干预措施的情况是否有可能影响结局?	NA/Y/PY/PN/N/NI
		2.5［如果适用］不依从干预措施的情况是否有可能影响受试者结局?	NA/Y/PY/PN/N/NI
		2.6 若 2.3 回答 N/PN/NI，或 2.4 或 2.5 回答 Y/PY/NI，是否采用了恰当的分析方法估计干预措施依从的效果?	NA/Y/PY/PN/N/NI
结局数据缺失的偏倚		3.1 是否可以获取全部或者几乎全部受试者的结局数据?	Y/PY/PN/N/NI
		3.2 若 3.1 回答 N/PN/NI，是否有证据证明结局数据的缺失没有对结果造成偏倚?	NA/Y/PY/PN/N/NI
		3.3 若 3.2 回答 N/PN，结局数据的缺失是否有可能依赖于其真值?	NA/Y/PY/PN/N/NI
		3.4 若 3.3 回答 Y/PY/NI，结局数据的缺失是否很可能依赖于其真值?	NA/Y/PY/PN/N/NI
结局测量的偏倚		4.1 结局测量方法是否不恰当?	Y/PY/PN/N/NI
		4.2 结局测量或认定是否有可能有组间差异?	Y/PY/PN/N/NI
		4.3 若 4.1 回答 N/PN/NI，结局测量者是否知道受试者接受哪种干预措施?	NA/Y/PY/PN/N/NI
		4.4 若 4.3 回答 Y/PY/NI，如果知道接受哪种干预措施，是否有可能影响结局测量?	NA/Y/PY/PN/N/NI
		4.5 若 4.4 回答 Y/PY/NI，如果知道接受哪种干预措施，是否有可能影响结局测量?	NA/Y/PY/PN/N/NI

续表

模块	信号问题	供选答案
结果选择性报告的偏倚	5.1 结果的数据分析是否与在获取揭盲的结局数据之前就已预先确定的分析计划相一致?	Y/PY/PN/N/NI
	5.2 正在评价的数值结果是否很可能是从多个合格的结局测量（例如，多个分值、多个定义标准、多个时间点）的结果中选择性报告的?	Y/PY/PN/N/NI
	5.3 正在评价的数值结果是否很可能是从多个合格的数据分析的结果中选择性报告的?	Y/PY/PN/N/NI

资料来源：刘津池，刘畅，华成舸．随机对照试验偏倚风险评价工具 RoB2（2019 修订版）解读 [J]. 中国循证医学杂志，2021，21（6）：737-744

（二）CASP清单

CASP（Critical Appraisal Skills Programme）于 1993 年在英国牛津大学成立，由英国国民医疗服务（National Health Service，NHS）专项基金资助，旨在倡导运用循证的方法来阅读论文，以真正服务于医疗卫生健康及社会保健研究，并制作了用来评价研究质量的 CASP 清单。其中，用于评价 RCT 的清单包括四个部分和 11 个条目，其中第一部分是关于基础研究设计有效性的筛选问题，包含 3 个条目。如果根据第一部分的回答是肯定的，即研究设计是有效的，则继续进行第二部分该研究在方法论上是否合理的评估，以及第三和第四部分关于研究设计的价值的评估。所有条目均用“是”、“否”或“不清楚”进行判定（表 4.2）。CASP 清单主要是用于研讨会设置的教育 / 教学工具，因此不建议使用评分系统。[5]

表 4.2 评价 RCT 质量的 CASP 清单

主要内容	条目	提示	供选答案
第一部分 基础研究设计对随机对照试验有效吗?	1. 研究是否提出了清晰明确的问题?	① 这项研究是为了评估干预的结果而设计的吗？ ② 研究问题是否聚焦了研究对象、干预措施、对照的选择及可能的结局?	是 / 否 / 不清楚
	2. 干预组和对照组的分配是否随机?	① 随机化是如何进行的，方法合适吗？ ② 随机化是否足以消除系统误差？ ③ 是否对调查人员和参与者隐藏了分配顺序？	是 / 否 / 不清楚
	3. 纳入研究的所有被试能否恰当地解释试验的结论?	① 随访失败和随机化排除是否有原因？ ② 参与者是否在他们随机分组的研究组中进行了分析？ ③ 研究提前结束了吗？如果是，原因是什么？	是 / 否 / 不清楚
第二部分 研究方法合理吗？	4. 是否实施盲法?	① 被试是否进行了盲法? ② 调查人员是否进行了盲法？ ③ 评估或分析结果人员是否进行了盲法？	是 / 否 / 不清楚
	5. 各组之间在实验开始时的基线数据是否相似？	① 每个研究组的基本特征（如年龄、性别、社会经济群体）是否都明确设定？ ② 研究小组之间是否存在影响结果的差异?	是 / 否 / 不清楚
	6. 除研究的干预措施外，试验组和对照组的处理因素是否相同（即他们是否得到了平等的对待）？	① 是否有明确的研究方案？ ② 如果进行了任何额外的干预，研究组之间的干预是否相似? ③ 每个研究组的随访间隔是否相同？	是 / 否 / 不清楚

续表

主要内容	条目	提示	供选答案
第三部分 研究结果是什么?	7. 是否全面报告了干预的效果？	① 测量了哪些结果，这些结果是否被明确规定？ ② 结果是如何表述的？对于二元结果，是否报道了相对效应和绝对效应？ ③ 是否在每个随访间隔时间报告每个研究组的每个结局的结果？ ④ 是否有缺失或不完整的数据？ ⑤ 研究组之间是否有可能影响结果的差异退出？ ⑥ 是否发现了潜在的偏见来源？ ⑦ 使用了哪些统计检验？ ⑧ 是否报告 p 值？	是 / 否 / 不清楚
	8. 是否报告了干预效果估计的准确性？	是否报告了置信区间?	是 / 否 / 不清楚
	9. 实验性干预的好处是否大于危害和成本？	① 干预效果如何？ ② 是否为每个研究小组报告了危害或意外影响？ ③ 是否进行了成本效益分析？	是 / 否 / 不清楚
第四部分 实验结果能否适用于局域人群?	10. 纳入实验的研究对象是否与所研究的对象相似?	① 所研究的对象和研究被试之间的任何差异是否会改变研究报告的结果? ② 结果对研究对象重要吗? ③ 是否有任何想要的结果没有被研究或报告？ ④ 本研究是否有任何限制因素会影响研究者的决定？	是 / 否 / 不清楚
	11. 与现有的干预措施相比，实验性干预会给被试带来更大的价值吗？	① 考虑到时间、资金、技能发展或培训需求，引入这种干预需要哪些资源？ ② 为了能够重新投资于新的干预措施，是否能够减少对一个或多个现有干预措施的投资？	是 / 否 / 不清楚

资料来源：https://casp-uk.net/casp-tools-checklists/

此外，Jadad 量表、Delphi 列表、Chalmers 量表、CONSORT 声明等其他针对随机对照试验研究的质量评价工具，在教育学领域并不常用或不推荐使用。

二、非随机对照试验研究的质量评价工具

在试验研究中，并不是所有研究都能实现随机分配，尤其是在教育领域，这类研究被称为非随机对照试验研究。2016 年英国布里斯托尔大学制定了针对非随机干预研究的评价工具 ROBINS-I（Risk of Bias in Non-randomised Studies-of Interventions）[8, 9]。ROBINS-I 工具与 Cochrane 的 RCT 偏倚风险评估工具 RoB 相似，包括 7 个评价领域：混杂偏倚、研究对象选择的偏倚、干预措施分类的偏倚、偏离既定干预的偏倚、缺失数据的偏倚、结局测量的偏倚和结果选择性报告的偏倚，每个评价领域都由多个信号问题组成，共计 34 个信号问题（表 4.3）。

表 4.3　判断各个领域偏倚需要回答的标志性问题

评价领域	仅存在基线混杂						基线混杂与时变混杂同时存在	
1. 混杂偏倚	1.1 研究中是否有潜在的带干预效果的混杂因素？	1.2 结果分析是否基于因受试者换干预而被拆分的随访时间段？	1.3 干预中断或转换是否可能与结局的预测因素相关？	1.4 研究者是否采用了恰当的分析方法以控制所有重要的混杂域？	1.5 通过测量研究中可获得的变量是否能有效和可靠地控制混杂域？	1.6 是否控制了任何被干预影响的干预后变量？	1.7 是否采用了恰当的分析方法以控制所有重要的混杂域与时变混杂？	1.8 同1.5
2. 研究对象选择的偏倚	2.1 选择受试者纳入研究或纳入分析是否基于干预后受试者的特征？	2.2 影响选择的干预后变量是否可能与干预相关？	2.3 影响选择的干预后变量是否也受结局的影响？	2.4 绝大多数受试者随访开始与干预开始是否一致？	2.5 使用调整技术可以校正选择性偏倚吗？			
3. 干预措施分类的偏倚	3.1 干预组是否进行了明确界定？	3.2 干预开始时是否记录干预组的界定信息？	3.3 对结局或结局风险的了解是否影响干预的分类？					
4. 偏离既定干预的偏倚	如果评价意向性分析结果则从 4.1 开始回答；如果评价符合方案集分析结果则从 4.3 开始回答							
	4.1 意向干预是否存在超出常规临床实践预期的偏离？	4.2 这些意向干预偏离是否来自组间不均衡并可能已经影响结局？	4.3 干预组间的重要干扰是否均衡？	4.4 是否对绝大多数受试者成功实施干预？	4.5 研究受试者是否依从分配的干预？	4.6 是否有合理的分析评估符合方案集分析的结果？		
5. 缺失数据的偏倚	5.1 是否可以获取所有或几乎所有受试者的结局数据？	5.2 受试者是否由于缺失关于干预状态的数据而被排除？	5.3 受试者是否由于缺失其他需要分析的变量数据而被排除？	5.4 各干预组数据缺失的原因及受试者数据缺失的比例是否相似？	5.5 是否存在证据证明数据缺失后的结果仍是稳健的？			
6. 结局测量的偏倚	6.1 对干预相关知识的了解是否影响结局的测量？	6.2 结局评价人员是否知晓受试者接受的干预？	6.3 干预组之间的结局评估方法是否具有可比性？	6.4 结局测量时是否存在与接受的干预相关的系统误差？				
7. 结果选择性报告的偏倚	7.1 是否选择性报告针对特定结局领域的多次结局测量值？	7.2 是否选择性报告针对干预–结局关系的多种分析方式的效应值？	7.3 是否选择性报告不同亚组？					

ROBINS-I 工具的操作流程比较复杂，主要包括 3 个阶段（图 4.1）。第Ⅰ阶段：定义研究问题。第Ⅱ阶段：首先构造出一个假想的实用性随机化“目标”试验，将所研究的非随机对照干预（non-randomized studies of interventions，NRSI）看作这个“目标”试验的模拟和近似；在评定每个评价领域时，通过信号问题帮助判定者进行判断。第Ⅲ阶段：每个领域的偏倚风险等级分为“低风险”、“中风险”、“高风险”、“极高风险”和“不清楚”5 个等级。

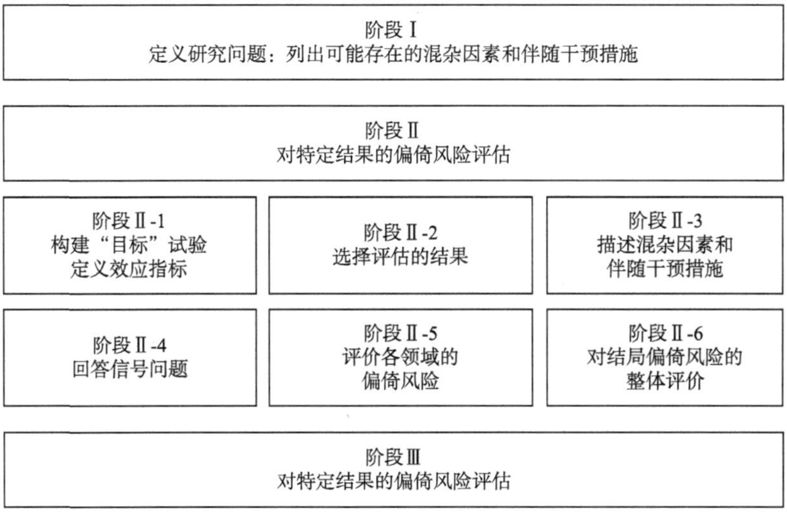

图4.1　ROBINS-I工具操作流程

三、准实验研究的质量评价工具

教育实验研究是为了解决某一教育问题，根据一定的教育理论和建立的假设组织有计划的教育实践，经过一定时间对效果进行比较分析，从而得出结论的研究方法。这种研究方法是在适当地控制无关变量，以随机化原则，在严格控制下进行的。实验研究很精确，但进行环境过于理想化，要花费较多的人力、物力和时间去控制对象和环境，但对于教育研究而言要进行有效控制是很难的，因为教育实验的对象常常是人而非物，不可能进行严格的控制，同时在实验中对研究者的要求也很高，让研究者和被研究者都感到有压力，而且还要受到受试单位、学校配合程度等因素的影响。基于上述条件的局限，实验这种研究方法在教育研究中的应用不如其他研究方法广泛，没有发挥出它的优势和作用。为了解决实验的这些不足之处，发挥实验研究应有的作用，可在较为自然的环境下以类似实验的方法设计方案来进行研究，即准实验研究方法。准实验研究采用严格的设计和分析方法，使研究能够调整不可观察的混淆来源。根据实验设计方法，可分为倍差法（difference in difference）、工具变量法（instrumental variable）、中断时间序列法（interrupted time-series）、自然实验法（natural experiment）和断点回归法（regression discontinuity）[10, 11]。严格、透明的批判性评价是高质量系统评审的核心组成部分。良好的准实验已经被证明可以估计可信的、无偏的处理量。相反，设计或执行不当时，这些估计很可能是有偏差的。当前常用的准实验研究的质量评估工具是 JBI 清单。

JBI 清单包含 9 个条目，所有条目均用“是”、“否”、“不清楚”及“不适用”进行判定（表 4.4）。

表 4.4 评价准实验研究质量的 JBI 清单

条目	供选答案
1. 在这项研究中，是否清楚什么是“因”，什么是“果”（即没有混淆哪个变量先出现）？	是 / 否 / 不清楚 / 不适用
2. 参与者是否有相似的比较？	是 / 否 / 不清楚 / 不适用
3. 除了感兴趣的干预外，参与者是否在接受类似的干预？	是 / 否 / 不清楚 / 不适用
4. 有对照组吗？	是 / 否 / 不清楚 / 不适用
5. 干预前后是否有多种测量结果?	是 / 否 / 不清楚 / 不适用
6. 随访是否完整? 如果不完整，各组之间的随访差异是否得到充分描述和分析？	是 / 否 / 不清楚 / 不适用
7. 参与者的结果是否以相同的方式进行了比较?	是 / 否 / 不清楚 / 不适用
8. 测量结果是否可靠?	是 / 否 / 不清楚 / 不适用
9. 是否使用了适当的统计分析?	是 / 否 / 不清楚 / 不适用

资料来源：https://jbi.global/critical-appraisal-tools

四、观察性研究的质量评价工具

观察性研究（observational study）又称非实验性研究（non-experimental study），是指没有加入研究人员的任何干预（试验的或其他方面的）措施，允许事件自然发展的研究过程。教育学研究中有很大部分是观察性研究，但这类研究通常不能实现随机化。因此，与随机对照试验相比，观察性研究更容易受到偏倚风险影响，发生选择性偏倚的风险大于实验性研究。在教育学领域常用的针对观察性研究的质量评价工具主要是 AHRQ 横断面研究评价标准。

美国卫生保健质量和研究机构（Agency for Healthcare Research and Quality，AHRQ）对观察性研究的质量评价标准进行了推荐，其中推荐评价横断面研究（cross-sectional study）的标准包括 11 个条目，分别用“是”、“否”及“不清楚”作答（表 4.5）。

表 4.5　AHRQ 横断面研究评价标准条目清单

条目	供选答案
1. 是否明确了资料的来源（调查，文献综述）？	是 / 否 / 不清楚
2. 是否列出了观察组和对照组的纳入和排除标准或参考以往的出版物?	是 / 否 / 不清楚
3. 是否给出了鉴别被试的时间阶段?	是 / 否 / 不清楚
4. 如果不是人群来源的话，研究对象是否连续?	是 / 否 / 不清楚
5. 评价者的主观因素是否掩盖了研究对象其他方面的情况?	是 / 否 / 不清楚
6. 是否描述了任何为保证质量而进行的评估（如对主要结局指标的检测或再检测）?	是 / 否 / 不清楚
7. 是否解释了排除分析的任何被试的理由?	是 / 否 / 不清楚
8. 是否描述了如何评价和（或）控制混杂因素的措施?	是 / 否 / 不清楚
9. 如果可能，是否解释了分析中是如何处理缺失数据的?	是 / 否 / 不清楚
10. 是否总结了被试的应答率及数据收集的完整性?	是 / 否 / 不清楚
11. 如有随访，是否查明被试不完整数据所占的百分比或随访结果?	是 / 否 / 不清楚

第四节　效应量的选择和合并

在教育领域中，效应量是指在教育实践中有意义或实际价值的数值或观察指标改变量，是单个研究结果的综合指标，需要根据研究的性质、资料的类型确定。

一、基于二分类数据的效应量

（一）效应量指标的选择

二分类变量即为那些结局只有两种可能性的变量，如有效与否，发生与未发生等（表 4.6），一般将发生事件的人数除以样本量总数得到的事件发生率作为结局考察。常见的二分类数据的效应量包括：风险比（risk ratio，RR）、比值比（odds ratio，OR）和风险差（risk difference，RD）。

表 4.6　二分类数据的四格表格式

类别	发生	未发生	样本量
干预组	A	B	n_1
对照组	C	D	n_2

1. 风险比（RR）

风险比是两组风险简单的比，是反映干预措施与事件关联强度最有用的指标之一。RR=1 表示比较组间没有差异。当研究结局为不利事件时，RR<1 表示干预可以降低结局风险。二分类变量不遵循正态分布假设，因此在结果合并时需要

将效应量转换为相应的对数尺度及其方差估计综合效应及可信区间，在撰写报告时再将这些值转为二分类效应量。

二分类数据不符合正态分布，计算风险比，是在对数尺度下执行的，即先计算风险比的对数和风险比对数的标准误，然后运用这些数值来完成 Meta 分析中的所有步骤，只有到最后，才会转换到原始单位。

风险比的公式为

$$\mathrm{RR}=\frac{A/n_1}{C/n_2}$$

风险比转换为对数，即

$$\mathrm{LogRR}=\ln(\mathrm{RR})$$

近似方差为

$$V_{\mathrm{LogRR}}=\frac{1}{A}-\frac{1}{n_1}+\frac{1}{C}-\frac{1}{n_2}$$

近似标准误为

$$\mathrm{SE}_{\mathrm{LogRR}}=\sqrt{V_{\mathrm{LogRR}}}$$

对数值转换风险比为

$$\mathrm{RR}=\exp(\mathrm{LogRR})$$

2. 比值比（OR）

比值比是两个风险比数的比，即某组中某事件的比值与另一组内该事件比值的比。OR=1 表示比较组间没有差异。当研究结局为不利事件时，OR<1 表示暴露可能会降低结局风险。比值比的计算也用对数尺度（与风险比相同的原因）。

比值比的公式为

$$\mathrm{OR}=\frac{A/B}{C/D}=\frac{AD}{BC}$$

比值比转换为对数，即

$$\mathrm{LogOR}=\ln(\mathrm{OR})$$

近似方差为

$$V_{\mathrm{LogOR}}=\frac{1}{A}+\frac{1}{B}+\frac{1}{C}+\frac{1}{D}$$

近似标准误为

$$\mathrm{SE}_{\mathrm{LogOR}}=\sqrt{V_{\mathrm{LogOR}}}$$

对数值转换风险比为

$$\mathrm{OR}=\exp(\mathrm{LogOR})$$

3. 风险差（RD）

风险差是指干预组和对照组结局事件发生概率的绝对差值。RD=0 表示比较组间没有差异。当结局为不利事件时，RD<0 表示干预可降低结局风险。风险差是两个风险的差值，所以用原始单位而不是用对数单位进行计算。

风险差的公式为

$$\text{RD} = \frac{A}{n_1} - \frac{C}{n_2}$$

比值比转换为对数，即

$$\text{LogRD} = \ln(\text{RD})$$

近似方差为

$${}_{\text{RD}} = \frac{1}{A} + \frac{1}{B} + \frac{1}{C} + \frac{1}{D}$$

近似标准误为

$$\text{SE}_{\text{LogRD}} = \sqrt{V_{\text{LogRD}}}$$

对数值转换风险比为

$$\text{RD} = \exp(\text{LogRD})$$

在选择风险比、比值比和风险差时，研究者需要考虑实际的和技术的因素。风险比和比值比是相对指标，因此它们对于基线事件的反应相对不够灵敏。相反，风险差是一个完整的数值，因此，它对于基线风险的反应十分灵敏。[12]

（二）效应量的合并

Meta 分析的结果通常采用森林图的方式呈现。它在平面直角坐标系中，以一条垂直的等效线（横坐标刻度为 1 或 0）为中心。用平行于横轴的多条线段表示每个被纳入研究的效应量和置信区间（confidence interval，CI），线段上实心正方形的大小表示单个研究的效应量大小，线段长短表示可信区间；用一个菱形描述纳入研究的合并效应量大小及可信区间。

针对 OR/RR/RD 为效应量指标的研究，等效线通常以 1 为中心，横轴范围为 [0，∞]。当横线与森林图的等效线相交时，干预组的效应量等于对照组；当其 95%CI 横线不与森林图的等效线相交且落在等效线右侧时，干预组的效应量大于对照组；反之，当其 95% CI 横线不与森林图的等效线相交且落在等效线左侧时，干预组的效应量小于对照组。图 4.2 显示了 4 个 PBL（problem-based learning）教学法对国内医学专业学生团队协作能力的综合分析结果。[13] 其中，有 2 个原始研究的 95%CI 与等效线相交，表明这 2 个研究结果提示接受 PBL 教学法与 LBL 教学法对医学专业学生团队协作能力没有显著差异。另 2 个原始研究的 95%CI 横线落在等效线右侧，其结果提示接受 PBL 教学法的学生团队协作能力优于接受 LBL 教学法的学生。其合并效应量 RR=1.42，95%CI 为 [1.25，1.61]。故可认为 PBL 教学法与 LBL 教学法比较差异有统计学意义，即 PBL 教学法对提高医学专业学生团队协作能力的效果优于 LBL 教学法。纳入的 4 个研究异质性差异在统计学上有显著意义（χ^2=15.82，p<0.0001；I^2=81%），表明需要进行亚组

分析，进一步探索影响两种干预措施效果差异的潜在因素。

研究或亚组	PBL组 发生结局人数/人	PBL组 总人数/人	LBL组 发生结局人数/人	LBL组 总人数/人	权重	风险比 固定效应模型95%CI	风险比 M-H，固定，95%CI
吴清武（2014）	10	15	4	15	3.70%	2.50[1.00,6.23]	
宋杰（2014）	56	60	50	60	4.6.80%	1.12[0.98,1.28]	
沈嫱（2013）	45	45	30	45	28.50%	1.49[1.21,1.84]	
邬山（2015）	41	53	22	51	21.00%	1.79[1.27,2.54]	
总计（95%CI）		173		171	100%	1.42[1.25,1.61]	
发生结局总人数	152		106				

异质性：Chi²=15.82，df=3（p=0.001）；I^2=81%

合并效应量检验：Z=5.52（p=0.000）

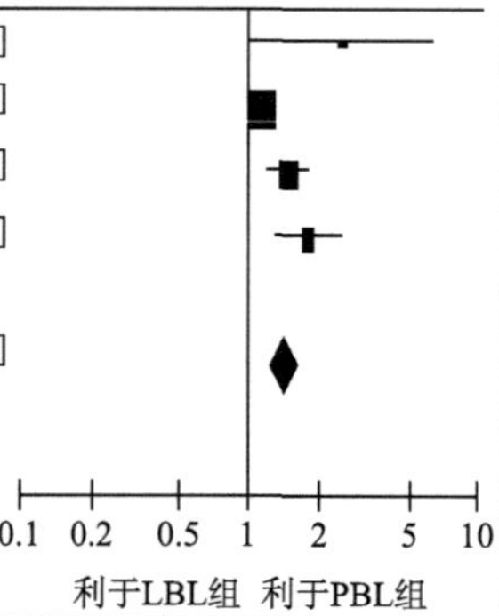

图4.2　PBL组与LBL组医学生团队协作能力比较的结果

注：（1）本章图中所涉及的具体研究仅作为结果部分解读，并不涉及其他数据分析过程，故未提供原始资料来源；（2）本图右侧森林图由软件自动生成，为保持原貌，未对其刻度线的区间长度做调整

二、基于均值的效应量

（一）效应量指标的选择

在干预性研究中，根据干预组和对照组的样本量、均值及标准差来计算效应量（表 4.7）。效应量指标分为均数差（MD）和标准化均数差（SMD）。

表 4.7　基于均值的数据整理格式

类别	样本量	均值	标准差
干预组	n_1	M_1	s_1
对照组	n_2	M_2	s_2

1. 均数差

均数差即干预组和对照组均值的差值，主要用于 Meta 分析中当所有研究具有相同的连续变量和测量单位时，在不同研究间比较时因为应用受限，所以不常用。计算方法如下。

均数差为

$$\mathrm{MD} = M_1 - M_2$$

近似标准误为

$$\mathrm{SE} = \sqrt{\frac{s_1^2}{n_1} + \frac{s_2^2}{n_2}}$$

2. 标准化均数差

标准化均数差是指两组均数的差值除以合并标准差的商，可以消除多个研究测量单位不同的影响。常见的效应量指标为 Cohen' s d 和 Hedges' g。

1）Cohen' s d

Cohen 将 d 定义为两组的均数差 MD 除以联合标准差 s_p。当 d=0.01 时为极小效应，d=0.2 时为小效应，d=0.5 时为中等效应，d=0.8 时为大效应，d=1.2 时为极大效应，d=2.0 时为巨大效应。[14] 计算方法具体如下。

两组的联合标准差为

$$s_p = \sqrt{\frac{(n_1-1)s_1^2+(n_2-1)s_2^2}{n_1+n_2-2}}$$

标准化均数差 d 为

$$d = \frac{M_1 - M_2}{s_p}$$

近似标准误为

$$\mathrm{SE} = \sqrt{\frac{n_1+n_2}{n_1 n_2}+\frac{d^2}{2(n_1+n_2-2)}}$$

2）Hedges' g

Hedges 发现 Cohen's d 在针对小样本估计时，估计值偏高。这个偏差可以通过一个简单的校正，得到总体的无偏估计。这个无偏估计被称为 Hedges' g，校正因子为 J。[15] 计算方法具体如下。

校正因子 J 为

$$J = 1 - \frac{3}{4\mathrm{df}-1}$$

校正后的标准化均数差 g 为

$$g = J \times d$$

校正后的近似标准误为

$$\mathrm{SE} = J \times \sqrt{\frac{n_1+n_2}{n_1 n_2}+\frac{d^2}{2(n_1+n_2-2)}}$$

（二）效应量的合并

针对均数差 / 标准化均数差为效应量指标的干预性研究，等效线通常以 0 为中心，横轴区间范围为 [−∞，∞]。当横线与森林图的等效线相交时，干预组的效应量等于对照组，即干预措施无效；当其 95% CI 横线不与森林图的等效线相交且落在等效线右侧时，干预组的效应量大于对照组；反之，当其 95% CI 横线不与森林图的等效线相交且落在等效线左侧时，干预组的效应量小于对照组。图 4.3 显示 14 个 PBL+LBL 联合教学法对国内临床专业医学生基础理论考试成绩的 RCT 的综合分析结果[16]。其中有 4 个原始研究的 95%CI 横线与等效线相交，表明这 4 个研究结果提示 PBL+LBL 联合教学法与 LBL 教学法对临床专业医学生基础理论考试成绩的影响没有差别，另 10 个原始研究的 95%CI 横线落在等效线右侧，其结果提示 PBL+LBL 联合教学法对提高临床专业医学生基础理论考试成绩的效果优于 LBL 教学法。其合并效应量 MD=3.33，95%CI 为 [2.07，4.60]。故可认为 PBL+LBL 联合教学法与 LBL 教学法比较差异有统计学意义，即 PBL+LBL 联合教学法对提高临床专业医学生基础理论考试成绩优于 LBL 教学法。纳入的 14 个研究异质性差异在统计学上有显著意义（χ^2=111.26，p<0.00；I^2=88%），表明需要进行亚组分析，进一步探索影响两种干预措施效果差异的潜在因素。

	PBL+LBL组			LBL组				均数差
研究或亚组	平均数	标准差	人数	平均数	标准差	人数	权重	随机效应模型95%CI
倪云峰2014	58.3	4.16	48	58.29	4.34	48	7.6%	0.01 [−1.69,1.71]
倪伟民2016	87.69	5.46	90	86.71	6.02	90	7.6%	0.98 [−0.70,2.66]
卢纳2016	89.7	7.9	45	80.2	2.3	45	6.7%	9.50 [7.10,11.90]
周艳2012	33.5	2.22	40	30.9	3.02	40	8.2%	2.60 [1.44,3.76]
张国伟2010	33.3	5.34	20	30.1	3.28	20	6.2%	3.20 [0.45,5.95]
张国伟2011	31.3	6.28	16	27.1	3.14	16	5.3%	4.20 [0.76,7.64]
张国伟2011	35.6	3.4	36	30.8	2.9	36	7.9%	4.80 [3.34,6.26]
张桂萍2012	36.9	3.6	30	33.7	3.2	30	7.6%	3.20 [1.48,4.92]
王丽琼2006	59.28	10.51	78	58.63	11.37	77	5.3%	0.65 [−2.80,4.10]
王宇2011	34.8	3.39	25	30.1	3.04	25	7.5%	4.70 [2.92,6.48]
王运仓2015	28.3	1.4	40	27.3	1.3	40	8.6%	1.00 [0.41,1.59]
董超2016	47.8	5.21	32	46.2	4.32	32	6.8%	1.60 [−0.74,3.94]
靳瑾2011	35.3	2.34	37	32.6	3.18	37	8.1%	2.70 [1.43,3.97]
马明翠2016	90.6	7.2	39	82.1	2.3	39	6.7%	8.50 [6.13,10.87]
总计（95%CI）			576			575	100%	3.33 [2.07,4.60]

异质性：τ^2=4.71；χ^2=111.26，df=13（p<0.000 01）；I^2=88%

合并效应量检验：Z=5.18（p<0.000 01）

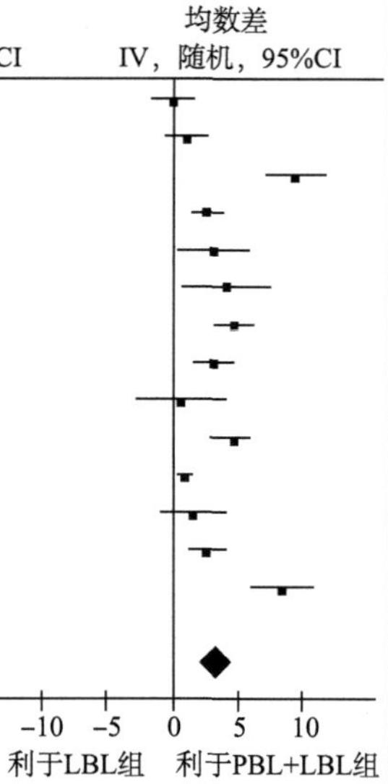

图4.3　PBL+LBL联合教学法与LBL教学法对基础理论考试成绩的影响结果

三、基于相关系数的效应量

（一）效应量指标的选择

除了均值外，相关系数本身也可以作为效应量来反映两个连续变量间的关系，但大多数系统评价中，是先将相关系数转化为 Fisher's Z 进行分析，分析完成后再将相关系数的综合效应及可信区间转换为相关系数。

样本相关系数 r 转换为 Fisher's Z 公式为

$$Z = 0.5 \times \ln\left(\frac{1+r}{1-r}\right)$$

近似方差为

$$V_Z = \frac{1}{n-3}$$

近似标准误为

$$\mathrm{SE} = \sqrt{V_Z}$$

Fisher's Z 转换为样本相关系数 r 公式为

$$r = \frac{e^{2Z}-1}{e^{2Z}+1}$$

（二）效应量的合并

针对 Fisher's Z 为效应量的研究，等效线通常以 0 为中心，横轴范围为[−1，1]。当横线与森林图的等效线相交时，研究中的两个变量不存在显著相关；当其 95%CI 横线不与森林图的等效线相交且落在等效线右侧时，研究中的两个变量存在显著正相关；反之，当其 95%CI 横线不与森林图的等效线相交且落在等效线左侧时，研究中的两个变量存在显著负相关。图 4.4 显示 14 个心理资本与教师幸福感相关关系的综合分析结果[4]。其中有 1 个原始研究的 95%CI 横线与等效线相交，表明该研究结果提示心理资本与教师幸福感不存在显著相关。其他 13 个原始研究的 95%CI 横线落在等效线右侧，其结果提示心理资本与教师幸福感呈显著正相关。其合并效应量 Z=0.616，95%CI 为 [0.588，0.644]。故心理资本与教师幸福感呈显著正相关。

模型	研究名称	单个研究统计结果						
		Fisher's Z	标准误	变异	上限	下限	Z值	p值
	刘文令（2013）	0.725	0.044	0.002	0.638	0.812	16.405	0.000
	张西超（2014）	0.648	0.044	0.002	0.562	0.733	14.766	0.000
	王钢（2014）	0.395	0.055	0.003	0.286	0.504	7.122	0.000
	黄琬琛（2015）	0.648	0.060	0.004	0.530	0.765	10.835	0.000
	赵科（2015）	0.533	0.058	0.003	0.419	0.648	9.146	0.000
	宁嘉鹏（2017）	0.575	0.054	0.003	0.469	0.681	10.633	0.000
	何树德（2019）	0.395	0.055	0.003	0.287	0.504	7.150	0.000
	胡国华（2019）	0.968	0.053	0.003	0.864	1.073	18.195	0.000
	史满满（2019）	0.022	0.045	0.002	0.066	0.110	0.493	0.622
	牟生调（2019）	0.536	0.054	0.003	0.431	0.641	9.986	0.000
	周喜华（2020）	0.891	0.071	0.005	0.752	1.030	12.572	0.000
	王萍（2020）	0.838	0.050	0.002	0.741	0.936	16.790	0.000
	文英（2020）	0.971	0.099	0.010	0.778	1.164	9.851	0.000
	许慧（2020）	0.867	0.046	0.002	0.778	0.956	19.061	0.000
固定		0.616	0.014	0.000	0.588	0.644	43.497	0.000

Fisher's Z和95%CI

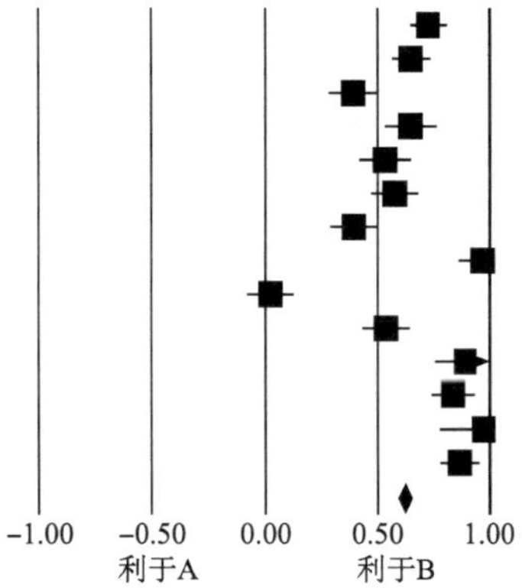

图4.4　心理资本与教师幸福感的关系结果

四、效应量指标的转换

如图 4.5 所示，不同的效应值之间可以通过相应的公式进行转换，实现不同资料类型间的效应量转换。计算公式如下所示。

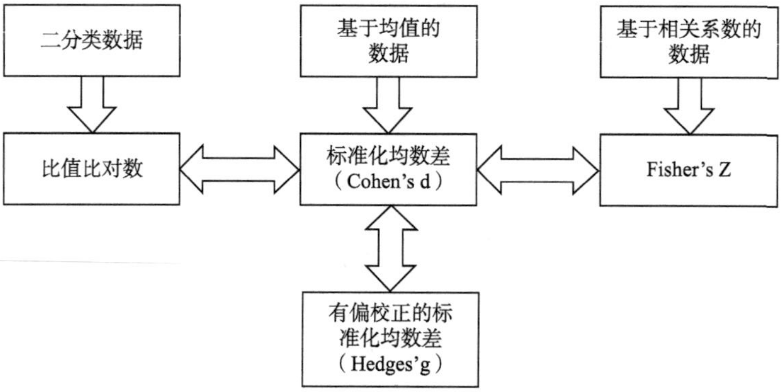

图4.5　效应量之间的转换

比值比对数转换为 Cohen's d 的公式为

$$d = \text{LogOR} \times \frac{\sqrt{3}}{\pi}$$

$$\text{SE}_d = \text{SE}_{\text{LogOR}} \times \frac{\sqrt{3}}{\pi}$$

相关系数 r 值转换为 Cohen's d 的公式为

$$d = \frac{2r}{\sqrt{1-r^2}}$$

$$\text{SE}_d = \text{SE}_R \times \sqrt{\frac{4}{\left(1-r^2\right)^3}}$$

在 Fisher's Z 和 Cohen's d 之间转换时，假设是关于自变量的；在比值比对数和 Cohen's d 之间转换时，假设是关于因变量的。因此，这两种假设是彼此独立的，即一个不会影响另一个的有效性。所以我们可以应用这两种假设，将 d 值转换为 Fisher's Z，然后再转换为比值比对数，反之亦然。[12]

第五节　固定效应模型和随机效应模型

大部分 Meta 分析以固定效应模型（fixed effect model，FEM）或随机效应模型（random effect model，REM）中的一种作为基础。固定效应模型假设纳入的所有研究有共同的真实效应，研究间存在异质性是因为抽样误差的影响。随机效应模型假设真实效应随纳入研究的不同而改变，研究间存在异质性有两种可能：一是真实效应本身的异质性，二是抽样误差。运用的模型不同，所得到的合并后的效应量均数值也不相同，这不仅体现在效应量的大小上，更多地体现在每个纳入研究权重的分配上。[17] 本节将对这两种模型的理论假设和模型的选择进行简要介绍。

一、固定效应模型

（一）固定效应模型理论假设

在固定效应模型分析中，假设所有纳入的研究拥有共同的真实效应量（μ）。观察到的效应将分布在 μ 附近，其方差 σ^2 主要取决于每个研究的样本量。也就是说，观察到的效应量（T）是由真实效应量（μ）加上研究内抽样误差（ε）决定的（图 4.6），即 $T_i = \mu + \varepsilon_i$。[18]

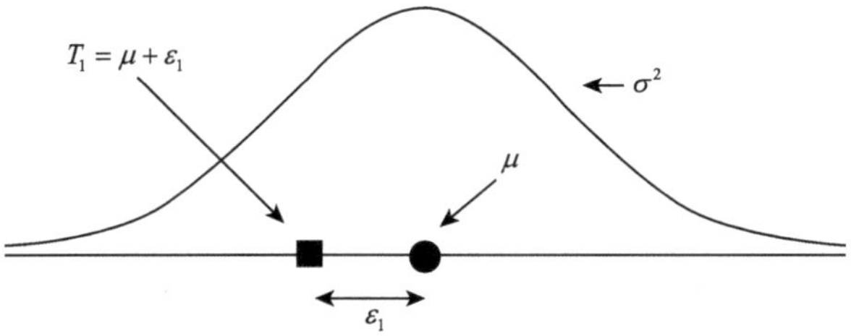

图4.6 固定效应中观察效应量与真实效应量、抽样误差的关系

（二）固定效应模型下的权重分配

在固定效应模型下，对综合效应值估计的唯一误差来源是研究中的随机误差（E）。每个研究的权重等于方差的倒数，而单个研究的方差与样本量成反比。因此，样本量越大，效应量的方差就越大，那么相应的权重分配就越多，反之，样本量越小，分配的权重也就越少（图 4.7）。如果有足够大的样本量，误差将趋于零。[17-19]

研究名称	单个研究统计结果		
	Hedges' g	标准误	变异
Carroll	0.100	0.173	0.030
Grant	0.300	0.173	0.030
Peck	0.350	0.224	0.050
Donat	0.650	0.100	0.010
Stewart	0.450	0.224	0.050
Young	0.150	0.141	0.020
	0.397	0.062	0.004

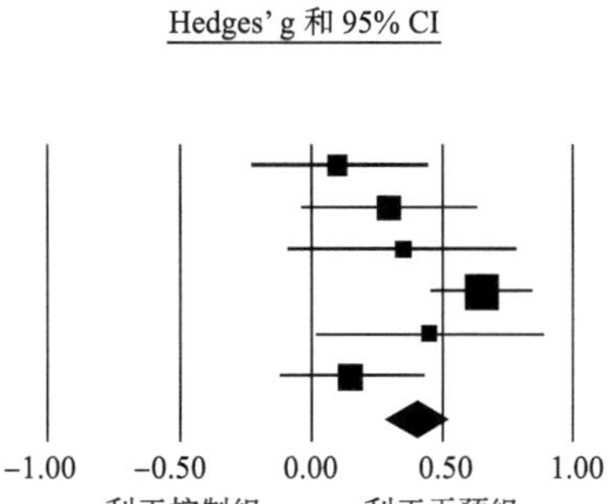

图4.7 固定效应显示相对权重的森林图

单个研究的方差为

$$V_i = \frac{\sum(X - \mu_i)^2}{n_i - 1}$$

权重为

$$W = \frac{1}{V_i}$$

二、随机效应模型

（一）随机效应模型理论假设

在随机效应模型分析中，假设所有纳入研究的真实效应值并不是唯一的，而是存在一个真实效应值的分布；综合效应值也不能代表唯一的共同效应，而是存在一个真实效应值的总体平均值（μ）。也就是说，观察到的效应值（T_1）是一个从真实效应值为 θ_1 和总体方差为 σ^2 的正态分布中的抽样。真实效应值（θ_1）是一个从总体平均值为 μ 和总体方差为 T^2 的正态分布中的抽样（图 4.8）。所以观察到的效应值（T_1）由真实效应值（θ_1）和研究内误差（ε_1）所决定，而真实效应值（θ_1）由所有真实效应的平均值（μ）和研究间误差（ς_1）决定，即

$$T_i = \theta_i + \varepsilon_i = \mu + \varsigma_i + \varepsilon_i$$

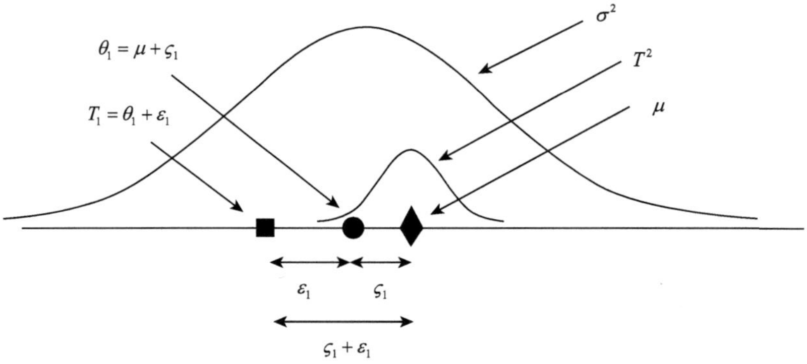

图4.8　随机效应中观察效应值与真实效应值和误差的关系

（二）随机效应模型下的权重分配

在随机效应模型下，我们需要考虑两个层次的抽样和两个误差来源。首先，真实效应 θ 分布在 μ 附近，方差 T^2 反映了真实效应对其均值的实际分布。其次，对任何给定 θ 的观察效应的 T 将分布在该 θ 附近，其方差 σ^2 主要取决于该研究

的样本量。因此，在分配权重来估计 μ 时，我们需要处理抽样误差的两个来源：研究内部误差（ε）和研究间误差（ς）。[18] 在随机效应模型下，每项研究都将根据其方差的倒数进行加权。不同于固定效应模型，随机效应模型中的方差包括研究内方差（σ^2）加上研究间的方差（T^2）。

研究间的方差 T^2 为

$$T^2 = \frac{Q - \mathrm{df}}{C}$$

其中，

$$Q = \sum_{i=1}^{k} W_i Y_i^2 - \frac{\left(\sum_{i=1}^{k} W_i Y_i\right)^2}{\sum_{i=1}^{k} W_i}$$

$$\mathrm{df} = k - 1$$

其中，k 为研究个数，

$$C = \sum W_i - \frac{\sum W_i^2}{\sum W_i}$$

每个研究的权重为

$$W_i = \sigma_i^2 + T_i^2$$

如果每个研究有无限大的样本含量，那么抽样误差将为零，每项研究的观察效应值将和真实效应值相同。如果我们绘出观察效应值的图形，就会发现观察效应值将和真实效应值完全重合。随机效应模型下的权重分布示例如图 4.9 所示。

研究名称	单个研究统计结果		
	Hedges' g	标准误	变异
Carroll	0.100	0.173	0.030
Grant	0.300	0.173	0.030
Peck	0.350	0.224	0.050
Donat	0.650	0.100	0.010
Stewart	0.450	0.224	0.050
Young	0.150	0.141	0.020
	0.344	0.107	0.011

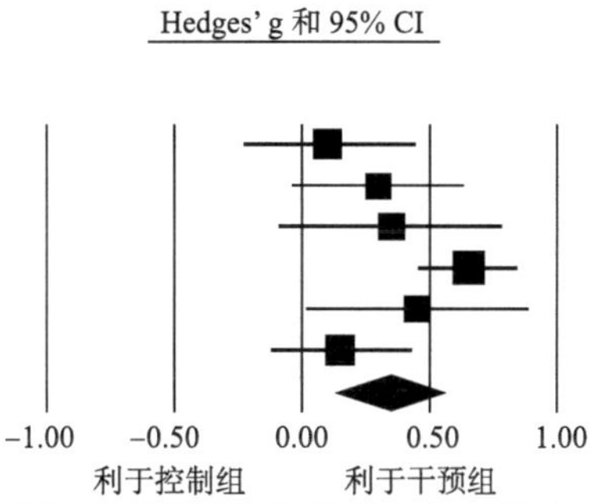

图4.9　随机效应显示相对权重的森林图

三、模型的选择

（一）基于研究假设和研究目的选择模型

计算模型的选择应该基于研究的性质和研究结果的目标。固定效应模型假设所有研究的效应量都是相同的。如果我们的目标是计算共同效应值，然后将其推广到相同人群的其他个案中，那么固定效应模型是适用的。然而，研究者在收集数据时，不太可能所有研究的效应值都相同。通常情况下，这些研究中的受试者或干预措施会对研究结果产生不同的影响，即所有纳入的研究不太可能存在唯一的共同效应量。此时，选择随机效应模型更合适一些。随机效应模型假设所有研究的效应量之间存在差异，而综合效应量仅代表所有效应量的平均效应量。此外，随机效果模型估计的目标通常是将综合结果推广到一系列的人群中，而不仅仅是某一同质的人群中。

（二）模型选择不能依赖异质性检验的结果

许多研究者在开始进行统计分析时，选择固定效应模型，而当 Q 检验的结果具有统计学意义时，则采用随机效应模型。这种做法是不被推荐的，原因如下。

（1）如果分析的逻辑表明研究的效应值是从效应值的分布中抽样的，那么可以直接使用随机效应模型。

（2）如果真实效应值的差异是微不足道的（即同质性假设结果小于预期），那么需要将随机效应模型转换为固定效应模型。因此，在这种情况下，不值得使用随机效应模型。

（3）如果研究的数量很少，而且研究内部的方差很大，那么即使研究之间的方差很大，基于 Q 统计量的检验也可能很低。在这种情况下，使用 Q 检验作为选择模型的标准不仅从概念的角度来看是有问题的，而且还可能导致固定效应分析的误用。

第六节　异质性分析

一、Meta 分析中异质性的类型及来源

广义上，异质性是指参与者、干预措施和一系列研究间测量结果的差异和多样性，或那些研究中内在真实性的变异；狭义上专指统计学异质性，用来描述一系列研究中效应量的变异程度，也用于表明除仅可预见的偶然机会外研究间存在的差异性。纳入 Meta 分析的研究往往出于不同的年代，来自不同国家、地区、民族等，不同的研究者针对不同的研究对象，所采用的统计学方法也不尽相同，因而难免存在异质性。

根据来源，Meta 分析的异质性分为临床异质性、方法学异质性和统计学异

质性。临床异质性是指参与者不同、干预措施的差异及研究的结局指标不同所导致的变异。方法学异质性是指由于试验设计和质量方面的差异（如盲法的应用和分配隐藏的不同）引起的，或者由于试验过程中对结局的定义和测量方法的不一致而出现的变异。统计学异质性是指不同试验间被估计的干预效应的变异，它是研究间临床和方法学上异质性的直接结果。临床异质性、方法学异质性和统计学异质性三者是相互独立又相互关联的，临床或方法学上的异质，不一定在统计学上就有异质性表现，反之亦然。[20]

二、统计学异质性的检验方法

异质性检验（heterogeneity test）是 Meta 分析前的必要工作。该检验的基本思想是假如研究资料间的真实效应值是相同的，即所有群体都来自同一个总体，那么实际效应值间的差异可认为是由抽样误差造成的；但若效应量间的差异过大，即这些变异不仅仅是抽样引起的，纳入 Meta 分析的各个独立研究可能来自不同的总体，而总体效应量间存在差异，则应考虑研究的异质性。统计学异质性是对研究间从数量关系上是否具有同质性进行检测的方法，主要有以下几种。

（一）Q统计量

该检验的无效假设为纳入各研究的效应量均相同，Q 实际上是效应量的加权离均差平方和，即加权平方和（WSS）。

计算公式为

$$Q=\sum_{i=1}^{k}w_i\left(T_i-\bar{T}\right)^2$$

为了突出 Q 统计量是个标准化测量指标，也就是说 Q 不受效应指标大小的影响，这类似于标准化的均数差 d，即均数差除以研究内标准差 s_i。计算公式为

$$Q=\sum_{i=1}^{k}\left(\frac{T_i-\bar{T}}{s_i}\right)^2$$

为了方便计算，Q 统计量的等效公式为

$$Q=\sum_{i=1}^{k}w_iT_i^2-\frac{\left(\sum w_iT_i\right)^2}{\sum w_i}$$

其中，w_i 为第 i 个研究的权重值，可定义为合并方差的倒数（$1/S_p^{\,2}$）；T_i 为第 i 个纳入研究的效应量；$\bar{T}$ 为所有纳入研究的平均效应量。Q 服从自由度为 $k-1$

的 χ^2 分布，Q 值越大，其对应的 p 值越小。若 $Q \geqslant \chi^2_{(1-\alpha)}$，则 $p \leqslant \alpha$，表明研究间存在异性。[20, 21] 然而，相反则不正确，即无统计学意义的 p 值不能说明效应大小是一致的。缺乏统计学意义可能是由于检验效能较低。研究数目少，研究间的变异度大，或研究间具有实质性差异，都会导致得到没有统计学意义的 p 值。[12]

（二）I^2 统计量

Higgins 等提出用 I^2 统计量反映异质性在效应量总变异中所占的比重。计算公式为

$$I^2 = \frac{Q - \mathrm{df}}{Q} \times 100\%$$

其中，Q 为 Q 统计量，df 是它的自由度（$\mathrm{df}=k-1$）。当 $I^2=0$ 时，表明没有观察到异质性，I^2 统计量越大异质性越大；异质性的低、中、高程度分别用 I^2 统计量 25%、50%、75% 表示。若 $I^2>50\%$，则说明存在比较明显的异质性。[20]

三、异质性资料的处理方法

在进行 Meta 分析前，一定要制定统一的纳入和排除标准。只有那些研究目的相同、质量高的文献才能纳入进行合并，使研究间异质性最小，合并效应具有更高的可信度。针对存在异质性的资料有以下几种处理方法。

（1）进行敏感性分析。在异质性检验完成后，可采用敏感性分析识别并剔除造成研究间一致性的极端效应值（参考第四章第八节）。

（2）选用随机效应模型。在数据开始分析前，研究者要对研究资料的性质和研究目的进行分析，如果研究目的是将综合估计结果推广到更广泛的其他群体中（即群体间本身存在异质性），则建议选择随机效应模型。

（3）进行亚组分析。若异质性是由临床特征造成的（即临床异质性），可按照不同的临床特征，如年龄、性别、年级、地区等进行分组后，再进行 Meta 分析。

（4）Meta 回归。若异质性是由其他无关因素造成的，可采用 Meta 回归控制混杂因素，以消除异质性。

第七节　发表偏倚

发表偏倚（publication bias），又称文件抽屉问题（file-drawer problem），是指具有统计学意义的研究结果比无统计学意义的研究结果更容易被投稿和发表。

致使研究者在做 Meta 分析查阅资料时，对阳性结果和阴性结果获取的概率不同，从而导致对效应量或因果关联强度的过高估计。

一、发表偏倚产生的原因

（一）研究缺失的问题

设计系统评价时，常常设置纳入标准以限定所纳入研究的类型。理想情形下，我们能够得到所有符合纳入标准的研究，但实际上这几乎是不可能的。尽管电子化检索很普及，但仍存在一些符合纳入标准的研究被遗漏。如果遗漏的研究是所有相关研究的随机样本，可能会导致信息量减少，可信区间变宽，检验效能降低，但对于效应量估计没有显著的影响。但是如果遗漏的研究和纳入的研究有着显著的差别，那么样本及样本估计结果将会是有偏倚的。[22]

（二）出版商的主观期望

若干领域的研究已经说明有统计意义结果的研究更可能被发表，而对于任何特定的样本含量，效应量越大，越有可能得到有统计学意义的结果。因此，以相关关系的研究为例，观察效应分布在特定的取值范围，那些研究效应趋于大的一端的研究越容易得到有意义的结果，也更容易被发表。这种倾向可能导致相关关系估计时产生非常大的偏倚，特别是当研究的样本含量较小时。[12，22-24]

（三）其他偏倚来源

其他可能导致效应量估计的偏倚主要有以下几种。

（1）语言偏倚。英语语言数据库和杂志更有可能被检索到，因此导致有统计学意义研究的过分抽样。

（2）获得性偏倚。研究者容易得到的研究被选择性纳入。

（3）成本偏倚。免费的或花费少的研究被选择性纳入。

（4）熟知度偏倚。来自本专业或研究领域 / 主题的研究被选择性纳入。

（5）重复偏倚。有统计学意义的研究更可能被多次发表。

（6）引用偏倚。有统计学意义的研究更可能被引用，因而更易被纳入研究等。

二、发表偏倚的识别方法

（一）漏斗图法

漏斗图（funnel plot）是识别发表偏倚最常用的方法，由于操作简单、直观而被广泛应用。漏斗图展示的是样本含量和效应量的关系，即以样本含量（或效应量标准误）为纵坐标，以效应量为横坐标绘制的散点图。大样本研究出现在图的顶部，聚集在平均效应量周围。小样本研究出现在图的底部，因为小样本研究有更大的抽样误差，分散在更宽的数值范围内。当存在发表偏倚时，漏斗图呈不对称分布［图 4.10 ：（a）图提示没有发表偏倚，（b）图提示有发表偏倚[25]］。

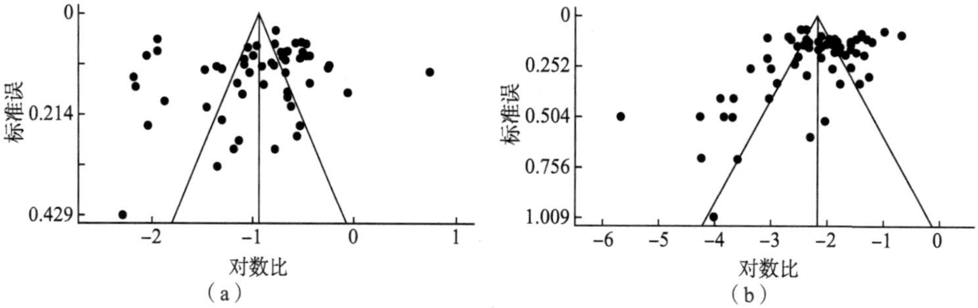

图4.10　漏斗图示意图

注：本书中的漏斗图都是由软件自动生成的。当纵坐标的数值为 0 和负值时，图中只标明具体的数值，未加正负符号。为了和实际情况保持一致，故未做改动。后同

导致漏斗图不对称的原因有很多，如异质性、效应量的选择、测量精度的选择等，而不一定是发表偏倚的影响。如果样本量的大小和效应量之间有潜在的关联，漏斗图也会得出错误的结论，使用时应慎重。

（二）线性回归法

1997 年，Egger 等根据漏斗图的基本原理，针对漏斗图只能定性判断的缺点，用线性回归模型来检验漏斗图的对称性，又称 Egger 检验。[26] 具体方法是：先计算纳入 Meta 分析的每个研究的标准正态离差（standard normal deviate，SND）和精度（precision），然后以精度为自变量，SND 为因变量建立回归方程，即 $\text{SND} = a + b \times$ 精度。精度越低，在 x 轴上接近 0，标准误大，SND 则越较小，在 y 轴上也接近 0。理论上，如果纳入 Meta 分析的研究同质性较好，而且没有发表偏倚，则回归直线的截距 a=0，即该回归直线经过原点，而回归系数 b 则代表了效应的大小和方向，这也对应于对称的漏斗图。如果回归直线不经过原点，则截距 a 的大小代表了漏斗图不对称性的程度，a 越大，不对称程度越大［图 4.11 ：（a）图提示没有发表偏倚，（b）图提示有发表偏倚[27]］。

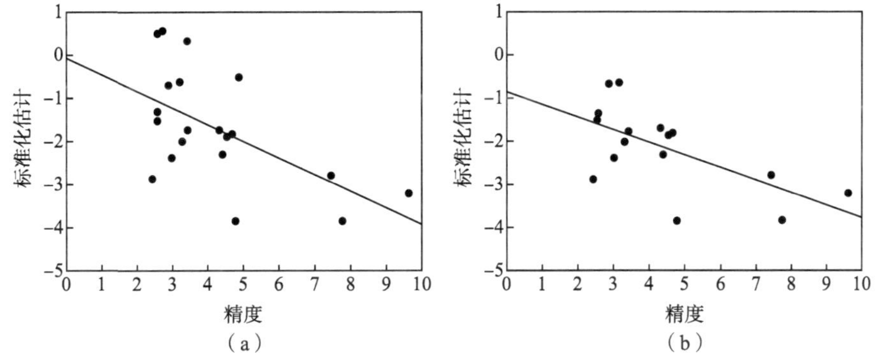

图4.11　漏斗图的线性回归模型

（三）秩序相关检验

1994 年，Begg 等提出了基于 Kendall's tau 的秩序相关法来检验纳入研究间的效应量估计和抽样误差之间的相关性。[28，29] 假设 t 和 v 是纳入 Meta 分析的第 i 个研究的效应量和方差，T 是标准化效应，则 T 定义为

$$T = v_i - \frac{1}{\sum\left(1/v_j\right)}$$

按照 T 值给每组对子（t_i，v_i）进行排序，然后比较所有可能的 K（$K-1$）/2 对子 v_i 和 v_j 的秩次，并计算这两组秩的相关性。如果用 p 表示按照 T 和 v_i 相同顺序排队后的对子数，Q 表示按照相反顺序排队后的对子数，那么正态统计量 Z 为

$$Z = \frac{P-Q}{\sqrt{K\left(K-1\right)\left(2K-5\right)/28}}$$

如果 $Z>1.96$，$p<0.05$，提示可能存在发表偏倚；$Z<1.96$，$p>0.05$，则提示没有发表偏倚。

Begg 秩序相关检验被认为是漏斗图的直接统计学模拟，对该检验功效的模拟研究结果表明，检验功效的变异性较大，影响检验功效的主要因素是纳入研究的数量、效应大小及其方差。对小样本的研究，该检验的功效较低。[28]

（四）失安全系数法（fail-safe N，N_{fs}）

Rosenthal 于 1979 年提出失安全系数 N_{fs}，即计算我们需要加入多少个漏掉的研究使分析结果变得没有统计学意义。如果 N_{fs} 较小，即我们需要很少的研究（比如 5 篇或 10 篇研究）就可以使效应逆转，则发表偏倚的可能性较大，且对结果影响较大；如果 N_{fs} 很大，即我们需要大量的研究（比如 2 000 篇）才可以使效应逆转，则发表偏倚的可能性较小。计算公式为

$$N_{fs} = \left(\frac{k \times \ln OR}{1.96} \right)^2 w - k$$

其中，k 代表 Meta 分析纳入研究的个数；lnOR 代表合并效应量的对数值；w 代表纳入研究的平均权重值。

以上四种方法各有优点和不足，因此，在实际分析过程中可结合两种及以上的方法来识别发表偏倚。

三、发表偏倚的处理方法

（一）全面检索文献

在检索过程中，尽可能将所有的相关研究收集齐全，包括未发表的阴性研究报告、会议论文摘要、各种研究简报、学位论文等。

（二）剪补法（trim and fill）

漏斗图的基本思想是发表偏倚将表现在数据点分布的不对称。如果有更多的小样本研究分布在右侧，我们考虑左侧有些研究缺失。剪补法采用迭代程序从漏斗图正的一边去掉极端的研究，重新计算效应量，直到得到对称的漏斗图（图 4.12）。理论上，这将会得到效应量的无偏估计。这种剪补不仅调整了有偏的效应量，而且降低了效应的方差，得到了一个较窄的可信区间。因此，该法随后将除去的原始研究再加入分析，为每个研究填补一个镜像。

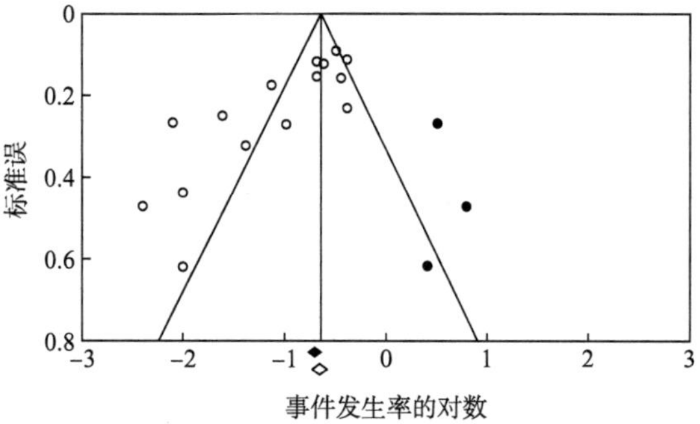

图4.12　剪补后的漏斗图

注：白色圆点代表纳入的研究，黑色圆点代表填补的研究；白色菱形代表剪补前的估计效应值，黑色菱形代表剪补后的估计效应值

第八节　敏感性分析

在进行系统评价和 Meta 分析的过程中，需要进行许多决策。例如，制定纳入和排除标准，以决定哪些研究被纳入分析。敏感性分析的目的就是确定结果在不同的假设下是否稳健，再检测在系统评价过程中不同决策对结果造成的影响。例如，一项研究可能会报告一个极端的效应值，这对研究的合并结果可能会造成影响，即不清楚这项研究结果本身就属于当前估计值的分布还是因为在原始研究过程中受到了额外的影响造成的。在这种情况下就需要对比纳入和排除这篇研究对总的合并结果的影响。[30]

敏感性分析可用于确定研究结果是否会受到研究纳入和排除标准的变化（设计特征或其他研究特征）的影响。第七节提到的剪补法也属于敏感性分析的一种，通过剪补后的调整效应量估计值与观察到的效应量估计值的比较，以确定后者是否对发表和小样本研究的偏倚具有稳健性。[31] 本节将介绍如何使用“逐一剔除法”（leave-one-out）检验单个研究对合并结果的影响，即验证当前合并结果的稳健性。

逐一剔除法是通过统计诊断来调查 Meta 分析的有效性和稳健性的方法。[32] 其主要步骤如下。

（1）删除 K 研究中的第一个，并对其余 $K-1$ 研究进行 Meta 分析。

（2）删除 K 研究中的第二个，并对其余 $K-1$ 研究进行 Meta 分析。

（3）继续这个过程，直到有 K 个不同的 Meta 分析。

如果逐一剔除法的 K 个 Meta 分析的结果是一致的，那么就有信心相信整体的 Meta 分析结果是稳健的，一致性的可能性随着 K 的增加而增加。这里的假设是，从 Meta 分析中删除一项研究不应该影响总体结果。如果删除某项研究对当前的合并结果有明显的影响（通常标准误前后变化不能超过 1.96），这表明所纳入的研究缺乏同质性。

参考文献

[1] 刘鸣 . 系统评价、Meta 分析设计与实施方法 [M]. 北京：人民卫生出版社，2011.

[2] 罗杰，冷卫东 . 系统评价 /Meta 分析理论与实践 [M]. 北京：军事医学科学出版社，2013.

[3] 李彤彤，庞丽，王志军 . 翻转课堂教学对学生学习效果的影响研究——基于 37 个实验和准实验的元分析 [J]. 电化教育研究，2018，39（5）：99-107.

[4] 王楠青，白文峰，姜淑梅 . 心理资本与教师幸福感的关系：一项元分析 [J]. 心理月刊，

2021，16（16）：9-11.
[5] 曾宪涛，包翠萍，曹世义，等 . Meta 分析系列之三：随机对照试验的质量评价工具 [J]. 中国循证心血管医学杂志，2012，4（3）：183-185.
[6] 刘津池，刘畅，华成舸 . 随机对照试验偏倚风险评价工具 RoB2（2019 修订版）解读 [J]. 中国循证医学杂志，2021，21（6）：737-744.
[7] 刘括，孙殿钦，廖星，等 . 随机对照试验偏倚风险评估工具 2.0 修订版解读 [J]. 中国循证心血管医学杂志，2019，11（3）：284-291.
[8] Sterne J A，Hernán M A，Reeves B C，et al. ROBINS-I：a tool for assessing risk of bias in non-randomised studies of interventions[J]. BMJ，2016，355：i4919.
[9] 王浩，唐晓宇，王和平，等 . ROBINS-I：评估非随机干预性研究偏倚风险的新工具 [J]. 中国循证心血管医学杂志，2018，10（7）：789-793.
[10] 黄斌，方超，汪栋 . 教育研究中的因果关系推断——相关方法原理与实例应用 [J]. 华东师范大学学报（教育科学版），2017，（4）：1-14.
[11] Waddington H，Aloe A M，Becker B J，et al. Quasi-experimental study designs series—paper 6：risk of bias assessment[J]. Journal of Clinical Epidemiology，2017，89：43-52.
[12] 博伦斯坦，等 . Meta 分析导论 [M]. 李国春，吴勉华，余小金，译 . 北京：科学出版社，2013.
[13] 梁丰丽，刘红娟，李文菲，等 . 国内医学影像学 PBL 教学效果的 Meta 分析 [J]. 中华医学教育探索杂志，2016，15（6）：553-560.
[14] Sawilowsky S S. New effect size rules of thumb[J]. Journal of Modern Applied Statistical Methods，2009，8（2）：597-599.
[15] Hedges L V. Distribution theory for Glass’ s estimator of effect size and related estimators[J]. Journal of Educational Statistics，1981，6（2）：107-128.
[16] 贾雪，曾雯，张琴，等 . PBL+LBL 双轨教学法与 LBL 教学法对国内临床专业医学生外科教学效果的系统评价 [J]. 中国循证医学杂志，2017，17（10）：1224-1230.
[17] 程里礼，雷鹏，陶园，等 . 基于统计学角度：解读固定效应模型和随机效应模型 [J]. 中国循证心血管医学杂志，2017，9（3）：261-264.
[18] Borenstein M，Hedges L V，Higgins J P T，et al. A basic introduction to fixed-effect and random-effects models for meta-analysis[J]. Research Synthesis Methods，2010，1（2）：97-111.
[19] Nikolakopoulou A，Mavridis D，Salanti G. Demystifying fixed and random effects meta-analysis[J]. Evidence-based Mental Health，2014，17（2）：53-57.
[20] 王丹，翟俊霞，牟振云，等 . Meta 分析中的异质性及其处理方法 [J]. 中国循证医学杂志，2009，9（10）：1115-1118.
[21] 杨克虎 . 系统评价指导手册 [M]. 北京：人民卫生出版社，2010.
[22] Borenstein M，Hedges L V，Higgins J P T，et al. Introduction to Meta-Analysis[M]. Chichester：John Wiley & Sons，Ltd.，2009.
[23] 李红颜 . Meta 分析中识别发表偏倚方法的比较 [D]. 第一军医大学硕士学位论文，2007.
[24] Egger M，Smith G D. Bias in location and selection of studies[J]. BMJ，1998，316：61-66.
[25] Guo L P，Li Z H，Chen T L，et al. The prevalence of mental distress and association with

social changes among postgraduate students in China : a cross-temporal meta-analysis[J]. Public Health, 2020, 186 (2): 178-184.
[26] Egger M, Davey S G, Schneider M, et al. Bias in meta-analysis detected by a simple, graphical test[J]. BMJ, 1997, 315: 629-634.
[27] Macaskill P, Walter S D, Irwig L. A comparison of methods to detect publication bias in meta-analysis[J]. Statistics in Medicine, 2001, 20 (4): 641-654.
[28] Begg C B, Mazumdar M. Operating characteristics of a rank correlation test for publication bias[J]. Biometrics, 1994, 50 (4): 1088-1101.
[29] 周旭毓，方积乾 . Meta 分析的常见偏倚 [J]. 循证医学，2002，(4)：216-220.
[30] Littell J H, Corcoran J, Pillai V. Systematic Reviews and Meta-analysis[M]. New York : Oxford University Press, 2008.
[31] Cooper H, Hedges L, Valentine J C. The Hand Book of Research Synthesis[M]. New York : Russell Sage Foundation, 2009.
[32] Higgins J P T, Green S. Cochrane Handbook for Systematic Reviews of Interventions[M]. Chichester: John Wiley & Sons, Ltd., 2008.

第五章　其他类型系统评价的制作流程

第一节　系统评价再评价

系统评价作为一种证据综合的方法，自出现以来，便越来越受到人们的关注。从目前发表的研究来看，针对同一主题或同一领域，其系统评价的数量是比较多的，而且这些研究可能存在较大的差异，如研究者在制作或报告规范时存在的差异会导致不同质量的证据。当实践者需要选择这些证据时，往往难以抉择。因此，人们意识到，面对同一主题或领域中较多的系统评价时，有必要对现有的系统评价再进行整体评估，以便更高效地为实践者提供证据指导。基于此，系统评价再评价的研究方法被提出，并逐渐得到发展。[1-3]

系统评价再评价的制作流程与系统评价的制作流程类似，主要包括确定研究问题、制定纳入和排除标准、制定检索策略、检索与筛选文献、提取资料、质量评价、资料分析、结果呈现等步骤。[4]

一、确定研究问题

选题来源于研究者对特定领域相关知识的熟练掌握，并且当明确需要研究的问题时，能够组织专业的团队来解决已经确定的问题。需要注意的是，研究者提出的需要解决的问题，应该是此领域既科学又前沿的问题，研究者可能不仅仅是针对某一个非常具体的问题，而是需要全面考虑可能涉及该问题的所有的系统评价，其目的也在于整合现有的证据，为实践提供科学的依据。

二、制定纳入和排除标准

在确定选题的基础上，需要确定明确的纳入和排除标准，以便进一步制作明确的检索策略。纳入和排除标准的制定，相似于系统评价。基于一般的 PICOS 原则，纳入标准一般包括研究对象（或特定问题）、干预措施、结局指标和研究类型。需要指出的是，一般的系统评价是针对原始研究，对 PICOS 中的各个元素可能具有较明确的要求，但对于系统评价再评价来说，其只针对已经发表的系统评价，在此情况下针对特定的主题或问题，则能够考虑更多的因素。例如，对于研究对象来说，可以考虑纳入更多不同年龄、性别的人群；也可以考虑纳入在特定领域内一种干预措施下不同的亚类干预；还可以考虑评估更多的结局指标等。总之，研究者可以充分考虑已有的系统评价，结合选定的主题，结合自身研究的目的，制定明确而科学的纳入和排除标准。[5]

三、制定检索策略

当明确研究的主题与目的以后，需要通过检索来获得符合标准的系统评价。在此步骤中，有两步是比较关键的，一是检索词的选定，二是数据库的选择与检索。首先，在检索词的选定过程中，要充分结合研究的问题，全面考虑相关的检索词。可以通过查阅专业领域的书籍、网站或文献，扩展同一主题的检索词，并且按照一定的连接逻辑（AND，OR 或 NOT）制定充分而全面的检索策略。其次，在进行检索时，要考虑检索多个数据库，如除了 Campbell 图书馆、Wed of Science 等外，一些与研究问题相关的专业数据库也需要检索，还有必要通过一些注册网站、灰色文献和纳入研究的参考文献等进行补充检索。同时，对于许多研究来说，跨语言数据库的检索也是需要的，对一些中文数据库如知网、万方和维普等进行充分的检索，则更能够减少因检索带来的发表偏倚和语言偏倚等问题。[4]

四、检索与筛选文献

对于通过检索获得的文献，在去重的基础上，根据已经制定的纳入和排除标准，应该至少由 2 名评价员独立进行并交叉核对，以保证研究结果的可靠性。对研究人员应事先进行培训，规范方法，并进行预试验。在此过程中，评价员首先应该通过题目和摘要来进行文献的初步处理，再经过阅读全文，纳入符合标准的研究，需要注意的是，在检索与筛选的过程中所有的记录是有必要保存的，并且在全文阅读后对未纳入的研究有明确的排除理由。[6-8]

五、提取资料

对纳入的研究进行资料提取是进行下一步的基础。此步骤中应该明确针对纳入的系统评价需要提取哪些关键的数据。例如，对于研究的基本信息，可能包括年份、作者和国家等；研究特征可能包括原始研究的设计、数量、样本量、干预类型和结局指标等；尤其对于一些定量的系统评价，如果涉及相关的统计学计算，则根据实际情况需要提取相关大小的效应量（如 OR、RR、MD 或 SMD 值等）。

六、质量评价

系统评价再评价对纳入研究的质量评估主要包括方法学质量的评价和证据质量的评价。该过程由 2 名评价员独立完成，并交叉核对。应该详细记录评价过程中出现的分歧或不一致性，并说明解决的方法。[1]

针对纳入的系统评价，其方法学的质量评价旨在对纳入研究的设计实施过程及可能的偏倚把控等方面进行全面评估。以目前常用的 AMSTAR 工具为例，其评估的主要内容包括检索策略的制定与数据库的检索是否齐全、文献筛选与资料提取是否客观、风险偏倚是否影响结果的信度、是否解释可能存在的异质性并探索其来源、可能的发表偏倚等。需要指出的是，除了方法学质量的评估，对纳入的系统评价进行报告学质量评价也是可以考虑的。例如，利用 PRISMA 条目来评估其报告是否规范、齐全，则更能够把握具体领域相关系统评价的科学性和完整性。[4, 9]

七、资料分析

对于系统评价再评价来说，对原始数据的处理不同于一般的系统评价（Meta 分析）。从目前已经发表的研究来看，此步骤也是比较关键的一步，因为从提取的数据来看，有些资料的处理需要在本步骤做一些详细的说明。例如，有的研究需要在原有系统评价的基础上做进一步的分析，则需要重新整合已有的数据，这些原始数据的处理可能包括亚组分析、网状分析或剂量反应分析等。在此过程中，需要指出一些数据处理时效应量的计算方法，如 Meta 分析时二分类变量和连续性变量的效应值的计算方式（包括 OR、RR、MD 和 SMD 等）。除此之外，对于一些系统评价再评价，需要从原有系统评价中提取信息来进一步呈现分析结果。例如，通过一些图表的结合来综合展现已有的信息，包括一些网格图和气泡图等。

八、结果呈现

结果部分是系统评价再评价具有多元化的一部分，因为不同的设计决定了多种形式的呈现结果。但是从前后结构来看，一些结果的呈现还是具有共性，能够形成比较固定的制作流程。主要呈现的结果如下。

（一）筛选结果

此步骤应该记录在文献检索及筛选过程的相关记录中，建议用流程图予以展示。流程图中的记录可以包括初检获得的文献数、去重之后剩余的文献数、初步筛选之后的文献数、阅读全文之后剩余的文献数及相关的排除理由，最后指明最终纳入的文献数。

（二）文献特征描述

文献特征描述主要是基于方法学步骤中提及的所提取的一些信息，对纳入研究的发表年份、国家、作者、人群信息、原始研究特征、干预特征、结局和效果等主要元素做相关的趋势描述，建议以表格形式呈现研究相关的信息。

（三）质量评价结果

对纳入的系统评价进行质量评价，结果的展示应该明晰而简洁。例如，以方法学或报告学质量为内容的报告中，应该注意每个条目中所有研究的报告比例与每篇研究中所有条目的符合情况。可以通过附件、表格或图表的形式展现最终的质量情况。[2]

（四）效应量描述

纳入的系统评价，不管是干预性的，还是相关因素的，都在一定程度上揭示了某种因素与相关结局的因果关系。因此，对于系统评价再评价而言，整合纳入研究的效应关系是关键的步骤。需要指出的是，针对不同设计的系统评价，应该采取灵活的方式去呈现应有的结果。例如，对于定性系统评价，其结果也注重对应的定性描述，需要在总结已有结论的基础上寻找共性和差异，从而使人们更加明确现有证据的实践指导性。对于定量系统评价，有的研究需要对已有的数据进行二次加工，其分析可能比原有的分析更加全面。

九、讨论

讨论部分旨在对研究的结果进行高度的概括和总结，应避免重复描述结果的内容。总体来说，该部分可以概述的内容如下。

（1）概述纳入研究中相关干预的效果。也就是说，基于结果中的效应，对相同干预或同一领域中干预存在的共性或差异进行分析，以全面评估不同研究最终的证据水平。

（2）进行全面的质量评价。首先，可以从原始研究的研究设计和存在的偏倚等方面进行分析，探讨其对整体证据水平的影响。另外，可以从人群的差异性（年龄、性别、文化程度及依从性等）和干预实施过程的差异性（强度、方式、干预时长等）等方面探索这些因素可能带来的影响。

（3）对未来的启示。对证据的总结不仅在于展示证据，还在于揭示可能存在的问题。首先，作者需要指出研究对实践过程的指导意义。其次，作者还需要指出哪些关键问题尚未解决，为将来的研究提供指导，同时发现存在的证据空白，为将来的研究提供指示性的方向。最后，作者也应该说明研究的完整性、局限性等。

第二节　网状 Meta 分析

在实际教育实践中，当存在多种干预措施时，网状 Meta 分析可同时比较多种干预措施，也可合并直接比较和间接比较证据，进而选择最佳干预。网状 Meta 分析的制作流程和传统的系统评价类似，包含确定研究问题和研究范围、制定纳入和排除标准、资料检索与筛选、资料提取与编码、纳入研究的质量评价、数据分析与处理、结果呈现。本节对网状 Meta 分析的制作步骤进行简要介绍，详细内容请参考田金徽和李伦的《网状 Meta 分析方法与实践》。[10]

一、确定研究问题和研究范围

网状 Meta 分析的研究问题主要来源于两个方面：①基于已发表的传统 Meta 分析 / 系统评价；②采用传统系统评价 / Meta 分析的选题方法，最佳选题来源于教育实践需要与教育教学方法内在发展逻辑的交叉。研究问题是否恰当、清晰、明确，关系到网状 Meta 分析是否具有重要的实践意义，是否具有可行性，并影响网状 Meta 分析研究方案的设计和制定。一般网状 Meta 分析的题目中应该包括：①干预措施或暴露因素；②目标人群或研究问题；③研究类型：调整间接比较、混合治疗效应 Meta 分析或网状 Meta 分析。[11]

二、制定纳入和排除标准

纳入标准和排除标准是根据所研究的主题确定的。二者的关系为：用纳入标准确定研究的主体，用排除标准排除研究主体中具有影响结果的个体，进一步对研究主体进行准确定义。网状 Meta 分析的纳入和排除标准主要包括以下内容。

1. 研究类型（type of study）

根据网状 Meta 分析的目的确定纳入研究类型，一般只纳入 RCT。如果 RCT 太少或缺乏，为了获得一些可能有参考价值的信息，或由于伦理和其他原因不可实施 RCT 的情况下，也可纳入非随机对照试验。

2. 研究对象（type of participants）

与研究问题相关的具有某种教育特征的特定人群。

3. 干预措施（type of interventions）

包括规定的干预方案，也可对各干预方案的各种比较组合都进行详细的限定。

4. 结果测量指标（outcome measures）

通常以终点指标和特异性指标作为主要指标（例如，学习成绩），以主观指标和中间指标作为次要指标（例如，满意度等）。

三、资料检索与筛选

资料检索与筛选的过程与传统的定量系统评价类似，详见第四章。

四、资料提取与编码

资料提取与编码过程与传统的定量系统评价类似，详见第四章。

五、纳入研究的质量评价

评价纳入研究的方法学质量，是为了判断研究的真实性。网状 Meta 分析中纳入研究结果的变异会影响真实性。评价纳入研究的方法学质量，是通过评估试验设计和实施过程中的偏倚风险来进行的。不同的试验类型需采用不同的偏倚评估工具，详见第四章第三节。[5]

六、数据分析与处理

（一）常用效应量及选择

对于二分类变量，可以选择 OR、RR 或 RD 作为效应量；对于连续性变量，可以选择 MD、WMD 或 SMD 作为效应量。选择原则详见第四章。

（二）统计模型的选择

统计模型包括固定效应模型和随机效应模型，以及一致性模型和不一致性模型。

1. 固定效应模型和随机效应模型

固定效应模型假设各研究效应量相同，其差异仅来自随机误差，而随机效应模型假设各研究本身效应不同，呈正态分布，研究间差异不仅因随机误差，还因本身效应差异导致。对合并模型可根据研究假设进行选择（详见第四章），也可以依靠偏差信息准则（DIC）进行选择。

偏差信息准则由 D（θ）和 pD 两部分组成，D（θ）是贝叶斯模型中检验模型拟合的偏差，是后验总体残存偏差的平均数；pD 是参数的有效数目，可展示模型的复杂程度。对于不同模型之间的选择，可采取 DIC 值进行评价。一般认为 DIC 越小，模型越好，可有效地预测数据，但目前并没有严格定义说 DIC 的差值是多少才合适。目前建议 DIC 的差值大于 10 才能说明 DIC 值较高，差值为 5 ～ 10 说明两个模型之间的差异值得考虑，差值小于 5 可认为两个模型的拟合程度是一致的。[10] 想进一步了解依据偏差信息准则选择模型的读者，可参考 A.K. Maity，S. Basu 和 S. Ghosh 的文章。[12]

2. 一致性模型和不一致性模型

一致性假设需要满足 dBC=dAC−dBC。但在不一致模型中，需要引入不一致性因子 ω ABC，即直接比较和间接比较之间存在差异，需要满足 dBC=dAC−dBC+ ω ABC。

在选择模型时，分别计算一致性模型和不一致性模型，比较两者结果的差异，如果不一致性模型显示出很好的模型拟合，就说明可能存在不一致性；反之，则存在一致性。

（三）异质性检验

异质性通常分为临床异质性、方法学异质性和统计学异质性。临床异质性主要指观察对象的差异和干预方面的差异；方法学异质性指由于研究设计和质量方面的差异引起的变异；统计学异质性指不同研究间被估计效应量在数据上表现出的差异。统计学异质性检验可以通过设定卡方检验 p 值和 I^2 值的界限来界定是否存在统计学异质性。

（四）其他分析

（1）干预措施效果排序。对于单一测量结局的干预措施的排序可以应用排序概率和多维标度法实现，对于多变量结局可构建干预措施与效果群组进行评估。具体请参考田金徽和李伦的著作《网状 Meta 分析方法与实践》。

（2）证据图、贡献图和发表偏倚。可通过相关软件实现。

（3）亚组分析、Meta 回归分析和敏感性分析与传统 Meta 分析类似。

七、结果呈现

网状 Meta 分析结果部分包括文献检索和筛选、纳入研究的基本特征、纳入研究的方法学质量评价结果、证据图和网状 Meta 分析结果。

（一）文献检索和筛选

主要内容包括：①根据预先确定的检索策略和检索数据库所获得的检索结果，

以及通过其他途径检索获得的文献数量；②去重后获得的文献数量；③依据纳入和排除标准对去重后文献进行筛选，初步符合纳入标准的文献，排除的文献及其原因；④阅读全文后，符合纳入标准的文献，被排除的文献及其原因；⑤最终分别纳入定性和定量分析的文献。文献检索和筛选的结果建议采用流程图呈现。

（二）纳入研究的基本特征

主要包括研究对象、干预措施和测量指标部分，此外需考虑还有哪些特征是重要的，以及证据使用者所关注的，如地区、学科等。推荐采用基本特征表呈现这部分内容。

（三）纳入研究的方法学质量评价结果

建议通过图或表格呈现纳入研究的方法学质量评价结果。

（四）证据图

证据图主要呈现干预措施之间的关系，可以清晰呈现是否存在直接比较，以及干预措施之间效果的比较是直接比较的结果、间接比较的结果还是两者的合并结果。

（五）网状Meta分析结果

主要呈现直接比较结果和网状 Meta 分析比较结果，呈现形式可以为森林图、表格、森林图结合表格和文字。对于直接比较结果，不仅要呈现统计学结果、统计学异质性，还应该呈现其他分析结果（如敏感性分析、亚组分析和 Meta 回归分析等）。

第三节　证据差距图

证据差距图是一个系统的证据综合类型，是对相关研究领域的现有证据进行系统收集、深入分析、综合评价、整合凝练，以表格或图形为主要呈现形式的一种新型证据综合研究方法。证据差距图的范围通常比系统评价等二次研究的范围更广，主要用于确定需要补充新证据的缺口，收集研究以供证据合成和提供更高质量的证据，增加决策者和研究人员对研究的发现。它们还可用于生成更高级别的证据产品（如指南）。[13-16] 本节将对证据差距图的制作流程进行简要介绍。

一、确定研究问题和研究范围

证据差距图比大多数系统评价的范围更广。因此，证据差距图的标题将比传统系统评价的标题更广泛。一些证据差距图的标题需要突出研究的问题和范围，因此通常较长。例如，关于减少高收入国家对风险儿童和脆弱儿童（0 ～ 11 岁）的干预措施有效性的证据差距图。[17] 一些较短的标题通常以人群、结果或干预为中心。例如，以人群为定向的题目“关于残疾的证据差距图”，以结果为定向的题目“儿童福利证据差距图”，以干预为定向的题目“关于司法诉讼的证据差距图”。在确定研究问题和研究范围时，应首先检索现有的和正在进行的证据差距图，以避免重复。证据差距图之间存在一些重叠是可以接受的。[18]

二、制定一个概念框架

证据差距图的概念框架（framework）定义了证据差距图的维度，主要有两个维度：行标题和列标题。在有效性的证据差距图中主要是干预类别和结果域两个维度，干预类别通常分为多个子类别，结果域分为多个子域（图 5.1）。除了行标题和列标题外，概念框架中还需设计证据差距图中的过滤器（filters），过滤器通常是研究特征（例如，研究设计、国家或亚群体）。[18]

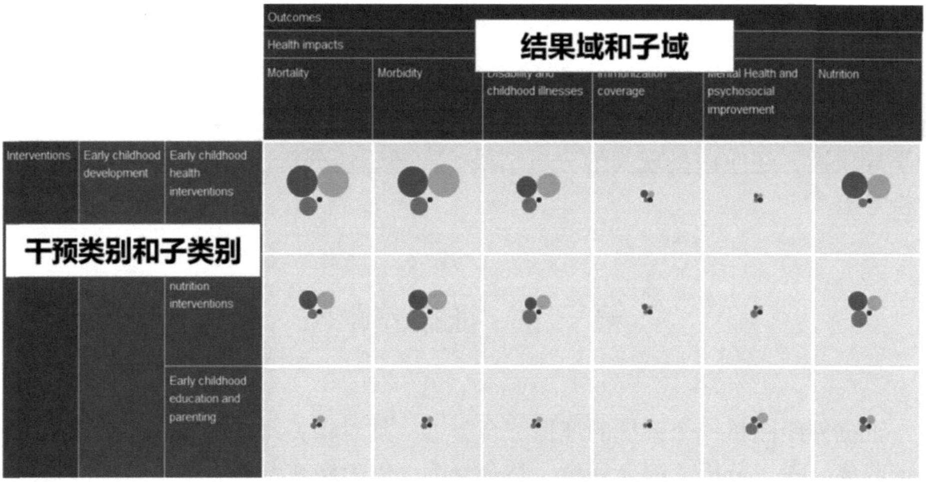

图5.1　证据差距图的概念框架示例

三、制定检索策略

证据差距图制定检索策略的过程与传统系统评价相同，参考第三章。

四、制定纳入和排除标准

与系统评价类似，证据差距图在制定纳入和排除标准时，也遵循 PICOS 原则。PICOS 的变化可用于评估其他研究问题的证据基础。[19-21]

（1）P（population），指定要纳入和排除的人群类型。对被纳入群体的描述可以是广泛的，如“中低收入国家”或“12 岁以下儿童”。人群特征有时也可以确定排除标准。例如，“无家可归的证据差距图”就不包括那些因自然灾害而无家可归的人。“教育干预措施证据差距图”就不包括学习障碍儿童。

（2）I（intervention），在制定纳入和排除标准时，应明确界定干预措施。干预措施通常是证据差距图的两个主要维度之一，被用作行标题。通常证据差距图最好有 4 ～ 5 个类别，每个类别有 4 ～ 5 个子类别，大约 20 行。理想情况下，这些类别应该完全覆盖研究范围且相互排斥。

（3）C（control），在有效性研究的证据差距图中，对照组可用作过滤器对文献进行分组。纳入的正效应和负效应的研究应在所有适用类别下进行编码。

（4）O（outcome），结果是有效性证据差距图的两个主要维度之一，用作列标题。证据差距图最好有 4 ～ 6 个结果域，每个结果域有 4 ～ 6 个子域，给出 20 ～ 25 列。如上所述，结果的类别同干预措施相同。

（5）S（study design），证据差距图可用于任何研究类型的证据。证据差距图标题的正式版本应说明证据差距图中纳入的证据种类。例如，“系统评价和相关有效性的原始研究”，这些研究设计类型是筛选中使用的纳入和排除标准的基础。①

五、检索与筛选

证据检索过程与传统系统评价类似。关键是要详细记录检索式，并采取两人及以上背对背检索，在撰写报告时要以 PRISMA 图表的形式呈现每个数据库及手工检索的检索结果。Campbell 协作网也列出了社会科学领域常用的数据库，详细信息请登录 Campbell 协作网查询②。

证据差距图的范围通常很广泛，因此很可能会有大量的研究需要筛选。一篇传统的系统评价通常需要筛选 2 000 ～ 5 000 项研究，而制作一张证据差距图可能需要筛选 15 000 ～ 30 000 项研究，甚至更多。当有如此多的研究需要筛选时，可以考虑使用机器学习辅助检索。即便这样，筛查也可能需要 4 ～ 6 周的全职工作时间，所以在实践中实际时间可能会更长。[13]

① https://onlinelibrary.wiley.com/page/journal/18911803/homepage/author-guidelines。

② https://www.campbellcollaboration.org/better-evidence.html。

六、资料提取与编码

证据差距图通常纳入的研究比传统系统评价要多，但对纳入的单个研究需要编码的信息比传统系统评价要少，所以资料提取和编码的工作量是相似的。证据差距图的编码表应包括三个部分：基本研究特征、研究问题的特征和其他信息。基本研究特征包括作者、出版年份、研究类型 / 设计、目的、检索日期、纳入研究数量和样本大小等；研究问题的特征包括人群、干预类型、对照措施和结局（即遵循 PICOS 原则）；其他信息一般包括纳入研究的其他研究内容信息。

编码表应在正式使用前采用少量的纳入研究（20 ～ 30 篇）进行预编码。预编码工作应由项目执行人和实际执行编码的人员进行。证据差距图的框架的预编码是一个“修订、完善和定义”的过程。每一轮预编码都可能导致框架的修订、类别的细化和每个标签的定义得到更好的解释。

七、证据质量评价

证据差距图的质量评价主要是指对纳入的系统评价 /Meta 分析进行质量评价，评价内容包括方法学设计、实施步骤、各类偏倚状况及偏倚控制、利益冲突报告等。目前有许多用于评估原始研究和二次研究的工具（参考本章），研究者可根据具体情况，选择恰当的标准对其质量进行评价。

八、结果呈现

证据差距图的结果呈现主要通过表格和图形两种形式展现，可将丰富的证据简明、直观地呈现给证据使用者。在证据差距图的全文中，资料提取表所展示的内容是全文中非常重要的一部分，被称为基本特征。但总体来看，资料提取表所展示的内容深度有限。因此，证据差距图通常通过一个专门的表格对纳入研究进行更深层次的分析，如质量评价结果的展示、通过 PICOS 原则所绘制的研究问题（研究问题特征）等。

除制作表格之外，图形展示是证据差距图的一大亮点，其中最常见的图形是气泡图。气泡图能够清晰地展示 3 个或多个变量之间的关系，在证据差距图结果的呈现中有举足轻重的地位。例如，它可在一张三维图上同时展示纳入研究的质量、样本量和干预措施的分布这 3 项内容。故在证据差距图中除用表格展示结果之外，用气泡图来立体呈现重点证据的分布和状态能够明显增加可读性。

九、最终报告

在线交互式地图附有一份描述性报告，为研究人员、决策者和从业者等利益相关者提供证据总结。证据差距图中包含的研究分析也是描述性的，通常包含以下信息。

（1）对证据差距图方法的描述。

（2）在跨干预和结果类别的证据传播方面的主要发现，突出研究文献中的重要证据差距和趋势。

（3）来自过滤器的其他研究结果，如研究设计、地理位置（理想情况下是地区和国家）、人群、研究结果的可信度（通过标准化清单进行评估）、所纳入研究的资助和实施机构。

（4）对政策和未来研究的影响和关键建议。

（5）一个简短的摘要（以普通语言突出关键发现，不使用任何术语）。

十、维护和更新

由于证据差距图通常涉及范围较广，新的研究会很快出现。因此，需要每年更新一次，并且每三年进行一次系统评价。建议使用机器学习来检索和筛选，如EPPI-Reviewer，这将有助于每年更新和维护动态地图。[20]

第四节　Campbell系统评价

Campbell系统评价专指Campbell协作网产出的系统评价，旨在制作、保存和传播社会学（包括教育、刑事司法、社会政策和社会关爱）相关干预措施效果的系统评价，为公共卫生决策及教育提供高质量、可靠的证据。撰写一篇Campbell系统评价要经过注册题目、提交研究计划书及撰写全文三个基本步骤，各步骤间既相互联系，又各有侧重。[22-24] 在准备阶段，需要在Campbell协作网中按照要求注册题目并撰写计划书，为评价研究质量打基础；在实施阶段，需要按照计划书撰写全文，这保证了系统评价的质量；最后在讨论阶段，作者需按照要求对研究结果进行讨论，反映系统评价的质量。本节主要对题目注册、制定计划书和全文撰写做简要介绍。

一、题目注册

题目注册是制作Campbell系统评价过程中的一个重要部分。如果题目能在项目早期阶段注册，那么将有助于减少工作的重复，并将确保协作小组的编辑能够在研究问题不适合进行系统评价时尽早进行干预，从而减少资源的浪费。系统评价的题目注册阶段主要说明关于系统评价的范围、研究的价值和可行性、研究团队和团队成员的专业水平，以及计划采用的研究方法简介。

二、制定计划书

题目注册成功后，作者会有一个 RevMan 的账号，可以在平台中看到自己注册或参与的 Campbell 系统评价的进度。其中包含计划书的撰写内容、主要完善的研究主题和研究方法等，一般通过补充论文中的相关内容进一步阐述注册题目，确定题目实施的具体步骤。研究计划可保证评价工作对其他研究人员的透明性，方便后期改进工作步骤，其中同行评审是质量评价过程的关键步骤，有经验的研究者可保证方法学和结果部分的内容质量。计划书主要包括研究题目名称、背景资料、研究目的、方法学（检索文献策略、纳入和排除文献标准）、研究进度表、研究更新计划、致谢内容、利益声明、引用文献和流程图，并且对每一条内容都应有简短的说明。方法学部分可以灵活描述系统评价的撰写步骤，其与一般研究报告的区别主要包括以下几个方面。

（一）确定纳入和排除标准

可从以下 5 个方面做准备：①研究主题的重要特征；②文献纳入和排除标准；③文献的纳入和排除流程（通过阅读标题、摘要或全文）；④筛选研究的人员；⑤如何评估纳入和排除标准的可靠性，研究者应说明被纳入和排除的文献类型。研究者应首先考虑随机对照试验，当同时有随机对照试验和非随机对照试验时，按研究设计不同进行亚组或敏感性分析。

（二）检索文献

研究者应根据研究计划，基于项目需求检索文献。可列表说明检索方式（如参考文献、研究对象特征、作者联系方式、手工检索），并说明文献来源，尤其需要说明不同来源文献的互补性，以减少检索结果潜在的偏倚。可采用以下方式检索：①检索在 C2-SPECTR（Campbell 建立的社会、心理、教育与犯罪对照试验注册资料库）中注册或未注册的社会、心理、教育与犯罪领域的 RCT；②从参考文献中追踪查询相关文献；③手工检索相关期刊；④与相关研究者进行访谈、交流。为便于读者了解检索的具体情况，研究者需要说明检索文献来源、检索策略的关键词和检索文献的年限。详细的检索策略有助于编辑评估检索的完整性及发现潜在偏倚等问题，也可以从研究计划书中确定相关结论的可信度。同时，需要描述灰色文献的检索方法。

（三）筛选文献

检索所得文献应由两位以上的研究者严格按照纳入和排除标准独立进行筛选，并详细记录文献排除的原因。研究者首先应确定纳入何种研究设计类型的文献，多数 Campbell 系统评价只纳入 RCT 和半随机对照试验。初步筛选时，可适当扩大纳入范围，对不确定是否纳入的文献可先行纳入。文献筛选者除来自专业内人员外，还应有非专业人员的参与，以避免专业人员先入为主的看法而导致在评估文献相关性和真实性时出现偏倚。此外，文献筛选前还应对研究者进行培训，以确保文献筛选的一致性。

（四）资料提取及质量评价

研究者应设计资料提取表，并进行预提取，以修改和完善资料提取表。资料提取过程中，应对原始文献作者、资助和来源期刊施盲。由于工作量大，资料提取过程极易出错，为确保研究质量，应由两人分别单独进行资料提取，然后进行交叉核对。资料提取内容一般包括：①一般资料，如评价员姓名、研究题目、原始文献作者姓名、原始文献编号和来源、评估日期等；②研究内容，如干预措施、疗程，试验组和对照组的患者人数、年龄、性别、治愈人数、好转人数、无效人数、死亡人数、失访人数等，必须记录具体的人数；③研究特征，如研究的设计方案和质量、纳入和排除标准、分析偏倚来源的措施等。对于缺失的资料，应与作者联系予以补充。

（五）数据分析

在定量研究中，研究者需要选择合适的软件和数学模型进行数据分析，具体应考虑以下 8 个方面：①选择合适的分析软件；②选择合适的效应量模型；③决定是否需要调整变量以降低因素对结果的影响；④解决数据丢失问题；⑤合并多个试验效应；⑥如果不能定量合并，提供合适的备选方案；⑦如何评价、分析结果；⑧如何进行敏感性分析。这部分内容应该包括选择的分析软件和分析原则，并且研究者要清楚该选择是否会影响研究结果的可靠性。

此外，在 Campbell 系统评价中，相关领域的定性研究可以较精准地定义干预措施，从而在相似的措施中发现更有效的干预措施；可以帮助选择结局指标和扩大研究目标范围；可以帮助读者理解研究结果中相关的异质效应。如果采用定性研究方法，研究者应按以下步骤逐步实施：文献的纳入和排除标准、原始研究的方法学、单个研究的确定标准和定性研究中纳入文献的标准。

三、全文撰写

计划书撰写完成后，作者需按照计划书中的方案进行全文撰写。若有与计划书不一致的地方，在全文中需进行详细说明。在全文撰写时，讨论部分应包含以下几点。

（一）证据的强度

讨论部分最好首先说明纳入研究的证据强度和系统评价方法的局限性，这可能会影响决策制定及未来开展相关研究。例如，在论述不同教学方法对中小学生学业成绩的影响时，可能会纳入与大学生相关的研究，则在结果中必须明确指出所参考的证据是否经过全面评价。

（二）间接证据

间接证据有助于对干预措施和主要结局指标之间可能存在的因果关系进行讨论，包括有关中间结果（如结果风险的生理或生化指标）的证据、不同种群（包括动物）的研究证据，以及相似证据（如类似干预）。对干预效果强度的结论本质上是因果推论，因此，研究者应了解评估因果推论强度的标准，具体需要考虑以下几点：①纳入研究的质量；②结局指标及意义；③不同研究间的一致性；④是否有明确的量效关系；⑤是否有间接证据支持；⑥是否对其他可能情况做了解释。

（三）结果的适用性

Campbell系统评论的使用者必须判断证据的适用性。首先要明确评价中潜在利弊信息是否准确，判断纳入研究的受试者与实际情况和自身情况是否相似。此外，考虑纳入研究的干预特征、评价证据的适用性。适用性的评价取决于对特定情况的了解。在阐述系统评价结果的适用性时，研究者切记不要假定实际情况与纳入研究中的情况相似。研究者关注干预措施适用范围及预计不同情况所出现的结果将有助于决策的制定。通常并不是简单地说明某一证据的适用范围，而是要研究这一证据为何不适用于某些特定情况。

（四）其他与决策相关的信息

例如，费用、当前的实际情况、统计效能（一个试验的统计效能取决于该试验的样本量和被试的价值观及意愿）及说明对未来研究的意义。

参考文献

[1] Lunny C，Brennan S E，Reid J，et al. Overviews of reviews incompletely report methods for handling overlapping，discordant，and problematic data[J]. Journal of Clinical Epidemiology，2020，118：69-85.

[2] 牛晓丹，陶红霞，阮海慧，等．不同类型综述的方法学分析 [J]. 中华现代护理杂志，2021，27（10）：1391-1396.

[3] 杨克虎，刘雅莉，袁金秋，等．发展和完善中的系统评价再评价 [J]. 中国循证儿科杂志，2011，6（1）：54-57.

[4] 刘雅莉，袁金秋，杨克虎，等．系统评价再评价的制作方法简介及相关资料分析 [J]. 中国循证儿科杂志，2011，6（1）：58-64.

[5] 田金徽．系统评价再评价撰写注意事项 [J]. 中国药物评价，2019，36（1）：1-4.

[6] Pollock A，Campbell P，Brunton G，et al. Selecting and implementing overview methods：implications from five exemplar overviews[J]. Systematic Reviews，2017，6（1）：145.

[7] Martinic M K，Pieper D，Glatt A，et al. Definition of a systematic review used in overviews of systematic reviews，meta-epidemiological studies and textbooks[J]. BMC Medical Research Methodology，2019，19（1）：203.

[8] Hunt H，Pollock A，Campbell P，et al. An introduction to overviews of reviews：planning a relevant research question and objective for an overview[J]. Systematic Reviews，2018，7（1）：39.

[9] 周俊，李涓，叶静，等．应用 AMSTAR 及 GRADE 系统对针灸治疗变应性鼻炎的系统评价再评价 [J]. 中国中西医结合杂志，2020，40（7）：846-853.

[10] 田金徽，李伦．网状 Meta 分析方法与实践 [M]. 北京：中国医药科技出版社，2017.

[11] 田金徽，李伦，赵晔，等．网状 Meta 分析现状 [J]. 中国药物评价，2014，31（3）：129-133.

[12] Maity A K，Basu S，Ghosh S. Bayesian criterion-based variable selection[J]. Journal of the Royal Statistical Society：Series C（Applied Statistics），2021，70（5）：835-857.

[13] Kugley S，Wade A，Thomas J，et al. Searching for studies：a guide to information retrieval for Campbell systematic reviews[J]. Campbell Systematic Reviews，2017，13（1）：1-73.

[14] Saran A，White H. Evidence and gap maps：a comparison of different approaches[J]. Campbell Systematic Reviews，2018，14（1）：1-38.

[15] Bragge P，Clavisi O，Turner T，et al. The Global Evidence Mapping Initiative：scoping research in broad topic areas[J]. BMC Medical Research Methodology，2011，11（1）：92.

[16] Althuis M D，Weed D L. Evidence mapping：methodologic foundations and application to intervention and observational research on sugar-sweetened beverages and health outcomes[J]. The American Journal of Clinical Nutrition，2013，98（3）：755-768.

[17] Pundir P，Saran A，White H，et al. PROTOCOL：The effectiveness of interventions for reducing violence against children：an evidence and gap map in low- and middle-income countries[J]. Campbell Systematic Reviews，2019，15（3）：e1040.

[18] White H，Albers B，Gaarder M，et al. Guidance for producing a Campbell evidence and gap map[J]. Campbell Systematic Reviews，2020，16（4）：e1125.
[19] 李伦，杨克虎，田金徽，等．一种新的证据总结方法——证据图简介 [J]. 中国循证儿科杂志，2011，6（3）：230-232.
[20] 李艳飞，李秀霞，李睿，等．证据图谱的制作与报告 [J]. 中国循证医学杂志,2020,20（9）：1098-1103.
[21] 田金徽，李伦，张俊华．证据图撰写注意事项 [J]. 中国药物评价，2019，36（2）：81-85.
[22] 杨闵，刘建平．Campbell 协作网——循证的社会、心理和教育决策与实践 [J]. 医学与哲学，2002，（2）：43-44.
[23] 李佩玲，常健博，许影，等．如何撰写 Campbell 系统评价 [J]. 中国循证医学杂志，2015，15（5）：617-620.
[24] 张鸣明，刘婷兰．Campbell 协作网：为公共卫生决策及教育提供最佳证据的国际协作组织 [J]. 医学教育，2003，（2）：61-62.

第六章　系统评价的质量评价与报告规范

第一节　系统评价的质量评价

1987年，Mulrow对1985年至1986年《内科医学年鉴》(*Annals of Internal Medicine*)、《内科医学档案》(*Archives of Internal Medicine*)、《美国医学会杂志》(*The Journal of the American Medical Association*)和《新英格兰医学杂志》(*The New England Journal of Medicine*)发表的50篇系统评价进行了质量评估，发现没有一篇符合所有8个明确的科学标准，如评估纳入研究的质量[1]。同年，Sacks等人对医学领域83项随机对照试验的系统评价和Meta分析的研究设计、结果综合、偏倚控制、统计分析、敏感性分析和结果应用这六个方面进行报告充分性分析，结果显示，这些系统评价的报告质量很低。[2]系统评价作为最高级别的证据，其质量对决策者有重要的影响。因此，教育研究者或决策者在使用证据之前，需要对系统评价的质量进行评价。常用的系统评价的质量评价工具如表6.1所示。

表6.1　系统评价的质量评价工具的基本特征

序号	研发组织/团队	工具名称	研究类型
1	Shea等	AMSTAR和AMSTAR-2	随机和非随机研究的系统评价
2	文献严格评价项目组（CASP）	CASP清单	系统评价和Meta分析
3	美国国立卫生研究院（NIH）	NIH质量评价工具	干预性系统评价和Meta分析
4	乔安娜·布里格斯研究所（JBI）	JBI清单	系统评价和Meta分析
5	苏格兰校际指南网络（SIGN）	SIGN方法学清单	干预性系统评价和Meta分析
6	Whiting等	ROBIS工具	干预性系统评价和Meta分析
7	Diekemper等	DART工具	系统评价和Meta分析

一、AMSTAR和AMSTAR-2

2007年，Shea等开发了一种评估系统评价的评价工具——AMSTAR（a

measurement tool to assess systematic reviews）。[3] 但是，初始版本的 AMSTAR 工具并未包含对非随机研究偏倚风险的评估，专家组认为修订应针对系统评价的所有方面。因此，2017 年发布了用于评价随机和非随机研究的新工具——AMSTAR-2。[4]AMSTAR-2 共包括 16 个条目，涉及系统评价的选题、设计、注册、资料提取、数据统计分析和讨论等全过程，主要包括研究问题、纳入标准的 PICOS 要素、系统评价计划书、纳入的研究设计类型、文献检索策略、文献筛选、资料提取、排除文献的具体细节、纳入研究的偏倚风险评估、统计分析是否合理、结果解释是否准确及资金支持和利益冲突几个方面。具体条目如表 6.2 所示。[5]

表 6.2　AMSTAR-2 评价清单

序号	领域	评价
1	系统评价的研究问题和纳入标准是否基于 PICOS 构建？	符合 / 不符合
2	制作系统评价前是否制定前期研究方案，若有修订，报告修订的细节？	符合 / 部分符合 / 不符合
3	是否解释了纳入系统评价的研究设计类型的原因?	符合 / 不符合
4	是否使用了全面的检索策略？	符合 / 部分符合 / 不符合
5	研究筛选是否具有可重复性？	符合 / 不符合
6	资料提取是否具有可重复性？	符合 / 不符合
7	是否提供排除研究的清单及排除理由？	符合 / 不符合
8	是否描述纳入研究详细的基本信息？	符合 / 部分符合 / 不符合
9	纳入研究的偏倚风险评估方法是否合理？	符合 / 部分符合 / 不符合 / 仅纳入 NRSI 或 RCT
10	是否报告系统评价纳入研究的基金资助信息？	符合 / 不符合
11	如果执行 Meta 分析，结果合成的统计学分析方法是否合适？	符合 / 不符合 / 未执行 Meta 分析
12	如果执行 Meta 分析，是否评价单个研究偏倚风险对 Meta 分析结果的影响？	符合 / 不符合 / 未执行 Meta 分析
13	在解释和讨论系统评价的结果时是否考虑了单个研究的偏倚风险？	符合 / 不符合
14	是否对存在的异质性进行满意的解释和讨论？	符合 / 不符合
15	如果进行定量合并，是否充分地调查了存在发表偏倚的可能性，并讨论了发表偏倚对结果的影响？	符合 / 不符合
16	是否报告潜在的利益冲突来源，包括目前系统评价获得的基金资源？	符合 / 不符合

资料来源：https://www.amstar.ca/Amstar_Checklist.php

二、CASP 清单

CASP 用于评价系统评价和 Meta 分析的清单包括三个部分和 10 个条目。条目中的前两个问题是筛选问题，可以快速回答。如果这两个问题的答案都是肯定的，那就值得继续讨论剩下的问题。大多数条目均用"是"、"否"或"不清楚"进行判定（表 6.3）。[6]

表 6.3　评价系统评价质量的 CASP 清单

部分	条目	提示	供选答案
第一部分 系统评价的结果有效吗？	1. 系统评价是否提出了清晰明确的问题？	研究问题是否聚焦了研究人群、干预措施及可能的结局？	是 / 否 / 不清楚
	2. 系统评价纳入的研究设计类型合适吗？	① 是否强调了研究问题？ ② 是否有一个合适的研究设计（通常用 RCT 设计评估干预性研究）？	是 / 否 / 不清楚
	3. 所有重要的、相关文献是否被纳入？	① 是否使用数据库检索？ ② 是否追踪参考文献列表？ ③ 是否联系相关领域的专家？ ④ 是否纳入了未发表的文献？ ⑤ 是否纳入了非英文文献？	是 / 否 / 不清楚
	4. 研究者是否评价了纳入文献的研究质量？	研究者需要考虑他们已经确定纳入的文献的严谨性，缺乏严谨性可能会影响研究结果	是 / 否 / 不清楚
	5. 如果进行了结果合并，是否合理？	① 研究间的结果是否相似？ ② 所有纳入研究的结果是否都清晰地呈现？ ③ 不同研究的结果是否相似？ ④ 是否对结果中出现的任何变异进行解释说明？	是 / 否 / 不清楚
第二部分 研究结果是什么？	6. 系统评价的总体结果是什么？	① 是否清楚系统评价的基本结果是什么？ ② 结果的呈现形式是什么（数值类型是否合适）？ ③ 结果如何呈现（NNT、OR 等）？	/
	7. 结果的精度如何？	参考结果的置信区间	/
第三部分 研究结果能否适用于局域人群？	8. 研究结果能否适用于局域人群？	① 系统评价覆盖的人群是否与所研究的人群相似？ ② 研究的局域背景是否与系统评价中的背景存在差异？	是 / 否 / 不清楚
	9. 是否考虑了重要的结局指标？	是否遗漏了研究者感兴趣的其他信息？	是 / 否 / 不清楚
	10. 干预的好处是否大于危害和成本？	即使系统评价中没有提及，研究者认为值得吗？	是 / 否 / 不清楚

注："/" 表示不适用

资料来源：https://casp-uk.net/casp-tools-checklists/

三、美国国立卫生研究院质量评价工具

2013 年，美国国立卫生研究院（National Institutes of Health，NIH）开发了一套量身定制的质量评估工具，以帮助审稿人关注研究内部有效性的概念。其

中，评价系统评价质量的清单包含 8 个条目，所有条目均用“是”“否”或其他答案（包括无法确定、不适用和未报告）进行评价（表 6.4）。

表 6.4 美国国立卫生研究院评价系统评价质量的清单

条目	供选答案		
1. 是否基于充分阐述和描述的重点问题进行综述?	是	否	无法确定 / 不适用 / 未报告
2. 是否预先确定并明确了纳入和排除研究的标准?	是	否	无法确定 / 不适用 / 未报告
3. 文献检索策略是否采用全面、系统的方法?	是	否	无法确定 / 不适用 / 未报告
4. 是否双人独立对文章的标题、摘要和全文进行纳入、排除审查，以尽量减少偏倚?	是	否	无法确定 / 不适用 / 未报告
5. 纳入的研究的质量是否由两个或多个研究者使用标准方法独立评估，以评估其内部真实性？	是	否	无法确定 / 不适用 / 未报告
6. 纳入的研究是否与每个研究的重要特征和结果一起列出?	是	否	无法确定 / 不适用 / 未报告
7. 是否评估了发表偏倚?	是	否	无法确定 / 不适用 / 未报告
8. 是否评估了异质性（此问题仅适用 Meta 分析）?	是	否	无法确定 / 不适用 / 未报告
质量等级	优	中	差
附加评价（如果选择“差”，请说明原因）			

资料来源：https://www.nhlbi.nih.gov/health-topics/study-quality-assessment-tools

四、JBI 清单

JBI 用于评价系统评价研究质量的清单包括 11 个条目，所有条目均采用“是”、“否”、“不清楚”或“不适用”进行判定。所有条目判定完成后，需进行总体评价，即决定此项研究是否纳入、排除或寻求更多信息再判定（表 6.5）。

表 6.5 评价系统评价研究质量的 JBI 清单

条目	供选答案
1. 所提出的循证问题是否清晰、明确?	是 / 否 / 不清楚 / 不适用
2. 纳入标准是否适用于提出的循证问题?	是 / 否 / 不清楚 / 不适用
3. 采用的检索策略是否恰当?	是 / 否 / 不清楚 / 不适用
4. 检索研究的资源是否充分?	是 / 否 / 不清楚 / 不适用
5. 评价研究的标准是否恰当?	是 / 否 / 不清楚 / 不适用
6. 是否由 2 名及以上的研究员独立进行评价?	是 / 否 / 不清楚 / 不适用
7. 提取资料时是否采用一定的措施减少误差?	是 / 否 / 不清楚 / 不适用
8. 综合 / 合并研究的方法是否恰当?	是 / 否 / 不清楚 / 不适用

续表

条目	供选答案
9. 是否评估了发表偏倚的可能性?	是 / 否 / 不清楚 / 不适用
10. 报告的数据是否支持有关政策和（或）实践的建议?	是 / 否 / 不清楚 / 不适用
11. 针对新研究的特定指令是否合适?	是 / 否 / 不清楚 / 不适用
总体评价：纳入 / 排除 / 寻求更多信息再判定	

资料来源：https://jbi.global/critical-appraisal-tools

五、SIGN 方法学清单

苏格兰校际指南网络（Scottish Intercollegiate Guidelines Network，SIGN）主要与临床医生、其他健康和社会护理专业人员、患者个人和其所在的组织合作，制定基于证据的指南。SIGN 的主要任务是基于对科学文献进行系统评价，帮助将新知识转化为实践。为满足在方法的严谨性和使用的实用性之间取得平衡的要求，SIGN 在 AMSTAR 的基础上进行调整，形成了 SIGN 系统评价和 Meta 分析的质量评估清单。清单共包括两个部分和 15 个条目，大部分条目用“是”“否”“不适用”“不清楚”进行评价（表 6.6）。

表 6.6　SIGN 方法学清单：系统评价和 Meta 分析

部分	条目	供选答案
第一部分　内部真实性	1.1 明确定义了研究问题且在文章里面列出了纳入和排除标准	是 / 否（如果否，排除）
	1.2 进行了全面的文献检索	是 / 否 / 不适用（如果否，排除）
	1.3 至少有两名研究人员进行研究筛选	是 / 否 / 不清楚（如果否，排除）
	1.4 至少有两名研究人员进行资料提取	是 / 否 / 不清楚（如果否，排除）
	1.5 未将研究的发表情况作为纳入标准之一	是 / 否
	1.6 列出了排除的研究	是 / 否
	1.7 提供了纳入研究相关的基本特征	是 / 否
	1.8 评估并报告了纳入研究的科学质量	是 / 否
	1.9 纳入研究的科学质量适当	是 / 否
	1.10 采用合适的方法合并纳入单项研究的结果	是 / 否 / 不适用 / 不清楚
	1.11 合适地评估了发表偏倚的可能性	是 / 否 / 不适用
	1.12 声明了利益冲突	是 / 否

续表

部分	条目	供选答案
第二部分　研究的整体评价	2.1 您对该系统评价 /Meta 分析整体方法学的质量评价是？	高质量（++） 可接受（+） 低质量（-） 极低质量（排除）
	2.2 通过本指南，这项研究的结果是否可以直接适用于目标人群？	是 / 否
	2.3 注释	

资料来源：https://www.sign.ac.uk/what-we-do/methodology/checklists/

六、ROBIS

2014 年英国布里斯托尔大学（University of Bristol）社会医学部制定了一种全新的评价工具——ROBIS（Risk of Bias in Systematic Review）工具[7]，其针对系统评价的偏倚风险，不仅用于评估包括干预性、病因性、诊断准确性、预后性等多种系统评价制作过程和结果解释过程中的偏倚风险，还用于评价系统评价问题与其使用者要解决的实践问题的相关性。应用 ROBIS 评估系统评价偏倚风险的过程包括三个阶段：①评估相关性（根据情况选择）；②确定系统评价制定过程中的偏倚风险程度；③判断系统评价的偏倚风险。ROBIS 工具清单详见表 6.7 和表 6.8。第一阶段旨在评估目标问题与系统评价中拟解决的问题的吻合度。如果仅评估系统评价的偏倚风险，而没有目标问题，那么可跳过该阶段（即根据情况选择）；第二阶段主要确定系统评价各制作过程中可能产生的偏倚，涉及制作系统评价的 4 个关键领域：研究的纳入标准、研究的检索和筛选、资料提取和质量评价、数据合成和结果呈现；第三阶段是判断系统评价整体的偏倚风险，主要识别结果解释部分引入的偏倚，旨在评估系统评价在结果解释中是否考虑或处理了第二阶段中的偏倚风险，是否考虑了纳入研究与系统评价研究问题的相关性，是否避免强调有统计学意义的结果。第二阶段和第三阶段的评估均涉及三个步骤：从系统评价中寻找支持偏倚风险程度判断的信息、回答标志性问题及判断偏倚风险程度。[8]

表 6.7　ROBIS 工具清单——不同类型系统评价的评估表（第一阶段）

系统评价的类型				目标问题	系统评价问题
干预性	病因性	诊断准确性	预后性		
患者 / 人群	患者 / 人群	患者	患者		
干预措施	暴露因素和对照因素	待评价试验	要预测的结局		
对照措施		金标准试验	计划使用的模型		
结局指标	结局指标	目标疾病	计划的时间点		
系统评价要解决的问题与目标问题匹配吗?				是 / 否 / 部分 / 不确定	

表 6.8 ROBIS 工具清单——评估领域及标志性问题（第二、三阶段）

阶段	第二阶段				第三阶段
	领域 1：研究的纳入标准	领域 2：研究的检索和筛选	领域 3：资料提取和质量评价	领域 4：数据合成和结果呈现	系统评价的偏倚风险
标志性问题*	1.1 系统评价遵循了预先确定的目的和纳入标准吗？	2.1 检索已发表和未发表的研究时所包含的数据库或电子资源的范围合适吗？	3.1 资料提取中尽可能地减小了误差吗？	4.1 数据合成包括了所有应该包括的研究吗？	1. 结果解释处理了领域 1 ～ 4 中所有的偏倚风险了吗？
	1.2 纳入标准适合系统评价的问题吗？	2.2 使用了除数据库检索以外的其他方法来确定相关研究吗？	3.2 系统评价者和读者能获取足够的研究特征来解读结果吗？	4.2 遵循了所有预先确定的分析吗？未遵循的部分解释了吗？	
	1.3 纳入标准明确吗？	2.3 检索策略的检索词和结构能尽可能多地检索到符合的研究吗？	3.3 提取了所有相关的研究结果来进行数据合成吗?	4.3 鉴于纳入研究的研究问题、研究设计和结局指标的性质和相似性，数据合成方法恰当吗？	2. 合理地考虑纳入研究与系统评价研究问题的相关性了吗？
	1.4 纳入标准中所有基于研究特征的限制合适吗？	2.4 基于时间、发表形式、语言的限制合适吗？	3.4 使用了合适的工具来正规地评价偏倚风险（或方法学质量）吗？	4.4 数据合成中研究之间的差异（异质性）是最小的或者经过处理了吗？	
	1.5 纳入标准中所有与研究来源相关的限制合适吗？	2.5 研究的筛选中尽可能地减小了误差吗？	3.5 偏倚风险评价中尽可能地减小了误差吗？	4.5 结果稳定吗？如是否通过敏感性分析来证明？	3. 评价者避免强调有统计学意义的结果了吗？
				4.6 原始研究的偏倚最小吗？或者在数据合成中处理了吗？	
判断**	对纳入标准的描述的偏倚风险程度	研究检索和筛选所使用方法的偏倚风险程度	资料提取和质量评价所使用方法的偏倚风险程度	数据合成和结果呈现的偏倚风险程度	系统评价的偏倚风险

* 标志性问题的回答：是 / 可能是 / 否 / 可能否 / 无信息；** 偏倚风险程度判断：低 / 高 / 不确定

七、DART

2015 年，Diekemper 等对已有的质量评估工具 OQAQ（Overview Quality Assessment Questionnaire）和 AMSTAR 进行评估发现，当前的系统评价评估工具不能满足他们的所有需求。因此，该团队在 AMSTAR 工具和 Cochrane 干预系统审查手册（4.2.6 版）的基础上，结合研究设计的流行病学原理编制了新的系统评价评估工具 DART（Documentation and Appraisal Review Tool）。[9] 该工具包含 15 个条目，大多数条目用“是”或“否”进行判定（表 6.9）。

表 6.9　DART 清单条目

条目			选项
1. 在进行系统评价之前，研究者是否制定了研究问题、纳入和排除标准?		a. 研究者在进行系统评价之前制定了研究问题、纳入和排除标准，并且清楚地描述了研究问题	是
		b. 没有描述或不清楚	否
2. 研究者是否描述了用于在主要问题上寻找证据（原始研究）的检索方法?		a. 说明了关键词和（或）MeSH 词，并在可能的情况下提供了检索策略	是
		b. 没有描述或不清楚	否
3. 对证据的检索是否全面? 是否包括以下内容		a. 至少检索两个电子数据库	是 / 否
		b. 研究者选择了最适用的电子数据库［例如，CINAHL 用于护理期刊，EMBASE（Excerpta Medica Database，荷兰医学文摘）用于药学期刊，MEDLINE 用于医学领域全面的检索］，并且在对以前的系统综述进行更新时，只按日期进行有限的检索	是 / 否
		c. 检索方法可能获取的所有相关研究（例如，包括除英语以外的语言；灰色文献，如会议记录、学位论文、临床试验注册和其他报告）和研究者手工检索相关期刊或参考文献列表	是 / 否
4. 研究者在进行文献筛选时是否提供了以下内容		a. 提供纳入标准是否包括人群、干预措施、结果和研究设计？	是 / 否
		b. 说明筛选过程是否由两人及以上依照筛选标准独立进行	是 / 否
		c. 说明在研究筛选过程中如何解决分歧	是 / 否
		d. 提供纳入和排除研究的流程图或描述性总结	是 / 否
		e. 是否纳入了所有适合回答所提出研究问题的研究设计	是 / 否
5. 是否提供了被纳入研究的特征（以汇总的形式，如表格，提供了原始研究的参与者、干预措施和结果的数据）?			是 / 部分是 / 否
6. 研究者是否就发表偏倚的评估进行描述?		a. 研究者评估了发表偏倚，若存在发表偏倚，研究者说明了如何处理	是
		b. 研究者对发表偏倚进行了评估，但没有说明如果发现该偏倚将如何处理	部分是
		c. 没有描述或不清楚	否
7. 研究者是否评估了纳入研究的总体质量?		a. 质量评估是否有足够的细节以允许重复	是 / 否
		b. 质量评估是否由两人及以上独立进行	是 / 否
		c. 研究者是否陈述了在质量评估过程中如何解决分歧	是 / 否
8. 研究者是否通过检查纳入研究的下列偏倚来源来适当的评估质量？	所有研究	a. 混淆（在研究开始时评估研究组的可比性，以及随机化是否成功）	是 / 否
		b. 足够的样本量（仅适用以定性方式总结其结果的研究）	是 / 否
		c. 结果报告偏差［使用世界大型联机情报检索系统（Online Retrieval of Bibliographic Information Time-shared，ORBIT）等对报告的每个结果进行评估］	是 / 否
		d. 随访（评估完整性和任何差异损耗的随访）	是 / 否

续表

<table>
<tr><th colspan="3">条目</th><th>选项</th></tr>
<tr><td rowspan="9">8. 研究者是否通过检查纳入研究的下列偏倚来源来适当的评估质量？</td><td rowspan="3">仅针对随机对照试验</td><td>e. 随机化</td><td>是 / 否</td></tr>
<tr><td>f. 分配隐藏</td><td>是 / 否</td></tr>
<tr><td>g. 盲法</td><td>是 / 否</td></tr>
<tr><td rowspan="2">仅针对病例-对照和队列研究</td><td>h. 选择偏倚</td><td>是 / 否</td></tr>
<tr><td>i. 信息偏倚——随访的回忆和完整性</td><td>是 / 否</td></tr>
<tr><td rowspan="2">仅针对准实验研究</td><td>j. 第一和第二项研究测量点之间的差异（例如，其他干预措施的变化或改进，测量技术或定义的变化，受试者的年龄）</td><td>是 / 否</td></tr>
<tr><td>k. 选择偏倚</td><td>是 / 否</td></tr>
<tr><td rowspan="2">仅针对诊断准确性研究</td><td>l. 选择偏倚（被选择的受试者是否代表该测试将在临床实践中应用的患者，并代表最广泛的疾病谱系）</td><td>是 / 否</td></tr>
<tr><td>m. 诊断偏倚（是否所有患者都采用了相同的诊断参考标准，是否进行了盲测且独立于检测）</td><td>是 / 否</td></tr>
<tr><td colspan="2" rowspan="3">9. 研究者是否使用适当的方法从纳入的研究中提取资料？</td><td>a. 在进行系统评价之前，是否制定并试验了资料提取表</td><td>是 / 否</td></tr>
<tr><td>b. 研究者是否确保来自同一项研究但出现在多个出版物中的数据在合成中只计算一次</td><td>是 / 否</td></tr>
<tr><td>c. 资料提取是否由两人及以上独立进行</td><td>是 / 否</td></tr>
<tr><td colspan="2" rowspan="3">10. 研究者是否评估并解释了纳入研究的异质性（参与者、干预措施、结果、试验设计、质量或治疗效果的差异）？</td><td>a. 研究者描述了这些研究之间的差异，以及解释了这些差异</td><td>是</td></tr>
<tr><td>b. 研究者描述了这些研究之间的差异，但没有解释这些差异</td><td>部分是</td></tr>
<tr><td>c. 没有描述或不清楚</td><td>否</td></tr>
<tr><td colspan="2" rowspan="3">11. 研究者是否描述了用于合成相关研究结果的方法，以及所使用的方法是否适用于系统评价的问题？（仅针对诊断准确性研究）</td><td>a. 方法的报告足够清楚，允许重复。系统评价包括对研究结果的定性和定量异质性的一些评估，并对结果进行适当的合成。对于Meta分析，使用了一种可接受的合并方法（即不仅仅是简单的相加）。或者研究者说明证据是相互矛盾的，不能进行合成</td><td>是</td></tr>
<tr><td>b. 这些方法的报告足够清楚，允许重复，但没有进行合并</td><td>部分是</td></tr>
<tr><td>c. 没有描述或不清楚</td><td>否</td></tr>
<tr><td colspan="2" rowspan="3">12. 研究者是否对计划书、假设和研究选择的任何变化进行敏感性分析（例如，使用敏感性分析比较固定效应和随机效应模型的结果）</td><td>a. 在适当的时候，用敏感性分析对先验设计中的所有更改进行分析</td><td>是</td></tr>
<tr><td>b. 敏感性分析仅用于先验设计中的某些变化</td><td>部分是</td></tr>
<tr><td>c. 没有描述或不清楚</td><td>否</td></tr>
<tr><td colspan="2" rowspan="2">13. 研究者的结论是否得到了报告数据的支持，并考虑了数据的整体质量?</td><td>a. 这些结论得到了报告数据的支持，反映了研究的科学质量和从这些研究中获得数据的偏倚风险</td><td>是</td></tr>
<tr><td>b. 研究者没有考虑研究质量且（或）他们的结论没有数据支持，或不能判断</td><td>否</td></tr>
</table>

续表

条目		选项
14. 是否陈述了利益冲突？如果个人报告了重大的经济和学术利益冲突，他们是否被排除在系统评价之外？	a. 报告每个团队成员的利益冲突，如果有实质性的利益冲突，则排除他们	是
	b. 报告存在利益冲突，但不清楚个人是否因利益冲突而被排除在外	部分是
	c. 没有报告利益冲突，个人也没有因利益冲突而被排除在外	否
15. 如果评分为 1 ～ 10 分，你会如何评价这篇论文的整体质量？		
评分	8 ～ 10	好
	5 ～ 7	一般
	<5	差

第二节　系统评价的报告规范

为了提高 Meta 分析的质量，Moher 等于 1999 年发布了一项名为《Meta 分析报告质量》（QUOROM）的指南，重点关注随机对照试验的 Meta 分析报告质量。2009 年，他们修订了 QUOROM 指南，并将其重新命名为“系统审查和 Meta 分析的首选报告项目（PRISMA）”，该指南考虑了系统审查报告的质量。随着系统审查方法和术语的进步，系统评价的报告规范指南越来越成熟。例如，针对随机对照试验的系统评价的 Cochrane 手册、针对观察性研究 Meta 分析的 MOOSE 指南、旨在提高定性研究合成报告透明度的 ENTREQ 指南等（表 6.10）。

表 6.10　系统评价报告规范的基本特征

序号	指南名称	适用范围	首次发表时间	最近更新时间	报告条目数 / 条
1	QUOROM	随机对照试验的 Meta 分析	1999-11-27		17
2	PRISMA	随机对照试验的系统评价 /Meta 分析	2009-7	2020-9	27
3	Cochrane 手册	随机对照试验的系统评价	1994	2020	26
4	MOOSE	观察性研究的 Meta 分析	2000-4-19		35
5	ENTREQ	定性系统评价	2011		21
6	MARS	Meta 分析	2008	2018	61
7	PRIOR-MA	Meta 分析	2020		21

续表

序号	指南名称	适用范围	首次发表时间	最近更新时间	报告条目数 / 条
8	PRISMA-NMA	网状 Meta 分析	2015-6		32
9	PRIO-harms	系统评价再评价	2018		27

注：QUOROM：Quality of reporting of meta-analyses，《Meta 分析报告质量》；PRISMA：Preferred reporting items for systematic reviews and meta-analyses，系统评价和 Meta 分析的首选报告项目；MOOSE：Meta-analysis of observational studies in epidemiology，流行病学中观察性研究的 Meta 分析；ENTREQ：Enhancing transparency in reporting the synthesis of qualitative research，提高定性研究合成报告透明度；MARS：Meta-analysis reporting standards，Meta 分析报告标准；PRIOR-MA：Preferred reporting items for open and reproducible meta-analysis, 开放与可重复荟萃分析的报告清单；PRISMA-NMA：PRISMA for network meta-analyses, 网状 Meta 分析优先报告条目；PRIO-harms：Preferred reporting items for overviews of systematic reviews including harms checklist，系统评价再评价优先报告条目（含安全性系统评价再评价）

一、QUOROM

1999 年随机对照试验结果的报告规范 CONSORT 声明的发表使报告规范的重要性受到研究者的重视。同年，Moher 等成立了 QUOROM 制订委员会，委员会探讨了从六个方面规范 Meta 分析报告标准：检索证据、关于纳入何种证据的决策、描述原始研究的特征、定量数据的合并、可靠性和与内在真实性（即质量）相关的问题、与外在真实性（即可推广性）相关的临床意义。[10] 最后，QUOROM 制订委员会发表了 QUOROM 标准，该清单包括 21 个项目，6 个模块：题目，结构式摘要，前言，方法（检索、筛选、质量评价、资料提取、研究特征、定量资料分析），结果（流程图、研究特征、定量资料分析结果）及讨论（表 6.11）。

表 6.11　QUOROM 清单条目

模块		描述	是否报告	页数
题目		确定该报告为随机对照试验的 Meta 分析或系统评价	是 / 否	
结构式摘要	目的	明确的临床问题	是 / 否	
	数据来源	数据库列表和其他信息来源	是 / 否	
	评价方法	选择标准（即人群、干预、结果和研究设计），有效性评估、资料提取和研究特征的方法，以及足够详细的定量数据合成，以允许重复	是 / 否	
	结果	纳入和排除的随机对照试验特征；定性和定量结果（即点估计和置信区间）及亚组分析	是 / 否	
	结论	主要结果	是 / 否	
前言		明确临床问题、干预的生物学原理，以及进行系统评价的理由		

续表

模块		描述	是否报告	页数
方法	检索	详细的信息来源（例如，数据库、登记册、个人文件、专家线人、机构、手工搜索）和任何限制（考虑的年份、出版状态、29 种出版语言）		
	筛选	纳入和排除标准（定义人群、干预措施、主要结果和研究设计）		
	质量评价	所使用的标准和过程（例如，盲法的条件、质量评估和研究结果）		
	资料提取	提取的过程（如独立完成，背对背完成）		
	研究特征	研究设计的类型、参与者的特征、干预的细节、结果定义等，以及如何评估临床异质性		
	定量资料分析	效果的主要衡量标准（如相对风险）、综合结果的方法（统计检验和置信区间）、缺失数据的处理；如何评估统计异质性；进行敏感性和亚组分析的理由；对发表偏倚的评估		
结果	流程图	提供进行 Meta 分析的文献筛选流程		
	研究特征	每个试验的描述性数据（如年龄、样本量、干预措施、剂量、持续时间、随访期）		
	定量资料分析结果	结果（针对每个试验中的每个治疗组，针对每个主要结果）；提供的数据需要计算效应量和置信区间		
讨论		总结关键发现；讨论基于内部和外部效度的临床推论；根据可用证据解释结果；描述系统评价过程中存在的潜在偏倚（如发表偏倚）；并提出未来的研究计划		

二、PRISMA

PRISMA 报告规范是由 Moher 等于 2009 年对 QUOROM 指南进行修订而形成的。由于系统评价和 Meta 分析方法和术语的更新，2020 年，Page 等对 PRISMA 进行了更新和修订，形成 PRISMA 2020 报告规范。[11] 此报告规范分为标题、摘要、前言、方法、结果、讨论和其他信息 7 个模块，共包含 27 个条目，42 个次级条目（表 6.12），其中 PRISMA 2020 摘要清单共 12 个条目（表 6.13）。

表 6.12 PRISMA 2020 清单条目

模块		编号	条目
标题		1	明确报告该研究为系统评价
摘要		2	摘要清单见表 6.13
前言	理论基础	3	阐述已知背景下系统评价的理论基础
	目的	4	对系统评价的目的或问题进行清晰阐述

续表

模块		编号	条目
方法	纳入标准	5	明确纳入和排除标准，以及如何将研究分组进行合成
	信息来源	6	明确所有检索或查询的数据库、注册平台、网站、组织机构、参考文献清单或其他资源，以及每个资料来源最后检索的日期
	检索	7	呈现所有数据库、注册平台、网站的全部检索策略，包括所使用的过滤器和限定条件
	研究选择	8	明确筛选过程使用的方法，包括筛选的研究人员数量，是否独立筛选。如果适用，应详细说明过程中使用的自动化工具
	资料提取	9	明确资料提取使用的方法，包括提取数据的研究人员数量，是否独立提取，任何向原文作者获取或确认资料的过程。如果适用，应详细说明过程中使用的自动化工具
	资料条目	10a	列出并定义所有需要获取数据的结局指标。明确是否提取每个研究中与设定结局指标相符（如测量方法、时间点、分析方法）的所有结果。若不是，则应描述收集特定结果的方法
		10b	列出并定义需要获取数据的所有其他变量（如参与者和干预措施的特征、资金来源）。描述针对缺失数据或模糊信息做出的任何假设
	单个研究存在的偏倚	11	明确描述用于评价纳入研究偏倚风险的方法，包括使用的评价工具、评价人员数量及评价人员是否独立评价。如果适用，应详细说明过程中使用的自动化工具
	合并效应指标	12	说明每个结局数据合成或结果呈现时使用的效应指标（如 RR、MD）
	结果综合	13a	描述确定每个数据合成中所纳入研究的方法（如将研究特征制成表格并与每个计划的数据合成组进行比较）
		13b	描述数据合并前的预处理，如处理缺失数据、数据转换
		13c	描述用于展示单个研究结果及综合结果图或表的方法
		13d	描述用于结果合成的方法并说明选择相应方法的理由。如果进行了 Meta 分析，应描述用于探索统计学异质性的模型、方法及软件包
		13e	描述探索研究结果间异质性的方法（如亚组分析、Meta 回归分析）
		13f	描述评价合并结果稳定性所开展的敏感性分析
	报告偏倚	14	描述用于评价数据合成中缺失结果所致偏倚风险的评估方法
	可信度评估	15	描述用于评价每个结局证据质量的方法
结果	研究选择	16a	描述检索和筛选过程的结果，从最初检索获取的文献数量到最终纳入研究的数量，最好提供流程图
		16b	列出似乎符合纳入标准但被排除的研究，并说明排除原因
	研究特征	17	列出每个纳入的研究并呈现其特征
	研究内部偏倚风险	18	呈现每个纳入研究偏倚风险评估的结果
	单个研究的结果	19	针对所有结局指标，说明每个研究每组的统计概述（如果可行）和效应量及精度（如置信区间、可信区间），最好使用结构式表格或图形

续表

模块		编号	条目
结果	结果综合	20a	对于每个合并结果，说明其特征及研究间的偏倚风险
		20b	呈现所有统计合并的结果。如果开展了 Meta 分析，呈现每个 Meta 分析的合并效应量、精度（如置信 / 可信区间）及异质性检验结果。如果是不同组的比较，需描述效应方向
		20c	呈现研究间异质性可能来源探索的结果
		20d	呈现敏感性分析的结果，以便评价合并结果的稳定性
	报告偏倚	21	呈现每个合并结果中缺失结果所致偏倚风险评估的情况
	可信度评估	22	呈现每个结局指标证据质量分级的评估结果
讨论		23a	在其他证据的基础上对结果进行解释
		23b	讨论系统评价中纳入的证据的局限性
		23c	讨论研究过程中的局限性
		23d	讨论研究结果对实践、政策及未来研究的意义
其他信息	注册和计划书	24a	提供注册信息，包括注册名、注册号或声明未进行注册
		24b	提供计划书的获取途径或声明无计划书
		24c	描述并解释对注册内容或计划书中信息的任何修改
	支持	25	描述系统评价的资金来源及资金支持者在系统评价过程中所起的作用，或声明无资金支持
	利益冲突	26	声明系统评价研究者的利益冲突
	数据、代码和其他材料的可获取性	27	报告以下哪些信息是公开的，并提供获取途径：数据提取表模板、纳入研究的数据、用于分析的数据、数据分析代码、系统评价中使用的其他资料

表 6.13　PRISMA 2020 摘要清单条目

模块		编号	条目
标题		1	明确报告该研究是系统评价
背景 / 目的		2	清晰描述该系统评价研究的主要目的或问题
方法	合适的标准	3	报告纳入和排除标准
	信息来源	4	报告文献的信息来源（如数据库、注册平台）及每个资源最后检索的日期
	偏倚风险	5	描述用于评价纳入研究偏倚风险的方法
	结果合成	6	明确结果合成及呈现的方法
结果	纳入研究	7	呈现纳入研究和研究对象的数量，每个研究的相关特征

续表

模块		编号	条目
结果	结果合成	8	报告主要结果，最好呈现每个结果中的研究数量和受试者数量。如果进行了Meta分析，报告合并效应量及置信/可信区间。如果进行了不同组的比较，需描述效应方向（支持哪个组）
讨论	证据局限性	9	简单总结纳入证据的局限性（如偏倚风险、不一致性和不精确性）
	解释	10	简要解释结果及结果的重要意义
其他	资金	11	明确该系统评价的主要资金来源
	注册	12	提供注册题目及注册号

三、Cochrane手册

Cochrane手册主要关注纳入干预试验（尤其是随机试验）的系统评价的方法，2003年修订时扩充到诊断试验的系统评价，经过数十次修订后目前版本为6.1。Cochrane手册分为四个部分，共26章。其中正文部分要求报告背景、目的、方法（纳入标准、检索策略、数据收集及分析）、结果（对于研究的描述、纳入研究的偏倚风险、干预措施的效果）、讨论、作者的结论（对研究和医疗实践的意义）、致谢、参考文献（纳入和排除的研究、有待分类的研究、正在进行的研究、附加参考文献、该系统评价的其他发表版本）、表格和图表（参考研究的特征、以表格展示对该系统评价发现的小结、附加表格和图表）。[12] 详细条目请参考Cochrane官网。①

四、MOOSE

观察性研究是流行病学研究的重要组成部分，观察性研究的Meta分析几乎占已发表的Meta分析论文的50%，但由于观察性研究很难证明排除了一切偏倚，也不可能完全去除混杂效应，如果观察性研究过程中确实存在相同的系统误差，Meta分析只会加大这些偏倚，产生统计学上的假象。1997年4月，由美国疾病预防控制中心资助，临床实践、现场干预、统计学、流行病学、社会科学及生物医学编辑等方面的27名专家被召集组成专题研究小组，讨论并制定了流行病学中观察性研究的Meta分析（MOOSE）的条目清单（表6.14），该报告规范在循证社会科学领域得到了广泛的应用。[13，14]

① https://training.cochrane.org/handbook/archive/v6.1/chapter-02#section-2-1。

表 6.14 MOOSE 条目清单

模块	编号	条目
研究背景	1	定义研究问题
	2	提出假设
	3	确定研究结局
	4	暴露 / 干预因素
	5	研究设计
	6	研究人群
文献检索	7	文献检索者的资质（如图书管理员和调查员）
	8	文献检索策略，包括文献检索的时间范围和使用的关键词
	9	尽可能获取所有文献，包括联系研究的通讯作者
	10	检索的数据库及注册库
	11	采用检索软件的名称及版本号，包括使用的特殊特征（如扩展检索）
	12	手工检索（如检索已有文献的参考文献清单）
	13	列出纳入和排除的文献，以及判断标准
	14	处理非英文文献的方法
	15	处理只有摘要和未发表文献的方法
	16	描述与研究者联系的情况
研究方法	17	描述检索的文献是否符合研究问题
	18	数据整理和编码的基本原则（如有完善的临床编码原则或便于编码）
	19	数据分类和编码的记录（如多个文献评价者，盲法，以及文献评价者之间的一致性）
	20	混杂的评估（如入选研究中病例和对照的可比性）
	21	评价研究质量，包括对质量评价者采用盲法，对研究结果的可能预测值进行分层分析或者回归分析
	22	评估异质性
	23	详细介绍统计分析模型，以便能重复该研究（如详细描述采用的是固定效应模型还是随机效应模型，采用该统计分析模型的理由）
	24	提供合适的统计图表
研究结果	25	绘图总结入选独立研究和汇总研究结果
	26	列表描述入选各研究的结果
	27	研究结果的敏感度分析（如亚组分析）
	28	研究结果统计学稳健性的指标

续表

模块	编号	条目
讨论	29	偏倚的定量评价（如发表偏倚）
	30	解释排除标准的合理性（如排除非英文文献）
	31	评价入选研究的质量
研究结论	32	导致观察到的结果的其他可能原因
	33	概括性的结论（如根据研究所得的数据，在评价文献涉及的领域，对研究结论进行适当的外推）
	34	对未来研究的启示
	35	公布研究资助来源

五、ENTREQ

定性研究是社会科学领域主流的研究方法，在教育研究中应用广泛，定性系统评价也因之逐渐发展起来。2011 年 Tong 等组成的研究小组对 40 篇定性研究综述进行分析，根据提取相关资料，并通过讨论测试，最终形成 ENTREQ 指南（表 6.15）。[15, 16]ENTREQ 指南包含 21 个条目，分为五个主要模块：背景、方法和方法论、文献检索和选择、评价、结果的合成。

表 6.15　ENTREQ 条目清单

编号	条目	指导和描述
1	目的	陈述研究问题及合成方法
2	合成方法学	确定支撑合成的方法或理论框架，并根据选择的方法阐述原理（如 Meta-民族志、主题分析综合法、关键解释合成、扎根理论合成、现实主义者综合法、累积 Meta 分析、Meta-研究、框架合成）
3	检索方法	指出检索是否预先计划（包括制定全面的检索策略去寻找所有可用的研究）或可重复（寻找所有可用的概念直到达到理论性饱和）
4	纳入标准	详细说明纳入和排除标准（如依据人口、语言、年份、出版物的类型、研究类型）
5	资料来源	当进行检索时，描述所使用的资料来源 [例如，电子数据库（MEDLINE，EMBASE，CINAHL，PsycINFO，EconLit）、灰色文献数据库（数字论文，政策报告）、相关组织网站、专家意见、通用网站搜索（Google Scholar）、手工检索、参考文献]；并提供使用这些资料来源的理由
6	电子检索策略	描述文献检索的过程（如提供带有与人口、临床或健康主题、经验或社会能力等方面相关术语的电子检索策略，定性研究过滤器和检索限制）
7	研究筛选方法	描述研究筛选的过程（如依据标题、摘要或全文进行筛选，以及筛选研究的独立评价者数量）
8	研究特征	说明纳入研究的特征（如出版年份、国家、参与者数量、资料收集过程、研究方法学、资料分析方式及研究问题）

续表

编号	条目	指导和描述
9	研究筛选结果	确定筛选出来的研究数量并提供排除研究的原因（如进行全面的检索，提供纳入研究的数量和排除研究的理由，并用图表示；重复检索并分别描述纳入和排除标准是基于研究问题的修改）
10	评价的基本原理	描述用于评价纳入研究特征或选定结果的基本原理和方法（如行为的有效性和稳定性评价，报告的透明度评价，结果的内容及效用评价）
11	评价条目	陈述用于评价研究和选择结果的工具，如现有的工具（CASP、QARI、COREQ）或评价者开发的工具，并描述和评估研究小组、研究设计、资料分析及解释、报告规范等方面的情况
12	评价过程	指出评价是否由多个评价者独立进行及是否需要达成共识
13	评价结果	说明质量评价的结果，如果有可能的话，指出哪些文章是基于评价衡量 / 排除的，并给出理由
14	资料提取	说明对主要研究的哪些部分进行了分析及资料如何从主要研究中提取（例如，所有文本标题下的“结果 / 结论”都以电子信息的方式被录入计算机软件中）
15	软件	如有，说明所使用的计算机软件
16	评价者数量	确定参与资料编码和分析的人员
17	编码	描述资料编码的过程（如逐行编码每个检索概念）
18	研究对比	描述研究内部和研究之间如何设置对比（如后续研究是被编码到预先存在的设想中的，新设想是在必要时创建的）
19	主题来源	解释主题或概念的产生是采用归纳法还是演绎法
20	引文	提供主要研究的引文以说明主题 / 概念，并确定其是否为引文
21	合成结果	说明丰富的、引人注目的和超越主要研究总结的新见解，如新的解释、证据模型、概念模型、分析框架、新理论或构念的发展

六、MARS

2008年，美国心理学会（American Psychological Association，APA）的JARS小组参照QUOROM声明、PRISMA声明、MOOSE声明和波茨坦Meta分析会议（Potsdam Consultation on Meta-Analysis），并结合心理学的实证研究和系统评价编制了心理学领域Meta分析报告标准（MARS）。[17, 18]MARS共包含6个模块和61个条目（表6.16）。

表 6.16　MARS 条目清单

模块	编号	条目
题目	1	明确指出该报告是一个系统评价和 Meta 分析（如果适用）
	2	在脚注中说明资金来源
摘要	3	系统评价和 Meta 分析的研究问题或关系
	4	研究的纳入标准

续表

模块		编号	条目
摘要		5	原始研究中纳入的参与者类型
		6	Meta 分析方法（表明是否使用固定或随机模型）
		7	主要结果（包括效应大小和这些效应值的任何重要的调节因素）
		8	结论（包括局限性）
		9	对理论、政策和（或）实践的影响
引言（对所研究的问题或关系进行明确说明）		10	历史背景
		11	与研究问题或关系相关的理论、政策和（或）实际问题
		12	潜在的调节变量和中介变量的选择理由及编码
		13	在原始研究中使用的研究设计类型及其优缺点
		14	所使用的调节变量和结果测量类型及其心理测量特征
		15	与研究问题或关系相关的人群
		16	研究假设（如果有的话）
方法	纳入和排除标准	17	可操作的自变量（预测因子）和因变量（结果）的特征
		18	纳入的人群特征
		19	纳入的研究设计特征（例如，仅随机分配，最小样本量）
		20	进行研究的时间段
		21	地理和（或）文化方面的限制
	调节和中介变量	22	对感兴趣的关系的潜在调节变量和中介变量的所有编码类别进行定义
	检索策略	23	检索参考文献和引文数据库
		24	检索注册（包括正在注册的研究）： ①用于输入数据库和注册的关键词； ②所使用的搜索软件和版本
		25	进行研究的时间段（如果适用的话）
		26	检索所有可用研究成果的其他努力： ①查询服务器列表； ②与作者取得的联系（包括如何选择作者）； ③所检索的报告的参考文献列表
		27	处理非英文文献的方法
		28	确定纳入研究的过程： ①评价了报告的各个方面［即标题、摘要和（或）全文］； ②相关评价人员的数量和资格； ③表明如何解决分歧
		29	如何处理未发表的研究
	编码过程	30	编码人员的数量和资格（例如，是否达到该领域的专业水平）
		31	编码人员的可靠性或一致性
		32	每个研究是否由多个人员进行编码；如果是，如何解决分歧

续表

模块		编号	条目
方法	编码过程	33	研究质量评估： ①如何使用质量评估量表，描述评估标准和应用过程； ②如何根据研究设计特征进行编码，具体描述包括哪些条目
		34	如何处理缺失的数据
	统计方法	35	效应值的度量： ①效应量计算公式（例如，平均数和标准差，单变量 F 到 r 的变换）； ②对效应量进行的修正（例如，小样本偏差和样本方差修正）
		36	效应量平均和（或）加权方法
		37	如何计算效应量置信区间（或标准误）
		38	如何计算效应量可信区间（如果使用的话）
		39	如何处理具有多个效应量的研究
		40	是否使用固定和（或）随机效应模型，以及模型选择的理由
		41	如何评估或估计效应量的异质性
		42	平均数和标准差的测量工具
		43	数据评价的检验和其他调整（如发表偏倚、选择性报告）
		44	统计异常值的检验
		45	Meta 分析的统计检验力
		46	用于进行统计分析的统计程序或软件包
结果		47	相关性文献的数量
		48	纳入系统评价的相关文献数量
		49	符合大多数纳入标准但被排除的文献数量
		50	每个排除标准排除的文献数量（例如，效应量无法计算）
		51	每个纳入研究的描述性信息（包括效应量和样本量）列表
		52	研究质量评估（如果有的话）
		53	总结性图表： ①数据库的总体特征（例如，具有不同研究设计的研究数量）； ②总体效应量估计，包括不确定性的测量（例如，置信区间）
		54	调节变量和中介变量分析结果（亚组分析）： ①每个调节变量的研究数量和总样本量； ②评估用于调节和中介分析的变量之间的相互关系
		55	对偏倚的评估，包括可能的数据评估
讨论		56	描述主要发现
		57	考虑对观察结果的其他解释
		58	结论的普适性： ①相关的人群； ②自变量； ③因变量； ④研究设计

续表

模块	编号	条目
讨论	59	一般局限性（包括对所纳入研究的质量评估）
	60	对理论、政策或实践的意义和解释
	61	未来研究方向

七、PRIOR-MA

2020 年，刘宇等根据国际主流的 Meta 分析报告标准（Transparency and Openness Promotion，TOP），参考 PRISMA2009 和最新版 MARS 中的相关条目并结合心理学的研究特点，通过专家组的讨论与整合形成《开放与可重复荟萃分析的报告清单》（PRIOR-MA）。[19] 此标准共分为标题、摘要、引言、方法、结果、讨论、作者贡献与致谢 7 个模块，共包含 30 个条目，其中方法与结果部分的 21 个条目（条目 5 至条目 25）是其核心标准（表 6.17）。

表 6.17　PRIOR-MA 条目清单

模块		编号	条目
标题		1	陈述研究问题，并表明研究类型是系统综述、Meta 分析或是两者兼具
摘要		2	提供结构化的小结，包括：
			2.1 目标（研究的问题或假设）
			2.2 文献纳入标准（描述纳入研究的自变量、因变量与研究设计等特征）
			2.3 研究综合的方法
			2.4 结果（纳入研究与被试的数量及其特征，相关效应量与置信区间等）
			2.5 结论（描述文章中存在的优势与局限）
引言	问题的提出	3	陈述该研究领域相关的问题及其关系，包括：
			3.1 历史背景，已有的系统综述与 Meta 分析持有的观点
			3.2 该研究可能涉及的相关人群和背景
			3.3 说明理由：（a）研究设计选择的理由；（b）对文献结果进行选择与编码的理由；（c）对潜在调节或中介的结果进行选择与编码的理由
			3.4 对测量方法和其他变量在心理测量特征上的描述
	目的	4	陈述如何对假设进行检验，包括：
			4.1 被试特征（包括动物）的问题，自变量（实验操作、处理或干预）相关的问题，排除可能产生混淆的变量，因变量（相关的结果或标准）及其研究设计的其他特征
			4.2 在 Meta 分析中使用的整合方法（如效应量测量、平均数分析的方法、同质性分析中使用的模型）

续表

模块		编号	条目
方法	方案预注册	5	陈述是否提前对 Meta 分析研究方案进行预注册。如果预注册过，则需要提供相关信息（如公开预注册的网址）
	文献纳入标准	6	陈述文献纳入的标准：
			6.1 自变量（例如，实验的操作，处理、干预或预测变量的类型）
			6.2 因变量（例如，对临床研究中潜在积极与消极的效应进行综合后得到的结果）
			6.3 研究设计的标准（例如，样本抽样的方法或实验处理的方式）
			6.4 针对同一研究或同一样本存在多次报告或使用同一样本进行多次测量的情况，不仅需要陈述纳入标准的研究特征（例如，自变量、因变量和研究设计等），同时需要陈述报告特征（检索时间、语种、发表日期和发表状态等）
			6.5 研究纳入中存在的限制（例如，研究的年代、语言、地区或进行报告的方式）
			6.6 预注册时提交的文献纳入标准是否在研究开始后发生改变，或者研究过程中文献纳入标准是否发生改变。例如，增加或减少纳入研究的变量，作者需要报告发生了什么改变，以及这些改变是什么时间发生的，原因是什么
			6.7 如何处理文献中缺失信息，包括与纳入标准的信息相关的信息的缺乏（例如，缺乏关于研究设计的信息）及与数据分析相关信息的缺失（例如，没有报告关于结果的量化数据）
	信息来源	7	描述搜索得到的所有信息来源（例如，包括数据库中获取的文献信息，联系作者后获取的额外信息）和最后一次搜索日期
	搜索过程	8	至少完整呈现一个主要使用的数据库在线数据搜索策略，包括限定的范围，搜索时使用的关键词、搜索代码等，以确保搜索的可重复性
	筛选过程	9	陈述每一步研究的筛选过程，包括：
			9.1 每一步筛选文献的决策方式（如通过阅读标题、摘要或全文）
			9.2 筛选过程中执行者的胜任力与人数。如果是一位执行者，如何评估提取数据过程的信度问题；如果有多位执行者，如何处理多人进行筛选可能存在的不一致问题
	数据收集过程	10	描述从报告中提取数据的方法，包括：
			10.1 作为摘录数据依据的变量及其种类
			10.2 数据提取过程中执行者的胜任力与人数。如果是一位执行者，如何评估提取数据过程的信度问题；如果有多位执行者，如何处理多人提取可能存在的不一致问题
	数据条目	11	列出并定义纳入文献中所有与 Meta 分析相关的信息（例如，文献的作者、发表年份、被试信息、研究设计或控制组信息等）
	单个研究偏倚	12	描述如何对纳入研究的偏倚风险进行评估的方法（说明这种评估是在研究方法过程层面还是在结果层面，或者两者都有），以及研究偏倚信息如何在结果综合中进行处理
	描述性统计指标	13	描述使用的效应量指标（如相关系数、Cohen's d），包括用来计算单个研究效应量的公式。如果同一研究存在多个效应量导致的非独立性问题（例如，同一研究中存在多个实验处理、多个控制组、多个相关系数或多个指标量等产生的非独立效应量），陈述处理的方法

续表

模块		编号	条目
方法	结果综合	14	描述进行跨研究效应量综合和对不同研究的效应进行异质性评估的方法（如固定效应模型或随机效应模型的稳健方差估计），具体包括：
			14.1 选取某一综合方法的原因
			14.2 对研究结果进行加权的方法
			14.3 估计单个研究与总体结果变异的方法（如置信区间）
			14.4 描述所有的转换 / 校正（例如，小样本或非等组样本数据的校正）、调整（如聚合、数据缺失或建构不同水平间的关系），以及对这些数据进行的验证
			14.5 如果进行了贝叶斯分析，报告先验分布的选择与模型拟合的评估
	跨研究偏倚	15	评估所有可能会影响累积证据的偏倚风险（如发表偏倚、选择报告）
	额外分析	16	如果进行了额外分析，需要描述使用的方法（例如，亚群体分析，敏感性分析，Meta 回归分析），指出哪些是预先计划的
	数据可获得性	17	Meta 分析中使用的数据（即从文献中提取的数据条目）是否公开。Meta 分析的原始数据存放在一个公开并可长期存放的在线数据库中，方便其他研究者进行重复与在此研究基础上的累积
	分析过程可获得性	18	Meta 分析中使用的软件名称及版本号。Meta 分析的代码是否公开，并报告在哪可以获得（如与数据存在同一在线数据库中），方便其他研究者对分析过程的重复
结果	研究筛选	19	给出筛选后得到的研究数量，给出每一步排除的原因，建议用流程图呈现
	研究特征	20	陈述纳入研究的特征，对每一个纳入的研究变量的描述原则上包括：
			20.1 自变量、因变量与主要调节变量的特征
			20.2 重要的被试特征（年龄、性别、受教育程度等）
			20.3 重要的情境变量（如环境、日期）
			20.4 研究设计（例如，样本抽样的方法或实验处理的方式）
			20.5 在什么地方可以获得该研究的全部数据特征（例如，在作者那，在补充材料中或预注册网站中）
	单个研究偏倚	21	尽可能提供每个研究存在偏倚风险的数据，以及质量评估的报告
	单个研究的结果	22	呈现每一个研究综合后的结果（包括阳性与阴性结果），推荐使用图表信息进行呈现（如森林图）
	结果综合	23	报告每个研究整合的结果（如效应量大小、置信区间与异质性程度）
	跨研究偏倚风险	24	描述跨研究偏倚风险，包括：
			24.1 陈述是否是：（a）未出版的研究与未报告的数据；（b）仅将报告的数据进行整合，如果是，陈述其合理性
			24.2 评估发表偏倚的影响大小（如使用数据检验模型与剪补法等）
			24.3 是否存在选择性报告

续表

模块		编号	条目
结果	额外分析	25	如果做了额外分析，给出结果（如亚群体分析、敏感性分析、Meta 回归分析等）
讨论	证据总结	26	陈述主要发现，包括：
			26.1 研究的主要结果，包括 Meta 分析的结果
			26.2 研究证据的总体质量
			26.3 结果存在的其他解释（如混淆变量、统计检验力）
			26.4 与先前研究进行整合的结果类似之处和不同之处
	局限性	27	研究中存在的局限（如不一致、不准确与偏倚风险）
	研究的推广性与意义	28	对结论的推广性（外部效度）进行描述，并指出对未来研究的意义
作者贡献与致谢	作者贡献	29	详细说明各个作者在 Meta 分析中的贡献
	致谢	30	关于对该研究提供帮助的个人、机构及资助来源

八、PRISMA-NMA

2015 年 6 月，Hutton 等在《内科医学年鉴》上发表了针对 NMA 的 PRISMA 扩展声明，用以指导和改善 NMA 的撰写和报告。NMA 的 PRISMA 扩展声明为研究人员撰写和报告高质量的 NMA 提供了借鉴和参考。[20]PRISMA-NMA 扩展声明在 PRISMA 的基础上对原有条目进行了修改和补充，且增加了 5 个额外的条目（S1 ～ S5），共由 32 个条目组成（表 6.18）。

表 6.18　PRISMA-NMA 条目清单

模块		编号	条目
标题		1	识别报告是 Meta 分析（或 Meta 分析相关形式）
摘要（结构式摘要）		2	提供结构式摘要，包括（适用时）： ①背景：描述研究的主要目的。 ②方法：报告数据来源；研究纳入标准、研究对象、干预措施、研究评价和综合的方法（如网状 Meta 分析）。 ③结果：报告纳入研究数和样本数，汇总效应评估及其可信 / 置信区间，干预效果的排序结果；简洁地概括纳入分析中所选择的干预方法的成对比较结果。 ④讨论 / 结论：局限性、结论和研究启示。 ⑤其他：报告主要经费来源、网状 Meta 分析的注册号及注册机构
前言	理论基础	3	介绍当前已知的研究理论基础，并提及制作该网状 Meta 分析的原因和必要性
	目的	4	对研究对象、干预措施、对照措施、结局指标和研究类型（PICOS）5 个方面提出所需要解决的清晰明确的研究问题
方法	方案和注册	5	说明是否有研究方案存在（如网址）并提供现有的注册信息，包括注册号

续表

模块		编号	条目
方法	纳入标准	6	将指定的研究特征（如 PICOS 和随访期限）和报告特征（如检索年限、语种和发表情况）作为纳入研究的标准，并给出合理的说明。清楚地描述网状关系图所包含的干预措施，并说明被合并为同一节点的任何干预措施
	信息来源	7	针对每次检索和最终检索的结果描述所有文献信息的来源（如资料库文献、与研究作者联系获取相应的文献）
	文献检索	8	至少说明一个数据库的检索方法，包括所有检索策略的使用，使检索结果可以重现
	研究选择过程	9	说明纳入研究被筛选的过程
	资料提取	10	描述资料提取的方法（如资料提取表、独立提取、重复提取），以及任何向报告作者获取或确认资料的过程
	资料条目	11	列出并说明所有与资料相关的条目（如 PICOS 和资金来源）及做出的任何推断和简化形式
	网状图构建	S1	描述探索基于研究的干预措施网状关系图构建方法，以及相关潜在偏倚，包括证据如何以图形方式呈现，以及哪些特征被用于向读者呈现证据
	单个研究存在的偏倚评估	12	描述用于评价单个研究偏倚的方法（包括该方法是否用于研究层面或结局层面），以及在资料综合中该信息如何被利用
	概括效应指标	13	说明主要的综合效应指标，如风险比（RR）和均数差（MD）；同时描述其他效应指标的使用，如干预效果排序、累计排序概率曲线下面积（SUCRA），以及呈现 Meta 分析综合结果的修正方法
	计划分析方法	14	描述处理数据和合并每个干预措施网络研究结果的方法。主要包括（但不限于）： ① 多臂试验的原理； ② 方差结构的选择； ③ 贝叶斯分析中先验分布的选择及模型的评估
	不一致性评估	S2	描述干预措施网状关系图中直接和间接证据一致性的评估方法，以及存在不一致性时的处理方法
	研究偏倚	15	详细评估可能影响数据综合结果存在的偏倚（如发表偏倚和研究中的选择性报告偏倚）
	其他分析	16	对研究中其他分析方法进行描述，并说明哪些分析是预先制定的，这应该包括，但不限于： ① 敏感性分析和亚组分析； ② Meta 回归分析； ③ 干预措施网状关系图构建的选择和贝叶斯分析中先验分布的使用
结果	研究选择	17	报告初筛的文献数量，评价符合纳入标准的文献数量及最终纳入研究的文献数量，同时给出每一步排除文献的原因，最好提供流程图
	网状图呈现	S3	提供纳入研究的网状关系图，使干预措施网状关系图的构建可视化
	网状图概述	S4	概述干预措施网状关系图的特征，包括评价不同干预措施比较和成对比较中试验和研究对象的多样性，以及干预措施网状关系图中缺少哪些证据，网状关系图结构所反映出的潜在偏倚

续表

模块		编号	条目
结果	研究特征	18	说明每一个被提取资料的文献特征（如样本含量、PICOS 和随访时间）并提供引文出处
	研究内部偏倚风险	19	说明每个研究中可能存在偏倚的相关数据，如果条件允许，还需要说明结局层面的评估
	单个研究结果	20	针对所有结局指标（有效性或有害性），说明每个研究： ①各干预组结果的简单合并； ②综合效应值及其可信区间，描述处理较大网络信息的修正方法
	结果的综合	21	呈现每个 Meta 分析的结果，包括可信 / 置信区间。在较大的干预网络中，作者可能关注比较措施对照另一特定的比较措施（如安慰剂或标准治疗），并在附件中呈现所有的结果。如果其他的概括效应被探索（如干预效果排序）和呈现，使用表格和森林图呈现汇总的成对比较结果
	不一致性探索	S5	描述不一致性调查的结果，包括比较一致性模型和不一致性模型适用的方法、统计学 p 值及针对干预网络的不同部分的不一致性评估结果
	研究间偏倚	22	说明研究间可能存在偏倚的评价结果
	其他分析	23	给出其他分析的结果（如敏感性分析或亚组分析、Meta 回归分析和贝叶斯分析中先验分布的选择等）
讨论	讨论总结	24	总结研究的主要发现，包括每一个主要结局的证据强度，分析它们与主要利益集团（如教育的实施者、受试者及政策决策者）的关联性
	局限性	25	探究研究层面和结局层面的局限性（如偏倚的风险），以及网状 Meta 分析的局限性（如检索不全面、报告偏倚等）；评论网状 Meta 分析基本假设的正确性，如传递和一致性；评论任何网状关系图构建中需要关注的问题（如不纳入某一比较措施）
	结论	26	给出对结果的概要性的解析，并给出对未来研究的提示
资金支持		27	描述本网状 Meta 分析的资金来源和其他支持（如提供资料），以及资助者在完成网状 Meta 分析中所起的作用，包括可能影响网络中干预措施使用的信息，如基金是否来自本研究网络中干预措施的厂商，或者部分作者是否存在利益冲突

九、PRIO-harms

为促进系统评价再评价中干预措施利害关系的完整透明报告，Bougioukas 等研发了系统评价再评价优先报告工具——PRIO-harms。PRIO-harms 是在 PRISMA 条目上扩展而成，包括标题、摘要、背景、方法、结果、讨论、作者身份和资金 8 个模块，以及 27 个条目（56 个亚条目）。同时清单中明确列出了专门用于报告干预措施利害关系的条目（1b、2b、3c、6c、8b、15c、16b、21c、23b）。详细评价条目内容及解释见表 6.19。

表 6.19　PRIO-harms 条目清单

模块		编号	条目
标题		1a	题目中明确体现系统评价再评价
		1b	题目中也可出现安全性、危害性、不良事件的相关表述
摘要（结构式摘要）		2a	提供结构式摘要。如果适用，应包括背景、目的、数据来源、文献选择标准、资料提取、质量评价、数据综合方法、结果、局限性、结论等
		2b	报告系统评价再评价和（或）纳入系统评价中危害性分析的主要结果
背景	理论基础	3a	概述现有知识背景下系统评价再评价的基本原理和论述范围（广义或狭义）
		3b	公允报告干预措施潜在的利害关系
		3c	根据已发表文献判定哪些事件是不良事件，并提供明确的理由
	目的	4	以 PICOS（研究对象、干预措施、对照措施、结局指标、研究类型）的形式明确说明研究问题
方法	计划书	5a	说明是否有计划书
		5b	如果已注册，应提供注册机构（如 PROSPERO 等）有效网址
	文献选择标准与结局指标	6a	详细说明按照研究设计、研究对象、干预措施、对照措施形式制定的文献选择标准
		6b	报告（必要时定义）结局指标的具体数据，最好对主要和次要结局指标进行优先排序
		6c	报告纳入不良事件作为（主要或次要）结局指标。如果适用，对其严重程度（如轻度、中度、重度、致命；可在附件中描述）进行分级
		6d	报告系统评价再评价纳入研究的特征（如语言限制、发表状态、发表时间），参见条目 7
	信息来源	7a	检索至少 2 个电子数据库
		7b	报告补充检索的来源（如手工检索、追溯参考文献、相关综述和指南、注册的计划书、会议摘要和其他灰色文献）
		7c	报告末次检索时间和（或）每个数据库的检索时限
	检索策略	8a	提供至少 1 个电子数据库的完整检索策略（算法），包括检索过程中使用的任何限制（如语言和时间限制，参见亚条目 6d 和 7c），以便可以重现检索结果
		8b	报告其他用于识别已明确的不良事件的检索过程（如不良事件的算法或过滤器、检索相关网站）
	数据管理与筛选过程	9a	报告系统评价再评价制作过程中用于记录和管理数据的软件
		9b	定义系统评价，并提供文献筛选过程及相关细节（如由至少 2 名研究者筛选标题、摘要或全文，多名评价者独立选择并交叉核对确定研究，最终以协商的方式解决分歧）
		9c	报告重复研究的处理方法（包括纳入版本最新的、方法学最严谨的、纳入原始研究最多的系统评价）

续表

模块		编号	条目
方法	原始研究的补充检索	10	报告用于确定合格原始研究的补充检索（如检索更多数据库或更新补充检索）及相关细节
	数据收集过程	11a	报告系统评价再评价的资料提取方法（如资料提取表、独立或重复提取、通过协商方式解决分歧）
		11b	报告从研究人员处获取、确认或更新数据的过程（如联系纳入研究的作者或从纳入系统评价的原始研究中获取数据）
	数据条目	12	报告（必要时定义）影响研究结果的相关变量（如 PICOS、纳入研究和研究对象的数量、剂量或频率、随访时间、结果、资金来源）及数据转换和简化方法
	方法学与证据质量评价	13a	报告纳入系统评价的报告和（或）方法学质量评价方法
		13b	报告纳入系统评价中原始研究的质量评价方法（如使用随机对照试验的评价工具 Jadad 量表或 Cochrane 偏倚风险评估工具 RoB）
		13c	报告证据质量的评价方法（如证据推荐分级的评估、制订与评价系统 GRADE）
		13d	描述质量评价的方法（如预实验、独立评价、两人及以上背对背评价）
	Meta 偏倚	14	说明预先计划的 Meta 偏倚评价方法（如发表偏倚或不同研究的选择性报告、系统评价偏倚风险评估工具 ROBIS）
	数据综合	15a	报告数据的处理或综合方法（如定性描述、Meta 分析、网状 Meta 分析）及相关细节（如数据提取或计算方法、异质性评价方法；如果进行定量合成，报告相应的统计方法）
		15b	如果进行定量合成，报告使用的软件
		15c	报告纳入研究中是否存在未发生不良事件的情况及如何进行统计分析处理
		15d	描述拟进行的其他分析方法（如敏感性分析、亚组分析、Meta 回归分析）
结果	系统评价与原始研究的选择	16a	提供选择系统评价的详细信息（如检索、初筛、纳入和排除系统评价的数量），补充纳入的原始研究，推荐使用流程图呈现系统评价再评价选择研究的过程
		16b	流程图中单独呈现涉及不良结局指标的研究数量
		16c	列出阅读全文后排除的研究（列出参考文献），并提供排除原因
	系统评价与原始研究的特征	17a	以表格形式呈现纳入系统评价的特征，如题目、作者、检索时间、PICOS、纳入研究的设计和数量、研究对象的数量和范围、干预的剂量或频率、随访时间（治疗持续时间）、系统评价的局限性、结果、结论和补充纳入原始研究的特征
		17b	报告纳入系统评价使用的语言和发表状态限制
	重复	18	呈现和（或）讨论系统评价中原始研究的重复情况（至少报告以下 1 种）：重复研究的处理方法（如修正重叠区域）；列出引文矩阵；给出索引出版物数量和（或）讨论重复研究

续表

模块		编号	条目
结果	方法学和证据质量评价的呈现	19	以文字或图表的形式呈现质量评价结果（参见亚条目 13a ～ 13c），包括纳入系统评价的报告和（或）方法学质量；报告系统评价纳入原始研究的质量（包括序列生成、分配隐藏、盲法、退出、偏倚等），以及补充纳入原始研究的质量和证据质量
	Meta 偏倚的呈现	20	报告 Meta 偏倚的评价结果（如发表偏倚、不同研究的选择性报告、ROBIS 工具评价结果）
	结果综合	21a	总结和报告系统评价再评价中利害关系的主要结果。如果进行定量合成，则以可信区间和异质性等报告综合结果
		21b	如果进行其他分析（如敏感性分析、亚组分析、Meta 回归分析），应报告相应结果
		21c	分别报告每种干预措施所致不良事件的结果
讨论	证据总结	22	提供主要结局的简要总结及每项主要结局指标的证据优势和局限性
	局限性	23a	讨论系统评价再评价和（或）纳入研究的局限性（如不同的文献选择标准、检索的局限性、语言限制、发表偏倚、选择偏倚）
		23b	报告危害性相关系统评价可能的局限性（如数据和信息缺失问题、危害性定义、罕见不良事件）
	结论	24a	提供与系统评价结果相符的一般性解释及对临床实践的影响；同时慎重考虑利害关系及在其他临床背景中的证据选择
		24b	对未来研究的启示
作者身份	作者贡献	25	报告作者的贡献
	双重作者	26	局限性或利益声明部分报告双重作者
资金	资金及其他支持	27a	报告系统评价再评价（直接资助）或作者（间接资助）的资金支持和其他支持来源，或报告没有资金支持
		27b	提供系统评价再评价或作者的资助者或赞助商
		27c	如果存在资助，应报告系统评价再评价中资助者、赞助商和（或）机构的作用

健全的学术规范有助于保证学界的平等对话，有利于促进学术环境的健康运行，形成学术共同体，对于维护创新、促进创新和实现创新具有重要意义。学术规范不仅仅与学术道德有关，还与学术研究的质量有关。因此，建议研究者在进行系统评价时，合理利用质量评价工具和报告规范。

参考文献

[1] Mulrow C D. The medical review article：state of the science[J]. Annals of Internal Medicine，1987，106（3）：485-488.

[2] Sacks H S，Berrier J，Reitman D，et al. Meta-analyses of randomized controlled trials[J]. New

England Journal of Medicine，1987，316（8）：450-455.
[3] Shea B J，Hamel C，Wells G A，et al. AMSTAR is a reliable and valid measurement tool to assess the methodological quality of systematic reviews[J]. Journal of Clinical Epidemiology，2009，62：1013-1020.
[4] Shea B J，Reeves B C，Wells G. AMSTAR 2：a critical appraisal tool for systematic reviews that include randomised or non-randomised studies of healthcare interventions，or both[J]. BMJ，2017，358：440.
[5] 葛龙，潘蓓，潘佳雪，等．解读 AMSTAR-2——基于随机和（或）非随机对照试验系统评价的质量评价工具 [J]. 中国药物评价，2017，34（5）：334-338.
[6] 曾宪涛，包翠萍，曹世义，等．Meta 分析系列之三：随机对照试验的质量评价工具 [J]. 中国循证心血管医学杂志，2012，4（3）：183-185.
[7] Whiting P，Savović J，Higgins J P T，et al. ROBIS：a new tool to assess risk of bias in systematic reviews was developed[J]. Journal of Clinical Epidemiology，2016，69：225-234.
[8] 吴琼芳，丁泓帆，邓围，等．ROBIS：评估系统评价偏倚风险的新工具 [J]. 中国循证医学杂志，2015，15（12）：1454-1457.
[9] Diekemper R L，Ireland B K，Merz L R. Development of the Documentation and Appraisal Review Tool for systematic reviews[J]. World Journal of Meta-Analysis，2015，3（3）：142-150.
[10] Moher D，Cook D J，Eastwood S，et al. Improving the quality of reports of meta-analyses of randomised controlled trials：the QUOROM statement[J]. The Lancet，1999，354（9193）：1896-1900.
[11] Page M J，Moher D，Bossuyt P M，et al. PRISMA 2020 explanation and elaboration：updated guidance and exemplars for reporting systematic reviews[J]. BMJ，2021，372：n160.
[12] 尹森林，刘雪梅，何林，等．对系统评价 /Meta 分析报告规范的系统评价 [J]. 中国循证医学杂志，2011，11（8）：971-977.
[13] Stroup D F，Berlin J A，Morton S C，et al. Meta-analysis of observational studies in epidemiology：a proposal for reporting[J]. JAMA，2000，283（15）：2008-2012.
[14] 詹思延．第一讲：如何报告系统综述和 Meta 分析——国际报告规范 QUOROM 和 MOOSE 解读 [J]. 中国循证儿科杂志，2010，5（1）：60-63.
[15] Tong A，Flemming K，McInnes E，et al. Enhancing transparency in reporting the synthesis of qualitative research：ENTREQ[J]. BMC Medical Research Methodology，2012，12：181.
[16] 钟珍梅，刘少堃，赵舒煊，等．提高定性研究合成报告透明度（ENTREQ）的指南解读 [J]. 循证医学，2015，15（5）：309-313.
[17] A P A Publications and Communications Board Working Group on Journal Article Reporting Standards. Reporting standards for research in psychology：why do we need them? what might they be?[J]. The American Psychologist，2008，63（9）：839-851.
[18] Appelbaum M，Cooper H，Kline R B，et al. Journal article reporting standards for quantitative research in psychology：the APA Publications and Communications Board task force report[J]. The American Psychologist，2018，73（1）：3-25.

[19] 刘宇，陈树铨，樊富珉，等 . 开放式荟萃分析的规范化报告 [J]. 中国科学，2021，51（6）：764-778.

[20] Hutton B，Salanti G，Caldwell D M，et al. The PRISMA extension statement for reporting of systematic reviews incorporating network meta-analyses of health care interventions：checklist and explanations[J]. Annals of Internal Medicine，2015，162（11）：777-784.

第七章　系统评价常用软件

第一节　文献管理软件

一、为什么需要文献管理软件

系统评价需要检索多个数据库来尽可能全面地检索出相关研究，但多个数据库存在重复收录期刊，这就造成各个数据库的检索结果存在重复，如何才能快速准确地把这些重复的文献找出来呢？此外，制定检索策略时，我们强调尽量检索全面，这导致检索的准确性较低，检索出的无关文献较多，那如何才能从这些检索结果中快速、方便地筛选出相关文献呢？

如果检索结果不多，如每个数据库只检索出几篇或者十几篇，这两个问题其实不难，直接在 word 或记事本中一篇一篇看就可以了。但如果检索出的结果有数百篇，甚至上千篇，这种方式就既费时又费力，还容易出错。这时，就需要文献管理软件帮助我们又快又准地查重和筛选文献。

二、如何把文献从数据库中导出

在进行文献管理前，我们要先将文献从数据库中导出，以便后期能顺利地导入文献管理软件中做进一步筛查。为了让读者能更好地了解系统评价中如何使用文献管理软件进行文献筛查，我们假设要筛选 2010 年至 2020 年发表的所有以"PBL 教学法"为主题的文献，以中国知网和 Web of Science 两大数据库为例介绍文献检索和文献导出。

（一）中国知网

（1）检索。进入中国知网首页→点击 高级检索 →在检索类型菜单中选择"主题"并在检索框中输入检索词"PBL 教学法"→在时间范围框中限定发表年限为 2010 ～ 2020 →点击 检索 。

（2）导出。检索结果显示共检出 9 789 条记录（图 7.1），选择需要导出的文献（通常全选所有记录）→点击"导出与分析"→选择"导出文献"→在下拉菜单中选择需要导出的文件导出格式→选择导出文件格式，自动跳转到导出页面（图 7.2）点击 导出 ，并保存导出文件即可。中国知网每页最多显示 50 条记录，单次最多导出 500 条记录。

图7.1　中国知网检索页面

图7.2　中国知网文献导出页面

（二）Web of Science

（1）检索。进入 Web of Science 首页→在检索类型菜单中选择“Topic”并在检索框中输入检索词“problem-based learning”→添加“Publication Date”限定，并在时间范围框中输入 2010～2020→点击 Search（图 7.3）。

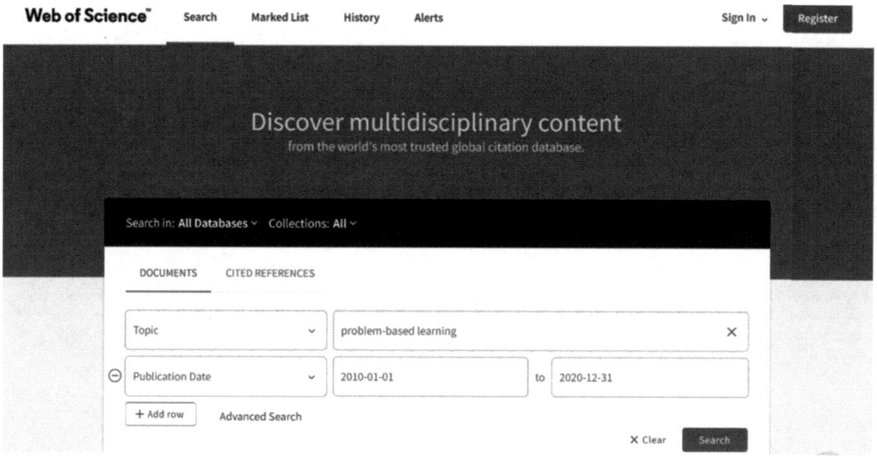

图7.3 Web of Science基本检索页面

（2）导出。检索结果显示共检出 12 293 条记录（图 7.4），选择需要导出的文献（通常全选所有记录）→点击“Export”→在下拉菜单中选择需要导出的文件导出格式→选择导出文件格式后，自动跳转到导出页面（图 7.5）→在“Record Options”选项中选择导出文献的条目数，在“Record Content”选项中选择导出文献的内容→点击“Export”，并保存导出文件即可。Web of Science 每页最多显示 50 条记录，单次最多导出 1 000 条记录。

三、常用的文献管理软件

（一）EndNote

EndNote 是最常用的文献管理软件之一。EndNote 中的文献管理功能主要有三个：①建立个人数据库，随时检索收集到的文献；②调阅所需 PDF 全文；③对文献进行分组、查重、自动获取全文。此外，在论文撰写过程中，EndNote 可以将相关文献按照目标期刊要求插入文后的参考文献部分，更换目标期刊后，也可迅速完成参考文献格式的转换。

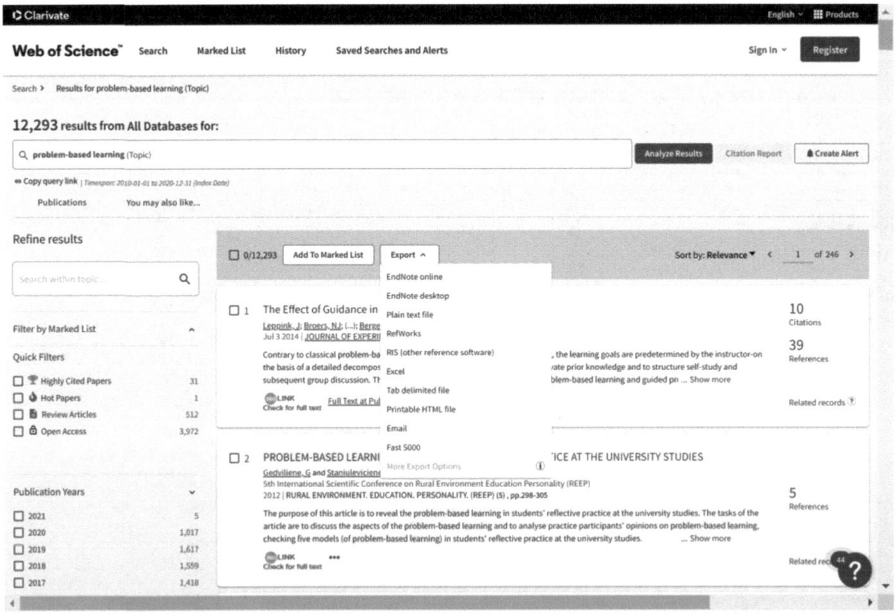

图7.4　Web of Science文献检索页面

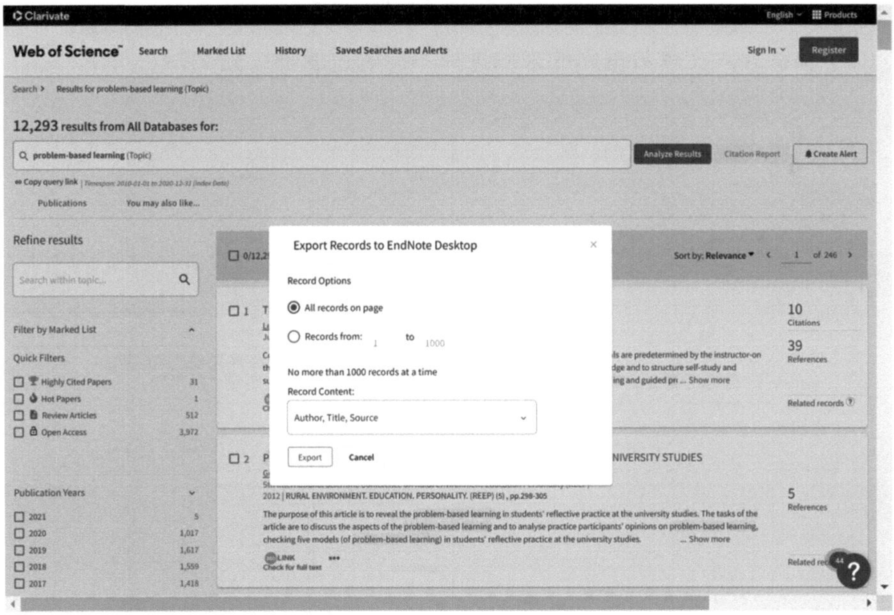

图7.5　Web of Science文献导出页面

1. 文献导入

（1）点击“File”→选择“New”新建个人文献图书馆并进入主界面，默认文件名为“My EndNote Library”。

（2）单击开始导入文献。

（3）单击“Choose”选择需要导入的文献（图 7.6）。

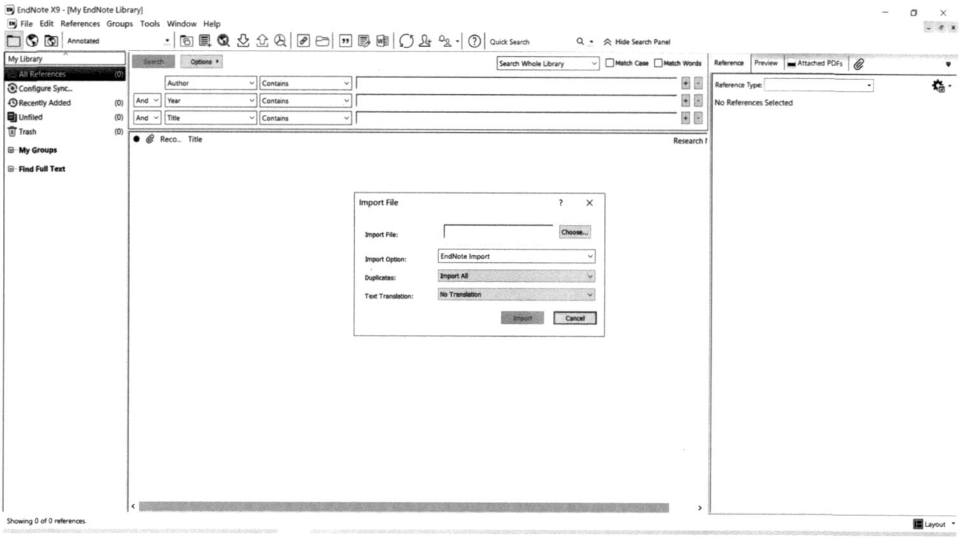

图7.6　EndNote文献导入界面

（4）根据导入文献数据库的来源选择不同的过滤器（图 7.7）。

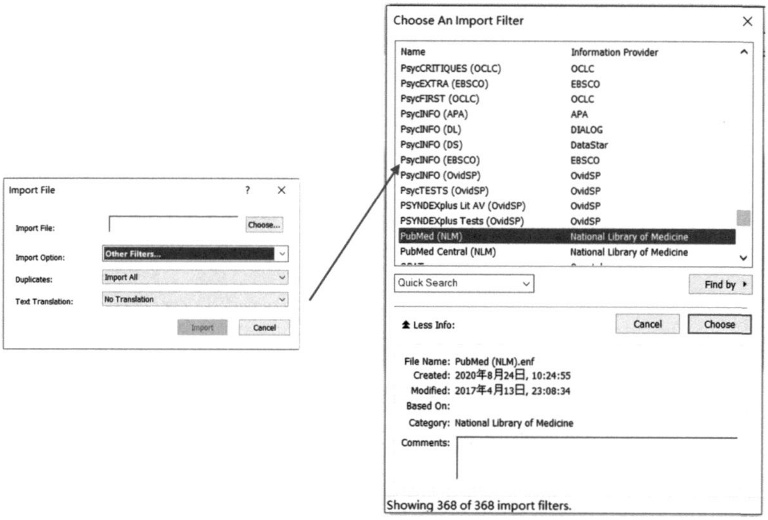

图7.7　EndNote文献过滤器选择面板

（5）点击“Import”导入文献。文献导入后，文献管理界面如图 7.8 所示。

图7.8　EndNote文献管理界面

（6）文献查重与去重。

查重。点击“References”→“Find Duplicates”，结果如图 7.9 所示。

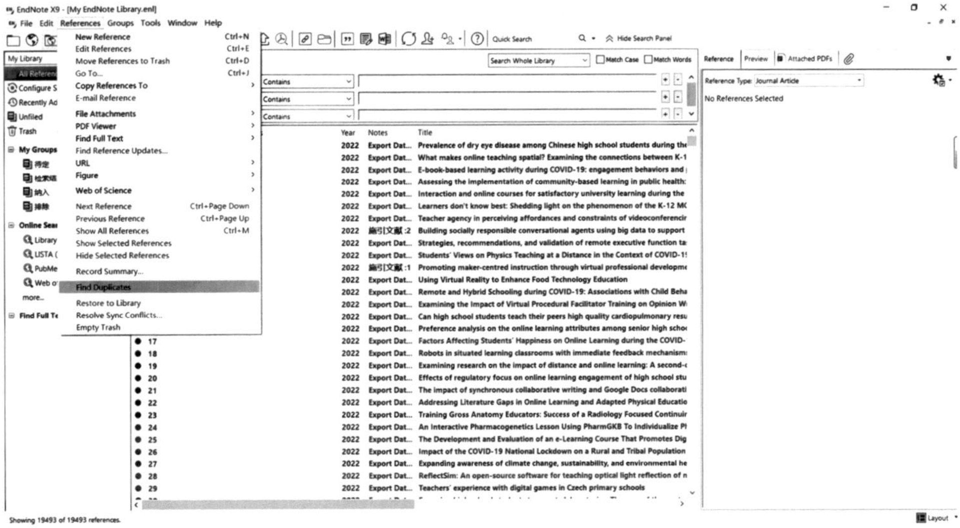

图7.9　EndNote文献查重界面

去重。单击鼠标右键→选择“Move References to Trash”以删除所有重复文献（图 7.10）。

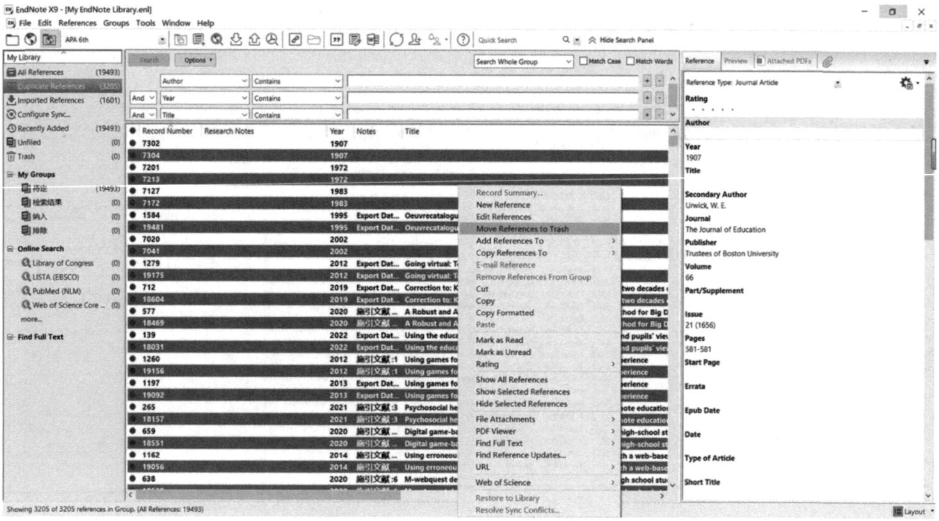

图7.10　EndNote文献去重界面

（7）新建分组。文献去重后，对剩余文献进行重新分组。点击“My Groups”→单击鼠标右键，点击“Create Group Set”，创建组集，并进行重新命名→右击新建的组集，单击鼠标右键，点击“Create Group”，创建分组（图 7.11）。

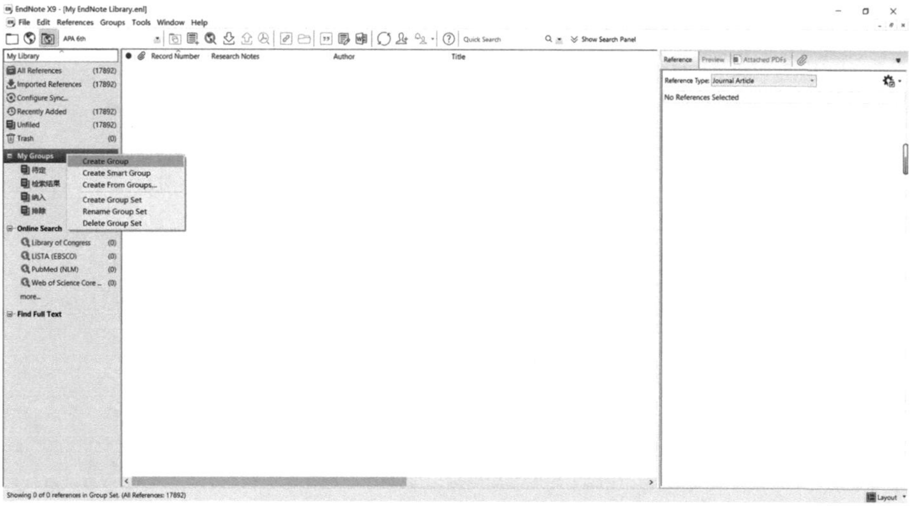

图7.11　EndNote新建分组界面

2. 文献筛选

（1）标题 / 摘要筛选。点击需要筛选的单个文献，即可预览该文献的摘要。研究者可根据纳入和排除标准对标题和摘要进行筛选，并将筛选后的文献添加到相应的分组中（图 7.12）。

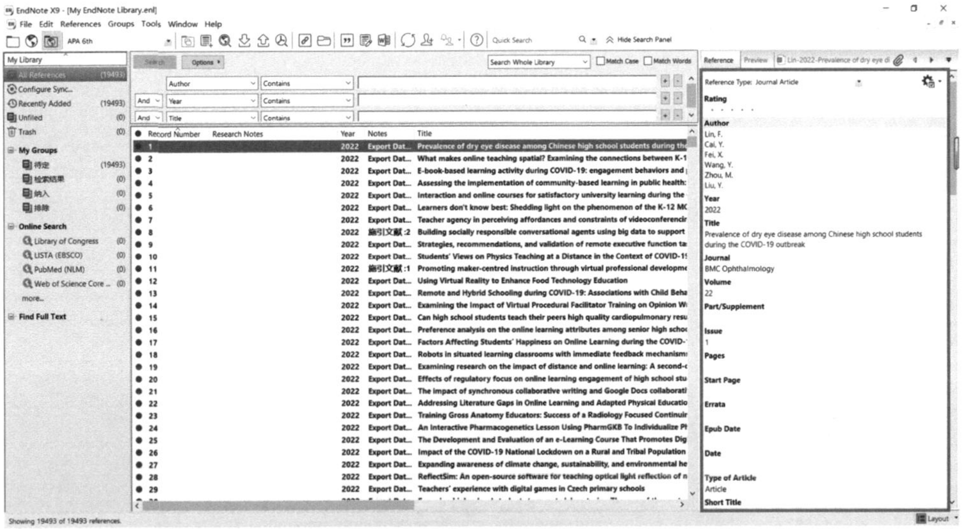

图7.12　使用EndNote进行文献筛选——标题/摘要筛选

（2）全文筛选。标题 / 摘要筛选完成后，对纳入的文献进行全文筛选。首先需要获取纳入文献的全文。点击“References”→在下拉菜单中选择“Find Full Text”，自动下载全文（图 7.13）。下载的文献保存在“My EndNote Library.enl”同根目录下“My EndNote Library.Data”文件夹下的 PDF 子文件夹中。

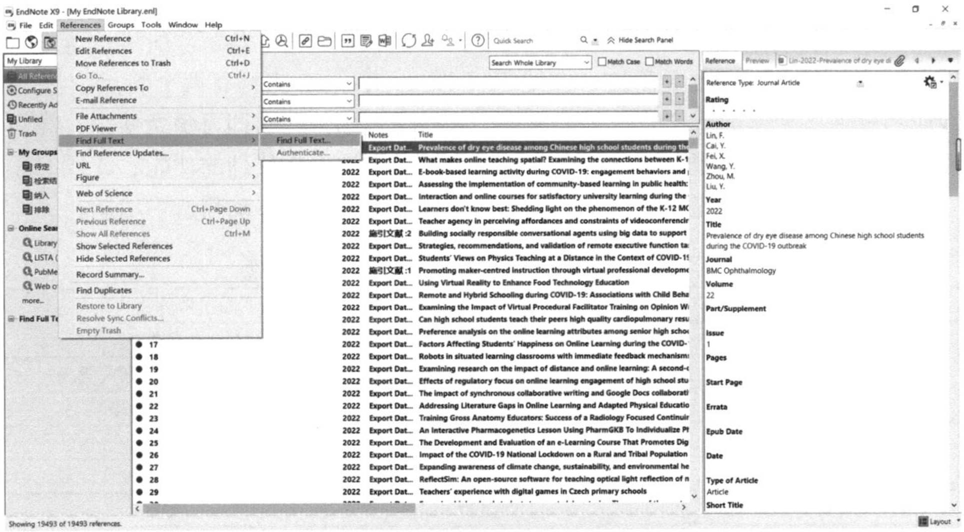

图7.13　使用EndNote进行文献全文下载

文献条目行前有“回形针”标识，表示已经下载了全文。如需查阅全文内容，只需选中该文献条目，在右侧显示栏中点击该文献即可查看。如需全屏阅读，点击图标☐即可进入全屏模式（图 7.14）。

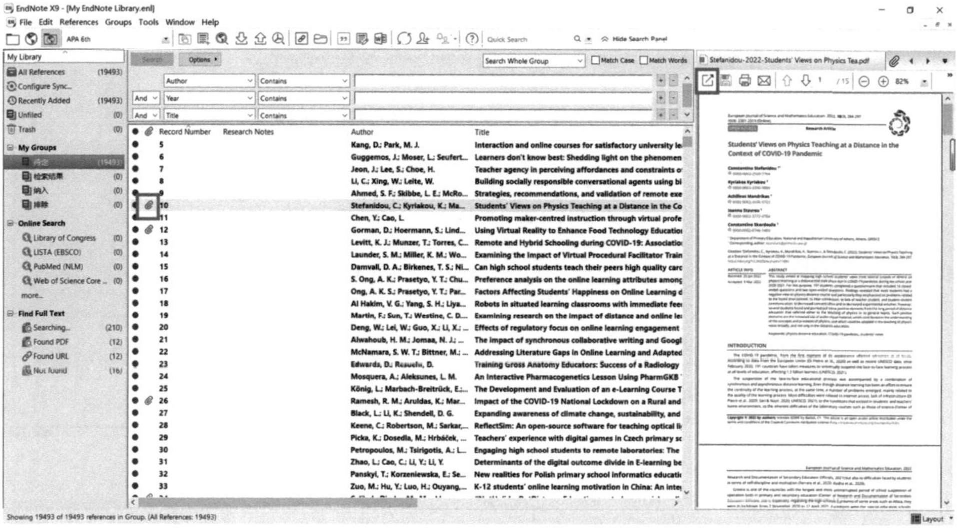

图7.14　使用EndNote进行全文查看

（二）Rayyan

Rayyan 是一款新型的在线文献筛选工具，旨在通过极大地加快筛选研究的进程，帮助研究人员进行系统评价、概况性评价及其他知识综合项目评价。与 EndNote 相比，Rayyan 更简洁、方便（表 7.1）。Rayyan 主要有四个特点：①在线应用软件，无须进行安装；②全免费，只需通过邮件注册即可免费使用；③可以多人同时进行文献筛选，且具有对文献筛选者实施盲法处理的功能；④同时发布了相关手机应用系统终端，在移动设备安装后可实现“移动筛选”功能。

表 7.1　EndNote 与 Rayyan 文献管理功能比较

类型	EndNote	Rayyan
收费情况	收费	免费
研发机构	汤姆森集团	卡塔尔计算机研究所
应用环境	桌面程序	网页应用程序
文献导入	支持	支持
文献筛选	支持	支持
评价者盲法	不支持	支持
关键词排除	支持	支持
关键词评级	不支持	支持

续表

类型	EndNote	Rayyan
重复文献识别	支持	支持
文献导出	支持	支持
文献检索	支持	不支持
全文查找	支持	不支持

1. 注册与登录

登录网址 https://rayyan.qcri.org 进行注册，或在手机应用程序中安装 Rayyan QCRI，点击“Sign up”进行注册。

2. Rayyan 主页面介绍

（1）“My Reviews”菜单下，点击“New review”新建一个系统评价，依次输入系统评价标题、描述（可选），并导入相关文献后即可进行操作（图 7.15）。

（2）“Collaboration Reviews”需收到其他作者邀请后方可进入该系统评价小组，参与文献管理工作。

（3）“Translation only Reviews”菜单下为翻译的系统评价摘要，仅翻译人员可以查看。

（4）“Other Reviews”菜单下为系统放置的示例。在主菜单下面，还有个独立菜单：Show archived reviews，作用为显示归档的系统评价。在系统评级完成或放弃制作后，可进行归档处理。

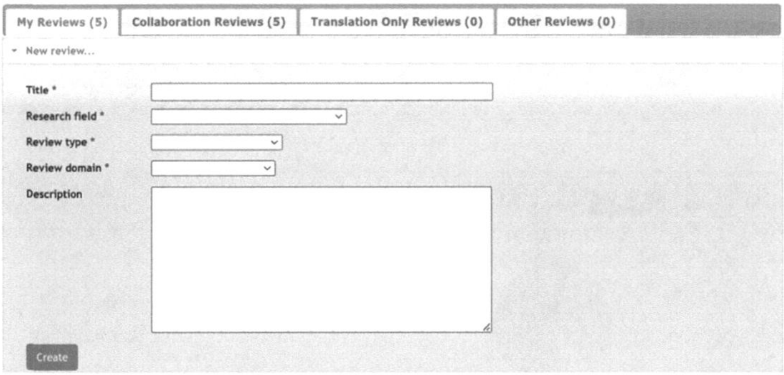

图7.15　Rayyan网页版首页

3. 新建系统评价项目

点击“New review”新建一个系统评价→在“Title”框中输入系统评价标题→在“Description”框中对该系统评价进行简要描述（可选）。

4. 文献导入

新的系统评价项目建立完成后，进入文献导入界面（图 7.16）。点击“Select files”选项→选择对应格式的文件→点击“Continue”上传文件。界面右侧显示了所有支持的文件格式。

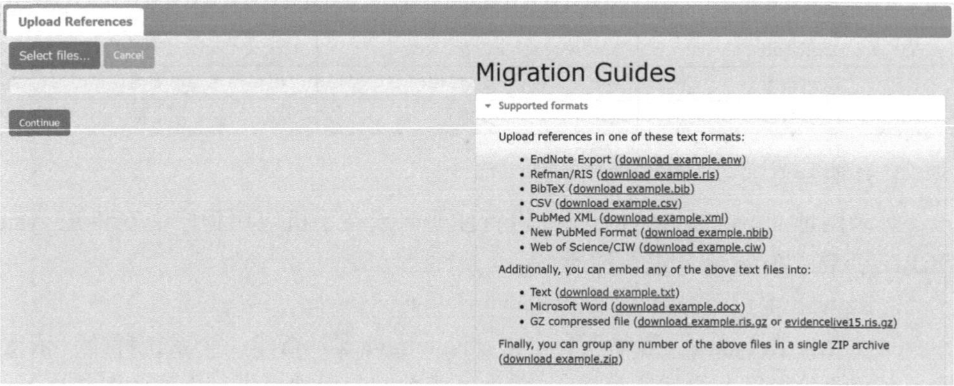

图7.16 Rayyan中文献导入的界面

5. 筛选文献

在“My Reviews”或受邀请的“Collaboration Reviews”下找到新建的系统评价题目，即可进行文献筛选操作。如图 7.17 所示，界面下的四个子菜单具体如下。

（1）Show（显示）——显示文献管理主页面。

（2）Invite（邀请）——邀请系统评价员参与文献管理或筛选。

（3）Archive（归档）——对系统评价进行归档。

（4）Delete（删除）——删除系统评价。

图7.17 文献筛选状态界面

点击“Show”进入文献筛选界面。筛选步骤和方法与 EndNote 相似，先依据标题和摘要进行筛选，然后对初步纳入的文献进行全文筛选。在开始筛选前，点击 Blind ON，开启筛选人员盲筛（背对背）模式，筛选结束后关闭盲筛模式，筛选人员即可看到所有人员的筛选结果（图 7.18），对于不一致的决定，可通过讨论解决或请第三方进行决议。

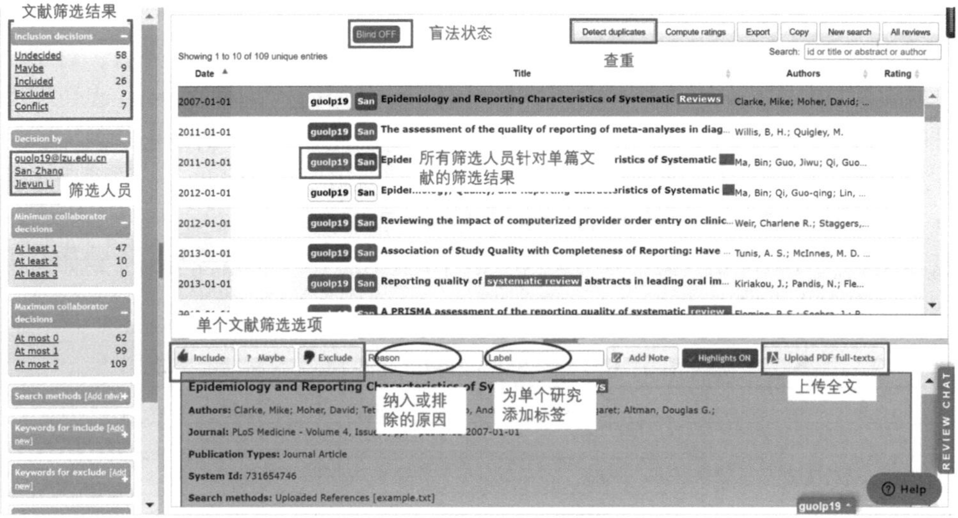

图7.18　Rayyan中文献筛选界面

6. 导出文献

点击“Export”，弹出导出文献对话框→选择导出的文献格式→点击“Export”（图 7.19）。导出的文件，系统将通过邮件进行发送。

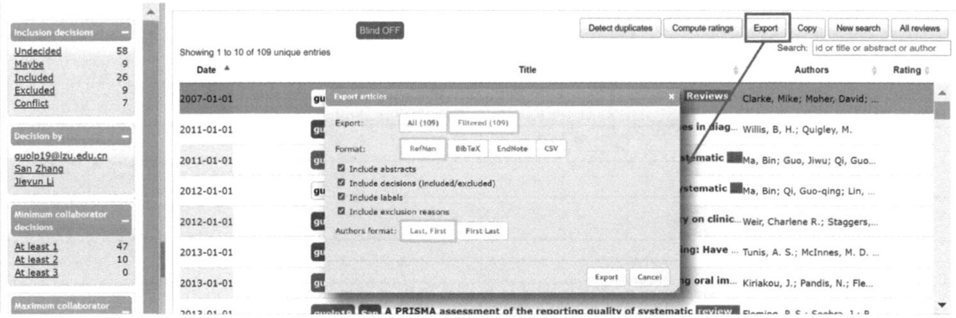

图7.19　Rayyan中文献导出界面

第二节　常用统计软件

目前为止，可以进行 Meta 分析的软件有三种：第一种是使用数据表例，如 Excel；第二种就是使用一般的软件包，如 SPSS、SAS、R 或 Stata；第三种就是使用 Meta 分析专用程序。使用数据表列（如 Excel 表）进行 Meta 分析，对于学习或教学是非常好的选择，因为研究者可以充分使用公式，而且 Excel 表数据库可以从微软官方网站下载。然而 Excel 表一般不应当用于真正的分析，因为这种方法局限了某些方法（如森林图）的应用，且容易出错。[1] 因此，目前常用来进行 Meta 分析的软件主要是 Meta 分析专用程序 RevMan 和 CMA，以及一般软件包 Stata，三种软件在功能上各有差异（表 7.2）。[2, 3] 本节将结合实例介绍如何用这三种软件进行 Meta 分析。

表 7.2　RevMan、CMA 和 Stata 三种软件的 Meta 分析功能比较

变量类型	效应量	RevMan	CMA	Stata
二分类变量	OR	√	√	√
	RR	√	√	√
	RD	√	√	√
连续型变量	MD	√	√	√
	SMD	√	√	√
	相关系数 r	×	√	×
发表偏倚	漏斗图	√	√	√
	Begg 检验	×	√	√
	Egger 检验	×	√	√
	剪补法	×	√	√
森林图		√	√	√
敏感性分析		×	√	√
异质性分析	χ^2 检验和 p 值	√	√	√
	I^2	√	√	√
亚组分析		√	√	√
Meta 回归分析		×	√	√
累积 Meta 回归		×	√	√
合并效应量模型	固定效应模型	√	√	√
	随机效应模型	×	√	√
	两种效应模型	×	√	√
支持数据格式		统一的特定格式	100+	统一的特定格式

一、RevMan

RevMan 是 Cochrane 协作网为了进行 Cochrane 系统评价而创建的软件。该软件的使用已经不仅仅限于在组织内部，RevMan 提供所有系统评价的方法，Meta 分析只是其中的一部分。对于想管理所有系统评价的研究者来说，这个软件最关键的优点是可以让研究者上传完整的系统评价到 Cochrane 系统评价库或 Campbell 系统评价库，这也是唯一的方法。然而，它的缺点是在正式分析之前研究者要进行好几步操作。[2，4-6] 下面结合实例介绍 RevMan 5.4.1 是如何进行 Meta 分析的。

实例引用文献：曹卉娟，闫永红，于长禾，等 . PBL 教学模式应用于我国医学院校针灸教学效果评价的系统综述与 Meta 分析研究 [J]. 中医教育，2020，39（4）：41-49.[7]

引用文献的纳入研究类型：随机对照试验研究；纳入研究对象：医学院校必修和选修针灸相关专业课程的在读学生。本研究采用循证医学系统评价的方法，对基于问题的教学模式（PBL）和以授课为基础的教学模式（LBL）在针灸教学中的效果进行评价。纳入的研究均采取 PBL 和 LBL 教学模式的分组对比教学，然后将两组的教学效果进行比较研究。结局指标：考试成绩。表 7.3 为原文提供的基本数据，包括 PBL 组和 LBL 组的均数、标准差和样本量、课程类型和文献发表年份。

表 7.3　PBL 组和 LBL 组的基本数据

研究名称	PBL 组			LBL 组			课程类型	发表年份
	均值	标准差	总人数 / 人	均值	标准差	总人数 / 人		
刘宜君 2016	90	5.5	50	82	7.5	50	理论教学	2016
张敏 2012a	36.43	3.54	15	31.77	1.08	15	理论教学	2012
张敏 2012b	35.54	3.73	21	32.84	1.75	21	理论教学	2012
王颖 2014	35.06	4.39	32	31.07	6.1	30	理论教学	2014
陈姣 2017	76.52	9.23	17	69.03	10.52	16	理论教学	2017
冯卓 2013	35.37	2.37	30	31.1	4.63	30	实习带教	2013
张婉瑜 2018	44.23	7.17	30	35.11	12.34	30	实习带教	2018
张帆 2018	97.24	3.9984	30	93.28	0.9311	30	实习带教	2018
张敏 2018	89.04	3.03	30	85.77	1.57	30	实习带教	2018
聂容荣 2013	86	4.3	30	74	6.4	30	实习带教	2013
贺君 2017	85.23	8.11	40	72.25	6.12	40	实习带教	2017

续表

研究名称	PBL 组			LBL 组			课程类型	发表年份
	均值	标准差	总人数 / 人	均值	标准差	总人数 / 人		
魏铭 2019	21.86	4.01	27	18.64	3.63	27	实习带教	2019
龚誉华 2017	34.15	3.35	40	29.03	3.27	40	实习带教	2017
张淼 2016	17.07	0.44	21	16.3	0.54	21	实训实验课	2016
赵献敏 2012a	77.85	5.96	16	64.31	8.09	16	实训实验课	2012
赵献敏 2012b	71.13	6.8	16	60.23	9.85	17	实训实验课	2012
赵献敏 2012c	75.26	6.01	17	63.01	9.08	16	实训实验课	2012

（一）数据输入

RevMan 软件与其他统计软件不同的是启动后不能直接进行数据的输入和 Meta 分析，而是首先需要建立一些与系统评价有关的项目，之后才能进行数据的输入和统计分析。因此，在 RevMan 软件中进行 Meta 分析，应首先做一些数据输入前的准备工作。

1. 建立新项目

启动 RevMan 5.4.1 软件后，在工具栏中单击图标新建一个项目，出现 “New Review Wizard” 对话框，如图 7.20 所示。单击 “Next” 图标，出现 “Type of Review（New Review Wizard）” 对话框，选择 “Intervention Review”，进入下一步。

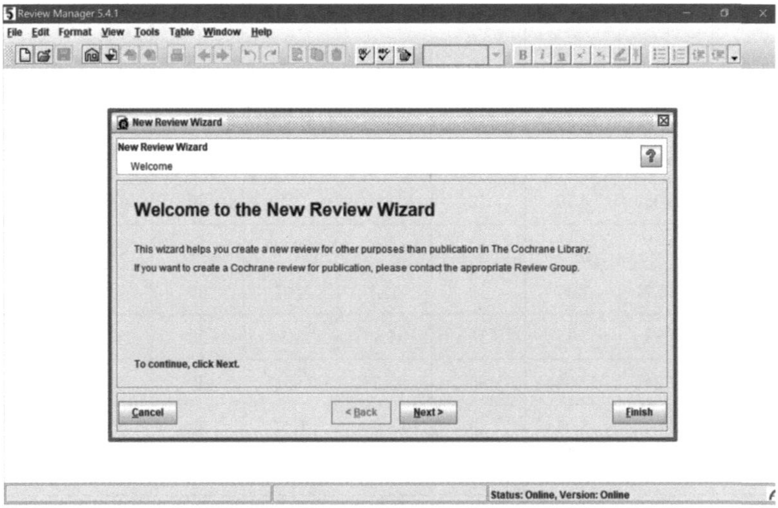

图7.20　RevMan主界面及 “New Review Wizard” 对话框

在“New Review Wizard”对话框中，按以下步骤逐步输入。

（1）在“Title”信息框中输入研究的名称，如本例输入“PBL 教学模式 for 我国医学院校针灸教学效果”，然后点击“Next”。

（2）在“Stage”三个圆钮中选择，一般情况可选择“Protocol”或“Full Review”。

（3）点击“Finish”完成项目建立，出现如图 7.21 的界面。

图7.21　项目建立后的RevMan主界面

此时，项目已初步建立，整个 RevMan 的界面分成树形目录区和主体区两大块。根据系统评价的要求，在左侧树形目录下点击图标，分级在界面右侧主体区完善系统评价内容，包括系统评价的基本信息（Review information）、研究正文（Main text）、研究表格（Tables）、纳入的研究和参考文献（Studies and references）、研究资助来源（Sources of support）等部分。

2. 定义单个研究的名称

若用户的目的仅仅是利用该软件来进行 Meta 分析，只需按以下步骤进行操作。

（1）展开“Studies and references”分支及下级分支“References to studies”。

（2）选中“References to studies”的下级分支“Included studies”。

（3）点击右键，选中“Add Study”按钮后，屏幕出现如图 7.22 的“New Study Wizard”对话框。

（4）在“New Study Wizard”对话框的“Study ID”信息框中输入纳入分析的每一个研究名称及发表的年份，然后点击“Finish”。每一次操作只能输入一个研究名称。例如，本案例的资料，共有 17 个纳入分析的研究，故需要重复该操作 17 次。

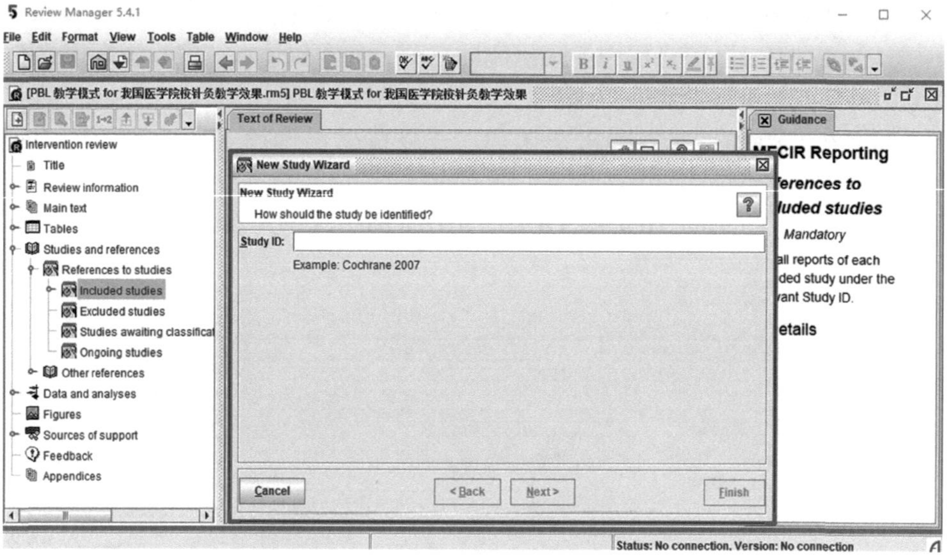

图7.22　“New Study Wizard”对话框

（5）在做第 4 步操作时，若点击“Next”，将会进一步定义该研究的一些具体情况，因此直接点击“Finish”即可。纳入分析的 17 个研究名称输入完毕后出现如图 7.23 所示界面。

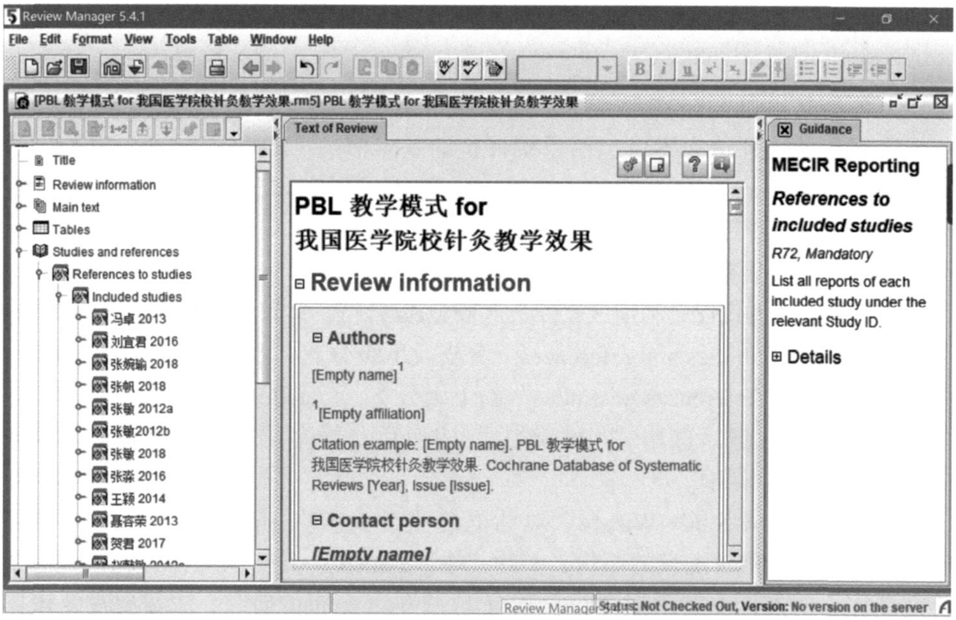

图7.23　“New Comparison Wizard”对话框

3. 定义比较研究的名称

选中“Data and Analyses”分支，单击右键，按“Add Comparison”按钮后，系统产生“New Comparison Wizard”对话框，如图 7.23 所示，在其“Name”信息框中定义此次分析的名称，如“PBL vs LBL”，进入下一步，出现三个选择项，直接点击“Finish”退出。

4. 定义变量类型

展开“Data and Analyses”分支，选择其下级分支“PBL VS LBL”，再单击右键，点击“Add Outcome”，出现“New Outcome Wizard”对话框，如图 7.24 所示。在“New Outcome Wizard”对话框中，需要使用者确定分析的数据类型，本案例选择“Continuous”（连续型资料），进入下一步。

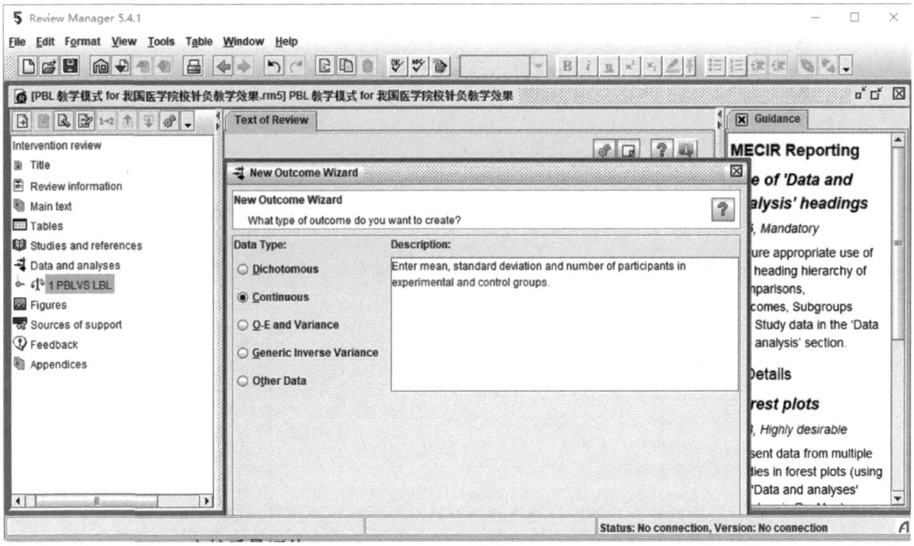

图7.24　“New Outcome Wizard”对话框（Ⅰ）

5. 定义分析参数

在选择“Continuous”（连续型资料），进入下一步后，需在“Name”信息框中定义一个分析结果的名称，如“课程类型与考试成绩”，还可以在“Group Label”信息框中定义需要比较的两组名称，如“PBL”和“LBL”，如图 7.25 所示。点击进入下一步，出现“Statistical Method”（Meta 分析方法）、“Analysis Model”（分析模型）、“Effect Measure”（效应量）选项，如图 7.26 所示。用户此时可以先按默认的选项，直接点击“Finish”完成数据表格的建立。若此时点击“Next”，将进入下一步。

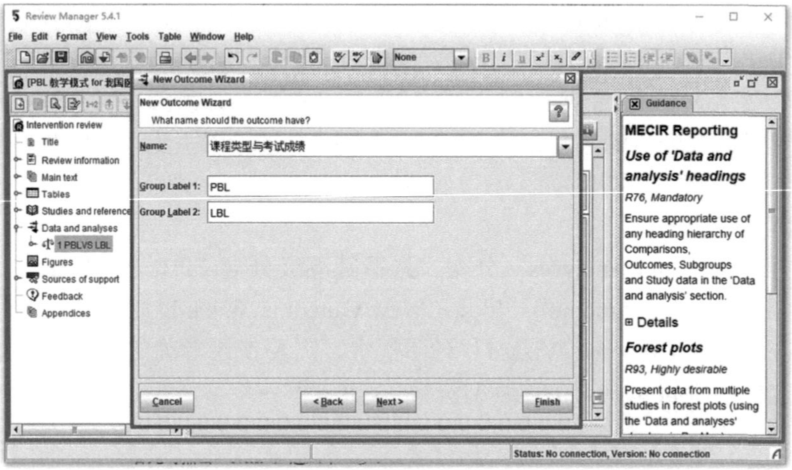

图7.25　“New Outcome Wizard”对话框（Ⅱ）

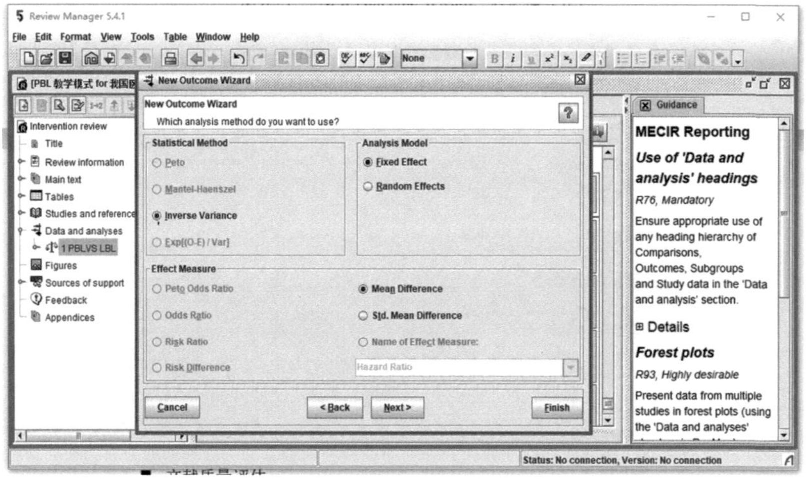

图7.26　“New Outcome Wizard”对话框（Ⅲ）

6. 定义亚组分析

用鼠标单击用户在上一步定义的分析结果名称，如单击“1.3 课程类型与学习成绩”后，点击右键，此时系统出现“Add Subgroup”选项。当点击“Add Subgroup”后，将出现“New Subgroup Wizard”对话框，在“Name”框中输入亚组名称，如“理论教学”，点击“Finish”。在“课程类型与学习成绩”下级菜单中即可看到添加的亚组，点击亚组名称，右击选择“Add Study Data”后，将出现“New Study Data Wizard”对话框，如图 7.27 所示。用户可每次选定一个需要分析的研究名称，然后重复上一步，将纳入分析的各研究名称逐一添加到数据表中，也可全部选定，再进行数据录入。最后，将出现数据输入对话框，如图 7.28 所示。

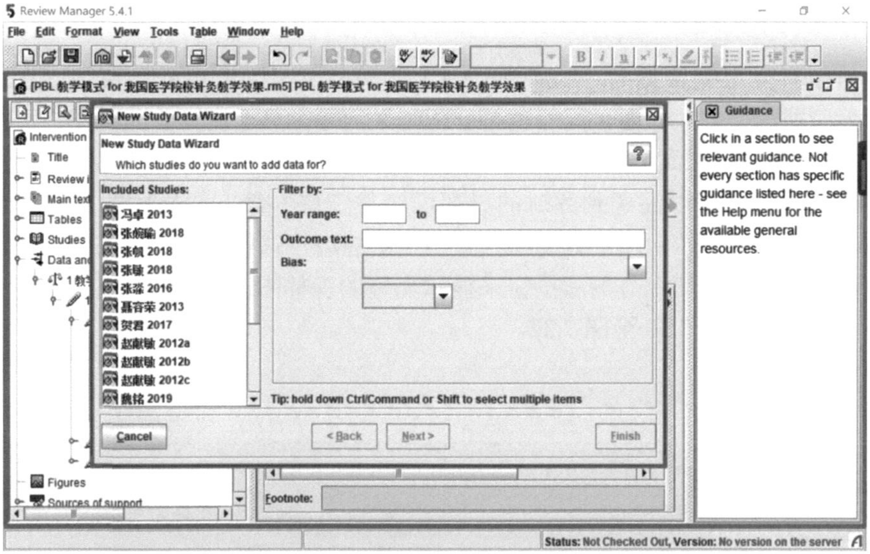

图7.27　添加单个研究的名称

Comparison: 1 PBLVS LBL, Outcome: 1.3 课程类型与学习成绩

Study or Subgroup	PBL			LBL			Weight	Mean Difference
	Mean	SD	Total	Mean	SD	Total		IV, Fixed, 95% CI
☑ 1.3.1 理论教学								
Subtotal (95% CI)			0			0		Not estimable
Heterogeneity: Not applicable								
Test for overall effect: Not applica...								
☑ 1.3.2 实习带教								
Subtotal (95% CI)			0			0		Not estimable
Heterogeneity: Not applicable								
Test for overall effect: Not applica...								
☑ 1.3.3 实训实验课								
Subtotal (95% CI)			0			0		Not estimable
Heterogeneity: Not applicable								
Test for overall effect: Not applica...								
Total (95% CI)			0			0		Not estimable
Heterogeneity: Not applicable								
Test for overall effect: Not applica...								
Test for subgroup differences: No...								

图7.28　数据输入对话框

7. 添加单个或多个研究的名称

当上一步不进行亚组分析时，直接点击“Add Study Data”，之后将出现“New Study Data Wizard”对话框，用户可每次选定一个需要分析的研究名称，然后重复上一步，逐一将纳入分析的各研究名称添加到数据表中，也可全部选定，再进行数据录入。最后，在数据输入对话框中输入数据即可。

（二）数据分析

当用户输入完数据时，RevMan 5.4.1 数据分析实际上也就结束了。图 7.29 所示界面即数据输入界面，同时也是分析结果的概括显示窗口。此时用户可按住滚动条察看分析结果，包括最终的效应量及其 95% 可信区间、异质性检验结果等。此外，我们可以注意到此时的界面已经是三块，最右侧显示的是部分森林图，我们可以通过拉动图下方的图标进行森林图显示比例的调整，最后可以点击界面右侧上方的按钮来显示完整的森林图，点击按钮显示完整的漏斗图，分别见图 7.30 至图 7.32。

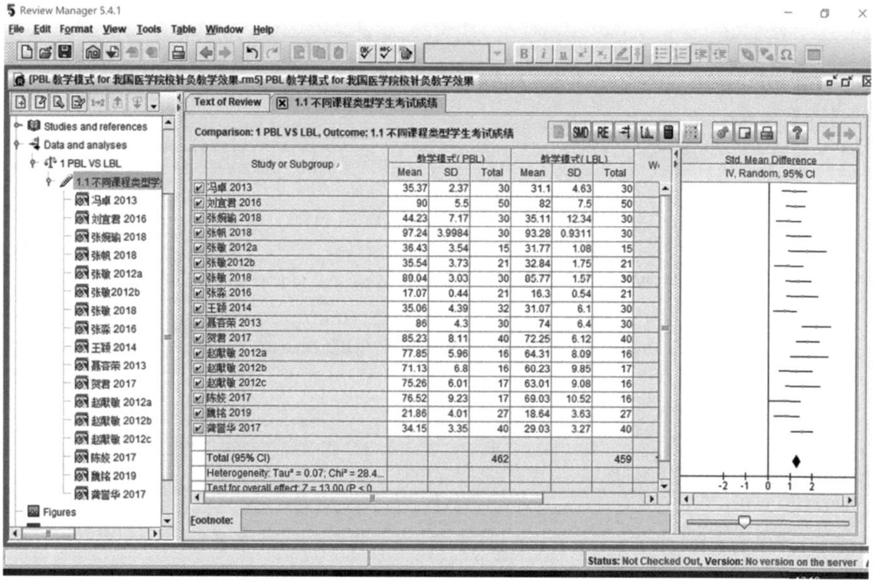

图7.29　实例中17个连续变量研究的数据输入

（三）输出分析结果

若使用者需要将数据分析的结果窗口显示的 Meta 分析内容存盘，或输出到其他系统（如 Microsoft Word）的文件中，可选中该窗口的表格后，以数据表格的形式直接进行复制粘贴，稍加整理后可以做出标准的统计三线表。森林图、漏斗图等其他结果可以点击图表下方的按钮，以图片的形式复制粘贴到其他编辑器中。若使用者需要打印窗口中显示的 Meta 分析内容，可按该窗口中右上角的按钮。这时，系统出现如图 7.33 所示的结果打印选择对话框，使用者根据自己的需要在相应结果分类前面打钩，包括 Meta 分析汇总结果、森林图、漏斗图等，然后点击“OK”按钮，即可打印出分析结果。

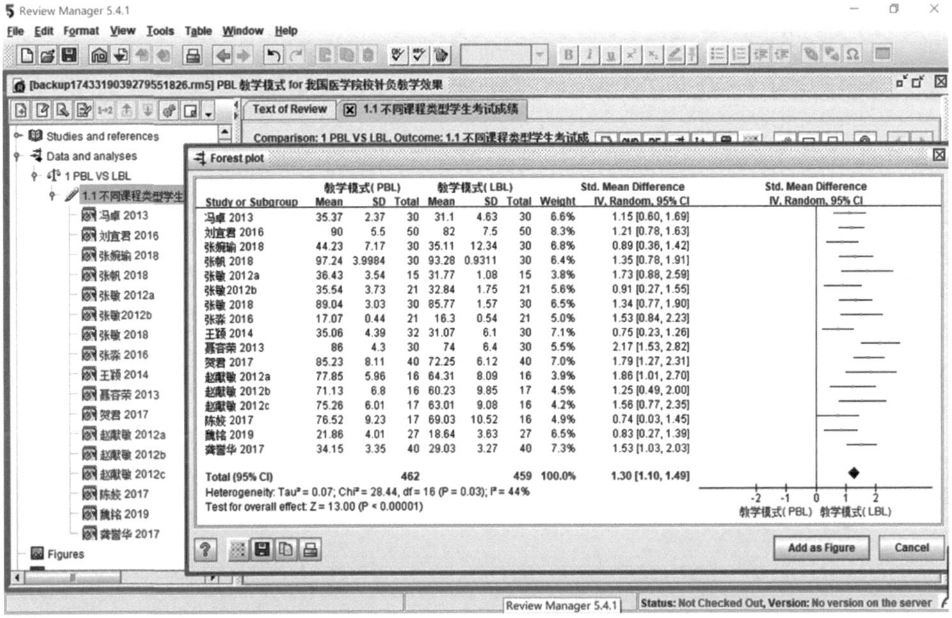

图7.30　数据分析的森林图窗口

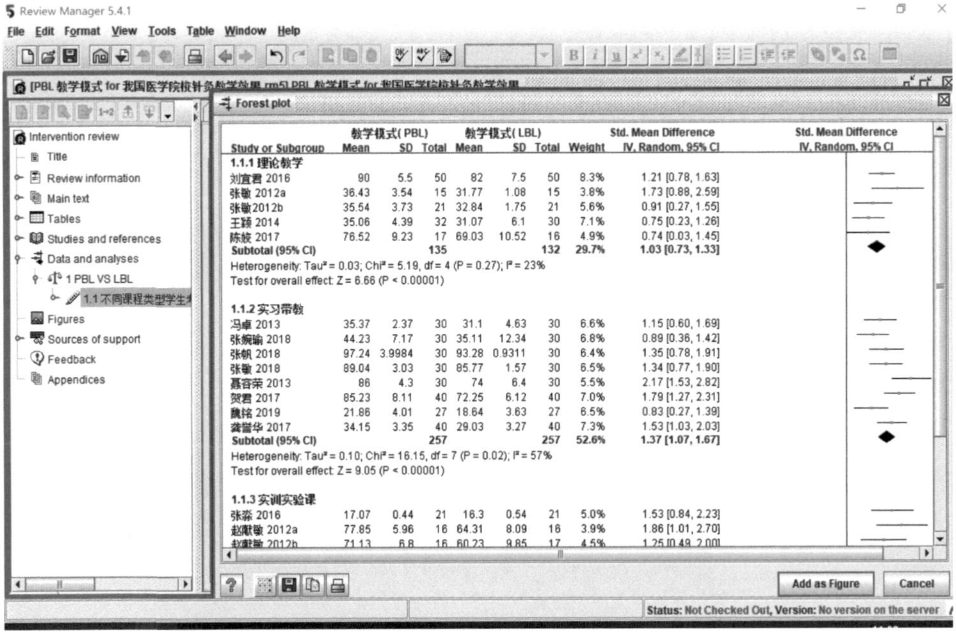

图7.31　亚组分析的森林图窗口

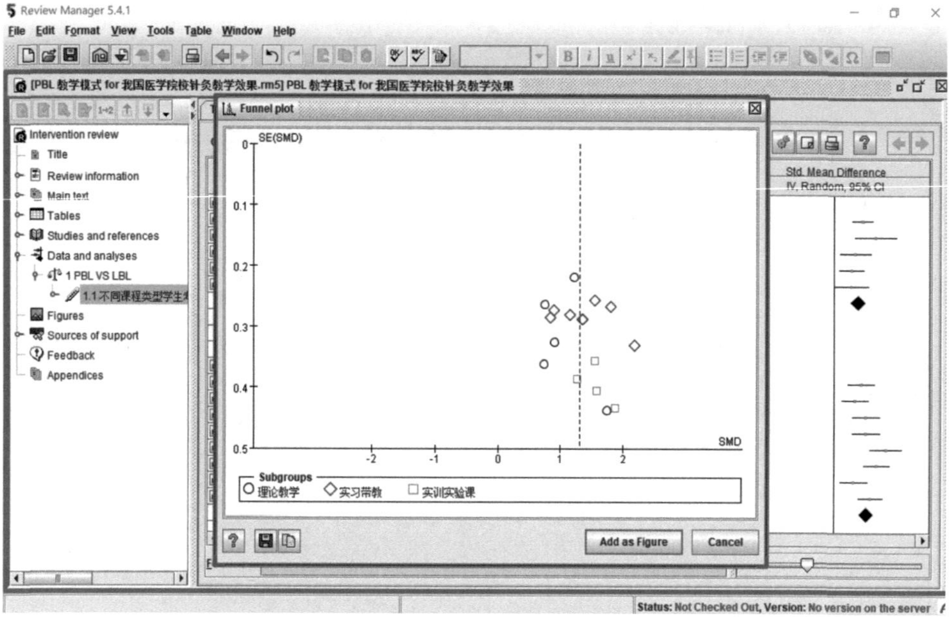

图7.32　数据分析的漏斗图窗口

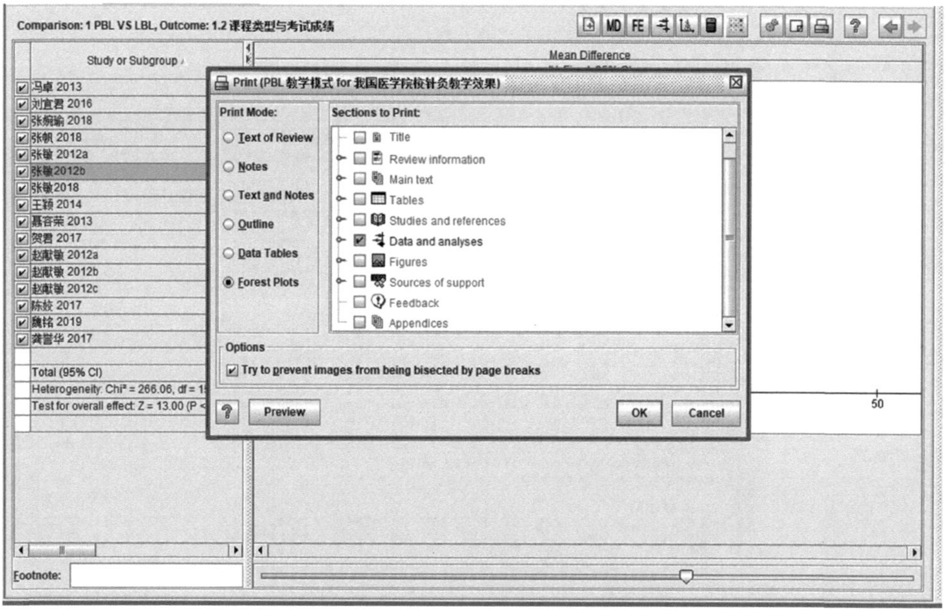

图7.33　结果打印选择对话框

二、CMA

在 CMA 中，研究者将综合数据导入数据库，然后点击“Run”就可以得到 Meta 分析结果了。该软件的优点在于可以灵活地处理不同格式的数据，操作简单，可以绘制森林图，并且界面外观友好。CMA 出于教育的目的也包含一些相关功能，如有展示计算效应值规则的选项，有展示综合效应值如何计算的选项。CMA 有好几种版本，入门级的可以导入 50 种不同格式的数据，可以进行基本的统计分析并绘制森林图，更高级的版本可以在导入时再增加 50 种不同格式的数据，可以进行更高级的统计分析，如亚组分析、Meta 回归分析、发表偏倚分析，绘制森林图的选项也增加了。[1]

（一）CMA界面功能简介

单击 CMA 软件图标进入 CMA，图 7.34 为 CMA2.0 启动后的界面。界面主要分为三个部分：菜单栏、工具栏和工作区。

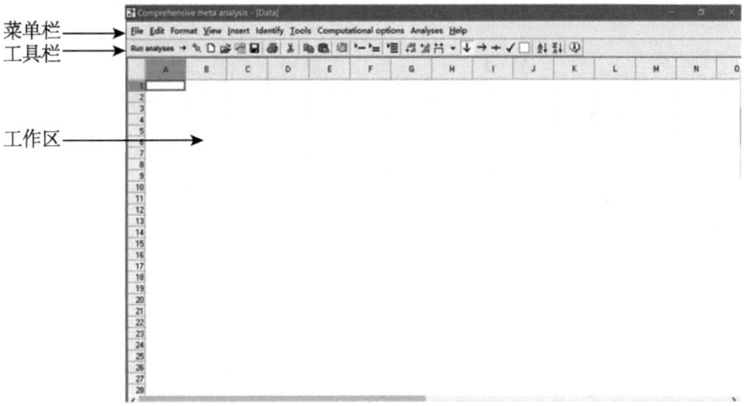

图7.34　CMA2.0启动界面

（二）数据导入

在数据导入之前需要先对列的功能进行定义。

1. 定义研究名称

鼠标选择第一列的标题，点击菜单栏中的“Insert”按钮，选择“Column for”，在下级菜单中选择“Study names”，则将第一列定义为研究名称（图 7.35）。

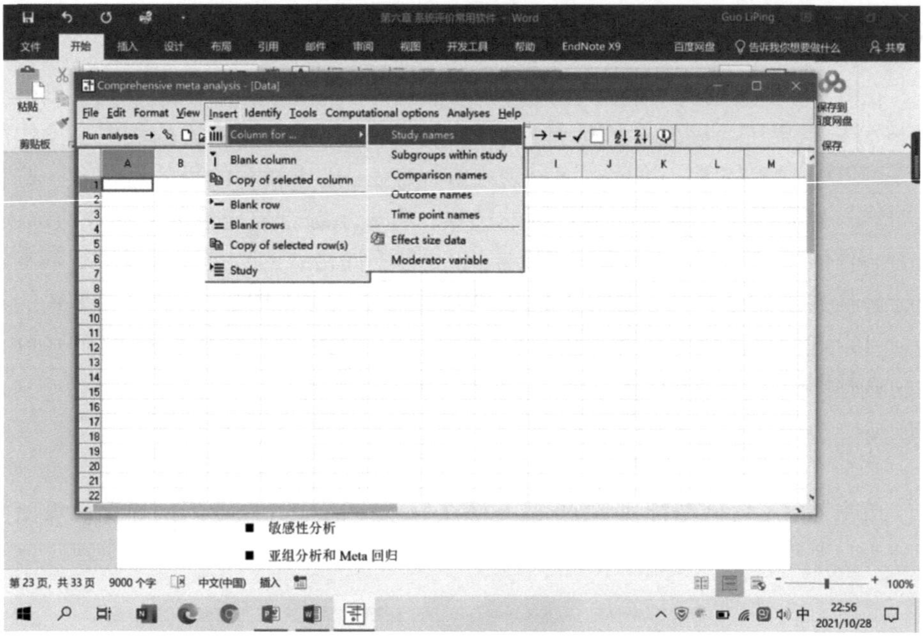

图7.35　CMA中定义研究名称列

2. 定义效应量数据列

选择第二列，点击“Insert”按钮，选择“Column for”下级菜单中的“Effect size data”后出现效应量类型的对话框。选择“Show all 100 formats”，点击“Next”后出现纳入研究类型的选择对话框（图 7.36），选择相应的研究类型。本例中选择两组比较“Comparison of two groups”，点击“Next”后出现数据类型的选择对话框。如图 7.37 所示，本例选择的是连续型变量下级菜单中的未匹配组的干预后数据（Unmatched groups，post data only），数据类型为每组的均值（Mean）、标准差（SD）和样本量（Sample size）。选择完成后自动弹出对干预组和控制组命名的对话框，默认为“Group A”和“Group B”。此案例中将干预组命名为 PBL，对照组命名为 LBL，设置完成后如图 7.38 所示。

3. 定义亚组变量列

选择尚未定义的空白列，点击“Insert”按钮，选择“Column for”下级菜单中的“Moderator variable”后出现如图 7.39 所示的调节变量类型的对话框。在“Variable name”后的对话框中输入调节变量的名称，如“Type of course”；在“Column function”后的下拉菜单中选择“Moderator”；在“Data type”后的下拉菜单中选择相应的数据类型，选项有分类变量（Categorical）、整数（Integer）和小数（Decimal）。本例中设置“课程类型”为分类型调节变量，“文献发表年份”为连续型调节变量（整数型）。

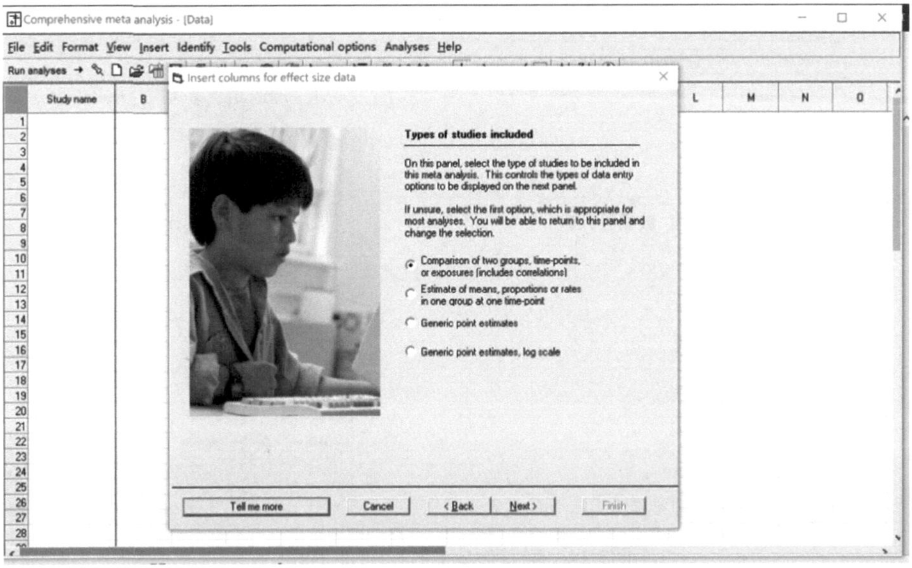

图7.36　选择纳入研究的类型

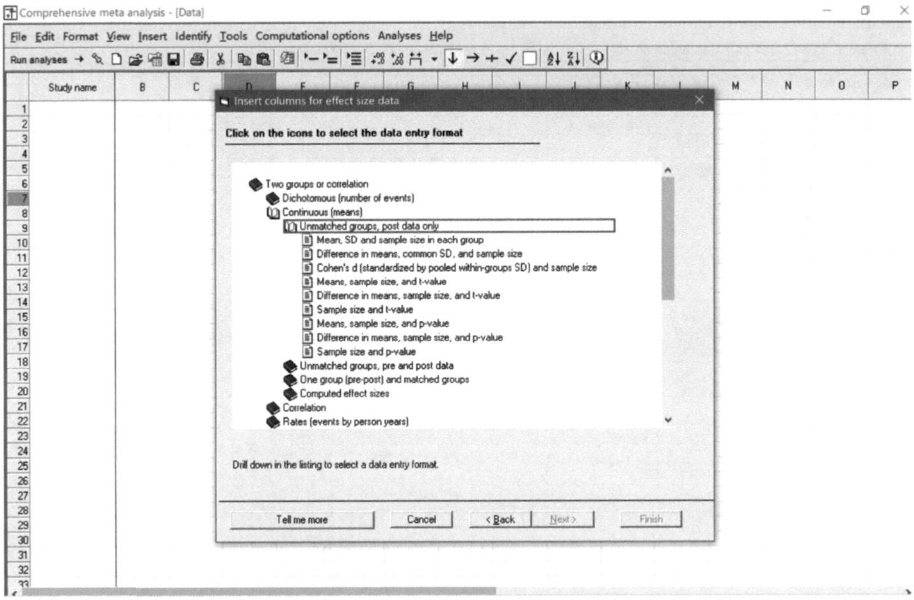

图7.37　选择纳入研究的数据类型

4. 输入数据

CMA 软件可直接在数据输入区输入数据，也可以直接复制粘贴数据。数据输入完成后，在效应量显示区会自动显示结果（图 7.40）。当需要删除某个研究或者某行、某列时，点击菜单栏中的“Edit”按钮，选择相应的选项即可。

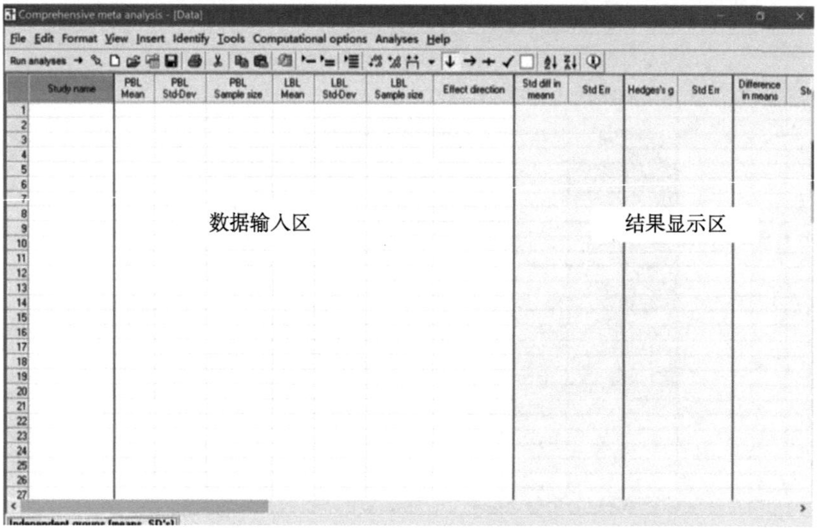

图7.38　定义效应量类型后的界面

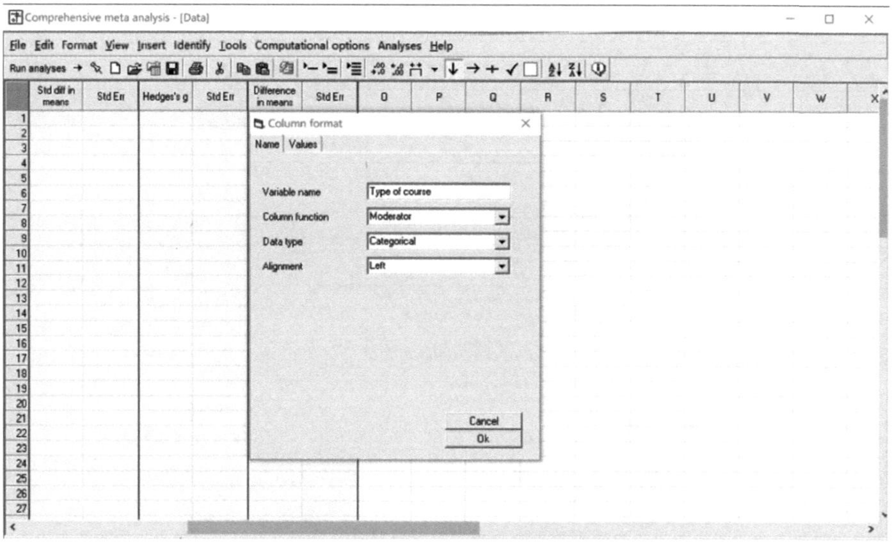

图7.39　定义调节变量的类型

（三）数据分析

数据输入完成后，点击菜单栏中的“Analyses”下拉菜单中的“Run Analyses”，或直接点击工具栏中的“Run Analyses”进入数据分析界面，如图 7.41 所示。

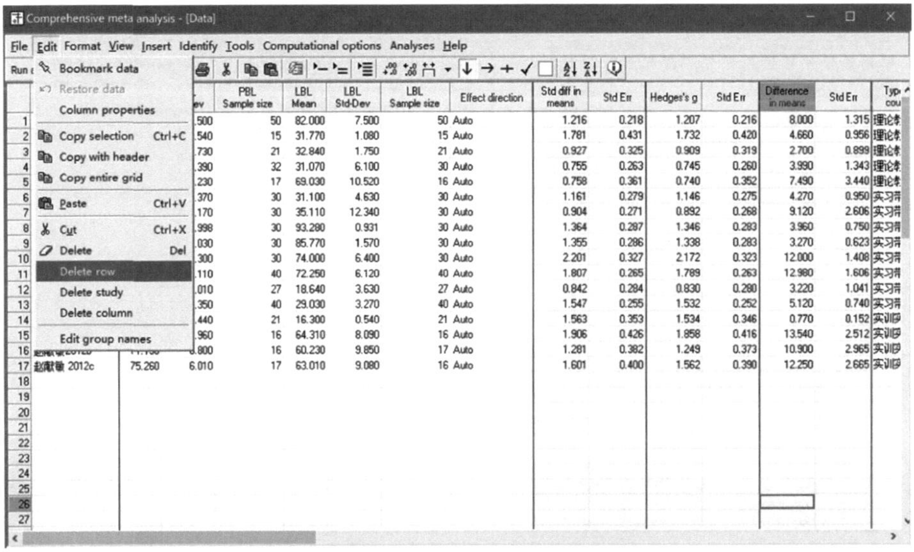

图7.40　数据输入及结果显示界面

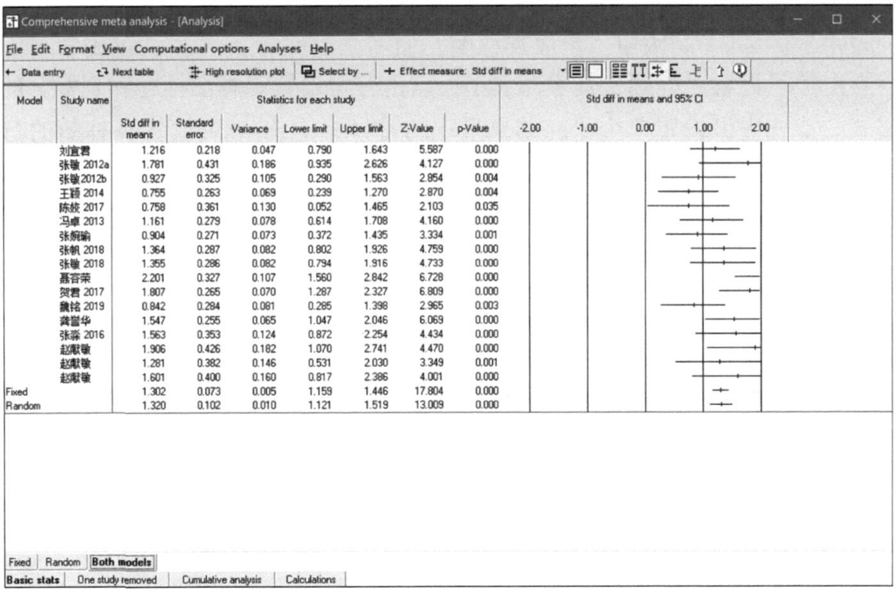

图7.41　数据分析结果显示界面（Ⅰ）

点击结果显示界面下方的按钮 Fixed | Random | Both models，可选择数据分析模型。选择完成后，点击 Next table 按钮，即可呈现点估计和异质性分析结果，如图 7.42 所示。

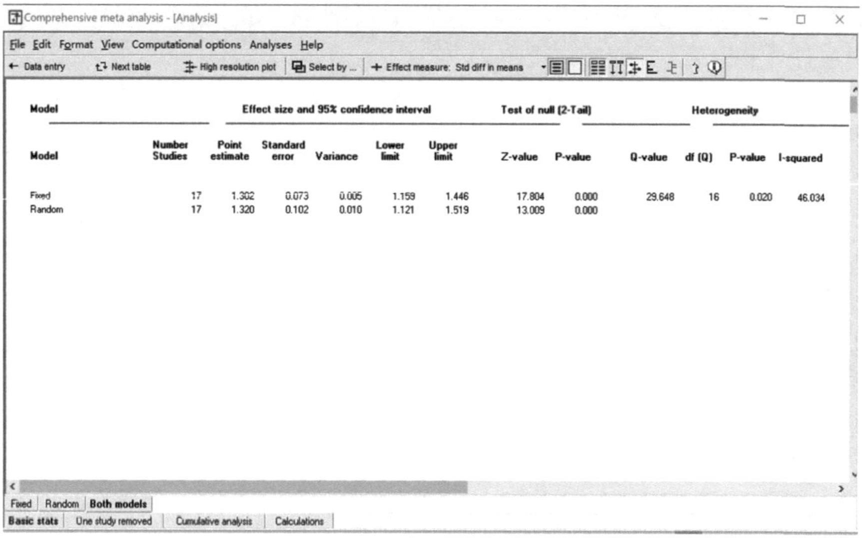

图7.42　数据分析结果显示界面（Ⅱ）

1. 产生森林图

点击 High resolution plot 按钮，生成森林图，如图 7.43 所示。点击可设置页面大小，点击可设置主标题及其字体大小；点击可设置森林图标题和副标题的字体格式；点击可设置单个研究结果呈现的符号；点击可设置森林图的行间距和列间距；点击可设置组别标签，如“PBL”和“LBL”；点击可设置森林图中单个研究置信区间线的格式。在森林图区域右击，出现森林图格式设置的快捷方式，点击可设置森林图的度量范围，如图 7.44 所示。

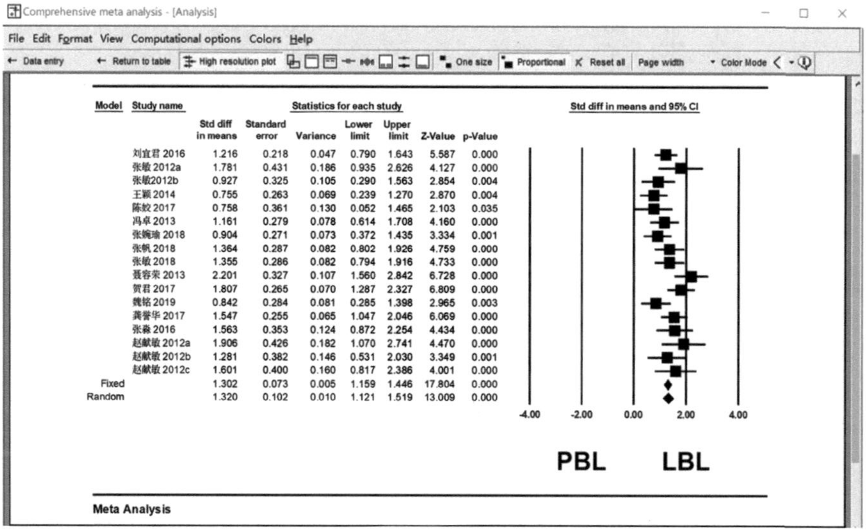

图7.43　森林图显示界面

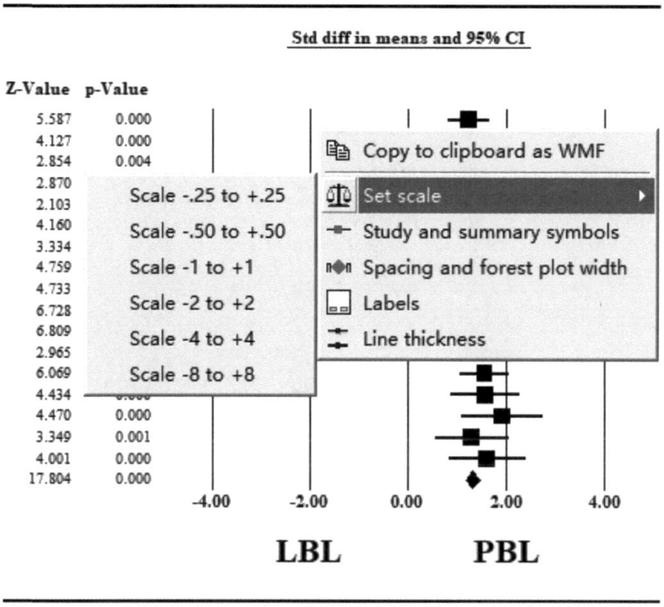

图7.44　设置森林图度量范围

2. 发表偏倚分析

点击菜单栏“Analyses”下拉菜单中的“Publication bias”，即可呈现漏斗图，如图 7.45 所示。点击工具栏中的“Plot observed and inputed”即可显示剪补后的漏斗图（图 7.46）。点击工具栏中的“Table”即可查看所有出版偏倚的统计检验结果，如 Fail-safe N、Begg 检验、Egger 检验及剪补法的统计分析结果。

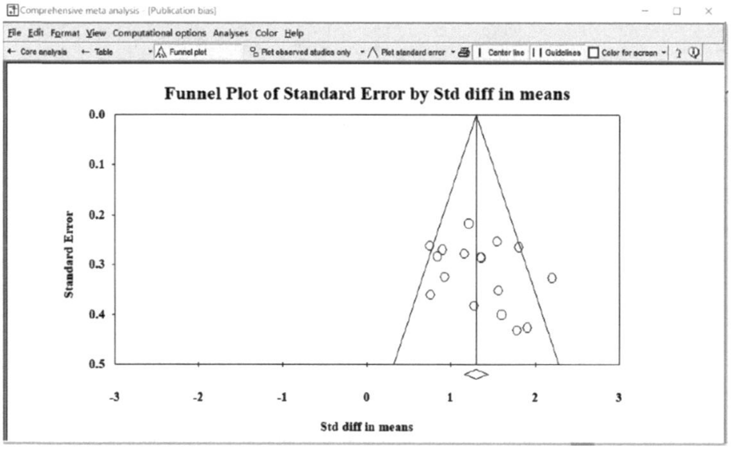

图7.45　漏斗图

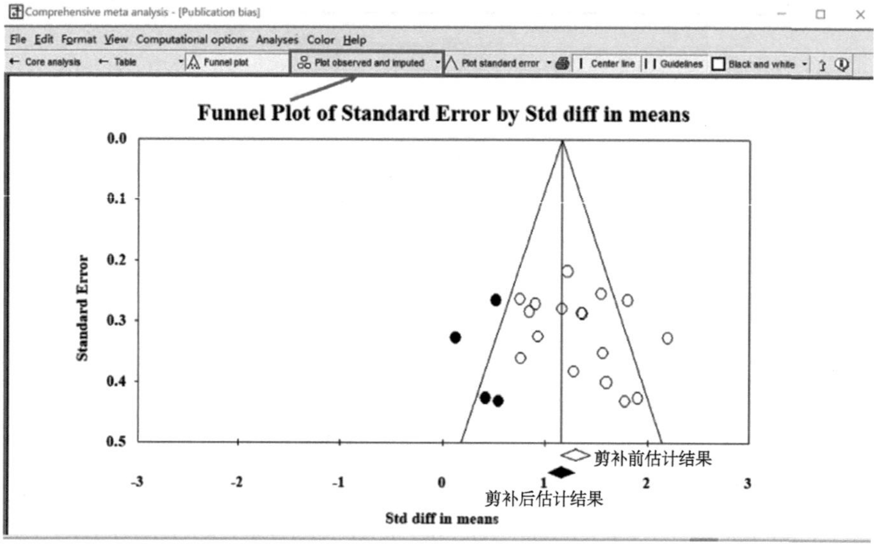

图7.46 剪补后的漏斗图

3. 敏感性分析

在数据结果显示界面，点击下方“One study removed”，可采用“逐一剔除法”进行敏感性分析，如图 7.47 所示。点击工具栏中的 High resolution plot 可显示敏感性分析结果的森林图（图 7.48）。

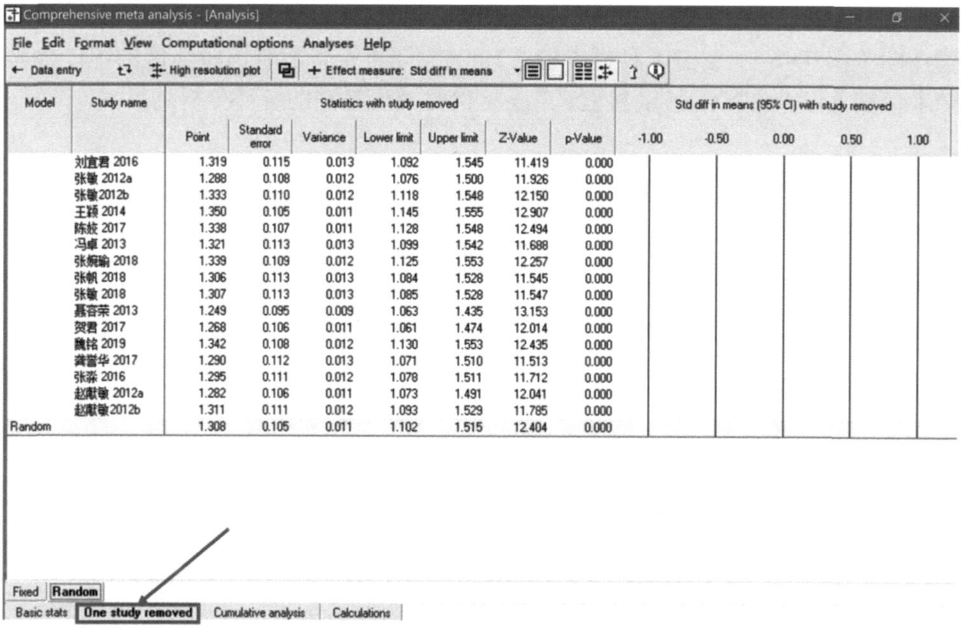

Model	Study name	Point	Standard error	Variance	Lower limit	Upper limit	Z-Value	p-Value
	刘宜君 2016	1.319	0.115	0.013	1.092	1.545	11.419	0.000
	张敏 2012a	1.288	0.108	0.012	1.076	1.500	11.926	0.000
	张敏2012b	1.333	0.110	0.012	1.118	1.548	12.150	0.000
	王颖 2014	1.350	0.105	0.011	1.145	1.555	12.907	0.000
	陈旋 2017	1.338	0.107	0.011	1.128	1.548	12.494	0.000
	冯卓 2013	1.321	0.113	0.013	1.099	1.542	11.688	0.000
	张婉瑜 2018	1.339	0.109	0.012	1.125	1.553	12.257	0.000
	张帆 2018	1.306	0.113	0.013	1.084	1.528	11.545	0.000
	张敏 2018	1.307	0.113	0.013	1.085	1.528	11.547	0.000
	聂容荣 2013	1.249	0.095	0.009	1.063	1.435	13.153	0.000
	贺君 2017	1.268	0.106	0.011	1.061	1.474	12.014	0.000
	魏铭 2019	1.342	0.108	0.012	1.130	1.553	12.435	0.000
	龚誉华 2017	1.290	0.112	0.013	1.071	1.510	11.513	0.000
	张淼 2016	1.295	0.111	0.012	1.078	1.511	11.712	0.000
	赵献敏 2012a	1.282	0.106	0.011	1.073	1.491	12.041	0.000
	赵献敏2012b	1.311	0.111	0.012	1.093	1.529	11.785	0.000
Random		1.308	0.105	0.011	1.102	1.515	12.404	0.000

图7.47 敏感性分析结果

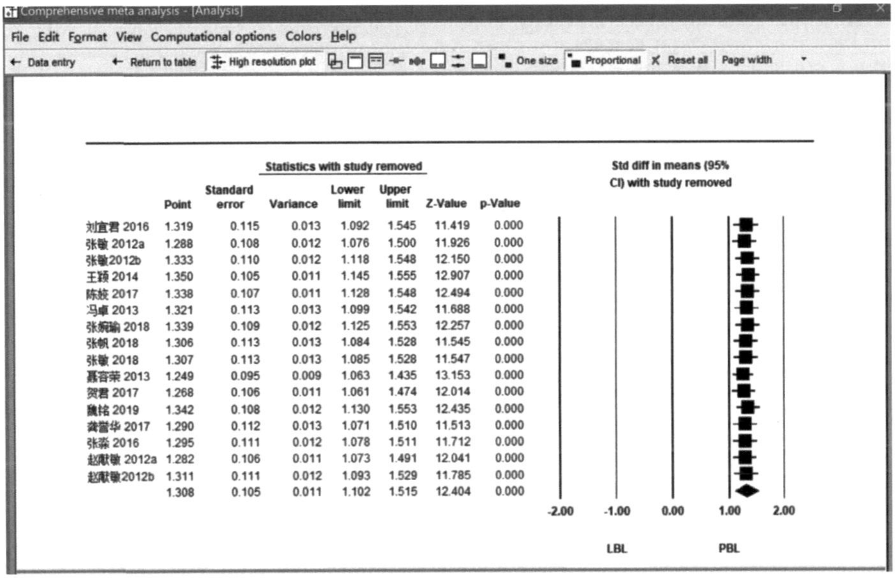

图7.48　敏感性分析结果的森林图

4. 亚组分析

在结果显示的界面，点击菜单栏中的“Computational options”按钮，选择下拉菜单中的“Group by”，自动弹出分组的名称（图 7.49），选择需要进行亚组分析的名称，并在组内分析和组间分析前的框中打钩，结果如图 7.50 所示，点击 High resolution plot 可显示亚组分析的森林图。点击“Next table”可显示具体的统计分析结果（图 7.51）。

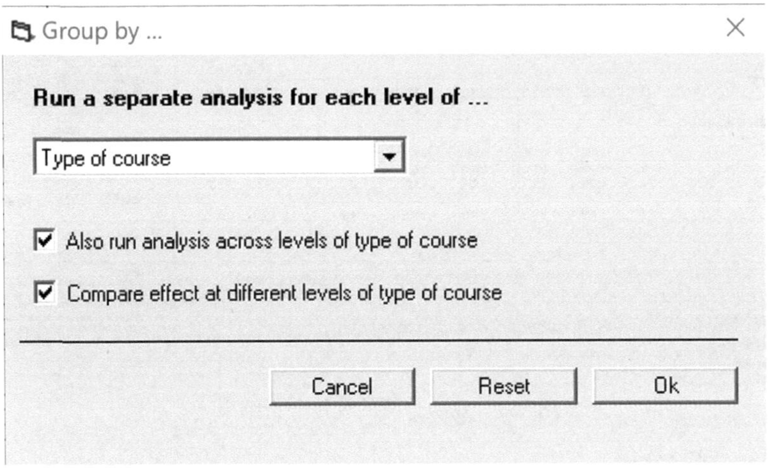

图7.49　亚组分析对话框

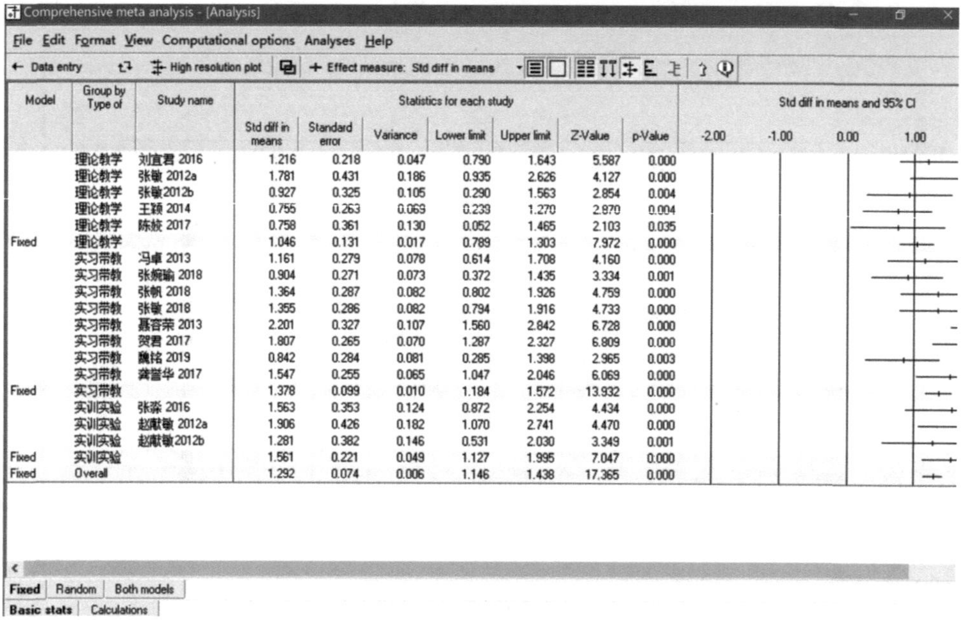

Model	Group by Type of	Study name	Std diff in means	Standard error	Variance	Lower limit	Upper limit	Z-Value	p-Value
	理论教学	刘宜君 2016	1.216	0.218	0.047	0.790	1.643	5.587	0.000
	理论教学	张敏 2012a	1.781	0.431	0.186	0.935	2.626	4.127	0.000
	理论教学	张敏2012b	0.927	0.325	0.105	0.290	1.563	2.854	0.004
	理论教学	王颖 2014	0.755	0.263	0.069	0.239	1.270	2.870	0.004
	理论教学	陈绞 2017	0.758	0.361	0.130	0.052	1.465	2.103	0.035
Fixed	理论教学		1.046	0.131	0.017	0.789	1.303	7.972	0.000
	实习带教	冯卓 2013	1.161	0.279	0.078	0.614	1.708	4.160	0.000
	实习带教	张婉瑜 2018	0.904	0.271	0.073	0.372	1.435	3.334	0.001
	实习带教	张帆 2018	1.364	0.287	0.082	0.802	1.926	4.759	0.000
	实习带教	张敏 2018	1.355	0.286	0.082	0.794	1.916	4.733	0.000
	实习带教	聂容荣 2013	2.201	0.327	0.107	1.560	2.842	6.728	0.000
	实习带教	贺君 2017	1.807	0.265	0.070	1.287	2.327	6.809	0.000
	实习带教	魏铭 2019	0.842	0.284	0.081	0.285	1.398	2.965	0.003
	实习带教	龚誉华 2017	1.547	0.255	0.065	1.047	2.046	6.069	0.000
Fixed	实习带教		1.378	0.099	0.010	1.184	1.572	13.932	0.000
	实训实验	张淼 2016	1.563	0.353	0.124	0.872	2.254	4.434	0.000
	实训实验	赵献敏 2012a	1.906	0.426	0.182	1.070	2.741	4.470	0.000
	实训实验	赵献敏2012b	1.281	0.382	0.146	0.531	2.030	3.349	0.001
Fixed	实训实验		1.561	0.221	0.049	1.127	1.995	7.047	0.000
Fixed	Overall		1.292	0.074	0.006	1.146	1.438	17.365	0.000

图7.50　亚组分析结果示意图

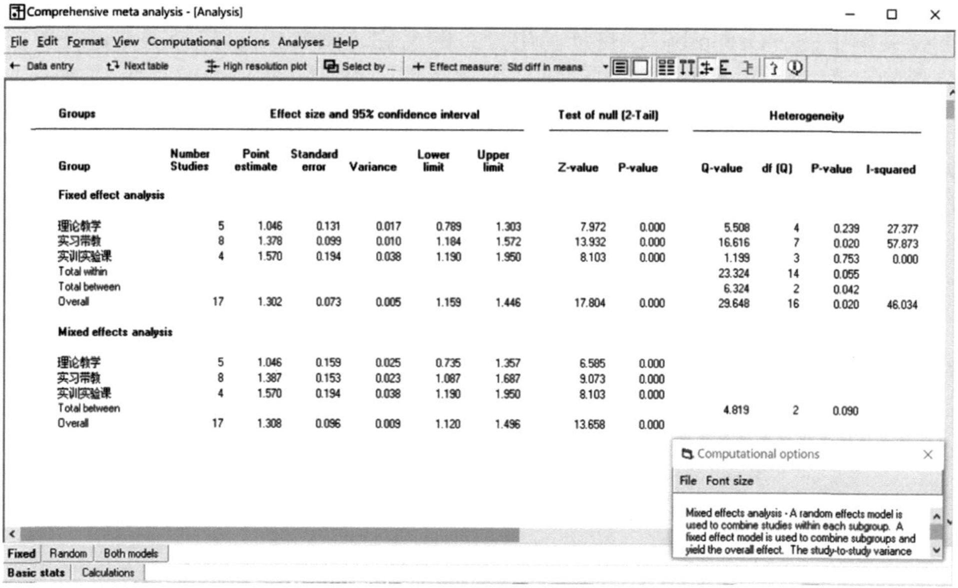

Groups	Effect size and 95% confidence interval						Test of null (2-Tail)		Heterogeneity			
Group	Number Studies	Point estimate	Standard error	Variance	Lower limit	Upper limit	Z-value	P-value	Q-value	df (Q)	P-value	I-squared
Fixed effect analysis												
理论教学	5	1.046	0.131	0.017	0.789	1.303	7.972	0.000	5.508	4	0.239	27.377
实习带教	8	1.378	0.099	0.010	1.184	1.572	13.932	0.000	16.616	7	0.020	57.873
实训实验课	4	1.570	0.194	0.038	1.190	1.950	8.103	0.000	1.199	3	0.753	0.000
Total within									23.324	14	0.055	
Total between									6.324	2	0.042	
Overall	17	1.302	0.073	0.005	1.159	1.446	17.804	0.000	29.648	16	0.020	46.034
Mixed effects analysis												
理论教学	5	1.046	0.159	0.025	0.735	1.357	6.585	0.000				
实习带教	8	1.387	0.153	0.023	1.087	1.687	9.073	0.000				
实训实验课	4	1.570	0.194	0.038	1.190	1.950	8.103	0.000				
Total between									4.819	2	0.090	
Overall	17	1.308	0.096	0.009	1.120	1.496	13.658	0.000				

图7.51　亚组分析的统计分析结果

5. Meta 回归分析

点击菜单栏“Analyses”下拉菜单中的“Meta regression”，在预测因子框中选择变量（图 7.52）。本例中选择“Publication Year”作为连续性调节变量，Meta 分析图如图 7.53 所示。点击工具栏中的“Table”，可查看统计结果。

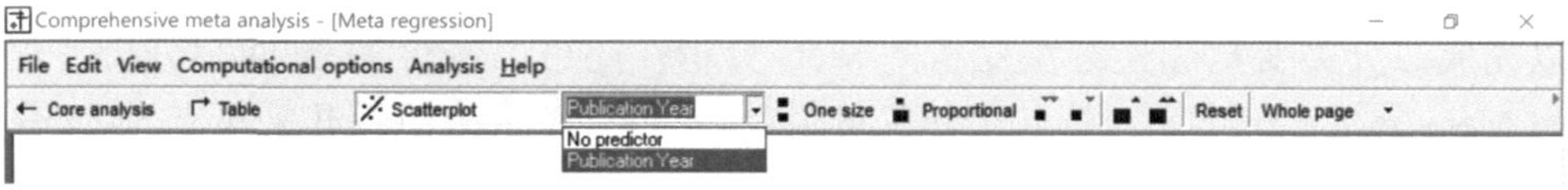

图7.52　Meta回归分析预测因子选择对话框

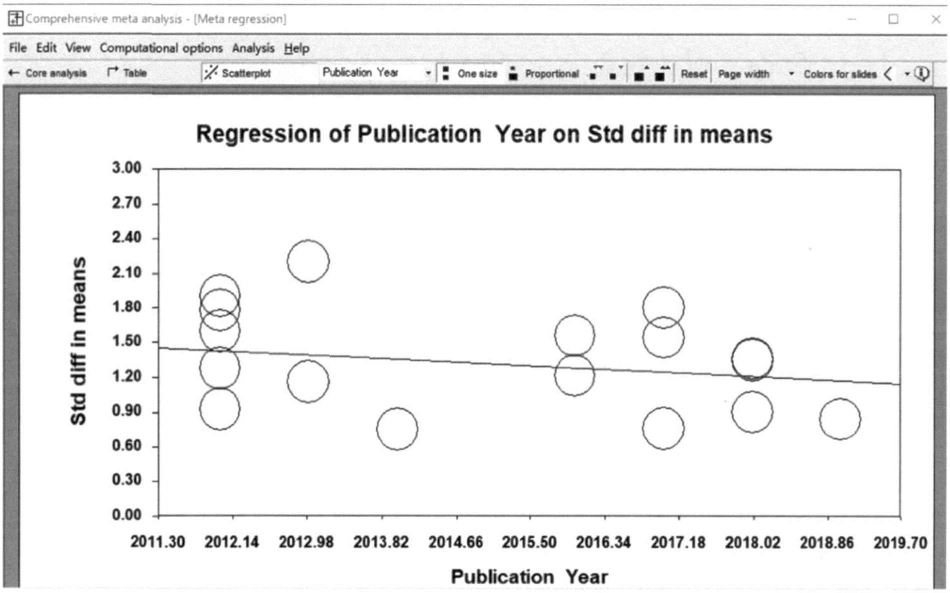

图7.53　Meta回归分析图

注：在 CMA 中仅能针对连续型调节变量进行 Meta 回归分析

三、Stata

Stata 是一个功能强大又小巧玲珑的统计软件，最初由美国计算机资源中心（Computer Resource Center）研制，现为 Stata 公司的产品。Stata 从 1985 年的 1.0 版问世以来，已连续推出 15 个主要版本，并从 4.0 版开始进入 Windows 时代。通过不断地更新和扩充，Stata 软件功能已日趋完善。它操作灵活、简单，同时具有数据管理软件、统计分析软件、绘图软件、矩阵计算软件和程序语言的特点。Stata 的许多高级统计模块均是程序文件（ADO 文件），Stata 公司允许用户自行修改、添加和发布 ADO 文件。用户可随时到 Stata 网站或者其他个人网址上寻找并下载所需的程序包，安装后即可使用。这一特点使全球的统计学家均乐于在 Stata 上首先实现所研究的最新算法，并对外免费提供下载，从而使 Stata 始终处于统计分析方法发展的最前沿。用户几乎总能很快找到最新统计算法的 Stata 程序版本。Stata 的 Meta 分析功能更全面和强大。该软件除了可以完成二分类变量和连续型变量的 Meta 分析，还可以进行 Meta 回归分析、累积 Meta 分析、单个研究影响分析、剂量反应关系 Meta 分析等几乎所有 Meta 分析方法，还可以对发表偏倚进行 Begg 检验和 Egger 检验。在 Stata 软件中，可以绘制 Meta 分析的相关图形，如森林图和漏斗图等。本节拟通过实例解析介绍在 Stata 中进行 Meta 分析的方法。[2, 8-11]

（一）Stata界面功能简介

1. Stata 的基本界面

单击 Stata 软件图标进入 Stata，图 7.54 为 Stata 16.0 启动后的界面。

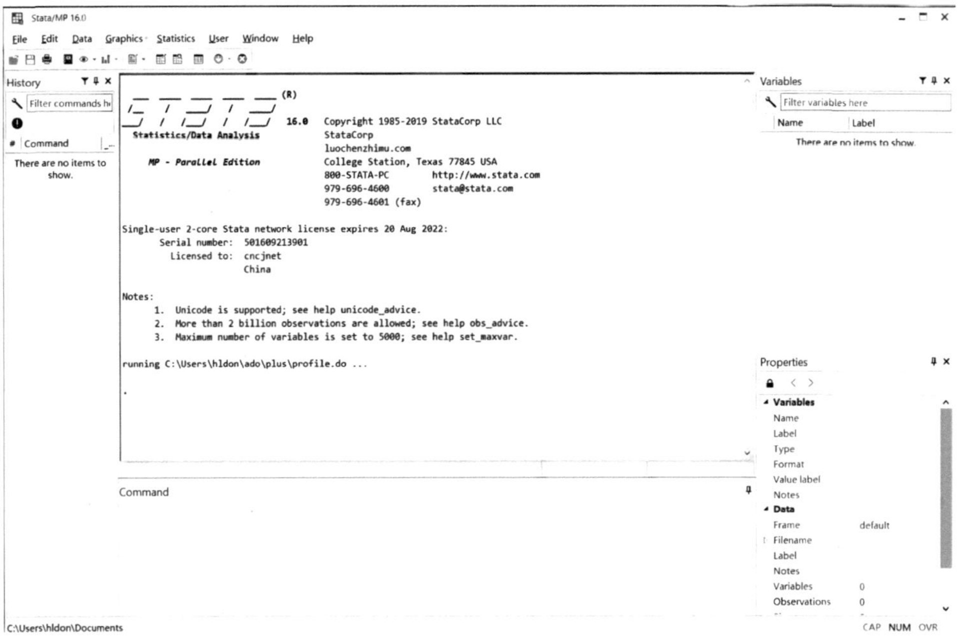

图7.54　Stata 16.0启动后的界面

2. Stata 运行窗口

除了 Windows 版本软件通用的菜单栏、工具栏、状态栏等，Stata 的默认启动界面主要是由五个窗口构成，分述如下。

（1）结果窗口（Stata Results），位于界面中间上部，软件运行中所有信息，如所执行的命令、执行结果和出错信息等均在该处体现。窗口中使用不同的颜色区分不同的文本，如默认情况下白色表示命令，红色表示错误信息，绿色和黄色为结果输出和注释。

（2）命令窗口（Command），位于界面中间下部、结果窗口下方，相当于DOS中的命令行，此处用于键入需要执行的命令，回车后即开始执行，相应的结果则会在结果窗口中显示。

（3）命令回顾窗口（History），位于界面左部，所有执行的命令会依次在该窗口中列出，单击后命令即被自动拷贝到命令窗口中；如果需要重复执行，用鼠标在命令回顾窗口中双击相应的命令即可。

（4）变量名窗口（Variables），位于界面右上部，列出当前数据集中的所有变量名称。

（5）变量属性窗口（Properties），位于界面右下部，可以更改当前数据集中变量的标签名称。

（二）Stata命令的基本语法格式

Stata 命令的基本语法格式包括特殊选项、关键词、命令参数、命令选项，其中，特殊选项、命令选项的内容不一定总是出现。下面对语句中的各元素分别加以解释。

（1）特殊选项：是一些在大部分命令中通用的选项，由于执行的功能比较特殊，因此将它们提前，并使用空格和命令分隔。特殊选项中最常用的有分组执行相同语句的“by”命令，按指定的条件重复执行的“for”命令等。

（2）关键词：相当于一句话的主语，指明了所执行的是哪一条 Stata 命令，关键词在一条命令中必须出现。大多数命令的关键词都是采用相关的英文单词，简单易记，并且在 Stata 中还允许对关键词进行缩写（每个命令不同，无特殊规律），使用方便。

（3）命令参数：相当于一句话的谓语和宾语，用于指明相应的命令在执行时需要使用的变量、参数等是什么。大多数 Stata 命令都需要指定参数，但也有例外，此时系统会自动按照缺省方式执行，如“describe”命令，如果不指定任何参数，则系统会默认对当前使用的数据集中的所有变量进行描述。

（4）命令选项：相当于一句话中的定、状、补语等修饰成分，用于对相应的命令进行限制或更精确的指定，在命令中不一定出现。

（三）实例分析

1. 数据导入

首先将整理好的数据复制，点击“Windows”，在下拉菜单中选择“Data Editor”或点击工具栏图标，弹出“Data Editor（Edit）-[Untitled]”界面（图 7.55），直接录入数据，也可以从资料提取表中将整理好的数据直接进行复制、粘贴。在

图 7.55 右上方“Variables”中对变量名进行修改，在“Name”栏输入变量名称，在“Label”栏输入变量标签，在“Type”栏选择变量类型，在“Format”栏选择变量数据格式。数据输入完成后，关闭图 7.55 中的数据录入界面返回 Stata/MP 16.0 主界面。[12，13]

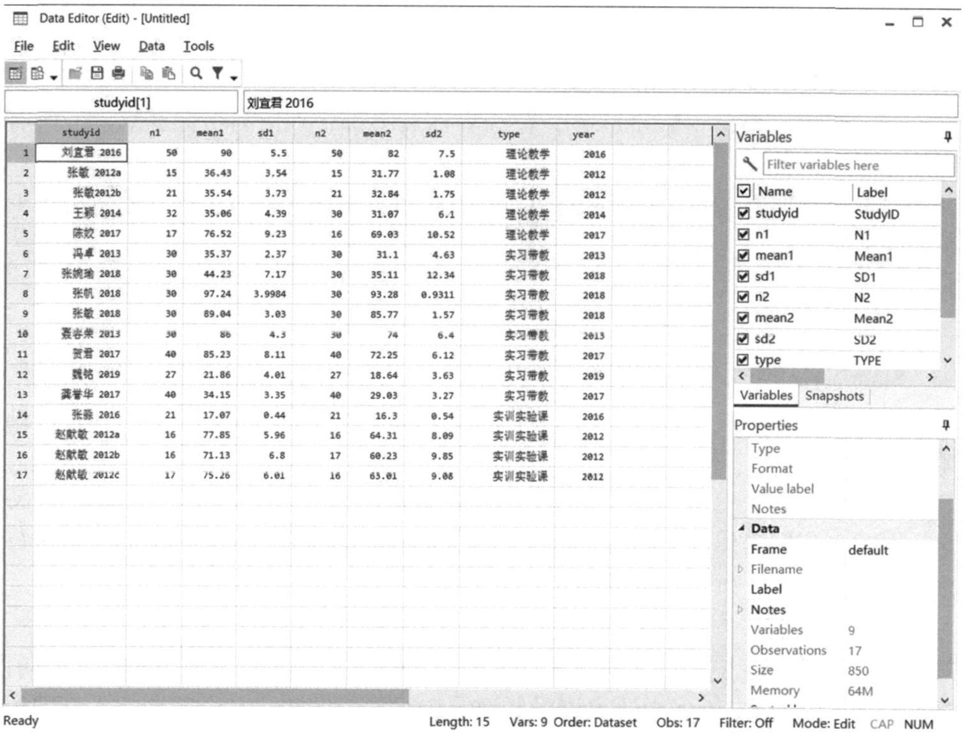

图7.55 Stata/MP 16.0数据录入界面

2. 数据合并

在进行 PBL 教学对照 LBL 教学对不同课程类型学生考试成绩比较结果的 Meta 分析时，可以通过菜单操作和命令操作进行数据合并。

1）菜单操作

依据图 7.56 显示的路径打开 Meta 分析对话框，在图 7.57 界面中完成数据加载。在图 7.58 界面中选择模型和统计方法，然后点击“OK”即可呈现分析结果（图 7.59 和图 7.60）。PBL 教学模式能提高学生的考试成绩（SMD =1.30，95% CI：1.16 ～ 1.44，I^2=45.6%）。

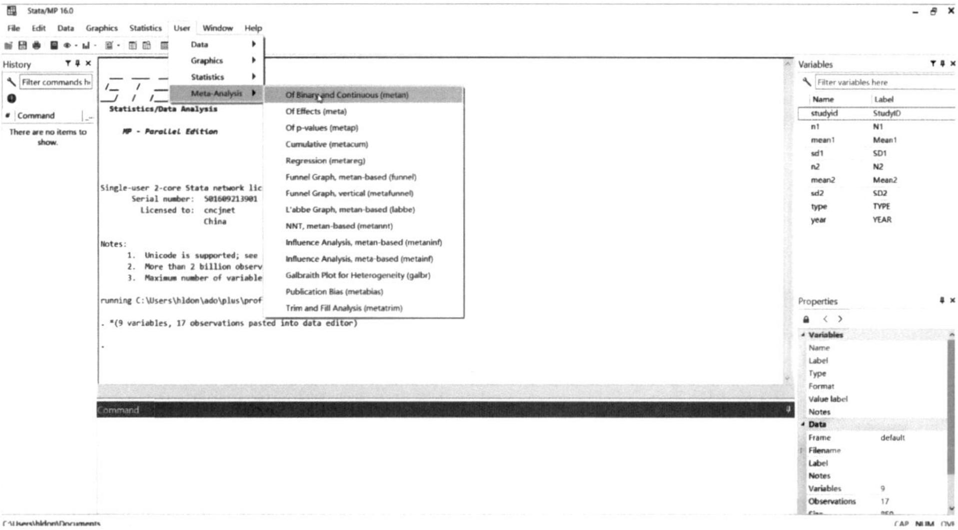

图7.56　打开Meta分析对话框路径

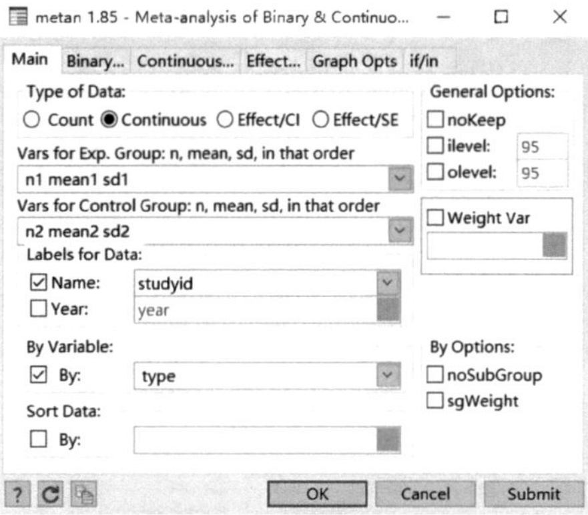

图7.57　Meta分析对话框

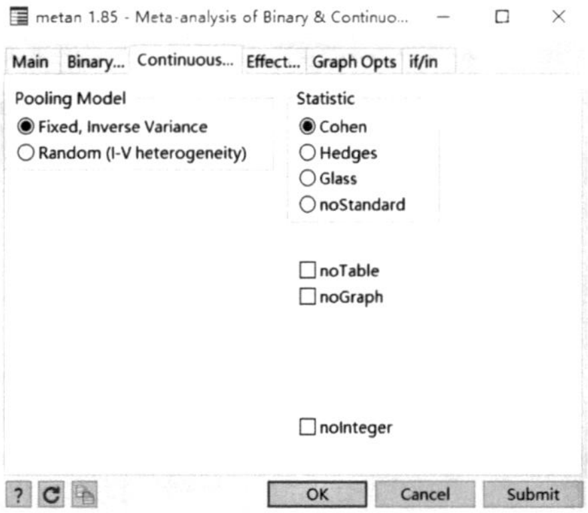

图7.58　选择模型和统计方法

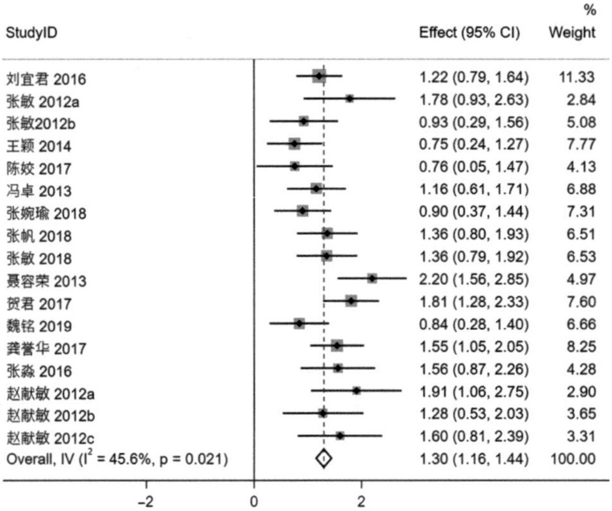

图7.59　Meta分析结果的森林图

StudyID	Effect	[95% Conf.	Interval]	% Weight
刘宜君 2016	1.216	0.789	1.644	11.33
张敏 2012a	1.781	0.926	2.635	2.84
张敏2012b	0.927	0.289	1.565	5.08
王颖 2014	0.755	0.239	1.271	7.77
陈姣 2017	0.758	0.050	1.467	4.13
冯卓 2013	1.161	0.613	1.709	6.88
张婉瑜 2018	0.904	0.372	1.436	7.31
张帆 2018	1.364	0.800	1.928	6.51
张敏 2018	1.355	0.792	1.918	6.53
聂容荣 2013	2.201	1.556	2.846	4.97
贺君 2017	1.807	1.285	2.329	7.60
魏铭 2019	0.842	0.284	1.399	6.66
龚誉华 2017	1.547	1.046	2.048	8.25
张淼 2016	1.563	0.868	2.258	4.28
赵献敏 2012a	1.906	1.061	2.750	2.90
赵献敏 2012b	1.281	0.527	2.034	3.65
赵献敏 2012c	1.601	0.811	2.392	3.31
Overall, IV	1.301	1.157	1.445	100.00

Test of overall effect = 0: z = 17.724 p = 0.000

Heterogeneity measures, calculated from the data
with Conf. Intervals based on non-central chi² (common-effect) distribution for Q

Measure	Value	df	p-value
Cochran's Q	29.40	16	0.021
		-[95% Conf.	Interval]-
H	1.355	1.000	1.765
I² (%)	45.6%	0.0%	67.9%

H = relative excess in Cochran's Q over its degrees-of-freedom
I² = proportion of total variation in effect estimate due to between-study heterogeneity (based on Q)

图7.60　Meta分析统计结果

2）命令操作

固定效应模型的命令为：metan n1 mean1 sd1 n2 mean2 sd2，label (namevar=studyid) fixed。

随机效应模型的命令为：metan n1 mean1 sd1 n2 mean2 sd2，label (namevar=studyid) random。

3. 敏感性分析

依据图 7.61 显示的路径打开敏感性分析对话框（图 7.62），在图 7.62 界面中，完成数据加载，然后点击“OK”即可呈现分析结果（图 7.63）；或执行命令操作，命令为：metaninf n1 mean1 sd1 n2 mean2 sd2，label (namevar=studyid) fixed。

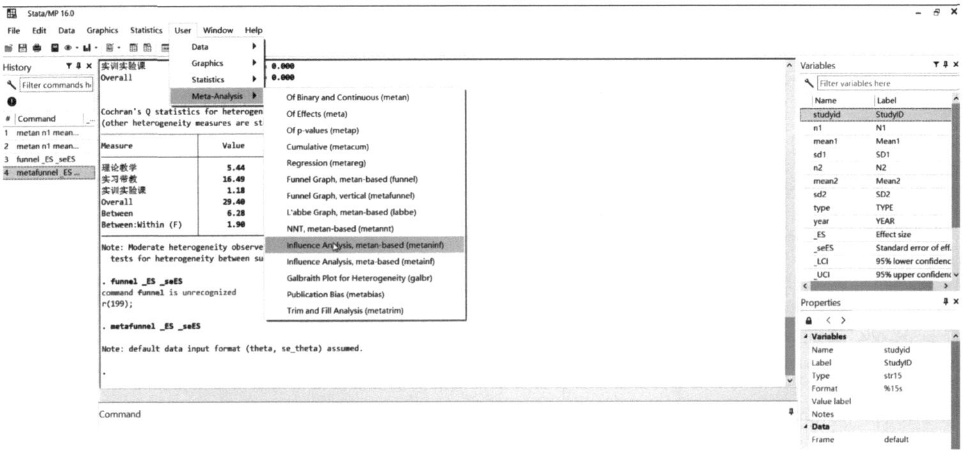

图7.61　打开敏感性分析对话框路径

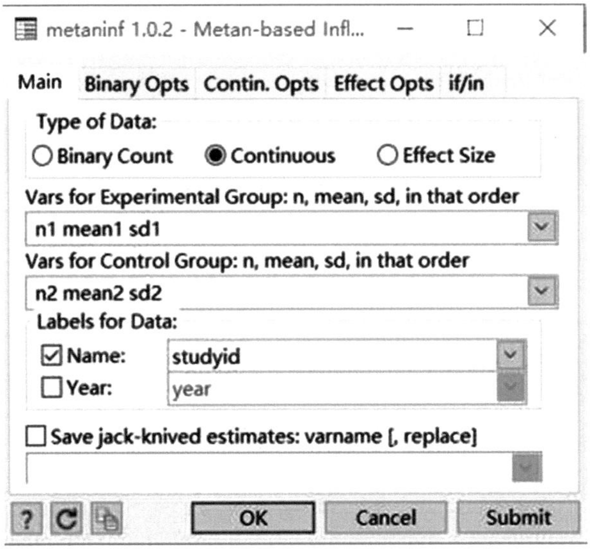

图7.62　敏感性分析对话框

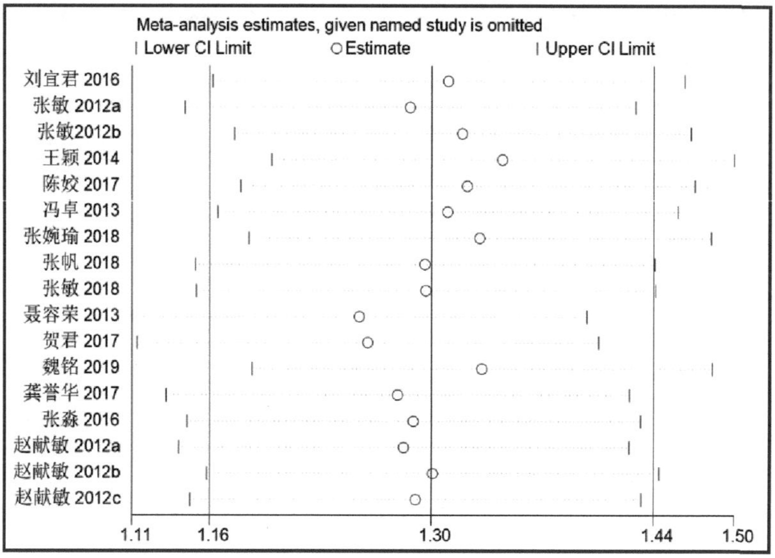

图7.63　敏感性分析结果

4. 发表偏倚分析

Stata绘制漏斗图的命令有funnel、metafunnel、metabias。其中，funnel基于metan命令，metafunnel基于meta命令，metabias可以产生Egger和Begg漏斗图。以Egger检验为例，依据图7.64显示的路径打开发表偏倚评估对话框（图7.65）。在图7.65界面中，完成数据加载，然后点击“OK”即可呈现分析结果（图7.66）。[14]

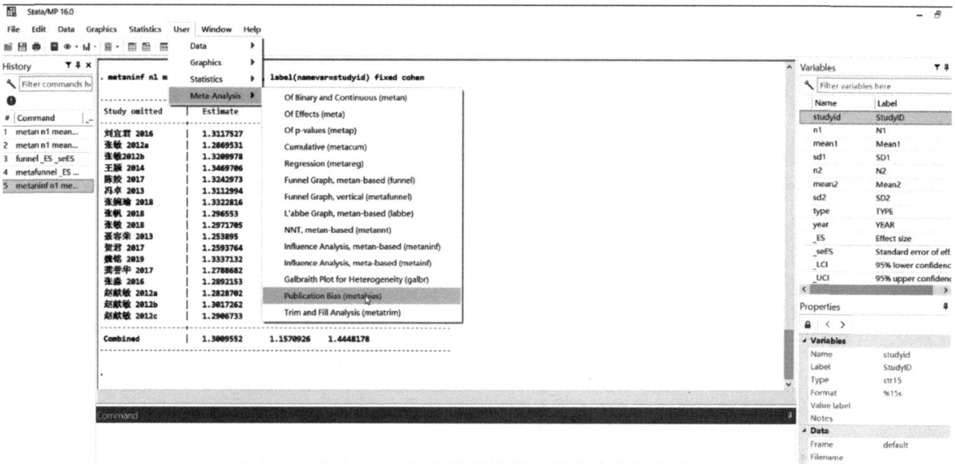

图7.64　打开进行发表偏倚评估的路径

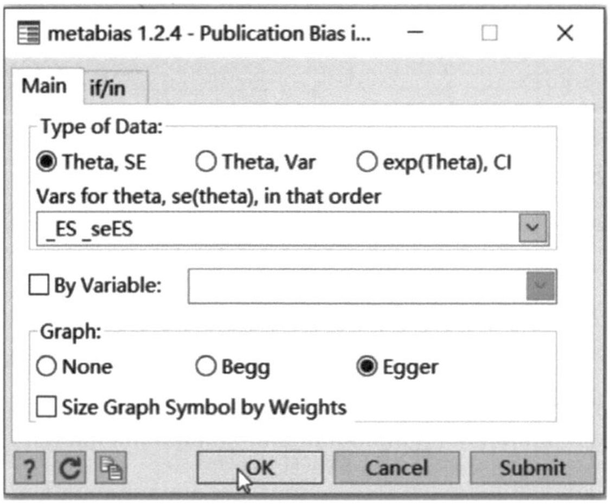

图7.65　发表偏倚评估对话框

```
. metabias _ES _seES , egger graph

Note: data input format theta se_theta assumed.

Egger's test for small-study effects:
Regress standard normal deviate of intervention
effect estimate against its standard error

Number of studies =  17                                Root MSE      =   1.336
------------------------------------------------------------------------------
     Std_Eff |      Coef.   Std. Err.       t     P>|t|     [95% Conf. Interval]
-------------+----------------------------------------------------------------
       slope |   .6808977   .5229294     1.30    0.213    -.4336999    1.795495
        bias |   2.085869   1.727901     1.21    0.246    -1.597064    5.768802
------------------------------------------------------------------------------

Test of H0: no small-study effects          P = 0.246
```

图7.66　Egger检验结果

在 Meta 分析的基础上，输入命令。利用 metabias 进行 Egger 检验和 Begg 检验的命令如下（漏斗图在进行两种检验时会自动弹出）。

gen logor=log (_ES)

rename_selogES selogor

metabias logor selogor，graph (begg)

metabias logor selogor，graph (egger)

Egger 检验结果和漏斗图分别为图 7.66 和图 7.67，p 值均大于 0.05，说明存在发表偏倚的可能性小。

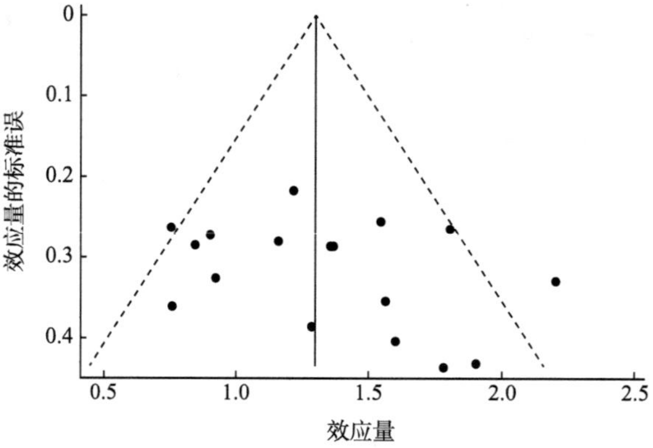

图7.67　Egger检验漏斗图

5. 亚组分析

本例中，依据“课程类型”进行亚组分析，菜单操作在图 7.57 对话框的“By Variable”中，选择“type”并进行勾选；或执行命令操作，进行亚组分析的命令为：metan n1 mean1 sd1 n2 mean2 sd2，label (namevar=studyid) by (type) fixed，亚组分析的森林图见图 7.68。

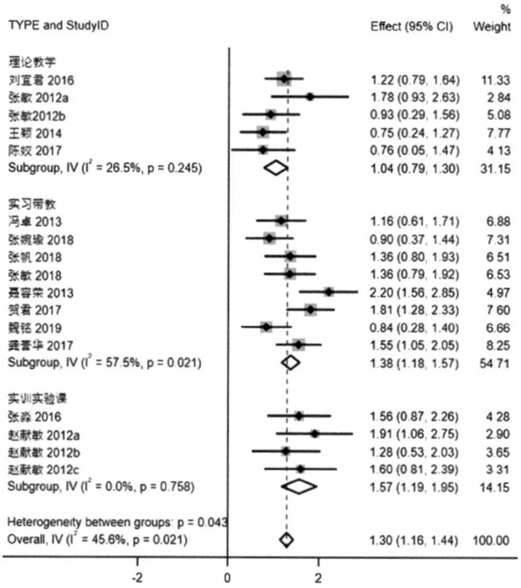

图7.68　亚组分析森林图

6. Meta 回归分析

本例中，以文献发表年份为自变量，考试成绩为因变量进行回归分析，依据图 7.69 显示的路径打开 Meta 回归分析对话框，在图 7.70 界面中，完成数据加载，然后点击“OK”即可呈现分析结果（图 7.71）。结果显示，回归系数为 -0.044，对应的 p 值为 0.305（>0.05），即文献的发表年份对结果没有显著影响。

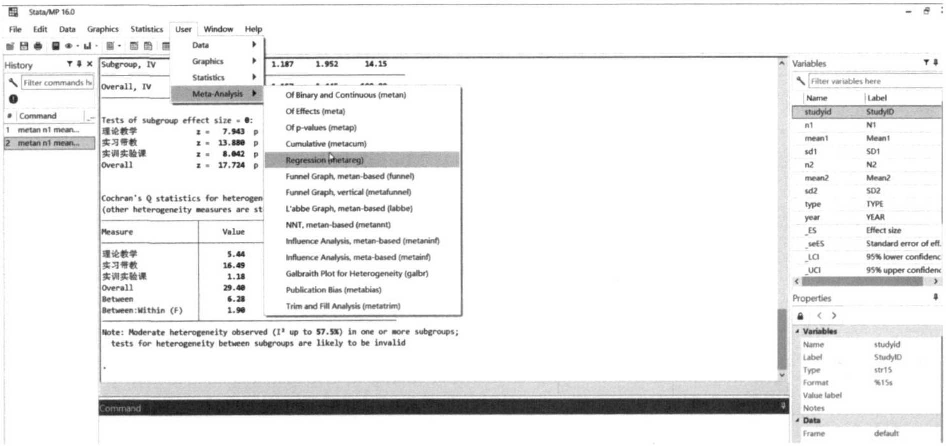

图7.69　打开Meta回归分析对话框路径

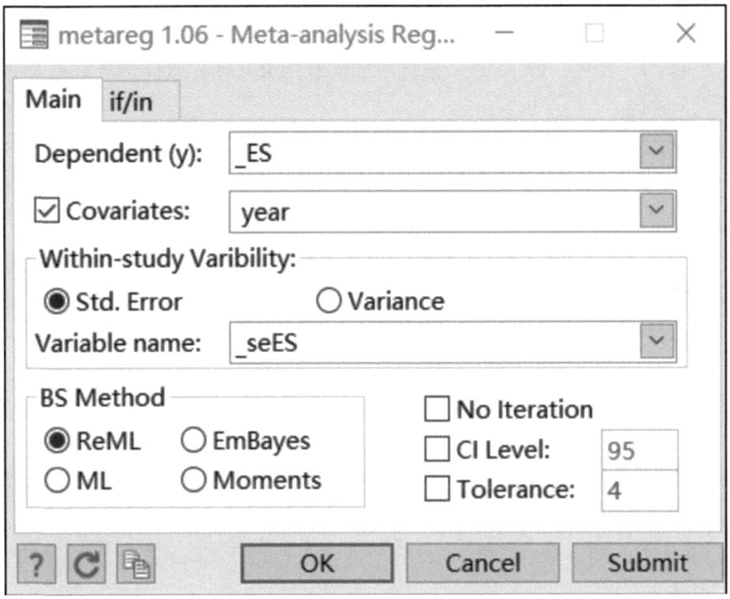

图7.70　Meta回归分析对话框

```
. metareg _ES year, wsse(_seES) bsest(reml)

Meta-regression                                    Number of obs  =        17
REML estimate of between-study variance            tau2           =    .08287
% residual variation due to heterogeneity          I-squared_res  =    46.49%
Proportion of between-study variance explained     Adj R-squared  =    -5.41%
With Knapp-Hartung modification

         _ES |      Coef.   Std. Err.      t    P>|t|     [95% Conf. Interval]
-------------+----------------------------------------------------------------
        year |  -.0442479   .0416325    -1.06   0.305    -.1329855    .0444898
       _cons |   90.49619   83.90531     1.08   0.298    -88.34374    269.3361
```

图7.71 Meta回归分析结果

参 考 文 献

[1] 博伦斯坦，等 . Meta 分析导论 [M]. 李国春，吴勉华，余小金，译 . 北京：科学出版社，2013.

[2] 杨克虎 . 系统评价指导手册 [M]. 北京：人民卫生出版社，2010.

[3] 郑明华 . Meta 分析软件应用与实例解析 [M]. 北京：人民卫生出版社，2013.

[4] Green S，Deeks J，梁艳，等 . Meta- 分析中如何利用 RevMan 软件选择数据合并 [J]. 中国循证医学杂志，2003，(2)：142-143.

[5] 何俐 . Cochrane 系统评价软件 RevMan 简介 [J]. 中国循证医学，2001，(3)：168-169.

[6] 张华，杨学宁 . 英国循证医学中心鼓励系统评价者自学系统评价软件 RevMan[J]. 循证医学，2002，(2)：111.

[7] 曹卉娟，闫永红，于长禾，等 . PBL 教学模式应用于我国医学院校针灸教学效果评价的系统综述与 Meta 分析研究 [J]. 中医教育，2020，39 (4)：41-49.

[8] Chen D G，Peace K E. Applied Meta-Analysis with R and Stata[M]. New York：CRC Press，2021.

[9] 柏建岭，钟文昭，郑明华，等 . Stata 在 Meta 分析中的应用 [J]. 循证医学，2007，(6)：363-368.

[10] 曾宪涛，任学群 . 应用 STATA 做 Meta 分析 [M]. 2 版 . 北京：中国协和医科大学出版社，2017.

[11] 张天嵩，董圣杰，周支瑞 . 高级 Meta 分析方法——基于 Stata 实现 [M]. 上海：复旦大学出版社，2015.

[12] 闫小妮，郑婕，厉英超，等 . 应用 Stata 软件实现观察性研究效应量及可信区间的 Meta 分析 [J]. 中国循证医学杂志，2018，18 (3)：367-372.

[13] 张天嵩，钟文昭，张素，等 . Stata 在 Meta 分析时异质性评价中的应用 [J]. 循证医学，2008，(4)：231-234.
[14] 王丹，牟振云，翟俊霞，等 . Stata 软件在 Meta- 分析发表性偏倚识别中的探讨 [J]. 现代预防医学，2008，(15)：2819-2822.

下篇　循证教育学研究实践

第八章　定量系统评价案例解析

第一节　基于均值效应量的系统评价

本节以《SPOC 翻转课堂教学有效性的系统评价与元分析》研究为例，对基于均值效应量的定量系统评价进行解读。[1]

一、研究背景

近年来，SPOC 翻转课堂受到了高校师生的极大关注。有研究从不同方面研究其教学效果。例如，李芳军和屈社明开展大学生英语应用能力的翻转课堂研究，发现该模式有助于学习者转变学习行为，增加语言摄入量，强化语言内化，促成语言应用[2]；张迪在“土壤污染与防治”课程中开展翻转课堂教学，发现该模式可以显著提高教学效果及学生学习兴趣、课堂参与度、自主学习能力等[3]。然而，这类小样本研究不能完全说明该模式的教学有效性。只有将大量同质性小样本研究整合在一起形成的结论，才能在一定程度上解释其结果的可靠性。系统评价就是这样一种方法，它是一种基于具体问题，全面收集所有相关研究，通过严格筛选和客观评价，对其进行综合分析，从而得出可靠结论，并定期更新，为决策提供科学依据的系统研究方法。主旨思想是整合所有相关研究形成大样本，对原始研究进行二次研究，并形成可靠结论。系统评价是循证医学的主要研究方法，随着循证理念从医学渗透到教育学，成为新兴学科循证教育学的主要研究方法之一。

本研究采用定量系统评价与 Meta 分析方法，旨在通过对符合要求的原始文献做定量分析，对比 SPOC 翻转课堂与传统课堂教学在大学教育中的教学有效性，深入探讨 SPOC 翻转课堂的应用价值，以期为后续研究提供参考。

二、研究方法

（一）纳入和排除标准

定量系统评价纳入标准按照 PICOS 原则进行，其中研究对象指研究主题的特定人群；干预措施指检测效果的具体干预举措；对照措施指其他干预措施或者空白对照组；结局指标指测定干预效果的具体度量结果；研究类型指原始研究的类型。

1. 研究对象

本研究的研究对象为在校大学生，纳入人群不受种族、国籍、年龄限制。

2. 干预措施

SPOC 翻转课堂教学。

3. 对照措施

与试验组教学内容、考核方式及类目相同或相似的传统课堂教学。

4. 结局指标

主要结局指标为评估 SPOC 翻转课堂对考试成绩、成绩达标率、学习能力等教学有效性的影响程度；次要结局指标为评估 SPOC 翻转课堂对学习动机、学习态度、满意度等教学有效性影响因素的影响程度。其中，学习能力通过知识理解能力、知识应用能力、协作学习能力、自学能力、自我管理能力等维度评估，达标率通过及格率和优秀率进行评估，学习态度通过学习兴趣、学习认真程度及学习参与度进行评估。

5. 研究类型

本研究只纳入随机对照试验或非随机对照试验研究，研究必须包括对学生随机分配或非随机分配的行为干预和控制条件的比较。

此外，研究必须对数据进行统计分析或报告相关的结果数据。

本研究排除重复发表的文献、仅有摘要的文献、数据缺失或不充分而无法纳入 Meta 分析的文献、非中英文文献，以及试验对象为非大学生的文献。

（二）文献检索

本研究检索了 EBSCO[包括 ERIC、教师参考中心文摘库（Teacher Reference Center）、Education Research Complete 等数据库]、Web of Science、中国知网、维普和万方等数据库，并检索了 Cochrane Library、Campbell Collaboration Library、EPPI、WWC、System for Information on Grey Literature in Europe（SIGLE）等在线研究平台，语言限定为中英文，检索时限为 2007 年 1 月至 2018 年 7 月。此外，本研究还追溯了纳入研究的参考文献，以获取相关文献。

英文检索词包括：flipped classroom、inverted classroom、flipped learning、inverted learning、flipped teaching、exam*、test*、evaluation、mark、score、grade、point、experiment*、contrast、comparison、ratio、compare、antitheses、questionnaire、control group、matched group、observation group、object group、experi* group、quantitative。

中文检索词包括：SPOC、翻转课堂、颠倒课堂、反转课堂、翻转教学、翻转学习、反转学习、反转教学、实验、对照组、观察组、试验、实践、对象组、调查、问卷、考试、测评、考核、测试、成绩、分数、测验、考察、考查。

（三）文献筛选和资料提取

本研究由两名研究者独立进行文献筛选、资料提取并交叉核对，如遇分歧，咨询第三方进行协助判断。两名研究者首先阅读文章标题和摘要，依据纳入和排除标准排除明显不相关的文献，然后对可能纳入的文献进行全文阅读，完成复筛。

资料提取的主要内容包括：①纳入研究的基本信息，包括标题、作者、国家、发表的年份、基金支持、出版类型等；②纳入研究的特征，包括研究设计、研究对象、对照组和试验组的基本信息（人数、性别、年龄）、干预措施、样本量等；③结果指标及结果测量数据，如考试成绩、学习能力、成绩达标率、学习态度、满意度等；④偏倚风险评价的关键因素，研究者依据研究方法选择合适的偏倚风险评估工具，按照工具的评估维度提取相关信息。最后，研究者将所有数据录入Excel。

（四）纳入研究的方法学质量评价

本研究纳入的均为非随机对照试验研究，由两名经过循证实践方法论培训的研究者使用 2016 年 Cochrane 制定的偏倚风险评估工具 ROBINS-I，从混杂偏倚、受试者选择偏倚、干预分类偏倚、干预偏差偏倚、数据缺失偏倚、结局测量偏倚和选择性报告偏倚七方面进行独立评估，分别用“High（高）”、“Moderate（中）”、“Low（低）”、“Critical Low（极低）”或“No Information（无信息）”五个等级进行评价。两名研究者通过讨论或者咨询第三方的方式解决分歧。

（五）数据分析

本研究利用 RevMan 5.3 软件进行 Meta 分析。二分类变量选用风险比及其 95% CI 为效应分析统计量；连续性变量选用标准化均数差及其 95% 可信区间为效应分析统计量；单组率变量选用风险差（RD）及其 95% 可信区间为效应分析统计量。采用 χ^2 检验对各研究进行异质性检验。若研究结果间异质性 $I^2 > 75\%$，则采用亚组分析、敏感性分析或只进行描述性分析。

三、研究结果

（一）文献检索结果

本研究初次检索获得 2 122 篇相关文献，查重后得到 1 680 篇，通过阅读标题和摘要初筛后得到 102 篇，阅读全文复筛后得到 32 篇，质量评价剔除 13 篇质量等级较弱的文献后，最终纳入 19 篇中文文献，均为非随机对照试验研究。本研究纳入文献累计参与对象 2 762 人，其中试验组 1 372 人，对照组 1 390 人。所有研究探讨了大学教学中 SPOC 翻转课堂与传统课堂教学的效果对比，纳入研究的基本特征见表 8.1。

表 8.1　纳入研究的基本特征

第一作者（发表年份）	研究类型	人数 / 人		有无基金	干预措施		试验课堂	结局指标
		试验组	对照组		试验组	对照组		
陈丹（2015）	非随机对照试验	34	34	无	SPOC 翻转课堂	传统课堂教学	多媒体课程资源开发	②
丁晨阳等（2016）	非随机对照试验	80	80	有	SPOC 翻转课堂	传统课堂教学	单片机技术	④⑤
方旭等（2016）	非随机对照试验	25	32	有	SPOC 翻转课堂	传统课堂教学	绩效技术	③⑤
何达倩（2018）	非随机对照试验	64	64	有	SPOC 翻转课堂	传统课堂教学	大学英语	①
胡永东等（2017）	非随机对照试验	60	60	有	SPOC 翻转课堂	传统课堂教学	计算机网络课程	①
厉兰洁等（2016）	非随机对照试验	107	113	无	SPOC 翻转课堂	传统课堂教学	C 语言程序设计	③
卢桂兵（2018）	非随机对照试验	80	80	有	SPOC 翻转课堂	传统课堂教学	篮球普修课	①④⑤
牛淑丽（2017）	非随机对照试验	87	87	无	SPOC 翻转课堂	传统课堂教学	现代教育技术	⑤
潘小青（2017）	非随机对照试验	40	40	有	SPOC 翻转课堂	传统课堂教学	大学物理	①
齐济（2017）	非随机对照试验	25	35	无	SPOC 翻转课堂	传统课堂教学	计算机应用技术专业课	③
任静（2017）	非随机对照试验	96	96	无	SPOC 翻转课堂	传统课堂教学	现代教育技术	③⑤
桑宇霞（2015）	非随机对照试验	37	37	有	SPOC 翻转课堂	传统课堂教学	电路分析基础	②
邵佳佳（2016）	非随机对照试验	100	100	有	SPOC 翻转课堂	传统课堂教学	会计电算化	⑤
沈锐等（2018）	非随机对照试验	189	189	有	SPOC 翻转课堂	传统课堂教学	社区护理学	⑤⑥
史彦龙等（2018）	非随机对照试验	88	89	有	SPOC 翻转课堂	传统课堂教学	高等数学	①③⑤

续表

第一作者（发表年份）	研究类型	人数 / 人		有无基金	干预措施		试验课堂	结局指标
		试验组	对照组		试验组	对照组		
陶巍巍等（2017）	非随机对照试验	32	30	有	SPOC 翻转课堂	传统课堂教学	内科护理学、外科护理学、基础护理学	①⑥
王济军（2018）	非随机对照试验	67	65	有	SPOC 翻转课堂	传统课堂教学	摄影基础	③
谢红莲（2017）	非随机对照试验	113	111	有	SPOC 翻转课堂	传统课堂教学	大学英语	①②④⑤
张颖（2017）	非随机对照试验	48	48	有	SPOC 翻转课堂	传统课堂教学	非线性编辑课程	④⑤

注：①考试成绩；②学习能力；③成绩达标率；④学习态度；⑤满意度；⑥学习动机

资料来源：柳春艳，李丹，张宝仁，等 . SPOC 翻转课堂教学有效性的系统评价与元分析 [J]. 开放教育研究，2019，25（1）：36，82-91. 本节图表中涉及的研究的资料来源与此相同

（二）偏倚风险评估结果

根据 ROBINS-I 量表对纳入的单个研究进行偏倚风险评估。评分涉及七个维度和三个等级，完全满足质量标准的文献发生偏倚的可能性小，为 A 级；部分满足质量标准的文献发生偏倚的可能性中度，为 B 级；完全不满足质量标准的文献发生偏倚的可能性高，为 C 级。本研究最后纳入了 A 级和 B 级的研究，剔除了 C 级的研究（共 13 篇）。偏倚风险评估结果见表 8.2。

表 8.2　纳入研究偏倚风险评估结果

第一作者（发表年份）	①	②	③	④	⑤	⑥	⑦	总体评价
陈丹（2015）	L	L	L	L	L	M	L	A
丁晨阳等（2016）	NI	NI	L	L	L	NI	H	B
方旭等（2016）	NI	C	L	L	NI	H	L	B
何达倩（2018）	M	M	L	L	L	M	L	B
胡永东等（2017）	L	M	L	L	L	M	L	B
厉兰洁等（2016）	L	M	L	L	M	M	L	B
卢桂兵（2018）	L	L	L	L	L	M	L	A
牛淑丽（2017）	C	M	L	L	M	H	L	B
潘小青（2017）	L	M	L	L	L	M	L	B
齐济（2017）	C	C	L	L	L	M	L	B
任静（2017）	L	M	L	L	L	H	H	B
桑宇霞（2015）	C	L	L	L	L	L	L	B
邵佳佳（2016）	C	NI	L	L	NI	H	L	B

续表

第一作者（发表年份）	①	②	③	④	⑤	⑥	⑦	总体评价
沈锐等（2018）	C	M	L	L	L	H	L	B
史彦龙等（2018）	L	H	L	L	L	M	L	B
陶巍巍等（2017）	L	L	L	L	L	M	L	A
王济军（2018）	L	H	L	L	L	M	L	B
谢红莲（2017）	L	L	L	L	L	M	L	A
张颖（2017）	C	M	L	L	L	C	NI	B

注：①混杂偏倚；②受试者选择偏倚；③干预分类偏倚；④干预偏差偏倚；⑤数据缺失偏倚；⑥结局测量偏倚；⑦选择性报告偏倚；L 代表低偏倚风险；M 代表中度偏倚风险；H 代表高偏倚风险；C 代表极高偏倚风险；NI 代表无信息

（三）定量合并结果

1. 考试成绩

7 篇文献比较了 SPOC 翻转课堂和传统课堂教学的考试成绩，研究间存在统计学异质性（$p = 0.03$，$I^2 = 57\%$）。敏感性分析排除可能引起异质性的 1 篇文献后，无统计学异质性（$p = 0.92$，$I^2 = 0\%$）。本研究采用固定效应模型进行 Meta 分析，结果显示差异有显著统计学意义（SMD = 0.50，95% CI：0.36 ～ 0.65，p< 0.00；见图 8.1）。

研究或亚组	SPOC翻转课堂组 平均数	标准差	人数	传统课堂教学组 平均数	标准差	人数	权重	SMD 固定效应模型95% CI
何达倩2018	65.18	10.36	64	59.43	10.06	64	16.1%	0.56[0.21,0.91]
卢桂兵2018	75.7	5.76	80	67.77	7.68	80	0.0%	1.16[0.83,1.50]
史彦龙等2018	82.69	9.1	88	77.2	9.45	89	22.2%	0.59[0.29,0.89]
潘小青2017	72.09	16.84	40	66.31	18.57	40	10.3%	0.32[−0.12,0.76]
胡永东等2017	74	22.44	60	65	22.44	60	15.4%	0.40[0.04,0.76]
谢红莲2017	70.52	8	113	65.39	11.65	111	28.3%	0.51[0.25,0.78]
陶巍巍2017	74.79	8.45	32	70.19	7.25	30	7.8%	0.58[0.07,1.08]
总计（95% CI）			397			394	100.0%	0.50[0.36,0.65]

异质性：Chi^2=1.46，df=5（p=0.92）；I^2=0%

合并效应量检验：Z=6.98（p<0.000 01）

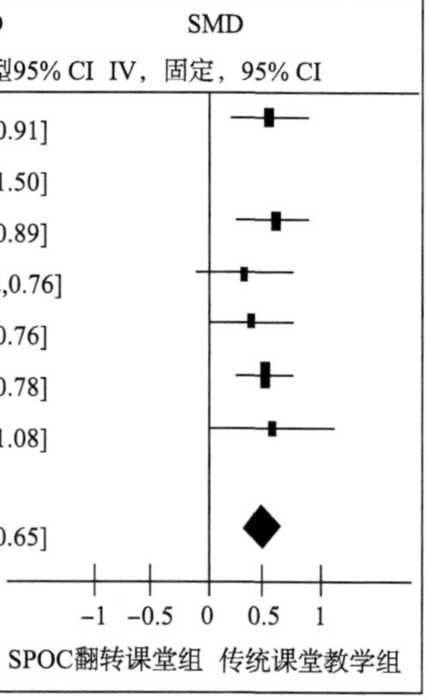

图8.1 SPOC翻转课堂与传统课堂教学的考试成绩比较森林图

2. 成绩达标率

6 篇文献比较了 SPOC 翻转课堂和传统课堂教学的及格率，研究间存在统计学异质性（p= 0.003，I^2 = 72%），且敏感性分析仍不能排除异质性。采用随机效应模型进行 Meta 分析，结果显示试验组与对照组的及格率差异无统计学意义（RR=1. 05，95% CI：0.98 ～ 1.13，p = 0.13；见图 8.2）。

研究或亚组	SPOC翻转课堂组 事件数	SPOC翻转课堂组 人数	传统课堂教学组 事件数	传统课堂教学组 人数	权重	RR 随机效应模型95% CI
1.2.1 及格率						
任静2017	88	96	92	96	19.7%	0.96[0.89,1.03]
厉兰洁等2016	99	107	104	112	19.5%	1.00[0.92,1.07]
史彦龙等2018	77	88	64	89	11.3%	1.22[1.05,1.42]
方旭等2016	24	25	26	32	8.9%	1.18[0.98,1.42]
王济军2018	65	67	62	65	20.3%	1.02[0.95,1.09]
齐济2017	75	75	94	105	20.2%	1.11[1.04,1.19]
总计（95% CI）		458		499	100.0%	1.05[0.98,1.13]
总事件数	428		442			
异质性：Tau²=0.00；Chi²=17.62，df=5（p=0.003）；I^2=72%						
合并效应量检验：Z=1.51（p=0.13）						
1.2.2 优秀率						
任静2017	62	96	19	96	0.0%	3.26[2.12,5.01]
厉兰洁等2016	27	107	30	112	26.3%	0.94[0.60,1.47]
史彦龙等2018	53	88	27	89	29.7%	1.99[1.39,2.84]
王济军2018	42	67	39	65	32.9%	1.04[0.80,1.37]
齐济2017	7	25	5	35	11.2%	1.96[0.70,5.47]
总计（95% CI）		287		301	100.0%	1.32[0.88,1.98]
总事件数	129		101			
异质性：Tau²=0.11；Chi²=10.51，df=3（p=0.01）；I^2=71%						
合并效应量检验：Z=1.33（p=0.18）						
亚组差异检验：Chi²=1.13，df=1（p=0.29），I^2=11.8%						

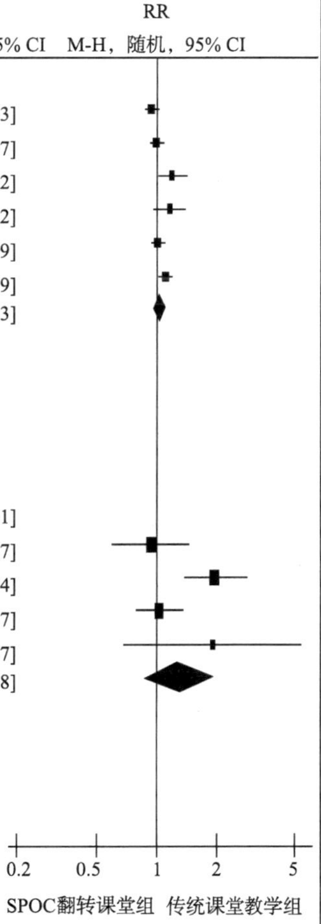

图8.2　SPOC翻转课堂与传统课堂教学的成绩达标率比较森林图

注：（1）图中“1.2.2 优秀率”的统计数据疑有误，原文如此，故未做改动；（2）本图右侧森林图由软件自动生成，为保持原貌，未对其刻度线的区间长度做调整

5 篇文献比较了 SPOC 翻转课堂和传统课堂教学的优秀率，研究间存在较高统计学异质性（p<0. 00，I^2 = 85%），敏感性分析排除可能引起异质性的 1 篇文献后，异质性有所降低（p = 0.01，I^2 = 71%）。采用随机效应模型进行 Meta 分析，结果显示差异无统计学意义（RR = 1.32，95% CI：0.88 ～ 1.98，p = 0.18；见图 8.2）。

3. 学习能力

5 篇文献从 5 个维度对学习能力的影响做了比较研究。其中，3 篇文献比较了 SPOC 翻转课堂和传统课堂教学的协作学习能力，结果显示试验组与对照组的协作学习能力无明显差异（SMD = 0.77，95% CI：–0.01 ～ 1.55，p = 0.05；见图 8.3）。3 篇文献比较了 SPOC 翻转课堂和传统课堂教学的自学能力，结果显示试验组的自学能力优于对照组，差异具有统计学意义（SMD = 0.44，95% CI：0.21 ～ 0.68，p< 0.00）。3 篇文献比较了 SPOC 翻转课堂和传统课堂教学的自我管理能力，结果显示试验组的自我管理能力显著高于对照组（SMD = 0.52，95% CI：0.34 ～ 0.69，p <0.00）。1 篇文献研究了知识理解能力和知识应用能力，结果显示试验组的知识理解能力和应用能力均优于对照组（知识理解能力：SMD = 0.52，95% CI：0.06 ～ 0.99，p = 0.03；知识应用能力：SMD = 0.55，95% CI：0.09 ～ 1.02，p = 0.02；见图 8.3）。

	SPOC翻转课堂组			传统课堂教学组				SMD
研究或亚组	平均数	标准差	人数	平均数	标准差	人数	权重	固定效应模型95% CI
1.3.1 知识理解能力								
桑宇霞2015	3.811	1.05	37	3.297	0.89	37	100.0%	0.52[0.06,0.99]
总计（95% CI）			37			37	100.0%	0.52[0.06,0.99]
异质性：不适用								
合并效应量检验：Z=2.21（p=0.03）								
1.3.2 知识应用能力								
桑宇霞2015	3.946	0.871	37	3.45	0.9	37	100.0%	0.55[0.09,1.02]
总计（95% CI）			37			37	100.0%	0.55[0.09,1.02]
异质性：不适用								
合并效应量检验：Z=2.34（p=0.02）								
1.3.3 协作学习能力								
桑宇霞2015	4	1	37	2.18	1.075	37	31.6%	1.73[1.20,2.27]
沈锐等2018	18.25	2.73	189	16.45	3.27	189	36.2%	0.60[0.39,0.80]
陶巍巍等2017	14.23	2.33	30	14.18	3.27	30	32.2%	0.02[–0.49,0.52]
总计（95% CI）			256			256	100.0%	0.77[–0.01,1.55]
异质性：Tau^2=0.43；Chi^2=21.84，df=2（p<0.000 1）；I^2=91%								
合并效应量检验：Z=1.93（p=0.05）								
1.3.4 自学能力								
谢红莲2017	2.94	0.75	113	2.61	0.76	111	79.0%	0.44[0.17,0.70]
陈丹2015	2.24	0.74	34	2.94	0.65	34		未评估
陶巍巍等2017	72.23	6.82	30	68.56	8.6	30	21.0%	0.47[–0.05,0.98]
总计（95% CI）			143			141	100.0%	0.44[0.21,0.68]
异质性：Tau^2=0.00；Chi^2=0.01，df=1（p=0.92）；I^2=0%								
合并效应量检验：Z=3.68（p=0.000 2）								
1.3.5 自我管理能力								
桑宇霞2015	3.918	0.954	37	3.297	0.908	37	14.1%	0.66[0.19,1.13]
沈锐等2018	39.78	5.83	189	37.41	3.88	189	74.3%	0.48[0.27,0.68]
陶巍巍等2017	14.91	2.4	30	13.36	2.73	30	11.6%	0.60[0.08,1.11]
总计（95% CI）			256			256	100.0%	0.52[0.34,0.69]
异质性：Tau^2=0.00；Chi^2=0.59，df=2（p=0.75）；I^2=0%								
合并效应量检验：Z=5.75（p<0.000 01）								
亚组差异检验：Chi^2=0.78，df=4（p=0.94），I^2=0%								

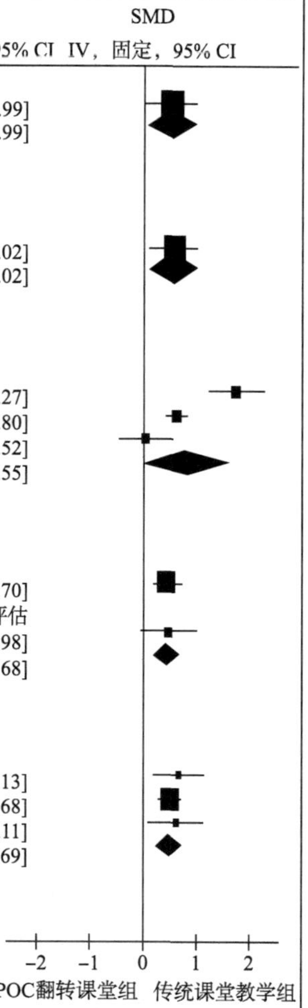

图8.3　SPOC翻转课堂与传统课堂教学的学习能力比较

4. 学习动机

2 篇文献比较了 SPOC 翻转课堂和传统课堂教学的学习动机倾向性，研究间无统计学异质性（p =0.86，I^2 = 0%）。本研究采用固定效应模型进行 Meta 分析，结果显示试验组的学习动机倾向性优于对照组（SMD = 0.31，95% CI：0.13 ~ 0.50，p = 0.001）。

5. 学习态度

4 篇文献从 3 个维度对试验组的学习态度进行了研究。1 篇文献对激发学习兴趣和学习认真程度做了研究，结果显示采用 SPOC 翻转课堂模式对上述两方面都有显著的影响。3 篇文献对学习参与度做了研究，敏感性分析排除可能引起异质性的 1 篇文献后，结果显示 SPOC 翻转课堂模式对学习参与度的影响具有显著统计学意义（RD = 0.73，95% CI：0.66 ～ 0.80，p< 0.00；见图 8.4）。

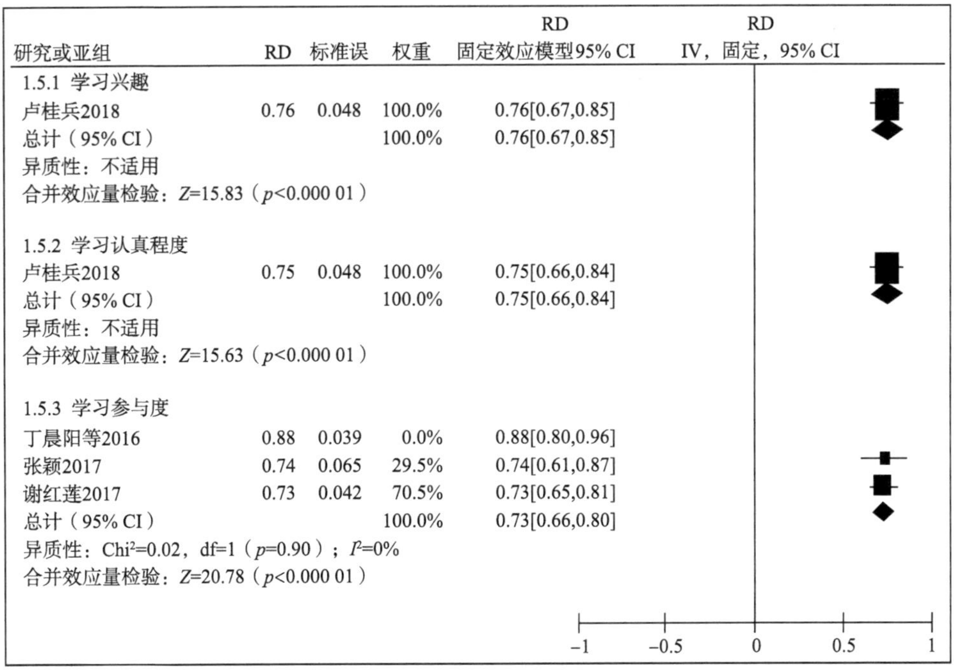

图8.4　SPOC翻转课堂的学习态度

6. 满意度

10 篇文献关注了 SPOC 翻转课堂教学模式的满意度。研究间存在统计学异质性（p<0.00，I^2 = 72%），敏感性分析排除可能引起异质性的 3 篇文献后，统计学异质性明显降低（p = 0.06，I^2 = 50%）。本研究采用固定效应模型进行 Meta 分析，结果提示学生对 SPOC 翻转课堂的满意度较高（RD = 0.80，95% CI：0.77 ～ 0.83；p< 0.00；见图 8.5）。

研究或亚组	RD	标准误	权重	RD 固定效应模型95% CI	RD IV，固定，95% CI
丁晨阳等2016	0.9	0.035	0.0%	0.90[0.83,0.97]	
任静2017	0.71	0.046	13.8%	0.71[0.62,0.80]	
卢桂兵2018	0.79	0.046	13.8%	0.79[0.70,0.88]	
史彦龙等2018	0.95	0.023	0.0%	0.95[0.90,1.00]	
张颖2017	0.74	0.065	6.9%	0.74[0.61,0.87]	
方旭等2016	0.76	0.085	4.0%	0.76[0.59,0.93]	
沈锐等2018	0.89	0.023	0.0%	0.89[0.84,0.94]	
牛淑丽2017	0.74	0.048	12.7%	0.74[0.65,0.83]	
谢红莲2017	0.87	0.032	28.5%	0.87[0.81,0.93]	
邵佳佳2016	0.83	0.038	20.2%	0.83[0.76,0.90]	
总计（95% CI）			100.0%	0.80[0.77,0.83]	

异质性：Chi²=11.92，df=6（p=0.06）；I^2=50%

合并效应量检验：Z=46.74（p<0.000 01）

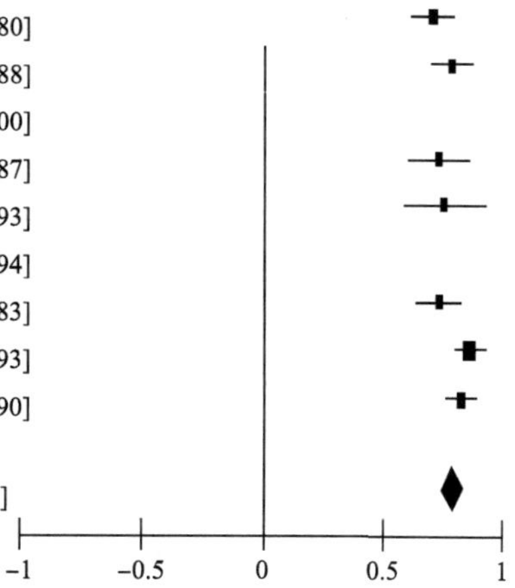

图8.5 SPOC翻转课堂的满意度

（四）发表偏倚结果

本研究纳入文献总数是 19 篇，但针对考试成绩、成绩达标率、学习能力、学习动机和学习态度的研究文献数量均小于 10 篇，无法进行漏斗图分析。因此，本研究对次要结局指标满意度的文献绘制了漏斗图（图 8.6）。漏斗图的散点集中分布在无效线两侧，但分布不对称，这表明根据满意度纳入的文献可能存在一定程度的发表偏倚。

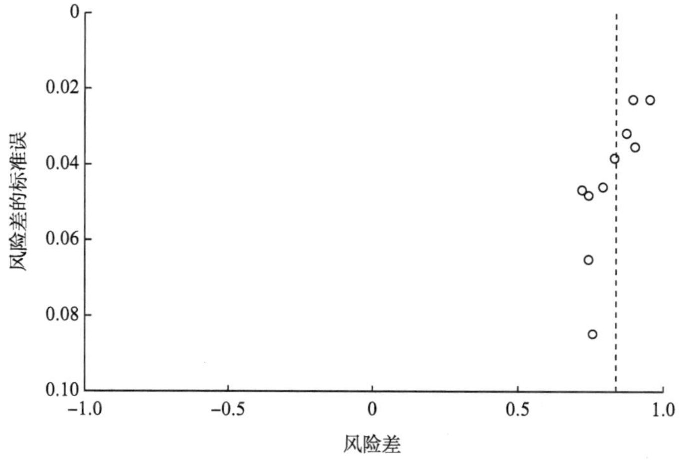

图8.6 SPOC翻转课堂满意度指标的发表偏倚漏斗图

四、讨论

本研究主要从考试成绩、成绩达标率、学习能力、学习动机、学习态度及满意度方面，对 SPOC 翻转课堂和传统课堂的教学有效性进行二次研究。统计结果表明：①与传统课堂相比，SPOC 翻转课堂在提高学生学习成绩、知识理解能力、应用能力、自学能力、自我管理能力等方面有明显优势；② SPOC 翻转课堂与传统课堂在成绩及格率、优秀率及提高协作能力方面无显著差异；③ SPOC 翻转课堂对激发学生学习兴趣、提升学生学习认真程度和参与度方面有明显优势，并且学生对 SPOC 翻转课堂教学模式有更高的满意度。

研究结果中 SPOC 翻转课堂在提高学习成绩方面的优势与以往针对翻转课堂或 SPOC 翻转课堂的原始研究结果一致，但具体教学效果及程度还应该与具体教学情境相关联。研究结果显示，虽然 SPOC 翻转课堂能够提高学生的整体学习成绩，但对及格率和优秀率的贡献相比传统课堂并无优势，这一结果符合布鲁姆“掌握学习”教学理论的核心思想，即增加学生学习所需的时间可使所有学生掌握 80% ～ 90% 的学习内容，SPOC 翻转课堂通过增加学生的学习时间，让学生的成绩得到整体提升。

研究结果显示，虽然学生对 SPOC 翻转课堂在激发学习态度及满意度方面呈现出积极效果，但对该结果教学意义的解释需谨慎，原因有二：①学习态度和满意度都是较主观的测量指标，其结果容易受学习者主观感受的影响；②在对纳入研究进行基本信息提取和质量评价时，本研究发现只有 1 篇文献较清晰地描述了试验方法和措施，其他文献均未提及或者设计研究方法，方法学的不足会导致测量偏倚。

SPOC 翻转课堂之所以被大力推崇，主要源于该教学模式在前置低层学习目标的基础上，对课堂时空的解放，进一步促进了高阶思维的培养，即该教学模式除了能够提高学习成绩，更能在提升学生综合能力方面发挥效用。此处的综合能力是指以技术能力（technical capacity）、拓展能力（expand capacity）、创新能力（innovative capacity）、合作能力（cooperation capacity）等 4C 能力为主的未来人才的核心竞争力。目前翻转课堂教学模式的优势在质性研究中得到大量阐述，但是在提升 4C 能力方面仍没有统一的评估体系，因此，原始定量研究并没有涉及能够较全面解释能力提升的可测量数据和指标，这是对 SPOC 翻转课堂教学效果无法进行全面评估的主要原因。

本研究最终纳入 19 篇文献，但是针对每个结果指标的文献数量较少，研究设计存在先天不足，研究间存在异质性，作为大样本量同质性研究证据的科学性还有待考证。此外，14 篇文献得到基金支持，这会不同程度地引起发表偏倚。

五、研究的局限性

本研究存在以下不足：一是纳入文献均为国内的研究，对教育类英文数据库进行检索排查最终未发现可用的定量研究的外文文献；二是纳入研究的人群信息如学习能力、学习态度、满意度等结果指标的测量维度及评价措施或测量工具存在差异，导致纳入研究之间存在异质性；三是本研究缺乏灰色文献，只检索了灰色文献数据库，没有检索政府部门发布的官方权威研究报告或其他非传统来源的证据，可能漏掉影响结局指标的相关文献，引起一定的发表偏倚和选择性报告偏倚；四是检索受语种限制，检索语言限制为中英文，可能漏检其他语种的研究文献。

六、结论

现有研究证据表明，SPOC 翻转课堂在成绩达标率和协作能力方面与传统课堂无显著差异，在提升学习成绩、学习能力方面优于传统课堂，学生在 SPOC 翻转课堂中的学习态度积极、满意度较高。鉴于纳入研究的诸多局限性，上述结论仍需进一步研究加以验证。

第二节　基于二分类数据效应量的系统评价

本节以《青少年学校欺凌和约会暴力的 Meta 分析和系统评价》(*School bullying and dating violence in adolescents*：*a systematic review and meta-analysis*) 研究为例，对基于二分类数据效应量的定量系统评价进行解读。[4]

一、研究背景

欺凌被定义为一种直接或间接的故意攻击行为，长期性、重复性、施暴者和受暴者权利的不平等性等特点使我们将欺凌行为与其他类型的攻击行为区分开来，如身体、心理或社会地位相似的年轻人之间的零星打架行为。目前，该领域的研究已经确定了欺凌角色通常分为犯罪者、受害者、施暴者和旁观者等。

在过去几十年中，有关欺凌行为的研究数量大幅增加，关于“学校欺凌”行为的研究已成为“暴力”研究的一个重要分支。已有研究发现，欺凌行为在全世界普遍存在，约 35% 的学生存在或遭受了欺凌，其中男孩的欺凌行为和受害率普遍高于女孩。也有一些研究报告了欺凌行为的短期和长期危害，如内化问题、社会恐惧和危害健康等，欺凌行为和受害行为都预示着未来的暴力行为。具体来说，实施欺凌之后，欺凌者的暴力行为预计会在6年后增加三分之二；遭受欺凌之后，被欺凌者的暴力行为也会增加约三分之一。考虑到攻击行为的发展历程，有理由认为欺凌和约会暴力是相关的。从发展的角度来看，早期的浪漫关系通常是在青少年同伴关系的基础上发展而来的。因此，在同伴中获得和建立地位的行为很容易转移到亲密关系中。同伴是儿童和青少年社会化过程中的关键因素。因此，学校欺凌的心理社会动力学，即同龄人群体可以强化施暴者的攻击行为，可能会使暴力行为在社会上出现。

反欺凌和反约会暴力干预措施对于年轻人理想的社会和情感发展至关重要，但对这两种攻击行为的研究相当分散，因此很难从更大的角度来看待反社会行为模式的预防。了解欺凌和约会暴力之间的关系，包括犯罪和伤害，可以成为学校实施针对暴力的预防计划的里程碑。目前已有的研究是通过对横断面和纵向研究的系统评价和Meta分析来综合欺凌和约会暴力的关系，以及可能的调节变量，如性别、欺凌或约会暴力的类型。本研究将首次对欺凌与约会暴力关系的整体效应量和变量进行系统评价和Meta分析。

二、研究方法

（一）检索策略

对Web of Science和Scopus数据库及谷歌学术进行系统检索。检索时间为建库至2016年10月。检索词包括“bullying”“bully”“peer violence”“peer victimization”“dating”“romantic”“couple”“partner”。

（二）纳入和排除标准

（1）纳入报告了欺凌与约会暴力关系的研究。

（2）纳入与在校学生欺凌相关的研究，排除其他环境中的欺凌研究（如街头暴力）。

（3）纳入明确关注欺凌而不是其他学校暴力行为。

（4）纳入21岁及以下的欺凌行为。

（5）纳入关于约会暴力的研究，排除已婚或同居夫妇的研究。

（6）纳入所有形式的欺凌和约会暴力行为。

（7）纳入原始研究证据，排除理论型研究。

（8）纳入研究语言限定为英语和西班牙语。

（三）资料提取

所有的检索、文献筛选和资料提取均由两名独立的研究人员进行。编码内容包括研究年份、地点、参与者及在欺凌和约会暴力中扮演的角色等信息。同时，还对所有用于分析未调整和调整效应的系数进行了编码。编码过程中若出现差异，则通过讨论的方式解决。

（四）数据分析

使用比值比和 95%CI 描述效应值大小。计算每个纳入研究的 OR 值，并计算欺凌行为和伤害与约会暴力行为和伤害之间关系的总体效应大小。未经调整的效应大小根据主要研究的单变量统计（如相关性、比较平均数）计算，调整后的效应大小根据多变量统计（回归系数）计算以发现变量之间的独特关系，使用 CMA 软件绘制森林图，统计模型选择固定效应和随机效应模型。

三、结果

（一）文献筛选结果

数据库检索获得不重复文献 797 篇，阅读题目和摘要后排除文献 693 篇，进一步阅读全文后排除文献 81 篇，最终纳入 23 篇文献。文献筛选流程见图 8.7。

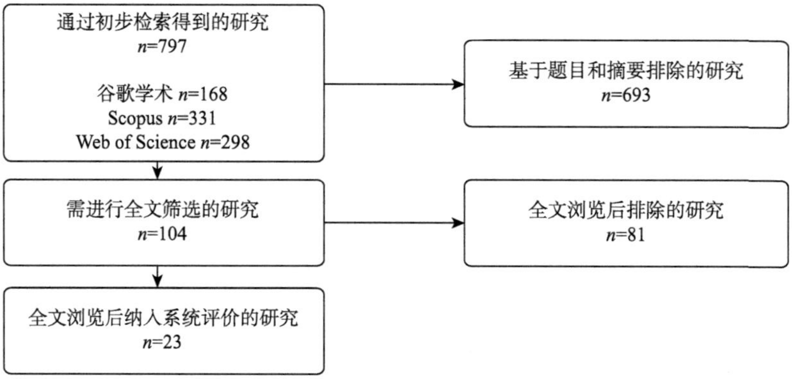

图8.7　文献筛选流程图

（二）欺凌行为与约会暴力行为的Meta分析结果

12 项研究报告了欺凌行为和约会暴力行为之间的未调整关系，8 项研究报告了调整关系（图 8.8）。研究发现，欺凌者约会暴力行为概率较高（未调整：OR = 1.98，95%CI：1.85 ～ 2.11，z=20.62），即使在控制协变量后，这种关系仍然成立（调整后：OR=1.29，95%CI：1.18 ～ 1.40，z=5.75）。

Study name	Subgroup	Bullying	Dating violence	Odds Ratio	Lower limit	Upper limit	z-Value	p-Value
				Statistics for each study				
Unadjusted								
Cutbush et al. (2016)	Combined	Perpetration	Combined	1.59	1.13	2.25	2.63	0.01
Coker et al. (2014)	All	Perpetration	Perpetration	3.62	3.21	4.08	20.88	0.00
Connolly et al. (2000)	All	Perpetration	Perpetration	5.88	2.47	13	4	0.00
Ellis & Wolfe (2015)	All	Perpetration	Perpetration	1.73	0.80	3.78	1.38	0.17
Foshee et al. (2014)	All	Combined	Perpetration physical	1.55	1.26	1.92	4.08	0.00
Foshee et al. (2016)	All	Perpetration	Perpetration physical	1.80	1.25	2.59	3.18	0.00
Foshee Benefield et al. (2016)	All	Perpetration	Perpetration physical	1.16	1.01	1.33	2.03	0.04
Niolon et al. (2015)	Combined	Perpetration	Combined	1.19	1	1.42	1.92	0.06
Leadbeater et al. (2008)	All	Perpetration	Perpetration emotional	2.27	1.71	3.02	5.67	0.00
Pepler et al. (2006)	Combined	Combined	Combined	3.77	1.59	8.98	3	0.00
Shamu et al. (2016)	Males	Perpetration	Perpetration	1.85	1.49	2.29	5.61	0.00
Yahner et al. (2014)	All	Perpetration	Combined	4.02	2.95	5.48	8.82	0.00
Fixed				**1.98**	**1.85**	**2.11**	**20.62**	**0.00**
Random				**2.12**	**1.54**	**2.92**	**4.59**	**0.00**

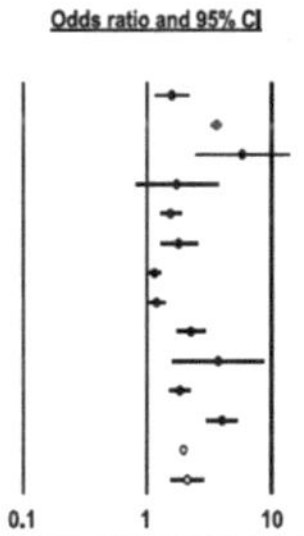

Study name	Subgroup	Bullying	Dating violence	Odds Ratio	Lower limit	Upper limit	z-Value	p-Value
Adjusted								
Cutbush et al. (2016)	Combined	Perpetration	Perpetration	2.74	1.42	5.28	3.01	0.00
Ellis & Wolfe (2015)	Combined	Perpetration	Perpetration	1.22	0.56	2.68	0.50	0.62
Espelage et al. (2014)	Combined	Perpetration	Combined	1.67	1.34	2.08	4.60	0.00
Foshee et al. (2014)	All	Combined	Perpetration physical	1.31	1.01	1.70	2	0.05
Foshee Benefield et al. (2016)	All	Perpetration	Perpetration physical	1.04	0.90	1.19	0.51	0.61
Niolon et al. (2015)	Combined	Perpetration	Combined	2.45	1	6.02	1.95	0.05
Leadbeater et al. (2008)	All	Combined	Perpetration emotional	2.11	1.59	2.80	5.16	0.00
Shamu et al. (2016)	Males	Perpetration	Perpetration	1.16	0.97	1.38	1.61	0.11
Fixed				**1.29**	**1.18**	**1.40**	**5.75**	**0.00**
Random				**1.49**	**1.19**	**1.87**	**3.42**	**0.00**

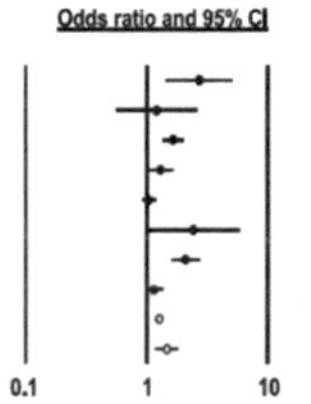

图8.8　欺凌行为与约会暴力行为的Meta分析结果

资料来源：Zych I，Viejo C，Vila E，et al. School bullying and dating violence in adolescents：a systematic review and meta-analysis[J]. Trauma Violence & Abuse，2021，22（2）：397-412. 本节图中涉及的研究的资料来源与此相同

（三）欺凌行为与约会暴力受害者关系的Meta分析结果

如图 8.9 所示，7 项研究提供了欺凌行为和约会暴力受害者之间关系的未经调整的初步结果，3 项研究提供了调整结果。欺凌行为与约会暴力伤害有关（OR=2.59，95%CI：2.36 ～ 2.83，z=20.39），并且在控制混杂变量后这种关系成立（OR=1.09，95% CI：1.02 ～ 1.16，z=2.69）。

Study name	Subgroup	Bullying	Dating violence	Odds Ratio	Lower limit	Upper limit	z-Value	p-Value
				Statistics for each study				
Unadjusted								
Cutbush et al. (2016)	Combined	Perpetration	Victimization	1.51	1.07	2.13	2.32	0.02
Coker et al. (2014)	All	Perpetration	Victimization	3.03	2.69	3.41	18.31	0.00
Connolly et al. (2000)	All	Perpetration	Victimization	5.19	2.35	11.45	4.07	0.00
Ellis & Wolfe (2015)	All	Perpetration	Victimization	1.45	0.69	3.25	1.01	0.31
Espelage & Holt (2007)	All	Perpetration	Victimization	2.33	1.57	3.47	4.18	0.00
Leadbeater et al. (2008)	All	Combined	Combined	2.12	1.60	2.81	5.21	0.00
Shamu et al. (2016)	Females	Perpetration	Victimization	2.10	1.66	2.65	6.25	0.00
Fixed				**2.59**	**2.36**	**2.83**	**20.39**	**0.00**
Random				**2.28**	**1.78**	**2.92**	**6.49**	**0.00**

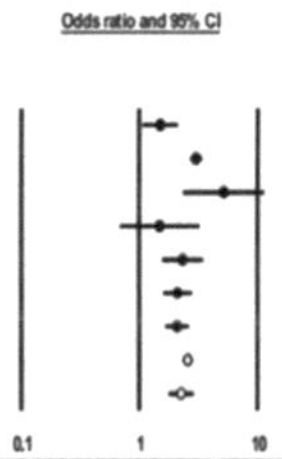

Study name	Subgroup	Bullying	Dating violence	Odds Ratio	Lower limit	Upper limit	z-Value	p-Value
Adjusted								
Ellis & Wolfe (2015)	All	Perpetration	Victimization	1.49	0.69	3.25	1.01	0.31
Leadbeater et al. (2008)	All	Combined	Combined	1.33	1.01	1.76	2.01	0.04
Shamu et al. (2016)	Females	Perpetration	Victimization	1.08	1.01	1.15	2.22	0.03
Fixed				**1.09**	**1.02**	**1.16**	**2.69**	**0.01**
Random				**1.14**	**0.98**	**1.33**	**1.69**	**0.09**

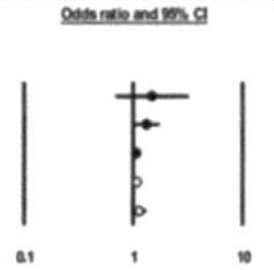

图8.9　欺凌行为与约会暴力受害者关系的Meta分析结果

（四）欺凌受害者与约会暴力犯罪的Meta分析

如图 8.10 所示，欺凌伤害与约会暴力行为之间的关系不显著（未调整：OR=1.43，95%CI：1.33 ～ 1.54，z=9.56；调整后：OR=1.01，95%CI：0.89 ～ 1.14，z=0.10）。这些结果应谨慎解释，因为只有 5 项研究报告了未经调整的效应，3 项研究报告了经调整的效应。未经调整的研究具有显著的异质性（Q=144.37，df=4，p<0.01，I^2=97.23%），而经调整的研究则差异不显著（Q=0.07，df=2，p=0.97，I^2=0）。

Study name	Subgroup	Bullying	Dating violence	Statistics for each study Odds Ratio	Lower limit	Upper limit	z-Value	p-Value
Unadjusted								
Cutbush et al. (2016)	Combined	Victimization	Combined	1.43	1.01	2.01	2.03	0.04
Coker et al. (2014)	All	Victimization	Perpetration	2.31	2.06	2.58	14.62	0.00
Foshee, Benefield et al. (2016)	All	Victimization	Perpetration physical	1.04	0.90	1.19	0.51	6.12
Niolon et al. (2015)	Combined	Victimization	Combined	0.73	0.62	0.88	-3.41	0.00
Leadbeater et al. (2008)	All	Combined	Perpetration emotional	1.41	1.07	1.67	2.44	0.02
Fixed				**1.43**	**1.33**	**1.54**	**9.56**	**0.00**
Random				**1.29**	**0.80**	**2.08**	**1.03**	**0.30**
Adjusted								
Foshee, Benefield et al. (2016)	All	Victimization	Perpetration physical	1	0.87	1.15	0.00	1
Holditch et al. (2016)	Combined	Victimization	Combined	0.95	0.34	2.70	-0.10	0.92
Leadbeater et al. (2008)	All	Combined	Perpetration emotional	1.04	0.79	1.37	0.26	0.80
Fixed				**1.01**	**0.89**	**1.14**	**0.10**	**0.92**
Random				**1.01**	**0.89**	**1.14**	**0.10**	**0.92**

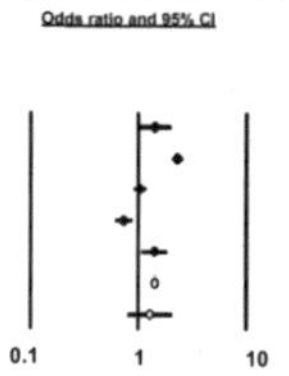

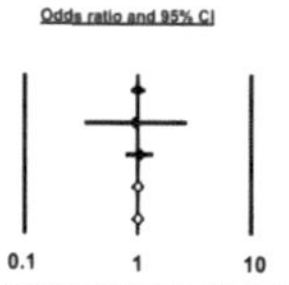

图8.10　欺凌受害者与约会暴力犯罪的Meta分析结果

（五）欺凌受害与约会暴力受害的Meta分析

12 项原始研究显示，欺凌受害和约会暴力受害关系显著（OR=2.51，95%CI：2.37 ～ 2.66，z=31.15）。在五项原始研究中控制混杂变量后（OR=1.96，95%CI：1.84 ～ 2.07，z=22.21），这种关系仍然存在（图 8.11）。纳入研究具有显著的异质性（未调整：Q=69.11，df=11，p<0.01，I^2=84.08%；调整后：Q=28.13，df=4，p<0.01，I^2=85.78%）。

四、讨论

欺凌和约会暴力是青少年的两种反社会行为。本研究通过描述欺凌行为和伤害与约会暴力行为和伤害之间的关系发现，目前关于欺凌和约会暴力之间关系的研究数量仍然很少，而且大多数研究都是横断面研究。鉴于这一主题的重要性，需要进行更多的研究以得出关于这两种反社会行为之间关系的确切结论。我们不可能通过横断面研究得出可靠的因果关系，只能得出理论基础和初步结论。

Study name	Subgroup	Bullying	Dating violence	Odds Ratio	Lower limit	Upper limit	z-Value	p-Value
				Statistics for each study				
Unadjusted								
Cutbush et al. (2016)	Combined	Victimization	Combined	1.55	1.10	2.18	2.47	0.01
Coker et al. (2014)	All	Victimization	Victimization	2.90	2.61	3.22	19.83	0.00
Connolly et al. (2015)	All	Victimization	Victimization	1.04	0.76	1.42	0.23	0.82
Espelage & Holt (2007)	All	Victimization	Combined	1.80	1.19	2.72	2.77	0.01
Hellevik & Overlien (2016)	All	Victimization	Combined	2.81	1.75	4.51	4.29	0.00
Holt & Espelage (2003)	Combined	Victimization	Combined	1.75	1.27	2.42	3.38	0.00
Leadbeater et al. (2008)	All	Combined	Combined	1.69	1.28	2.23	3.67	0.00
Lozano (2012)	All	Victimization	Victimization physical	2.39	1.60	3.56	4.27	0.00
Melancon & Gagne (2011)	All	Victimization	Victimization	3.71	2.36	5.86	5.64	0.00
Peters et al. (2015)	All	Victimization	Victimization	2.50	2.12	2.95	10.78	0.00
Vivolo-Kantor et al. (2016)	Combined	Victimization	Victimization	2.91	2.85	3.28	17.53	0.00
Yahner et al. (2014)	All	Victimization	Combined	2.40	2.04	2.81	10.74	0.00
Fixed				**2.51**	**2.37**	**2.66**	**31.15**	**0.00**
Random				**2.18**	**1.85**	**2.58**	**9.25**	**0.00**
Adjusted								
Debnam et al. (2016)	All	Combined	Combined	1.69	1.43	1.99	6.19	0.00
Hellevik & Overlien (2016)	All	Victimization	Combined	1.61	0.93	2.80	1.70	0.09
Leadbeater et al. (2008)	All	Combined	Combined	1.51	0.87	1.52	0.99	0.33
Martin-Storey (2012)	Combined	Victimization	Victimization	1.99	1.85	2.13	18.98	0.00
Peters et al. (2015)	All	Victimization	Victimization	2.60	2.19	3.09	10.92	0.00
Fixed				1.96	1.84	2.07	22.21	0.00
Random				1.80	1.45	2.24	5.34	0.00

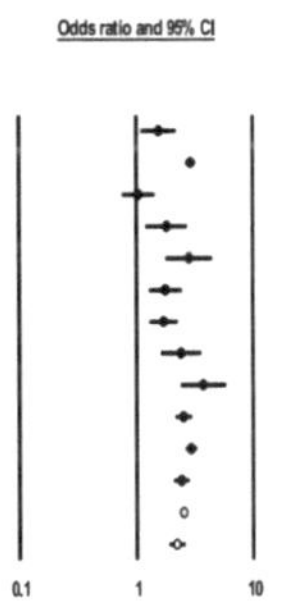

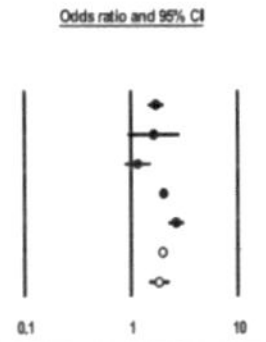

图8.11 欺凌受害与约会暴力受害的Meta分析结果

欺凌者有很高的风险成为约会暴力实施者，而欺凌的受害者也有很高的风险成为约会暴力的受害者。具体而言，欺凌行为与约会暴力行为之间存在直接关系（OR=1.98）。假设非欺凌者中约会暴力的比例为 20%，那么这个值相当于 33% 的欺凌者是约会暴力的实施者。在调整混杂变量后，这种关系仍然存在（OR=1.29），且大约 25% 的欺凌者（假设 20% 是非欺凌者）可能会成为约会暴力的实施者。欺凌受害者和约会暴力受害者之间也有直接关系（OR=2.51），大约 40% 的欺凌受害者（假设 20% 是非受害者）是约会暴力的受害者。在控制混杂因素后，这一结论仍然成立（OR=1.96），且大约 33% 的欺凌受害者可能会成为约会暴力的受害者（假设 20% 是非受害者）。

本研究的局限性有两点。一方面纳入的研究数量较少，几乎所有研究都是横断面研究。因此，欺凌和约会暴力之间的因果关系无法明确，这对研究、政策和实践的影响存在局限性。另一方面欺凌应该在反社会行为的背景下进行研究，大多数关于欺凌行为的研究并不关注其他问题行为，这可能无法从全面的角度看待一个人。设计和评估同时针对欺凌、约会暴力和可能的其他反社会行为的干预措施可能是可取的。

在学校里，欺凌和约会暴力应该作为两种相关行为来处理。如果反欺凌计划是有效的，并且欺凌与青少年约会暴力之间的关系不是巧合，那么就有可能在综合干预中解决这两种问题行为。此外，未来的研究可以探索欺凌、约会暴力和其他反社会行为之间的关系。

第三节　基于相关系数效应量的系统评价

本节以《教师资格与儿童教育和照顾环境质量关系的系统评价》(*The relationship between teacher qualification and the quality of the early childhood education and care environment*)研究为例，对基于相关系数效应量的定量系统评价进行解读。[5]

一、研究背景

并非所有儿童出生时都健康，都可以享有充分的保健、获得良好的营养或生活在可接受的住房条件下；也并非所有儿童生来就有机会发展其语言、识字、解决社会问题和行为管理的技能。已有证据表明，种族和社会经济群体之间存在成就差距(即教育差距)。例如，在美国，经济上处于不利地位的学生和种族边缘化群体的学生在标准化考试中可能比其他学生获得的分数低。

幼儿教育和照顾(Early Childhood Education and Care，ECEC)如果质量过低可能不利于来自各种背景的儿童的发展，特别是如果这些教育和照顾未能消除儿童在其生命早期发展阶段所面临的一些差距和不利条件。例如，儿童的认知、身体和社会情感发展可能存在差异。如果无法获得高质量的服务(如医疗保健和教育)来支持儿童及其家庭的生活，潜在的负面因素可能导致不良的社会、情感、教育、健康、经济和行为结果。许多纵向研究项目都阐述了这样一种观点，即高质量(与低质量相比)幼儿教育更有可能支持儿童获得最佳的社会、情感和认知发展，促进成长体验(包括养育和依恋)，促进教师和儿童之间的积极互动。这些发展和社会经验，以及早期(如学龄前)的支持和养育环境，通常转化为儿童较好的入学准备和入学后在阅读和数学等科目取得较好的成绩。此外，学校参与度(包括为儿童从学前到小学等的各种过渡做好准备)与毅力、学校适应和完成学业正相关。做好学习准备，在学校有积极的社交经历，并最终在学校取得成功(即好的学业成绩)，会把未来反社会行为和参与犯罪活动的概率降至最低。

低质量的幼儿教育和照顾可能对儿童的发展有害，因为它可能导致不良的社会、情感、教育、健康、经济和行为后果。目前对于教师资格与儿童早期学习环境的质量之间的关系缺乏共识，使决策者和教育工作者难以确定在教育的早期阶段提高儿童学习成果的战略。

二、研究目的

本研究的目的是综合关于教师资格与儿童早期学习环境质量关系的现有实证证据。具体来说，本篇系统评价主要回答这一问题：根据幼儿环境评定量表及其修订版来研究教师的教育水平和类型与幼儿学习环境的质量之间是否存在关系？

三、研究方法

（一）纳入和排除标准

（1）研究对象：学龄前儿童、幼儿园儿童、小学儿童。

（2）研究结果：基于 ECERS、ECERS-R、ITERS、ITERS-R 量表确定的 7 个方面：空间和家具；活动；师生互动；语言和推理；父母和其他人员；个人常规照顾；课程设置。

（3）研究设计：比较研究和相关性研究。

（二）文献检索

手工检索数据库 1980 ～ 2014 年有关 ECERS 的研究，数据库包括 Academic Search Premier、CBCA-Education、Cochrane Controlled Trials Register、Database of Abstracts of Reviews of Effectiveness（DARE）、Dissertation Abstracts、EconLit、Education Full Text、ERIC、Journal Storage（JSTOR）、MEDLINE、ProQuest Digital Dissertations、ProQuest Direct、Project Muse、PsychINFO、Scopus、SocINDEX with Full Text 和 SSRN eLibrary。文献检索策略如表 8.3 所示。

表 8.3　文献检索策略

项目	检索策略
目标人群	Classrooms OR Centre-based (/Center-based) classrooms OR home-based classrooms OR Child care centres (/centers) OR Kindergartens OR Pre-schools OR Pre-K (/PreK) OR Pre-kindergartens (/Prekindergartens)
自变量	Teacher's education OR Teacher's qualification OR Training OR Program OR Levels of qualification OR associate degree (AA) OR Child Development Associate (CDA) OR bachelor's degree (BA) OR BA in ECEC OR master's degree (MA) OR MA in ECEC OR PhD OR EdD
结局	Scores/ratings OR Subscales OR Early Childhood Environment Rating Scale, ECERS/ECERS-R/ Infant Toddler Environment Rating Scale, ITERS/ITERS-R

（三）文献筛选和资料提取及编码

两位作者根据文献纳入和排除标准对初始检索的文献进行题目和摘要的背对背筛选。在摘要筛选阶段，那些不涉及目标参与者（例如，幼儿园和学前班学生）或没有测量教师资格和 ECEC 质量之间关系的研究将被排除。

所有符合初始标准的研究使用作者开发的工具进行编码。编码工具包括与文献信息和来源描述相关的项目，如分析特征、样本特征、方法 / 研究设计及计算效应量所需的结果数据。编码过程由两个人独立完成，以确保编码程序和决策的可靠性。开始编码前，制订细化的编码方案，以解决评估者之间的差异，尚未解决的分歧与第三作者进行讨论解决。

（四）数据分析

1. 效应量选择

选择相关系数（*r*）作为共同的效应量度量。当报告平均值和标准偏差时使用 Lipsey 和 Wilson 提出的方法将它们转换为 *r*。如果有相同结果的二分类变量，使用 Sanchez-Meca 推荐的公式将比值比转换为 *r*。采用随机效应模型进行数据合并。

2. 模型选择

固定效应分析中通过 Q 值计算总体方差 T^2。使用 I^2 作为固定效应分析中评估异质性的另一种方法，如果 I^2 值大于 50%，则表明存在中度异质性，即使 Q 统计量没有统计学意义。使用 95%CI 计算效应大小，用森林图来显示效应大小的结果。在结果合并时，仅考虑对 5 个及以上原始研究的数据进行合并。数据合成使用专门的统计 Meta 分析软件（CMA2.0）进行。

3. 敏感性分析

通过分析漏斗图，检验任何潜在发表偏倚，并用 Egger 漏斗图不对称性的回归检验检查数据中是否存在效应量和相应的样本量之间的关联。如果存在这种关联，表明确实存在发表偏倚。

四、结果

（一）文献检索和筛选结果

共检索到 2 023 篇文献，其中 12 篇无法获得全文。对 2 011 篇文章进行初步筛选，排除 1 867 篇未报告教师资格与 ECEC 质量之间的关系的文献，以及 14 篇文献综述 / 定性研究 / 理论文章，初步纳入 130 篇比较研究。对 130 篇比较研究做进一步筛选，因没有可靠证据和未报告相关结局指标，62 篇研究被排除；20 篇研究因未提供足够的数据来计算效应量大小而被排除（表 8.4）；另外，2 篇研究因被确定为极端值而被排除。最终纳入 46 篇研究。

表 8.4 文献检索和筛选结果

审查阶段		研究数量 / 篇
特殊来源		2 023
未获得来源		12
获得来源		2 011
干预措施清单	未报告关系	1 867
	报告关系	144
描述性综述	非定量样本	14
	定量样本	130
Meta 分析	不符合 Meta 分析条件的研究	62
	符合 Meta 分析条件的研究	48
	符合 Meta 分析条件的独立样本	82

（二）发表偏倚结果

漏斗图结果显示纳入的研究结果呈对称分布，没有任何极端的结果（图 8.12）。Egger 检验结果同样显示不存在发表偏倚或发表偏倚较小（t=0.468，p=0.641）。

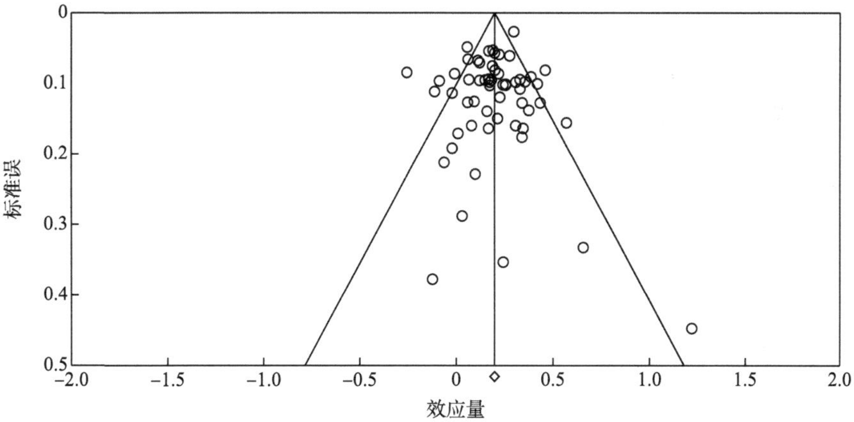

图8.12 Fisher's Z及其标准误的漏斗图：总体ECEC质量

（三）Meta分析合并结果

1. 总体 ECEC 质量

44 项研究报告了总体 ECEC 质量，在 58 个合格的独立样本中，50 个为正相关，其中有 28 个结果具有统计学意义（$p < 0.05$）。随机效应模型合并结果显示 r=0.198（95%CL：0.133 ～ 0.263）。

2. 调节变量分析结果

将研究特征作为调节变量进行分析显示，学生的种族与 ECEC 质量之间存在显著的相关性（表 8.5）。具体来说，除拉丁美洲人亚组外，ECEC 质量与教师资格呈正相关。所使用的量表的调节变量分析结果显示，各研究中使用的现有标准化环境评估量表（Environment Rating Scale，ERS）测量值与教师资格和 ECEC 质量之间没有显著相关。由于纳入研究中 ECEC 质量或目标人群的特征有限，其他一些潜在的调节因素，如社会经济地位没有进行分析。

表 8.5 研究特征与总体 ECEC 质量的相关结果

研究特征	研究数量 / 项	相关系数（r）	上限	下限	z 值	p_1	Q 值	p_2
种族（主要群体）							11.96（5）	0.35
非裔美国人	7	0.147	0.042	0.249	2.736	0.006		
亚裔	1	0.160	−0.165	0.454	0.965	0.335		
伯利兹人	1	0.342	0.093	0.551	2.654	0.008		
高加索人	22	0.175	0.117	0.231	5.883	0.000		
拉丁美洲人	2	−0.061	−0.238	0.120	−0.657	0.511		
未指定	25	0.229	0.175	0.281	8.161	0.000		
使用的量表							9.706（5）	0.084
复合量表	5	0.317	0.175	0.447	4.254	0.000		
ECERS	20	0.125	0.059	0.190	3.716	0.000		
ECERS-R	27	0.204	0.150	0.256	7.338	0.000		
ECERS-R（改良）	1	0.342	0.076	0.563	2.488	0.013		
ITERS	3	0.279	0.094	0.445	2.923	0.003		
ITERS-R	2	0.129	−0.110	0.353	1.060	0.289		

注：p_1 为组内差异显著性；p_2 为组间差异显著性

（四）亚组分析结果

1. 空间和家具

13 项研究共计 14 个独立样本报告了 ECEC 质量与空间和家具的相关性，其中 11 个为正相关。随机效应模型合并结果显示，ECEC 质量与空间和家具相关不显著（r=0.122，95%CI：−0.042 ～ 0.280；I^2=89.402%）。

2. 活动

13 项研究共计 14 个独立样本报告了 ECEC 质量与活动的相关性，其中 12 个为正相关。随机效应模型合并结果显示 ECEC 质量与活动之间存在显著正相关

（r=0.204，95%CI：0.140 ～ 0.267；I^2 = 29.030%）。

3. 师生互动

13 项研究共计 14 个独立样本报告了 ECEC 质量与师生互动的相关性，其中 11 个为正相关。随机效应模型合并结果显示 ECEC 质量与师生互动之间存在显著正相关（r=0.122，95%CI：0.053 ～ 0.189；I^2 = 34.331%）。

4. 语言和推理

13 项研究共计 14 个独立样本报告了 ECEC 质量与语言和推理的相关性，全部显示为正相关。随机效应模型合并结果显示 ECEC 质量与语言和推理之间存在显著正相关（r=0.203，95%CI：0.122 ～ 0.282；I^2 =50.094%）。

5. 父母和其他人员

7 项研究共计 8 个独立样本报告了 ECEC 质量与父母和其他人员的质量评分的相关性。7 个样本表明这些研究中教师的教育水平越高，父母和其他人员的质量评分越高（r=0.189，95%CI：0.049 ～ 0.321；I^2 =67.011%）。

6. 个人常规照顾

11 项研究共计 12 个独立样本报告了 ECEC 质量与个人常规照顾的相关性，6 个样本显示为正相关。随机效应模型合并结果显示 ECEC 质量与个人常规照顾之间相关不显著（r=0.095，95%CI：−0.503 ～ 0.239；I^2 =84.063%）。

7. 课程设置

11 项研究共计 12 个独立样本报告了 ECEC 质量与课程设置的相关性，8 个样本显示为正相关。随机效应模型合并结果显示 ECEC 质量与课程设置之间存在显著正相关（r=0.224，95%CI：0.014 ～ 0.415；I^2 =92.226%）。

五、讨论

（一）总体结果

本研究分析探讨了教师资格与 ECEC 质量结果之间的关系。系统评价了使用 ERS 量表测量 ECEC 课堂质量的研究，并报告了不同教育水平教师的比较数据。这些评估提供了两类证据：相关性和组间平均差异。证据还根据教师所获得的最高正规教育水平、正规教育年限、在 ECEC 相关课程中获得的学分，以及在中心级别具有特定学位的百分比，对教师资格进行了一系列定义或分类。此外，纳入的研究必须报告 ERS 至少一项的测量结果。这些结果包括 ECEC 总体质量（总体评级）和原始子量表因素评级（空间和家具、活动、师生互动、语言和推理、父母和其他人员、个人常规照顾、课程设置）。总体而言，本研究在文献检索中发现了一组样本量相对较小且多样化的比较研究，符合我们的纳入标准。此外，很少有研究使用重复测量来探索提高教师资格对 ECEC 质量的影响。

研究结果显示，教师资格和总体 ECEC 质量与学习环境之间存在正相关关系。同时教师资格与大多数子量表也呈正相关，包括语言和推理、活动、师生互动、课程设置、父母和其他人员。在教师资格和 ECEC 质量的相关性方面，七个因素分量表均为正相关，但“空间和家具”和“个人常规照顾”两项合并结果无统计学意义。

（二）研究局限性

从统计结论效度、内部效度、结构效度和外部效度四个方面评价证据质量，发现本研究证据质量较好，但仍存在三点局限性。首先，研究仅关注了正式教师，没有关注助教及其他教辅人员的影响；其次，研究纳入的大多数均为相关性研究，在调查基于教师资格变化对 ECEC 质量影响的能力方面是有限的；最后，大多数合并结果的异质性较高，教师资格在与子量表评分之间的关系可能无意中受到潜在因素的影响。

（三）未来研究展望

本研究为 ERS 测量的教师资格和课堂质量之间的关系提供了有力证据，是 20 世纪 80 年代以来的证据提供的最新分析结果。然而这项研究侧重于定量研究成果，这一领域的进一步研究可能还应该包括定性数据分析，以更好地探索教师资格与幼儿学习环境质量之间的关系。此外，未来的研究可以通过自然实验或非实验设计，建立教师资格和课堂质量之间的因果关系。这种分析将补充当前的研究，并有助于对幼儿学习环境进行更深入的理解。未来还需要进一步研究具有较高学历的教师所学到的具体知识和技能使他们能够有效地完成自己的任务。在专业培训过程中，非常重要的一点是研究如何确定关键的促成因素，为教师提供信心并提高他们的能力，从而使他们能有效地扮演好教师的角色。通过确定这些促成因素，专业培训可以更好地促进教师的发展。

参 考 文 献

[1] 柳春艳，李丹，张宝仁，等 . SPOC 翻转课堂教学有效性的系统评价与元分析 [J]. 开放教育研究，2019，25（1）：36，82-91.

[2] 李芳军，屈社明 . 翻转课堂环境下大学生英语应用能力发展的动态交互模型及其实效性研究 [J]. 外语教学，2018，39（5）：75-80.

[3] 张迪 . 翻转课堂在《土壤污染与防治》案例教学中的应用及效果研究 [J]. 教育现代化，2018，5（32）：263-266.

[4] Zych I，Viejo C，Vila E，et al. School bullying and dating violence in adolescents ：a

systematic review and meta-analysis[J]. Trauma Violence & Abuse，2021，22（2）：397-412.

[5] Manning M，Garvis S，Fleming C，et al. The relationship between teacher qualification and the quality of the early childhood education and care environment[J]. Campbell Systematic Reviews，2017，13（1）：1-82.

第九章　定性系统评价案例解析

第一节　主题综合法

本节以《反思的概念：跨专业背景的系统评价和主题综合》(*The concept of reflection: a systematic review and thematic synthesis across professional contexts*)研究为例，对定性系统评价中的主题综合法进行解读。[1]

一、研究背景

反思最初被杜威定义为“根据支持它的理由和倾向得出的进一步结论，对任何信念或假定知识形式的积极、持久和仔细的考虑”。这一定义意味着，反思是一个认知过程，涉及评估一个想法或个人持有的信念，利用可用的证据来源为反思性话语提供信息。多年来，由于特定背景下，研究者对反思的描述出现了复杂的层次（表 9.1）。各种定义的变化导致了关于什么是反思，以及随后如何进行有意义和有效的反思的混淆。事实上，一项关于系统反思障碍的研究报告称，10 名参与者中仅有 1 人能够识别出一个反思模型，这表明参与者对反思普遍缺乏概念性的理解。

表 9.1　现有的关于反思的定义

反思的定义	作者
对任何信念或假设知识的主动、反复和仔细的考虑，并根据支持它的理由和趋向得出进一步结论	Dewey（1933，p.9）
由经验激发的，对所关注的问题进行内部的检查和探索，并根据自我创造和解释来改变固有观念的过程	Boyd 和 Fales（1983，p.99）
个人为探索自己的经验以获得新的理解和认知而进行的智力和情感活动。这种活动既可以单独进行，也可以和他人一起进行	Boud 等（1985，p.19）
对我们努力解释和赋予经验意义的内容、过程或假设进行批判性评估的过程	Mezirow（1991，p.104）
对实践进行批判性审视的主动的、深思熟虑的过程。在此过程中，个人会感受到挑战并开启自我探究过程，进而使实践者在反复的个人转变过程中开展可取且有效的实践	Duffy（2007，p.1405）
参与学习和（或）专业实践的过程，此过程可以为个人提供批判性分析和评估学习或实践的机会	Black 和 Plowright（2010，p.246）
实践者获取、理解和学习工作经验的能力，进而使工作达到更理想、更有效和更满意的状态	Johns（2011，p.23）

续表

反思的定义	作者
个人积极探索自身经历的深思熟虑的过程，且对个人决策、思想和感受进行探索的过程可以改善实践	Gentile（2012，p.102）
反思是一个多方面的过程（不是一个简单的行为）。在这个过程中，个人的认知和情感能力被激活以实现建设性的学习目的，进而可能导致态度或行为的改变	Cleary 等（2013，p.69）
一种有目的和（或）结果的心理过程，即对学习中相对复杂或非结构化的想法或没有明显解决办法的问题进行富有意义的操纵的过程	Moon（2013，pp.155-156）
一个通过在实践背景下质疑整个自我及自我能动性来促进对个人经验进行审视的有目的的且复杂的过程	Knowles 等（2014，p.10）

资料来源：Marshall T. The concept of reflection：a systematic review and thematic synthesis across professional contexts[J]. Reflective Practice，2019，20（3）：396-415. 本节表中涉及的研究的资料来源与此相同

反思的定义的多样性可能导致理论叙述的分歧，以及随之而来的参与反思实践人员的减少。此外，反思得到了专业机构的认可，这要求从业者提交关于对实践进行反思的书面证据，以保证专业认证。因此，有必要通过实验来验证反思实践的结果。然而，首先最重要的是通过理论综合来验证反思的概念和定义，以构建一个对反思全面而准确的理解。本研究的目的是通过系统评价理解与专业实践相关的反思的概念。利用主题综合的系统方法回答现有文献如何解释跨专业背景下反思的概念。

二、研究方法

（一）纳入和排除标准

如表 9.2 所示，系统评价仅纳入以反思、反思实践或反思学习为主题的已发表的英文定性研究，且研究必须公开探索反思的概念或反思的其他定义，或试图理解反思的过程。

表 9.2　纳入和排除标准

纳入标准	排除标准
反思、反思实践或反思学习被确定为研究方法中的主要主题或重点领域	反思、反思实践或反思学习不是主要主题或重点领域（例如，反思可能已在结果中报告，但在研究方法中未被确定为研究变量）
探讨了反思的概念，或尝试定义反思或理解反思的过程	没有探讨反思的概念，也没有试图定义反思、反思实践或反思学习，或有助于理解反思的过程
经过同行评议且以英文报告相关数据的原始研究，或探讨反思概念的书籍资料	未发表的研究或论文，或与反思概念无关的书籍资料
定性或混合方法设计	定量研究设计
	数据未以英文报告

（二）检索策略

2018 年 1 月 29 日，在电子数据库（PubMed，PsychINFO，SPORTDiscuss 和 Scopus）中进行题目检索，检索词为：reflect* AND concept*，reflect* AND defin*，reflect* AND theor*。对出版日期没有使用任何限制。此外，对检索到的文章的参考文献列表进行核对，以确定其他与研究问题相关的文献。在最初的检索过程中，确定了 1 301 条记录。经过题目和摘要筛选，并删除重复记录后，共筛选了 77 篇与纳入和排除标准相关的文章。经过全文筛选后，排除 63 篇不符合纳入标准的文章。最终有 14 篇文章全文纳入主题综合（图 9.1）。这些文章被上传到 NVivo11 的内部源文件路径中，并使用主题综合进行分析。

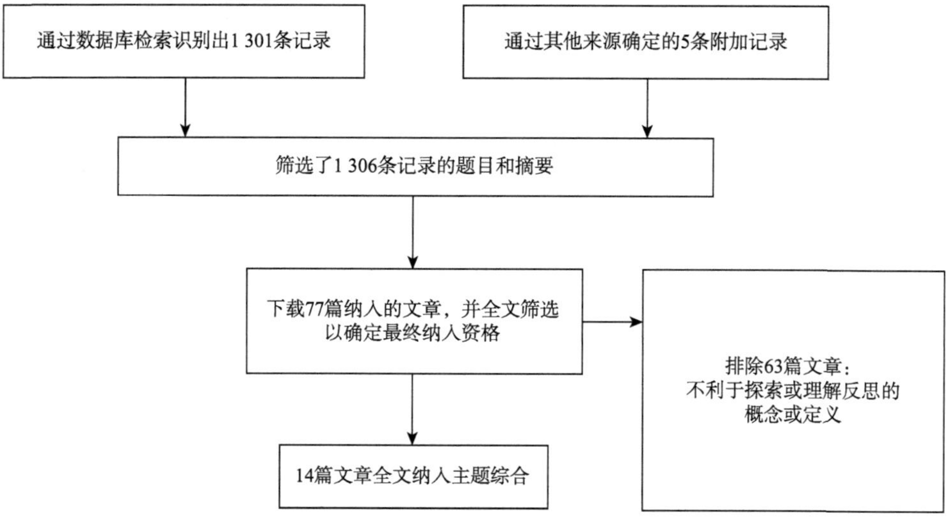

图9.1　文献筛选的PRISMA流程图

（三）跨学科检索策略的合理性

由于缺乏对反思的一致定义，所以对整理的定义列表（表 9.1）进行了初始单词频率检索，以促进对反思的共同特征的初步理解。在 NVivo11 中进行的单词频率检索使用了三个条件。首先，初始检索确定了精确的单词匹配数量；其次，检索包括已识别单词的同义词，而且限制较少；最后，包括对已识别单词的概括，从而创建了最广泛的单词频率计数。

（四）主题综合资料提取

根据 Thomas 和 Harden 的方法，对所有纳入的文章进行主题合成。具体来说，首席研究员使用 NVivo11 进行了三个阶段的分析：逐行编码、建立描述性主题和生成分析性主题。分析单元包括结果子标题下的任何文本。然而，根据目的和研究问题，研究者可自行决定附加文本是否与代码相关。相关信息、已建立的反思定义的表格和说明反思过程的图表被作为额外的分析单元。同时，检索图书来源，以确定探索反思概念的相关文本，并将这些小节转录并上传到NVivo11，以纳入主题综合。在文本摘录引用二次研究的地方编码文本，并制成表格。

1. 逐行编码

反复阅读每一篇文本，以熟悉内容的广度和深度。在熟悉之后对文本进行逐行编码，确保每个句子都与至少一个代码相关联。所有的初始代码都被分配了一个标签，并使用不断的比较做进一步的还原和解释。

2. 建立描述性主题

在最初的逐行编码之后，重新检查所有应用于代码的文本的准确性和精度。将最初的代码根据相似性进行分组，并在描述上保持接近原文。每组采用归纳和演绎进行持续比较。

3. 生成分析性主题

分析性主题是通过比较描述性主题与目标和研究问题来构建的。编写备忘录的目的是促进反思和发展对类别间和类别内相似性的连贯理解。由此产生的描述性主题组被分配了一个标签，并总结描述性代码之间的关系。此过程总结出了四个分析性主题（表 9.3）。

表 9.3　与反思特征相关的主题综合中总结出的分析和描述性主题

认知	综合	反复	主动
反思涉及对一系列问题的持续探索（Dewey，1933；Gilbert 和 Trudel，2001；Hong 和 Choi，2011；Nguyen 等，2014；Rogers，2001）	人们从各种不同的信息来源中学习（Stodter 和 Cushion，2017）	反思是循环的，进一步的经验由新形成的观点引导（Black 和 Plowright，2010；Dewey，1933；Gilbert 和 Trudel，2001；Jay 和 Johnson，2002；Nguyen 等，2014；Rogers，2001；Stodter 和 Cushion，2017）	非正式的学习体验通常是自我导向的（Black 和 Plowright，2010）
反思是一个认知过程（Dewey，1933；Hong 和 Choi，2011；Ixer，2016；Jay 和 Johnson，2002；Jordi，2011；Nguyen 等，2014；Rogers，2001）	批判性反思涉及整合（Jay 和 Johnson，2002）	反思涉及连续的思想循环（Dewey，1933）	反思涉及积极的、有意识的努力（Duffy，2007）
反思是一个更高层次的认知过程，涉及有目的的意义创造（Duffy，2007；Jay 和 Johnson，2002；Jordi，2011；Nguyen 等，2014；Schon，1986；Stodter 和 Cushion，2017）	每种体验都是不同的，信息源（情感、先前学习的视觉听觉等）的价值权重取决于每种情况（Jordi，2011）	使用意想不到的结果来重新定义问题（回话）是解决问题的反思的一个明显特征（Hong 和 Choi，2011）	反思是经过深思熟虑的，因此包含了明确的反思意图（Hong 和 Choi，2011；Rogers，2001）

续表

认知	综合	反复	主动
反思常常是对个人思维方式的审视，并经常导致观点的改变（Hong 和 Choi，2011；Ixer，2016；Stodter 和 Cushion，2017）	反思整合了多种信息源（Duffy，2007；Jay 和 Johnson，2002；Jordi，2011）	反思可能是深思熟虑的也可能是浮于表面的过程，具体取决于审视已有想法所花费的时间，进而形成更深入的见解（Rogers，2001）	反思是一种积极而刻意的练习（Goulet 等，2016）
与感知体验的识别相关的自动预反思过程，涉及行动中的反思（Ixer，2016；Jordi，2011；Stodter 和 Cushion，2017）	反思是对已知信息和最新信息的整合（Stodter 和 Cushion，2017）	我们必须继续质疑反思的输出（Ixer，2016）	反思是一个积极的过程，可以用来解决问题（Hong 和 Choi，2011）

（五）质量评价

由于没有公认的、实证检验的方法来证明排除在数据综合之外的定性研究，该研究没有对纳入的研究进行质量评估。但对文本的提取信息、描述性代码和分析代码进行了详细描述，并公开、透明地提供了关于每篇文章对最终结论的相对贡献（表 9.4 ～表 9.7）。此外，通过考虑可信度、可转移性、可靠性和可确认性这四个标准来确保了结论的真实可靠。首先，通过使用结构化分析方法长期接触数据，包括对所有层次的分析（文本、初始代码、描述性代码和分析代码）进行不断比较，并仔细记录研究人员的思维过程，以确保结论的可信度。其次，通过透明地报告文本数据、描述性和分析性主题，并提供对分析过程中使用数据的详细描述，以确保结论的可转移性和可靠性。最后，通过实现前三个标准，以及频繁使用备忘录写作来探索个人偏见和在分析过程中减少偏见的误导性效应，以确保结论的可确认性。

表 9.4　用于构建认知主题的文本数据

引用	一级引用文献	二级引用文献
反思是分析和解决复杂和模棱两可的问题的一种互动和解释技巧	Cushion（2016，p.4）	Schon（1986）；Gilbert 和 Trudel（2001）
反思作为一种特定的思维形式，有别于其他思维过程	Nguyen 等（2014，p.1179）	
反思与其他思维过程的不同之处在于，它还要求根据自己对问题的理解进行思考，而不是简单地试图解决问题	Nguyen 等（2014，p.1181）	Mezirow（1991）
反思是一种认知过程或活动	Rogers（2001，pp.40-41）	
反思是个体转换其意义图式和意义观点的过程，从而产生跨界学习	Rogers（2001，p.41）	Mezirow（1991）
这七种理论方法揭示了几个共同的定义要素。这些包括作为认知和情感过程或活动的反思	Rogers（2001，p.41）	

续表

引用	一级引用文献	二级引用文献
反思使个人为新的体验做好准备，并导致新的信息、想法甚至新的认知地图的产生。这个过程对个体意义、结构或观念意义转化赋予了新的解释	Rogers（2001，p.45）	Mezirow（1991）
反思是一种识别、审查和重构作为一个人的思想和行为基础的假设的方法	Rogers（2001，p.45）	Brookfield（1990）
反思分为多个层面，如果要实现第二层面的反思，就必须达到批判反思的更高、更抽象的层面	Ryan（2012，p.208）	
学习既涉及将新知识融入现有图式的认知过程，也涉及社会语境中的文化条件和学习机会	Ryan（2012，p.209）	Kalantzis 和 Cope（2012）
有意义的、变革性学习的理念在于通过与已有知识的反思性联结，在实践过程中实现观念的开放性转化和实施	Stodter 和 Cushion（2017，p. 13）	Moon（2001）；Mezirow（1991）

表 9.5　用于构建综合主题的文本数据

引用	一级引用文献	二级引用文献
促进了理论与实践的集成，架起了理论与实践的桥梁	Duffy（2007，p.1405）	Atkins 和 Murphy（1993）；Landeen、Byrne 和 Brown（1995）；Wong 等（1995）；Rolfe（1997）；Upton（1999）
反思性实践既有利于学生的学习，也有利于信息的整合	Goulet 等（2016，p.147）	Trauth-Nare 和 Buck（2011）；Taylor（2012）
批判性反思绝不是最后一步，而是不断地回到自己对手头问题的理解。这个过程正如 Schon 所描述的那样，人们可能会找到一种方法来整合或选择情境中的价值。换句话说，是通过几种不同的方式来看待问题，在行动中做出判断或选择，或者简单地将所发现的东西整合到对问题的新的、更好的理解中	Jay 和 Johnson（2002，p.79）	Schon（1986）
尽管反思以“从混乱的人类经验中提炼出理性知识”而著称，但我认为反思实践有可能起到相反的作用，即整合一系列构成我们经验和意识的认知和非概念元素	Jordi（2011，p.2）	
我认为这不仅仅是一种需要事后思考的认知失调……而是身体拥有的感觉、记忆、外部刺激、内在情绪、想法和新旧信息的复杂组合，这一过程需要重新整合和意义构建	Jordi（2011，p.6）	Illeris（2007）
这些隐藏在严格认知反思实践阴影下的“不和谐”需要被揭示出来。我认为，它们的出现表明了对整合和赋予意义的一种倾向或解决某些尚未完成事情的渴望，而这种倾向是人类意识和经验中固有的	Jordi（2011，p.6）	
作为认知和情感过程或活动的反思：①需要个人的主动参与；②由一种不寻常或令人困惑的情境或经验触发；③涉及对自己的反应、信念和当前情境的审视；④结果是将新的理解整合到自己的经验中	Rogers（2001，p.41）	

表 9.6　用于构建反复主题的文本数据

引用	一级引用文献	二级引用文献
参与者讨论了区分即时反思、现场反思和延迟反思的经验。随着时间的流逝，这意味着对过程的反思比对目标的反思质量更高	Black 和 Plowright（2010，p.252）	
这些话并没有表达出我们当时的感受或想法，因此我们需要返回到当时的情境中并重组这些话，使其能表达我们的想法	Black 和 Plowright（2010，p.254）	
从数据中发现的另一个主题是重返课本，即后续的复习会让学习者产生更深层次的反思	Black 和 Plowright（2010，p.254）	
反思是策略生成、试验和评估组成的循环过程。例如，在解决执教问题时，通常会按照这个过程围绕教员进行多次循环讨论	Gilbert 和 Trudel（2001，p.22）	
反思性思维有助于设计师在设计过程中增加迭代频率。设计过程中的迭代经常在专家的行为中观察到。迭代过程涉及设计师积极参与反思，他们反复审查问题的定义，以便他们可以重塑适当的问题空间并重新仔细检查他们提出的解决方案	Hong 和 Choi（2011，pp.690-691）	Adams（2001）；Adams、Turns 和 Atman（2003）；Atman 等（2007）
问题定义和解决方案生成之间的频繁转换与 Schon 关于情境回溯的思想一致	Hong 和 Choi（2011，p.691）	Schon（1986）
驱动迭代设计过程的是对情境、行动和重新认识的评价循环	Hong 和 Choi（2011，p.691）	Schon（1986）
绝不是“最后一步”“批判性反思”，而是不断回归自己对手头问题的理解	Jay 和 Johnson（2002，p.79）	
由于每个作者都有自己的偏好，我们认为反思性思维必须是专注的、批判性的、探索性的和反复的	Nguyen 等（2014，p.1181）	
反思是让我们与自己的思想和行为及其潜在的概念框架进行专注的、批判性的、探索性的和反复的互动过程，以期改变这些思想和行为，并着眼于改变的本身	Nguyen 等（2014，p.1182）	
反思的过程并不总是有一个确定的起点和终点。因此，它应该被视为连续不断的，就像是一个螺旋式上升的过程，其中充满挑战性的情境会带来更深刻的反思，进而出现新的解释和理解	Rogers（2001，p.45）	
教员们的工作通常是帮助学习者不断地、反复地构建和联结新的、与实践密切相关的知识，并将其纳入他们现有的知识结构中	Stodter 和 Cushion（2017，p.11）	
作为反思反馈循环的一部分，在拒绝和适应概念之间进行选择是学习过程的一个重要特征	Stodter 和 Cushion（2017，p.12）	

表 9.7　用于构建主动主题的文本数据

引用	一级引用文献	二级引用文献
它是一种以科学探究为基础的规范的思维方式	Duffy（2007，p.1401）	Dewey（1933）
大多数作者认为反思性实践是一个有意识的、深思熟虑的过程。因此，它不是一种直观的实践，而是更倾向于有计划和以教学为导向	Goulet 等（2016，p. 146）	Kaasila 和 Lauriala（2012）；Ryan（2011）；Ryder（2011）
在反思过程中，驱动个人的一个关键组成部分是他们的意图。尽管其他人可以通过策略进行干预以促进他们的反思，但无论他们是否反思及他们反思的程度如何是由他们自己决定的	Hong 和 Choi（2011，p.689）	Boud 等（1985）
根据支持任何信念或假定知识的理由，以及其所倾向的结论，对任何信念或假定知识进行主动的、持久的和仔细的思考，构成了反思性思维。它是一种有意识的、自愿的努力，是建立在坚定的、合理的基础上的信念	Dewey（1933，p.9）	

续表

引用	一级引用文献	二级引用文献
作者对反思的一般性定义也暗示了反思需要个人的主动参与	Rogers（2001，p.41）	
反思作为一种认知和情感过程或活动需要个人主动参与	Rogers（2001，p.41）	

三、结果

（一）现有定义的单词频数

研究结果表明，实践（Practice，*n*=6/7/0）、经验（Experience，*n*=5/8/0）、主动（Active，*n*=0/6/36）在两种情境中均存在，而反思定义中最常用的五个单词是认知（Cognitive，*n*=0/0/44）、主动（Active，*n*=0/6/36）、改变（Changed，*n*=0/0/36）、过程（Process*，*n*=10/12/26）和内容（Content，*n*=0/0/23）（表 9.8）。因此，反思被认为是一个认知过程，可以跨越专业环境。反思所涉及的认知过程不太可能因职业不同而有所区别。然而，我们有理由假设，不同的职业强调不同程度的认识过程，进而使反思在不确定和令人困惑的情况下变得有意义。因此，一些职业可能需要从业者花更多的时间进行反思。然而，职业强调反思不太可能改变反思所涉及的认知过程，因此跨学科检索是一个合理的起点，可以开始系统地搜索来综合反思的概念。此外，尚未在任何一个背景下进行深入的概念性探索，进一步证明了跨专业背景下的综合研究是合理的。

表 9.8　可用的反思定义的单词频数

精确匹配频率	纳入的同义词频率	纳入的概括频率
Process（10）（Black 和 Plowright，2010；Boyd 和 Fales，1983；Cleary 等，2013；Duffy，2007；Gentile，2012；Knowles 等，2014；Mezirow，1991；Moon，2013）	Process（12）（Black 和 Plowright，2010；Boyd 和 Fales，1983；Cleary 等，2013；Duffy，2007；Gentile，2012；Johns，2011；Knowles 等，2014；Mezirow，1991；Moon，2013）	Cognitive（44）（Black 和 Plowright，2010；Boud 等，1985；Boyd 和 Fales，1983；Cleary 等，2013；Dewey，1933；Duffy，2007；Gentile，2012；Johns，2011；Knowles 等，2014；Kolb，2014；Mezirow，1991；Moon，2013）
Practice（6）（Black 和 Plowright，2010；Duffy，2007；Gentile，2012；Knowles 等，2014）	Experience（8）（Boud 等，1985；Boyd 和 Fales，1983；Gentile，2012；Johns，2011；Knowles 等，2014；Kolb，2014；Mezirow，1991）	Active（36）（Black 和 Plowright，2010；Boud 等，1985；Boyd 和 Fales，1983；Cleary 等，2013；Dewey，1933；Duffy，2007；Gentile，2012；Johns，2011；Knowles 等，2014；Mezirow，1991；Moon，2013）
Experience（5）（Boyd 和 Fales，1983；Johns，2011；Knowles 等，2014；Kolb，2014；Mezirow，1991）	Practice（7）（Black 和 Plowright，2010；Duffy，2007；Gentile，2012；Knowles 等，2014；Moon，2013）	Changed（36）（Black 和 Plowright，2010；Boud 等，1985；Boyd 和 Fales，1983；Cleary 等，2013；Dewey，1933；Duffy，2007；Gentile，2012；Johns，2011；Knowles 等，2014；Kolb，2014；Mezirow，1991；Moon，2013）

续表

精确匹配频率	纳入的同义词频率	纳入的概括频率
Learning（4）（Black 和 Plowright，2010；Cleary 等，2013；Moon，2013）	Learning（7）（Black 和 Plowright，2010；Boud 等，1985；Cleary 等，2013；Dewey，1933；Johns，2011；Moon，2013）	Process*（26）（Black 和 Plowright，2010；Boud 等，1985；Boyd 和 Fales，1983；Cleary 等，2013；Dewey，1933；Duffy，2007；Gentile，2012；Johns，2011；Knowles 等，2014；Mezirow，1991；Moon，2013）
Critically（3）（Black 和 Plowright，2010；Duffy，2007；Mezirow，1991）	Active（6）（Boud 等，1985；Boyd 和 Fales，1983；Cleary 等，2013；Dewey，1933；Duffy，2007；Gentile，2012）	Content（23）（Black 和 Plowright，2010；Boud 等，1985；Boyd 和 Fales，1983；Cleary 等，2013；Dewey，1933；Johns，2011；Knowles 等，2014；Kolb，2014；Mezirow，1991；Moon，2013）

（二）证据体

研究最终分析纳入了 12 篇期刊文章和 2 本书。数据来源包括运动（*n*=2）、药学专业（*n*=1）和其他（包括文献综述、概念分析或系统评价）。专业背景包括体育（*n*=2）、教育（*n*=4）、护理（*n*=2）、药学（*n*=1）、设计（*n*=1）和哲学（*n*=4）。所有的资料来源都使用了定性的方法。

（三）主题

主题综合的结果是构建了四个抽象的主题来描述反思的特征（表 9.3）：认知、综合、反复和主动。认知是另外三个主题（综合、反复和主动）所描述的核心主题。Moon 将反思描述为一种通过显式形式的表征来促进的认知过程。此外，杜威最初将反思概念化为一个认知过程，这得到了许多作者的支持，他们或含蓄或明确地将反思描述为涉及认知、推理或意义的探索。因此，明显的共识是，反思是一个认知过程，似乎是由显式形式的表征促进的。涉及符号表示模式的反思概念得到了许多研究的支持，这些研究使用书面或口头描述作为报告实践反思或收集实践经验数据的方法，并通过使用这些方法来建构和记录反思过程。因此，很明显，反思是一个通过公开表达思想来促进的认知过程。

四、讨论

（一）认知

反思是一种认知过程，用来理解复杂而模糊的问题，是由对难以理解的信息的直接感知触发的，因为个人现有的知识和理解不足以理解经验，需要通过反思来仔细地和深思熟虑地检查经验。反思的结果可能是解释性假设的发展，并通过对经验的重新审视和随后的反思进行验证。因此，反思性从业者是实践的理论家。这在 Kolb 的工作中很明显。他提出经验是通过反思概念抽象出来的，然后通过主动的试验和实践来测试假设。因此，用于发展实践目的的反思必然位于实践中，并且是将经验概念化为可操作和可验证的假设的方法。

（二）综合

作为一种用来理解歧义的认知过程，反思探索并综合多种观点和看法，以构建一个连贯的叙事。因此，反思使反思者能够理解一种经验，并构建特定工作环境的支持理论。发展中的叙述可以用进一步的经验进行检验，基于经验的解释产生抽象综合。长期反思性探究考察与现有知识相关的新经验，为从业者提供了探索个人主观性（信念、意义、观点、情感）的一种与直接经验有关的“工具”，从而将已知的和新知的进行综合。

（三）反复

反思是一种认知过程，由公开的表现模式促进，允许频繁地回到对经验或想法的解释中。因为表现模式使思想表达和重新审视频繁循环，反思并不总是有一个明确的开始和结束，而是随着时间的推移不断发展。持续的反思期，其特征是经常重新审视发展中的叙述，导致内部代表图式的图式进一步整合、分化及定性的反思过程。持续的反思性探究使人们能够通过写作过程构建和联结知识，并通过对不断进化的作品进行周期性的重新审视来形成连贯的系列观点。因此，反思是一个正在进行的循环过程，包括积极构建一个连贯和有顺序逻辑的叙述。

（四）主动

反思是一种有纪律的思维方式，涉及意识和意图。因此，反思的特征是主动参与。如上所述，反思涉及思想表达和重新审视的循环，持续执行，可以完善个人理解。因为写作使内在想法的表达变得明确，在使即时或长期的重新检查周期成为可能的同时，实践者能够花时间整合以前没有关联的想法，由此产生的见解可以提供必要的一致性来理解一个经验或想法。因此，反思能够通过进化叙事的形式“将想法聚集在一起”，来发展新的洞察力。

五、结论

在对现有理论研究的系统评价上，结合反思的已知特征，《反思的概念：跨专业背景的系统评价和主题综合》一文的作者提出了以下定义：反思是一种仔细的检查，它通过持续的表达周期和评估 / 再评估来将想法结合在一起，并创造出新的洞察力（Reflection is a careful examination and bringing together of ideas to create new insight through ongoing cycles of expression and re/evaluation)。

六、局限性和未来展望

本研究探索了现有的概念文献，旨在构建一个与先前被归因于反思的主题综合结构相一致的达成共识的定义。系统的检索是在反思是一个认知过程的前提下进行的，这是一个合理的假设。主题综合涉及归纳分析过程，所以由此产生的理论概念化是基于当前作者对反思的理解构建的。为了减少个人偏见对结果的影响，研究人员在整个分析过程中都写了备忘录。这些备忘录探讨了研究者关于从数据中衍生出的观点的看法，减少了将预定义的类别强制纳入数据的倾向，并促进了根据类别发展进行仔细推理的过程。然而，研究者根据个人的认识论信念和对新兴的实证研究的理解，对所提出的理论进行质疑和“解释”是很重要的。通过进一步的研究，希望能够建立一个实证证据基础来验证和解释反思的认知过程。

第二节 Meta 民族志

本节以《关于学校环境与学生健康的质性研究的系统评价和 Meta 民族志》(*The school environment and student health: a systematic review and meta-ethnography of qualitative research*) 研究为例，对定性系统评价中的 Meta 民族志进行了解读。[2]

一、研究背景

儿童和青少年期是改善人口健康和减少健康不平等的生命历程中的关键阶段。吸烟、饮酒、吸毒 (以下统称“药物滥用”)，以及暴力和性风险等多种危害健康的行为在处境恶劣的青少年群体中较多，这表明有必要在学校制定新的共同干预策略。本研究报告了一个关于学校的社会和物理环境对学生健康的影响过程的定性研究的 Meta 民族志。系统评价的结果一致表明，旨在通过提高年轻人健康风险的知识水平和修改同伴规范来解决这些问题的健康教育具有相对较小的影响和不一致的结果。解决多层次和多背景的社会生态学方法，通过解决上游决定因素，为改变行为提供了一种补充的方法。这些都有可能改善健康不平等。社会生态学方法通常的做法是通过干预，在以课程教育为基础的同时改变学校环境。这一方法得到了世界卫生组织“健康促进学校”框架的支持。

Markham 和 Aveyard 提出了一个人体机能和学校组织的理论，这个理论整合了在教育中养育和文化传播的理论概念。他们的理论集中于学校如何通过让学生遵从 Bernstein 所说的“教学”和“监管”指令来实现学生的自主权、实践推理和从属能力来促进健康。教学指令是学校使学生能够正式和非正式地学习的方式。监管秩序是学校旨在鼓励良好行为规范和学生归属感的方式。该理论认为，许多学生脱离监管秩序、脱离教学秩序或疏远学校将报告较差的健康结果。学校可以通过打破不必要的界限，如员工和学生的界限，来最大化学生对教学和监管秩序的承诺，即确保学校的学习和决策都是以学生为中心。

随后的实证研究也在验证这一理论。三项英语研究和一项美国研究发现了一致的证据，即从学生的社会状况来看，学业成绩和出勤率（一种被称为“增值”的间接指标）更高的学校学生的药物滥用率更低。例如，Tobler 和同事的一项纵向研究发现，“增值”的美国高中机构中学生的药物滥用率和暴力发生率明显较低。这些研究支持了一种旨在减少青少年药物滥用和其他风险行为的“学校环境”的方法。然而，这些关于“学校影响”对学生健康的多水平模型（multilevel model，MLM）研究只提供了相对较弱的证据来支持人体机能和学校组织的理论，原因有三。首先，这些研究依赖对学校社会环境相当粗略的衡量，即基于学校水平的学生考虑其社会人口统计特征后获得较高的学业成就和较低的逃课率。其次，观察到的较高的“增值”分数和较低的风险行为率之间的统计相关性并不等于直接证明学生更致力于这些学校的“教学”和“监管”指令，也不等于是什么组织因素影响了这一点。所有的 MLM 研究都没有研究过因果关系。最后，这些定量研究只提供了非常有限的指导，关于学校如何限制学生的健康行为，或学生的家庭背景与学校环境和学生的健康行为之间的关系如何，并没有进行详细说明。

鉴于以上原因，定性证据作为一个更大项目的一部分被纳入，以建立一个关于学校环境对年轻人健康的影响的全面图景。定性研究有助于探索学生的教育生活经历，以及这将如何影响他们的健康。本篇系统评价通过 Meta 民族志的方法旨在解决这一问题，即学校环境（社会和物理）通过什么过程影响学生的健康？

二、研究方法

（一）文献检索

系统评价分两个阶段进行。在第一阶段，2010 年 7 月至 9 月，本研究检索了 16 个电子数据库，主要用于确定学校环境干预、生态和 MLM 研究，以及关于学校环境如何影响健康行为的理论、结果和过程评估的定性研究。系统评价的文献筛选流程如图 9.2 所示。

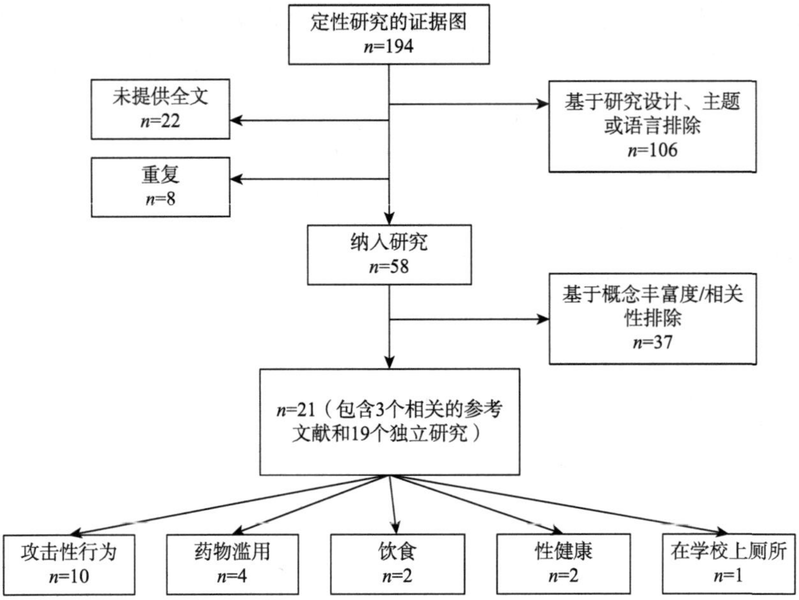

图9.2　文献筛选的流程图

1. 检索的数据库

（1）Australian Education Index。

（2）British Education Index。

（3）CAB Health（part of CAB Abstracts），现在被称为 Global Health。

（4）The Campbell Library。

（5）CINAHL。

（6）Cochrane Central Register of Controlled Trials。

（7）EMBASE。

（8）ERIC。

（9）HMIC（Health Management Information Consortium）。

（10）IBSS（International Bibliography of the Social Sciences）。

（11）MEDLINE。

（12）PsycINFO。

（13）Social Policy and Practice。

（14）Social Science Citation Index。

（15）Sociological Abstracts。

（16）Dissertation Abstracts & Index。

2. 检索词

（1）研究背景：school terms。

（2）研究对象：child terms。
（3）干预措施：key intervention/school-level effect terms。
（4）结局指标：broad range of health outcomes。
（5）关键字段：related to health and schools。

第一阶段完成后，形成了初步的证据图谱，研究者咨询了学术 / 政策利益攸关者和年轻人，以告知深入评价的优先事项（第二阶段）。在第二阶段深入关注学生（而不是工作人员）的健康，但仅限于学校环境（组织和管理、教学、生活关怀和纪律、学生与教师的态度和教师的关系，以及物理环境）的研究。

（二）排除标准

（1）主题与全文检索无关。
（2）没有提供学生健康如何受学校环境特征的影响的说明。
（3）没有报告上述列出的学校环境方面的情况。
（4）不是定性研究。
（5）没有用英文报告。

由两名评价人员进行双重筛选，并对分歧进行讨论，直到达成一致。用“高”“中”“低”的尺度来评价概念丰富度（也就是说，作者是否超越了对发现的描述并以发展概念、理论或隐喻解释它们）、在研究目标方面的相关性及研究发现与解决我们的研究问题的相关性。

（三）资料提取

我们采用了一种包容性的资料提取方法，即根据标准表格提取研究中呈现的所有相关数据。相关数据包括研究背景（如国家、参与者特征、样本量、研究方法）和论文的研究结果（强调研究作者报告的主题或概念，包括作者的解释）。四名评价人员使用该标准表格进行资料提取，从随机选择的两份研究报告样本中提取数据，以确保彻底性和一致性。其他报告由两名评价人员分别进行，并由另一名评价人员进行检查，分歧都通过讨论解决。

（四）质量评价

符合上述纳入标准的研究采用 EPPI 中心健康促进系统评价纳入标准的方法进行质量评估。质量标准的严谨性在于：抽样、数据收集、数据分析、研究结果在多大程度上基于数据，研究是否有利于儿童和年轻人，研究结果的广度和研究结果的深度。该工具由四名评价人员进行预试验，以确保一致性，其余报告由两名评价人员进行评估，由第三名评价人员进行检查。基于这一评估，研究者对该研究的总体评分分为“低”、“中等”和“高”三个等级。本研究没有基于这些质量评价结果排除任何研究，相反，它们给本研究的研究发现提供了证据。

（五）结果综合

研究采用由 Noblit 和 Hare 的方法改编的 Meta 民族志方法合成。这种方法将原始研究中的解释视为数据，并通过四个步骤进行“数据”源的关联、转化和综合。

步骤 1：阅读和重读这些研究，以详细了解其的发现、理论和概念。为了保留单个研究中概念的意义和之间的关系，用备忘录来描述“二阶结构”（即作者对数据的解释，学校水平对行为和健康结果的影响可能如何发生）。

步骤 2：为了确定这些研究是如何相关的，根据纳入研究主要关注的健康主题（攻击性行为、药物滥用、饮食、性健康等）进行分组，并综合每个健康主题中个别研究的关键概念，这就形成了五个健康主题的总体主题（图 9.3）。

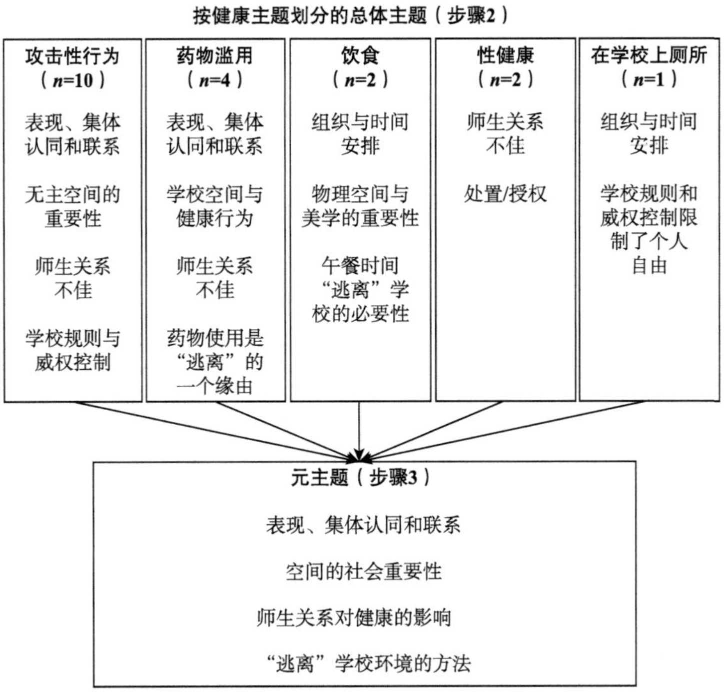

图9.3　对纳入的研究进行相互转化生成的Meta主题

步骤 3：将研究相互转化，以产生跨健康主题的 Meta 主题（图 9.3）。画出每个 Meta 主题中研究评级为“高”质量和（或）概念丰富度被选择为“索引”的论文。资料提取后，与第二项研究进行对比，这两个研究的合成与第三项研究进行对比，以此类推。Noblit 和 Hare 称此过程为“相互转化”。

步骤 4：通过对这些 Meta 主题的解释性阅读，综合跨健康主题的转化，发展出一个关于学校可能影响健康过程的“论点”。

三、结果

Meta 民族志分析中共纳入 19 项原始研究，主要分布在美国（n=10）、英国（n=6）、澳大利亚（n=1）、南非（n=1）和瑞典（n=1）。大多数研究都是在高中 / 中学的环境中进行的。尽管大多数研究是在城市背景下进行的（n=13），且没有一项研究关注农村环境，但纳入的研究代表了一系列不同社会经济背景下的民族群体。最终结果是基于研究“相互转化”的五个 Meta 主题（图 9.3）。

（一）表现、集体认同和联系

有一些研究显示年轻人在学校通常需要通过采取攻击性行为和暴力行为，或卷入药物滥用中来显示自己“强硬”的身份。通过这样的行为，年轻人可以培养与“强硬”同龄人的密切关系，并实现“数量上的安全”。选择不表现出“强硬”身份的学生被描述为“令人讨厌的”，在城市学校环境中是脆弱和孤立的。因此，这种基于攻击性行为和药物滥用的身份构建过程似乎是与社会支持和安全相联系的，特别是在年轻人感到教育被边缘化或不安全的地方。

这些规范的传播，使表现出“强硬”行为的思想往往在某些“高风险”的城市学校环境中根深蒂固。这似乎加强了这些学校中存在的健康风险行为、不良教育成果和师生冲突的现有模式，并反映和加剧了更广泛的社会和种族不平等。

（二）空间的社会重要性

没有监督的学校空间似乎是某些健康风险行为的“热点”。例如，攻击性行为和药物滥用往往与走廊、楼梯、厕所、更衣室和空教室等区域有关。Astor 和同事用“非拥有”一词来指代这些区域。在他们对 5 所高中的研究中，学生报告的 166 起暴力事件都可以映射到这些“非拥有”空间，而且那里很少或没有成年人监管。一些研究表明，学校中存在大量的“非拥有”空间是教师仅仅关注课堂教学，没有广泛监督学校环境的结果，认为这超出了他们的职责范围。一些学校工作人员还报告说，他们避免了潜在的攻击性行为，而在“非拥有”空间发生这些行为通常是因为害怕伤害、支持系统不充足等。在这些“非拥有”空间中，通常采用保安、金属探测器和闭路电视摄像机来替代监控机制。学生们认为这些是不合适和无效的。

相互转化也揭示了学校用餐区的空间和社会动态与学生饮食之间的联系。学生的食物选择往往受到学校餐厅的混乱和不吸引人的审美特征的限制。例如，苏格兰的一项研究描述了学生们对逐个小组组织午餐休息的政策表示不满，以及学校忽视了他们对冷热食物的不同需求，且食物选择有限，这使他们很少有机会和朋友一起午餐。外观上毫无吸引力的就餐环境（如没有自然光、廉价的模塑椅子等），也与学生在学校的不良饮食有关。另一个影响午餐体验的因素似乎是教师是否在餐厅。多项研究报告称，教师们利用午餐时间来准备下午的课程，而“管理”餐厅的午餐主管并没有让学生感到安全或舒适，学生经常通过快速进食来逃离这一环境。

（三）师生关系对健康的影响

研究表明，学生和学校工作人员，特别是教师之间的积极关系可能对创建健康的学校环境至关重要，可能对学生在药物滥用方面的控制也特别重要。然而，糟糕的师生关系被广泛报道，这似乎与学校环境三个相互关联的特征有关。首先，年轻人一直认为教师与他们的生活现实脱节，尤其是城市黑人青年和来自最弱势和混乱家庭背景的学生。教学实践很少涉及这些年轻人，因此一旦辍学，他们就几乎只能从事有健康风险的工作。此外，一旦学生觉得学校工作人员不理解他们，就限制了工作人员可能会提供可信的健康信息给他们并支持他们健康地过渡到成年阶段。学生们还认为，“关心”或“尊重”学生的教师在预防和管理风险或问题行为方面做得更好。其次，用于维持纪律的学校规则通常是在没有学生参与或咨询的情况下建立的。这种做法可能会适得其反。因为学生认识到他们缺乏自己的“声音”，并挑战他们认为不公平的规则（这些规则对他们不利），有时甚至会采取健康风险行为，如药物滥用。再次，教师不一致规则的应用是一个反复出现的主题，这似乎导致了上述学生与学校工作人员关系不佳，出现特定健康风险行为如吸烟和欺凌的结果，直接影响学生的健康。最后，更广泛的教育系统似乎部分构成了这些不良的制度关系及其不利的健康后果。特别是高员工流失率、高度分裂的市场导向的学校系统和以学业成绩为目标的教育政策，这都限制了教师发展支持关系的能力。

（四）“逃离”学校环境的方法

脱离学校的学生经常“逃离”学校环境，这与他们对不健康习惯的描述有关。例如，学生们经常报告说，午餐时间提供了一个“解脱”时间，他们可以与朋友“出去玩”。快餐通常是在回学校的路上或学校周围年轻人声称自己的地方那里吃的。在午餐时间“逃离”学校环境的需要对年轻人的健康有多重影响。他们不仅不太可能购买学校提供的健康食品，而且更有可能去当地出售“垃圾”食品和高热量饮料的商店购买食物，还可能吸烟。据报道，使用大麻和其他药物也被认为是一种“逃离”学校的潜在手段，并作为应对考试压力或持续的学业失败感的方式。

四、讨论

定性系统评价结果表明，学校环境可能通过复杂的途径导致青少年形成危害健康的行为。定性研究是对学校环境对健康影响的定量研究的有用补充。它阐明了不同家庭背景下的学生如何理解学校环境，并探讨了学生对他们行为的描述，以及这些行为是如何被学校环境直接启用和限制的，以及更广泛的结构性力量，如教育政策和学生的家庭背景是如何参与其中的。因此，定性研究可以确定机构和结构是如何相互联系的，并在学校内部运作，影响学校对学生健康的影响。

（一）论点：学校组织的结构和学生健康

与 Giddens 的结构概念一致，本研究认为学校环境中有两个系统在运行：一是由同伴领导的学生系统；二是涉及学校管理、教师、学校工作人员和闭路电视摄像机等技术的学校机构系统。学生们不仅对学校的教学和监管实践制度系统做出反应，而且他们还形成并推广自己的与这些教学和监管“指令”平行的竞争系统，但 Markham 和 Aveyard 的理论在很大程度上忽略了这些系统。这些系统也受到共同的社会和结构因素的影响，如学生的家庭背景，这可能会限制他们的身份和社会支持的来源，以及限制教师的时间和相应的教育政策。

研究发现，以学生为主导的制度体系对健康结果最一致且有害的影响是通过规范的社会“指导”过程，并通过实际行动如恐吓、暴力和吸毒等“换取”安全和安全感。一旦这些行为方式渗透到学生中，扩展到学生网络中并成为“规范”，它们将通过学生主导的社会控制再现制度的“秩序”。在极端情况下，这与教师和学校的制度过程是相反的。因此，风险来自学生发展自主行为，这些行为通常被认为是反社会的，但其起源完全是社会性的，而不是像 Markham 和 Aveyard 所说的那样，源于学生缺乏实际推理、归属和自主性。这与其他种族驱动理论产生了共鸣，这些理论解释了年轻人的“街头文化”和“强硬战线”，这些理论不仅将年轻人作为贫困和暴力的受害者，而且将他们定义为为意义和生存而奋斗的代理人，并最终强化现有的教育、社会和健康不平等现象。

“机构权威”也受到更广泛的、跨领域的社会文化结构的塑造，这些结构影响着本地化的制度结构的过程。例如，学生的家庭文化或社区文化沉浸在城市的“街头文化”中，对传统社会进步的希望相对较小，这将渗透到当地的学生网络中，从而影响学生的行为，进而影响机构的监管反应。国家教育政策还提供了一个额外的跨学科“结构”，它决定了教学和监管实践，进而决定了学生的健康状况。例如，美国的“不让一个孩子落后”检测系统等，似乎为学校创造了一种不正当的激励结构，即促使学校更多地关注“学术型”学生，而忽视学生的总体健康和福利。在最极端的情况下，公共考试的压力或持续的监视和监视感会导致年轻人寻求“逃避”，要么通过药物滥用，要么在午餐时间或上课时间“逃离”学校。

（二）局限性

本研究主要存在两点局限性。一是本研究综合的定性研究的范围和性质存在明显偏差。例如，强调自上而下的“脱节”，学校机构的监管、教学“指令”和创造的、由学生主导的社会监管和教学系统可能在一定程度上反映了城市和弱势环境的大多数研究，但尚未发现两种环境下学生和教师的共同点。尽管 Meta 民族志研究存在很多优点，但在综合过程中，一些差异可能在转化的过程中被掩盖了。二是在综合的“步骤 2”中，为了跨研究转化主题和识别元主题，可能失去了一些关键概念和主题的意义和深度。然而，我们试图通过保存作者的解释，确保从个别论文中提取的所有关键概念都附有一份叙述性备忘录，说明它们是如何发展和联系的，以便在综合跨研究的结果时参考和报告这些关系。此外，“低质量”的报告没有被排除，这与某些方法（如访谈或焦点小组）和学科的偏倚有关，因为这些方法或学科的研究报告本身就可能不透明。

（三）未来展望

目前很少有关于学校环境如何影响学生的饮食和健康的定性研究，也没有通过特别关注学生身体活动和心理健康的排除标准。虽然有大量与这些主题有关的研究，特别是来自教育和社会学领域的研究，但还需要进一步地面向公共卫生的定性研究。本研究对恶劣和极端环境中年轻人的偏倚反映了更广泛的社会学研究和理论，未来的研究应该探索一系列的背景，以包括更多的“普通孩子”。前文提出的人体机能和学校组织的完善理论也应该通过在不同背景下（如宗教、农村/郊区、高社会经济地位和替代性学校）的定量和定性研究进行检验。

本研究提出了在未来如何改变学校环境以促进学生健康的干预措施。首先，学校可以通过确保教师花更多的时间与学生在一起，并让学生对学校如何运作有更多的“声音”来促进学生的安全和健康。其次，加强对学校空间的监督和监测，这是学生风险行为发生的“热点”区域，可能是干预的重点。最后，可以制定政策来确保学生在促进健康饮食的学校餐厅就餐时感到安全。例如，创造有吸引力的就餐环境，老师与学生一起吃饭，学生有足够的时间和空间吃饭、休息。这些设计应与学生共同制作，以确保它们是适当的和可接受的，并且这些干预措施在扩大规模之前应该在随机对照试验中进行检查。

五、结论

深入的定性研究表明，学校环境可能是影响年轻人健康的共同途径。基于

Markham 和 Aveyard 的理论，本研究结果表明，学生群体不仅会对制度指导的教学和监管“指令”做出反应，而且是自己的教学和监管结构的积极代理人。学校机构系统和学生系统的分离代表了学生缺乏对合作、共享和秩序的理解；这是在城市劣势环境中最普遍的情况。在这种情况下，学生通过自己的干预来保护自己和发展关系。学生采用的创造性策略似乎也会产生一个恶性循环，行动“强硬”或“逃离”学校可能会导致更激进的行为和更高的药物滥用率，这反过来又以新的方式进一步再现和强化学生领导和社会制度之间的界限。

第三节　批判性解释综合

本节以《幼小衔接过程中幼儿健康和幸福的批判性解释综合》(*Young children's health and wellbeing across the transition to school: a critical interpretive synthesis*)研究为例，对定性系统评价中批判性解释综合（CIS）进行解读。[3]

一、研究背景

向正规教育的过渡已被定位为收集儿童早期发展证据的理想时机。这种转变通常被视为儿童早期学习和护理经历的结束，这可能对他们未来的学术、社会和经济生活产生不可逆转的影响。在早期的文献中，幼小衔接被理解为幼儿接受正规教育的开始，或者幼儿从早期学习到正式上学的过渡。实际上，它是一个有许多解释的概念，涉及幼儿的全部生活和经历。因此，向学校的过渡包括多个结构（如教育和护理服务）中的儿童和家庭的经历，以及他们之间的联系。虽然在文献中，实践和过程的重要性是无可争议的，但关于“什么是有效的过渡实践？”或者“一个成功的过渡是什么样子的？”的答案还不太清楚。

尽管对从幼儿园向小学的过渡应该是什么样子没有一致的定义，但儿童和家庭在这段时间里经历了确切的变化。当他们转向不同的系统、提供者和环境时，可能需要各种支持机制提供帮助。由于对使用超越儿童基本生存指标的措施评估儿童健康和幸福的持续关注，儿童健康和幸福越来越多地被纳入学校准备的结构中，并通常在儿童向学校过渡时使用其对儿童进行评估。随着关注力度的不断加大，纳入健康和幸福的措施成为儿童向学校环境过渡的正规化部分。因此，关于学校过渡期间的健康和幸福如何被概念化、支持、评估和理解的评价是及时且必要的。

本研究的目的有三个：①综合目前向学校过渡期间关于儿童健康和幸福的研究；②确定各种学科在该领域正在使用的研究方法、假设和理论观点；③确定研究方面的差距，为未来的政策和对支持儿童和家庭幸福的服务、实践和伙伴关系的发展提供信息。

二、研究方法

（一）研究范围

本研究集中在澳大利亚背景下展开，但也包括对经合组织国家和地理 / 政治实体（如英国、加拿大、美国和欧盟）的研究。澳大利亚的政策反映了许多早期由国际机构支持的儿童政策指导的政策。因此，本研究的发现与澳大利亚和更广泛的国际民众有关。

（二）系统评价的框架

为了完成这一系统评价，本研究采用了能够适应这一研究领域的复杂性框架——CIS。该框架提供了一种解释性的系统评价方法，可以应用于整个证据库中，且允许对证据和现有理论进行“中程”理论解释，既不太抽象（因此缺乏适用性），也不太具体（解释范围有限）。在本研究的范围内，CIS 方法的应用目的是对向学校过渡期间关于儿童健康和幸福的概念和运作过程做出“中程”理论说明。

（三）制定评价问题

根据 CIS 的方法，制定初步的研究问题为“传统（非综合）和综合方法以何种方式影响幼儿的健康和幸福”，纳入和排除标准在整个文献评价和调查中反复发展。在这个过程中，初步的研究问题被发展为最后的反复，用于指导数据的提取、分析和批判，即如何利用社会指标和社会批判性的方式来看待健康和教育以了解儿童过渡到学校的健康和幸福？

（四）文献检索

本研究系统检索了多个电子数据库。根据 CIS 方法，还包括许多定位相关文献的不同检索策略，如网站搜索、参考文献列表梳理、与专家联系及多学科作者团队内的专业知识以确定需要纳入的文献。系统检索 5 个电子数据库，共返回 6 445 条通过关键词检索确定的记录，随后通过标题和摘要进行筛选，以确定与初步研究问题相关的文献。随后进行全文筛选，最终 57 篇论文被纳入分析。以 ProQuest 为例，数据库的检索和筛选过程如图 9.4 所示。

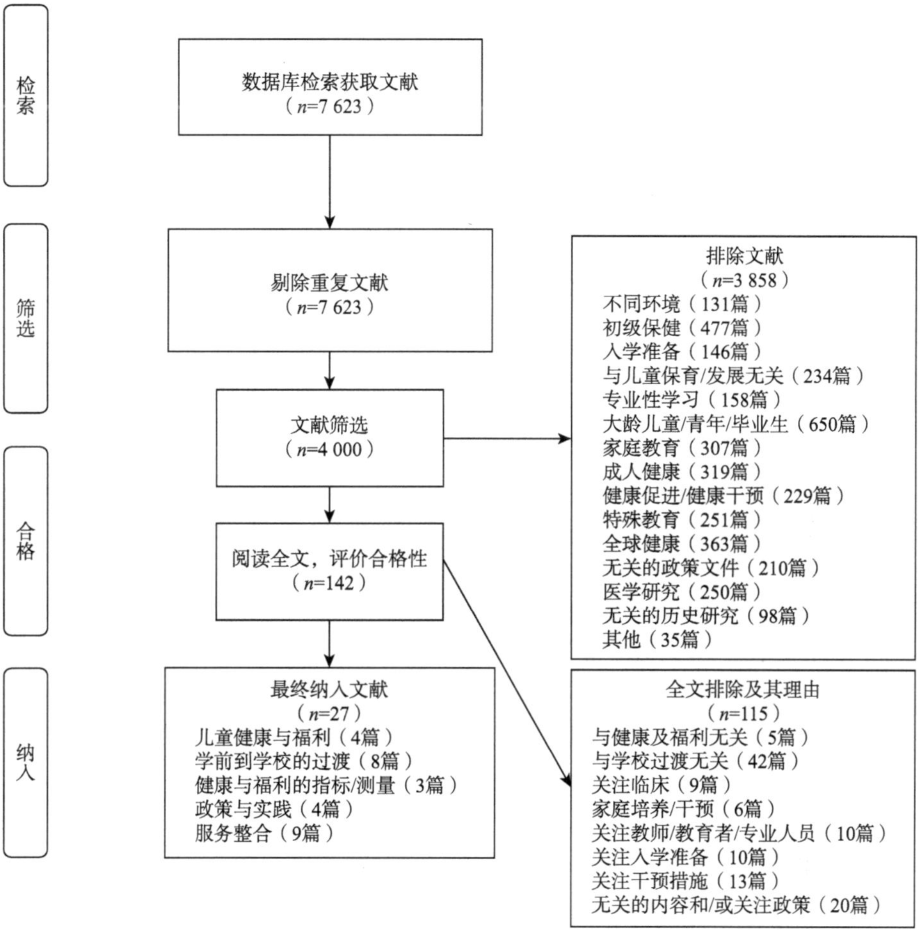

图9.4　PRISMA流程图——ProQuest数据库

（五）抽样

在系统数据库检索中采用目的抽样，选择与研究问题高度相关的论文。在评价的反复阶段使用理论抽样，删除被确定为不再相关的文献，并使用上述检索策略增加文献。

（六）确定纳入文献的质量

根据 CIS 方法来确定文献与研究问题的持续相关性和所纳入文献的质量。在对所有文献进行重新评估以确定其与最终研究问题的相关性后，选择定量和定性研究的标准，以确定和排除质量不合格的原始文献（实证研究），以防止评价期间的扭曲。对于定量研究，使用 Cochrane 的 PICOS 框架来确定因致命缺陷而被排除的研究（图 9.4）。对于 11 项定性研究，使用 Tracy 提出的模型进行评估并排除低质量文献。

（七）资料提取

在资料提取过程中，每一篇文献都经过严格的检查，以确定并提取目标、方法、框架、工具和关键发现五个方面的记录。在提取资料后，根据 CIS 方法，对每篇论文进行批判性分析，以调查论文 / 报告是如何在文献中呈现、表达或定位的。

（八）数据分析

CIS 方法的独特之处在于，它超越了对报告数据的总结，可能还涉及对理所当然的假设的质疑。CIS 方法允许对文献的批评是“动态的、递归的和反思性的”，而不是一系列单一的、最终确定的步骤。分析的反复和交互阶段揭示了各种潜在的主题和子主题。随着这些主题的出现，它们被识别和编码为记录模式、类别和每个主题的频率，而递归和反思性过程使早期呈现的主题得以进一步发展。最终，许多文献都进行了多次检查，与整个分析过程中正在开发的主题和理论结构进行了比较。在这个过程中，有六个突出的、不同的主题是根据它们在整个文献中出现的频率和论文数量来权衡确定的，它们对应以下研究结果中提出的主题类别。根据 CIS 方法，就每个主题在文献中的表现方式和定位方式进行了讨论。

三、研究发现

（一）儿童健康和幸福的概念

社会指标是用来检测不断变化的规范、价值观、儿童健康和幸福状况。关于社会指标的讨论是最常见的主题，主要集中于关于社会指标的重要性及其在应对一系列与健康和幸福相关的需求和关注方面的潜在价值的讨论。然而，一个重大挑战是，在儿童健康和幸福研究中使用或应用社会指标方面缺乏一致性。虽然儿童社会指标旨在为统计数据提供意义，并为理论和模型提供实证支持，但提出了一系列效度和可靠性的挑战，文献中没有涉及或试图解决这些挑战。

在调查社会指标文献时发现，“健康”和“幸福”一词是可以互换使用的，而且往往没有进一步的定义。虽然这些概念的认知定义取决于学科的具体观点，但健康和幸福是不同的概念。当健康和幸福互换使用或作为同义词合并时，就不清楚研究或报告建议什么应该被评估、测量或识别。这是本研究发现的当前文献存在的一个重大局限。

（二）学校儿童健康和幸福的测量

入学被广泛认为是反思儿童累积早期发展经历的最佳时期，且以往研究者对如何更好地获得该年龄组儿童健康和幸福的数据进行了广泛调查。尽管儿童早期生活经历质量与成人健康、社会健康和经济可行性指标之间建立了联系，但人们认为澳大利亚和其他一些经合组织国家一样，目前缺乏关于幼儿社会和情感健康的有效数据来源。因此，本研究参考了一系列的评估工具，旨在评估儿童的能力和向学校过渡前后的健康和幸福状况。研究发现目前使用的 87 种不同的测量工具的侧重点存在很大差异。通过资料提取和分析，这些工具被分为八组：社会和情感能力（17），行为（18），教师 / 教育工作者视角（13），学术技能（14），健康评估 / 诊断（10），家长 / 家庭视角（8），过渡到学校（4）和学习 / 护理环境（3）。这些工具的不同侧重点使研究者很难比较这些工具的有效性 / 心理测量特性，或它们是否有助于全面了解在向学校过渡期间儿童的健康和幸福（包括认知和非认知测量）。由于对积极指标（如幸福或自尊）或消极指标（如疾病或缺陷）在儿童健康和幸福研究中缺乏一致意见，挑战加剧。

（三）父母和家庭作为行动者支持向学校的过渡

研究发现，多数研究者将向学校的过渡描述为家庭与孩子经历的过程，而不是发生在孩子身上的事件。并且人们一致认为，家庭和父母是过渡过程中的重要行动者。这可能是政策制定者、研究人员和工作人员呼吁增加父母 / 家庭对向学校过渡的参与的一个重要原因。

（四）儿童教育与护理中的服务整合

呼吁儿童早期教育和护理部门进一步开展服务整合。服务整合被视为支持儿童和家庭健康和幸福的工具。虽然服务整合及其需要的内容有各种不同的定义，但通常认为它构成的服务可以创建一个全面和有凝聚力的支持系统。然而，在以往的文献中，服务整合往往没有相关定义。

（五）关注在过渡过程中具有高风险的人

有一部分研究和报告调查要求重点关注被确定为“有风险”的特定人群，如有特殊需要的儿童、有慢性健康状况的家庭中的儿童、移民和难民家庭的儿童。本研究发现，儿童卫生政策经常强调需要将伙伴关系方法与灵活的一体化战略相结合，在脆弱和弱势家庭方面尤其需要如此。在这些“有风险”的群体中，有特殊需要的儿童在以往研究中受到的关注更多。

（六）儿童自己的声音

本研究发现的最后一个主题是儿童自己的声音应该在幼儿健康和幸福研究中发挥作用。在 4 篇明确涵盖儿童声音的研究中，只有 1 篇是专门关于儿童对自己健康的理解；另外 2 篇纳入了一些来自儿童的数据（通过调查或焦点小组的方式）作为数据收集的一部分；最后 1 篇赞扬了纳入儿童声音的做法，但缺乏如何在研究中纳入的框架、方法、例子或突出儿童声音的建议。然而，Stephenson 提供了一个关于儿童的声音和儿童健康的例子，通过探索一小群学生从同一所幼儿园（学前）过渡到同一所小学来开展研究。

在儿童教育和照顾及其他相关研究领域中，很少有研究将儿童的声音作为其研究的一部分。这表明，可能有机会利用这种替代方法来提高我们在向学校过渡过程中对儿童健康和幸福的理解。

四、讨论

该 CIS 的调查结果表明，虽然人们对儿童的健康和幸福非常感兴趣，但在儿童过渡到学校期间，卫生和教育部门在研究、政策和实践方面几乎没有凝聚力。以往研究中出现的关键主题主要是对从幼儿园向小学过渡的学龄儿童的健康和幸福的争论，以及当前面临的挑战。

（一）在健康和幸福中定位“准备就绪”

尽管已经考虑过努力将健康和幸福作为确定学校准备的一部分，但本研究发现可以或适当地将健康（或幸福）概念化为一个可衡量的结果，作为一般学校准备的一部分进行评估。

（二）谁的声音应该被听到

在评价早期用于衡量健康和幸福至少一个方面的工具时发现，绝大多数工具是由教师、教育工作者或卫生从业人员完成的。在确定的 57 篇研究中，只有 7 篇调查了家庭和（或）父母对孩子健康和幸福的影响，其中只有 4 篇研究的结果是由父母或其他家庭成员报告的。虽然不想建议父母 / 家庭的观点应该是唯一的衡量标准，但有大量的研究是基于布朗芬布伦纳的生态系统模型开展的，这表明在过渡到学校的文献中纳入父母和家庭成员的声音是有好处的，尤其是如果父母 / 家庭的参与已经得到了精心的计划、支撑和支持。另一个担忧是，在现有的关于儿童健康和幸福的研究中缺乏儿童的声音，这是许多明确涉及儿童研究的学科的共同关注点。

（三）服务整合：我们需要知道什么？

据研究结果报道，服务整合仍然是澳大利亚早期教育政策和研究的重点，这一发现可以归因于经合组织关于强调需要通过政府行动推进幼儿教育和护理服务的整合的报告。报告中的建议为国际上实行的政策提供了信息。在早期儿童教育和护理环境中的服务整合的例子有很多，如英国的早期卓越中心和 Sure Start 儿童中心，美国的启蒙教育中心，加拿大的多伦多第一责任教育。然而，虽然有许多不同的模型被用来改善服务整合，但本研究发现缺乏实证研究支持该假设，且服务整合本身对儿童健康和幸福是否有益仍然需要做进一步调查。

（四）局限性

定性分析需要对创建这种资料整合时所使用的方法和过程进行完全透明的解释，但由于批判性分析所需要的创造性过程使其实现透明性变得很困难。为了解决这一问题并增加评价的严谨性，幼儿教育、公共卫生和社会政策研究工作的多学科学术团队参与了资料提取过程中的数据分析，并对分析过程做出了贡献。

五、未来展望

目前，关于儿童健康和幸福的概念及早期服务一体化的作用显然是从本研究的发现中得出的，这是需要进一步探索和实证研究的两个领域。目前的文献显然只是以有限的方式概念化了儿童的健康和幸福，而新出现的挑战是由于基于儿童发展模型的使用，导致儿童的声音被排除在现有的研究之外。虽然由成人主导的措施和对儿童健康和幸福的评估是有必要的，但这些方法是以儿童为中心的对儿童健康和福祉的理解为基础的。显然，不仅缺乏关于儿童健康和幸福的实证研究，而且缺乏对儿童积极参与儿童研究的能力而不是被动接受服务的被动接受者的认识和重视。

根据这些发现，本篇系统评价在几个关键问题上可以指导未来的研究方向。一方面，健康和幸福是否可以在学校过渡中作为有意义的结果？健康和幸福是否可以超越学校准备的狭隘概念？如果是这样，那么健康和幸福的适当指标将是什么，从谁的角度来看？另一方面，为了解决关于服务整合的必要性和影响的实证证据的缺乏问题，未来的研究必须探讨服务整合对儿童及其家庭的影响是什么，它是否提供了决策者所假设的好处？如果是，那么哪种方式使服务整合对支持儿童向学校过渡最有效？

参 考 文 献

[1] Marshall T. The concept of reflection：a systematic review and thematic synthesis across professional contexts[J]. Reflective Practice，2019，20（3）：396-415.

[2] Jamal F，Fletcher A，Harden A，et al. The school environment and student health：a systematic review and meta-ethnography of qualitative research[J]. BMC Public Health，2013，13：798.

[3] Fane J，MacDougall C，Redmond G，et al. Young children’s health and wellbeing across the transition to school：a critical interpretive synthesis[J]. Children Australia，2016，（2）：126-140.

第十章　其他类型系统评价案例解析

第一节　系统评价再评价

本节以《医学生抑郁症状流行率的系统评价再评价》(*Prevalence of depressive symptoms among medical students: overview of systematic reviews*) 研究为例，对系统评价再评价进行解读。[1]

一、研究背景

抑郁症是一种常见的精神障碍，影响着全球 3 亿多人。它的特点是持续的悲伤和对人们通常喜欢的活动失去兴趣，同时至少 2 周无法正常进行日常活动。在最坏的情况下，抑郁症会导致自杀，全球每年大约有 80 万人因此死亡。大学时期是人生中的特殊时期，一个人从青春期到成年，并开始做出重要的人生决定。在此期间，学生通常会经历巨大的压力，主要来自经济、学术需求和人际关系方面。尽管有大量文献显示医学生抑郁症患病率升高，但不同研究的患病率估计存在显著差异，从 1.44% 到 80.6%。与抑郁症状相关的因素包括女性、种族、临床研究的年份、与同龄人的关系、学术成绩、存在慢性疾病、重大生活事件经历、低社会经济水平和大学的地理位置等。由于许多研究集中在一个或少量的潜在风险因素上，人们普遍认为任何概念模型都可能是多维的，包括生理、心理和社会因素方面。

近年来，已经发表了许多关于医学生抑郁症状流行率的系统评价和 Meta 分析。由于语言或区域的差异，这些综述中所包括的研究可能不会相互重叠。这就提出了一个问题，即在进行文献检索时，这些已发表的系统评价和 Meta 分析的结果在各个区域和数据库中是否一致？在此背景下，本研究旨在对英语和中文文章的主要数据库进行全面检索，并对在拉丁美洲和非洲发表的研究进行数据库检索。本研究的目的是评估全球医学生抑郁症状的流行率，以阐明流行率的区域差异，并检查已发表的系统评价中研究的重叠度。

二、研究方法

（一）纳入和排除标准

纳入报告医学生中抑郁症状流行率的系统评价或 Meta 分析，研究集中于普通大学生，但对医学生的单独结果也包括在内。如果这些研究以汉语、英语、西班牙语或葡萄牙语以外的语言发表，则被排除在外。

（二）检索策略

通过 Ovid 平台检索常用的英语数据库，包括 MEDLINE、EMBASE 和 PsycINFO。检索词包括抑郁症的首字母缩写、医学生和系统评价。关键词是根据已发表的系统综述生成的，其中 MEDLINE 的检索策略见表 10.1。本研究的第一作者于 2018 年 3 月 13 日对上述数据库进行了检索，并直接从 Ovid 平台上删除了重复的记录。为了获取非英语的系统评价或 Meta 分析，第三作者在 SciELO（Scientific Electronic Library Online，科技在线图书馆）和 LILACS 中寻找拉丁美洲和非洲的出版物，第二作者在同一周内检索知网和万方以寻找相关的中文文章。

表 10.1 MEDLINE 数据库的检索策略

阶段	检索策略	检索结果 / 条
1	(Depress* or Depressed or Depression or Depressive disorder or Depressive disorder, major or Major depression or Major depressive disorder or MDD or Sadness or Suicid* or Suicide).mp.[mp=title, abstract, original title, name of substance word, subject heading word, keyword heading word, protocol supplementary concept word, rare disease supplementary concept word, unique identifier, synonyms]	493 094
2	(Clinical student* or Education, medical or Education, medical, undergraduate or Med student* or Medical student* or Medical trainee* or Preclinical student* or Student doctor* or Student physician* or Undergraduate medic*).mp. mp=title, abstract, original title, name of substance word, subject heading word, keyword heading word, protocol supplementary concept word, rare disease supplementary concept word, unique identifier, synonyms]	133 247
3	(Meta-analy* or Meta-analysis or Review).mp.[mp=title, abstract, original title, name of substance word, subject heading word, keyword heading word, protocol supplementary concept word, rare disease supplementary concept word, unique identifier, synonyms]	2 663 372
4	#1 and #2 and #3	154

（三）文献筛选

英文数据库的检索结果被导出到 EndNoteX7 中，而来自中文数据库的搜索结果被导出到 MSExcel2016 中。第一和第二作者独立筛选了这两组结果的标题和摘要。从 SciELO 和 LILACS 的搜索结果被导出到 MSExcel2016 中，并由第三作者筛选。然后由任何两位作者对潜在符合的文献进行全文评估。

（四）资料提取

首先由第一作者使用资料提取表进行资料提取（资料提取表在 MSExcel2016

中根据已发表的系统评价的资料提取表进行修改而来），然后由第二作者对结果进行交叉检查。收集的数据包括：原始研究第一作者的姓氏和居住地，出版年份，文中检索的数据库，纳入分析抑郁症状的文献数量，抑郁症的患病率或患抑郁症的人数。质量评估由第一和第二作者独立进行，使用 JBI 批判性评估工具进行评估，总得分为 11。若有不一致，将讨论解决，直到达成共识。

（五）统计分析

描述性统计纳入的研究的特征，包括频率、中位数和范围。使用 BioVinci 软件创建的维恩图描述所有纳入的系统评价和 Meta 分析之间的主要研究的重叠。所有的统计分析都是在 R 中进行。采用随机效应模型，通过具有 rma.glmm 函数的广义线性混合效应模型来估计总体流行率。采用亚组分析探究地理区域间的差异。

三、研究结果

如图 10.1 所示，从三个英文数据库中检索到 457 条记录，去重后剩余 359 条记录。在筛选标题和摘要后，对 11 篇文章进行全文评价，符合纳入标准的有 9 篇。从两个中文数据库中检索到 299 条记录，在筛选标题和摘要后剩余 16 条记录，经过全文评估后，仅纳入 1 篇文章。从 SciELO 和 LILACS 数据库中检索到 94 条记录，但只有 1 篇文章符合纳入标准，而这篇文章也在英文数据库中找到了。最终，本研究纳入了 10 篇系统评价和 Meta 分析，纳入研究的特征见表 10.2。

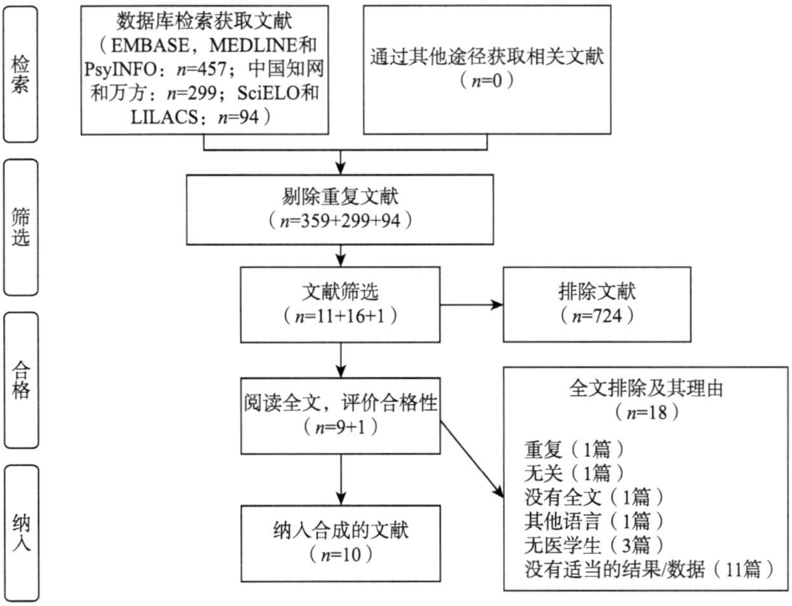

图10.1　PRISMA流程图

表 10.2　纳入分析的系统评价和 Meta 分析的研究特征和研究质量

第一作者 / 国家	研究数量 / 项	医学生数量 / 人	数据库数量 / 个	检索年限	研究来源	合并流行率（95%CI）	纳入标准	研究质量
Bacchi（2015）/ 澳大利亚	12	10 344	5	2000 ～ 2014 年	全球	未报告	研究必须发表在同行评议的期刊上，且提供了关于医学生抑郁症状流行率的主要数据，并用相同的评估方法评估了一组非医学生的抑郁症状流行率	4
Coentre（2015）/ 葡萄牙	37	74 544	1	2005 ～ 2011 年	全球	未报告	研究医学生对病人自杀或抑郁的反应	3
Cuttilan（2016）/ 新加坡	14	13 111	4	2000 ～ 2015 年	亚洲	11.0%（未报告）	与亚洲医学院或医学生相关的研究	6
Dyrbye（2006）/ 美国	40	9 111（1 篇未报告）	2	1980 ～ 2005 年	美国和加拿大	未报告	研究提供了医学生与其他专业学生不同的原始数据，并使用标准化工具评估焦虑、抑郁、倦怠或全球心理健康状况	4
Gong（2016）/ 中国	26	16 219	7	未报告	中国	30.0%（25.0% ～ 35.0%）	（1）研究对象为中国大学生；（2）以抑郁自评量表作为测量工具；（3）研究提供了抑郁症状的流行率或可以推算出流行率的信息	8
Hope（2014）/ 英国	29	9 784	3	数据库建立至 2013 年	北美以外的以英语为母语的国家	未报告	（1）研究人群必须包括医学本科生；（2）研究必须位于北美以外的欧洲或以英语为母语的国家；（3）研究必须包括抑郁（及其亚型）、焦虑、适应障碍或情绪困扰等的定量结果；（4）研究必须使用有效的评估工具	7
Lei（2016）/ 中国	39	32 694	5	1995 ～ 2015 年	中国	27.5%（19.8% ～ 38.3%）	（1）在中国大学生中进行的原创流行病学研究；（2）使用筛选方法和（或）筛选工具来诊断抑郁症，并对这些筛选方法进行了描述；（3）提供了中国大学生抑郁症状的流行率估计（或可用于计算流行率的原始数据）；（4）在过去 20 年内以英文或中文发表的研究	8
Pacheco（2017）/ 巴西	57	18 015	4	数据库建立至 2016 年	巴西	30.6%（24.0% ～ 37.7%）	（1）研究为横断面研究；（2）对在巴西医学院入学的医学生进行评估；（3）报告了一种或多种精神健康问题的流行率	10
Puthran（2016）/ 新加坡	77	64 573	5	数据库建立至 2015 年	全球	28.0%（24.2% ～ 32.1%）	（1）研究人群为医学生；（2）使用标准化的经过验证的工具和问卷测量抑郁症状；（3）报告了抑郁症状的流行率或可以推算出流行率的信息	9
Rotenstein（2016）/ 美国	195	129 123	5	数据库建立至 2016 年	全球	27.2%（24.7% ～ 29.9%）	（1）报告了医学生的抑郁症状相关数据；（2）发表在同行评议的期刊上；（3）使用一种经过验证的测量方法来评估抑郁症状或自杀意念	11

最终纳入的系统评价共包含 249 项原始研究，涉及 162 450 名医学生。这些系统评价的第一作者来自澳大利亚、巴西、中国、葡萄牙、新加坡、英国和美国。

除一项外，其余均发表在 2014 ～ 2017 年。这些系统评价和 Meta 分析中纳入的原始研究数量的中位数为 38(范围为 12 ～ 195)，而医学生的中位数为 17 117 人（范围为 9 111 ～ 129 123）。这些研究的方法质量中位数为 7.5，范围从 3 ～ 11。

Meta 分析合并结果显示医学生抑郁症状的流行率为 27.0%（95%CI：24.7% ～ 29.5%）。亚组分析的差异有统计学意义（p<0.001）。

如表 10.3 所示，其中，在西太平洋地区的研究中，合并的流行率最低，为 18.9%（95%CI：11.7% ～ 29.0%）；其次是欧洲，为 20.1%（95%CI：15.8% ～ 25.1%）；非洲的患病率最高，为 40.9%（95%CI：28.8% ～ 54.4%）。本研究系统评价了原始研究的全文，以评估与抑郁症状显著相关的因素。前五个因素包括研究年份（n=56）、性别（n=51）、个人问题（n=23）、家庭关系或问题（n=20）和健康状况（n=19），具体见表 10.4。

表 10.3　不同地区抑郁症状的流行率

地区	研究数量 / 项	流行率	95%CI	最常用的工具
非洲	8	40.9%	28.8% ～ 54.4%	Zung SDS（n=3）
美国（中部与北部）	49	26.0%	21.2% ～ 31.5%	BDVBDI-II（n=11），CES-D（n=11）
美国（南部）	37	27.7%	22.5% ～ 33.5%	BDVBDI-II（n=28）
亚洲（东部）	55	27.5%	22.9% ～ 32.7%	BDVBDI-II（n=14）
亚洲（南部与西部）	52	32.6%	27.0% ～ 38.8%	BDVBDI-II（n=13）
欧洲	46	20.1%	15.8% ～ 25.1%	BDVBDI-II（n=12），HADS（n=12）
西太平洋地区	3	18.9%	11.7% ～ 29.0%	DASS（n=2）
总计	250	27.0%	24.7% ～ 29.5%	BDVBDI-II（n=79）

表 10.4　与抑郁症状显著相关的前五个因素

因素	研究年份	性别	个人问题	家庭关系或问题	健康状况
研究数量 / 项	85	98	29	30	25
报告有统计学显著性的研究数量 / 项（p < 0.05）	56	51	23	20	19
占比	65.9%	52.0%	79.3%	66.7%	76.0%

四、讨论

本研究对已发表的关于医学生抑郁症状流行率的系统评价和 Meta 分析进行了再评价，并进行了 Meta 分析的更新。根据 249 项原始研究的数据，合并流行率为 27.0%（95%CI：24.7% ～ 29.5%），这与 Rotenstein 等的结果很接近（即合并流行率为 27.2%；95%CI：24.7% ～ 29.9%）。非洲的患病率最高（40.9%），而西太平洋地区则最低（18.9%；95%CI：11.7% ～ 29.0%）。

总体结果并不令人惊讶，因为 Rotenstein 等纳入了绝大多数原始研究的数量（78%）和被试数量（79%）。从纳入的文献可知，Bacchi 和 Cuttilan 等的研究纳入了 Coentre 等的大多数原始研究（>60%）。Pacheco 等主要关注巴西的学生，其中不到一半的研究被纳入了 Rotenstein 等的研究中。Gong 等和 Lei 等关注中国的学生，他们的研究没有被纳入 Rotenstein 等的研究中，因为 Rotenstein 等只纳入了英语数据库中的研究，当其他系统评价纳入非英语数据库时，观察到极少重叠是合理的。

医学生抑郁症状的流行率在各地区不尽相同，西太平洋地区的最低（18.9%），非洲的最高（40.9%）。从人群估计中也观察到类似的模式：西太平洋地区抑郁症状的流行率（人口百分比）也最低（男性：2.9%；女性：4.1%），非洲最高（男性：4.8%；女性：5.9%），而世界卫生组织报告的总体流行率为 4.4%。最近发表的一项 Meta 分析也总结了非洲、亚洲、大洋洲、欧洲、北美和南美洲的抑郁症状流行率，分别为 11.5%、16.7%、7.3%、11.9%、13.4% 和 20.6%。直接比较该结果与本研究的结果是不可行的，因为涉及的国家不同。然而，它确实提供了一种观点，即医学院学生的抑郁症状患病率高于一般人群。并且人们一致认为，西太平洋地区的流行率最低。虽然 BDI 和 BDI-II 是最常用的工具，但只有大约三分之一的纳入研究使用了它们。因此，流行率的差异可能部分是测量工具选择的结果。本研究没有观察到纳入的原始研究之间存在明显的方法差异，因为其中超过 90% 是在一个或多个机构使用方便抽样的横断面调查的。

在系统评价了原始研究的全文后，研究发现与抑郁症状显著相关的五个最常见的因素是：研究年份、性别、个人问题、家庭关系或问题、健康状况。然而，作为二次研究，我们没有个人层面的数据来探索导致抑郁症的因素，但一些理论模型已经被用于探索这些，其中生物心理社会模型就是一个很好的例子。根据生物心理社会模型，生物学（如内分泌、免疫和神经递质系统功能）、心理（如消极思维模式、应对技能缺陷、情绪智力受损）和社会（如经历创伤情况、早期分离、缺乏社会支持或遭到骚扰）因素在导致抑郁症方面都是相互关联的和重要的。虽然该模型的使用受到了批评，但它已被广泛用于研究与抑郁症相关的因素中。

五、局限性

本研究的优势有两点。首先，鉴于本研究纳入了 249 项原始研究，这远远超过了文献中的其他 Meta 分析，可以预期其会有更高的精度。其次，研究纳入了四种常用语言的原始研究（即汉语、英语、西班牙语和葡萄牙语），预计覆盖范围比其他现有的 Meta 分析中的语言都要全面。尽管可能遗漏了其他语言的少数研究，但我们认为，鉴于目前 Meta 分析中充分纳入了 249 项原始研究，总体估计不会有太大差异。此外，与 Rotenstein 等的研究相比，抑郁症状的流行率没有显著差异。因此，纳入其他常用的非英语语言的研究可能对总体流行率的影响很小。

综上所述，医学生抑郁症状总流行率为 27.0%，非洲医学生抑郁症状最高，为 40.9%。与此同时，需要进一步的大样本研究来确定导致这些学生抑郁的危险因素。

第二节　网状 Meta 分析

本节以《关于获取知识和技能的不同教学法的系统评价和网状 Meta 分析》（*Different pedagogies for acquisition of knowledge and skill: a systematic review and network meta-analysis*）研究为例，对网状 Meta 分析进行解读。[2]

一、研究背景

临床培训对医疗保健专业学生的本科和研究生课程至关重要。然而，临床环境中的医疗保健教育要求较高，也较复杂，需要医学知识、临床技能和教学能力。传统的教育方法，如说教式教学方法（DTM，包括讲座、研讨会、阅读）、自主导向学习（SDL，包括基于问题的学习、基于案例的讨论和自学）和基于人体模型的培训，对当前的医学培训课程很重要。然而，这些教育方法很少允许医学生以互动的方式进行培训，因此对他们的知识获取和技能提高可能不那么有效。随着现代技术的发展，数字学习可以提高传统教学方法的学习体验。数字学习或电子学习包括移动学习、在线和离线学习、虚拟患者（VP）和高保真虚拟患者（HFVP）模拟。VP 和 HFVP 可能涉及使用不同的复杂的计算机化人体模型，以便对临床场景进行更现实的模拟，更好地进行医疗保健培训和教育。在 HFVP 模拟中，人体模型非常真实，能够实现准确的、交互式的教学。混合学习是传统的课堂教学与在线教育的结合。

在以前的研究中，数字学习在儿科领域的医学知识和技能方面显示出了良好的效果。混合学习已经被证明至少和传统的教育方法一样有效。虚拟患者可以更有效地提高学生的技能，至少可以同样有效地提高学生的知识获得。已有的 Meta 分析将虚拟患者模拟教学与传统教育或不进行干预进行了比较，结果显示接受虚拟患者模拟教学的学生在知识和技能方面都有显著的改善。然而，由于缺乏综合的多重比较，这些 Meta 分析的结果很难解释。因此，该网状 Meta 分析评估了不同的医疗保健教育方法的相对有效性，以指导未来怎样提高医疗保健专业学生和专业人员的培训质量。

二、研究方法

本系统评价和网状 Meta 分析遵循了 PRISMA 的报告规范，且系统评价的计划书已经在开放式学术研究平台（Open Science Framework）中进行了注册（https://osf.io/x97y4）。

（一）检索策略

对电子数据库（包括 PubMed、EMBASE、The Cochrane Central Register of Controlled Trials、Cochrane Database of Systematic Reviews、中国知网、Web of Science）进行了全面搜索，以获得所有已发表和未发表的试验，并筛选标题和摘要。检索时间为建库至 2019 年 7 月 1 日，没有语言限制。为了确保没有遗漏的随机对照试验，作者手工检索了灰色文献（会议摘要和博士论文）和纳入文章的参考文献列表。对于正在进行的试验，本研究从谷歌学术检索了美国政府临床试验数据库和英国的国家研究注册中心的相关试验。部分数据库的检索策略见表 10.5。

表 10.5　电子数据库检索策略

电子数据库	检索策略
MEDLINE (Ovid)	(medic* OR educat* OR train* OR novice* OR tutor* OR teach OR method) AND (student* OR graduate* OR undergraduate* OR staff orpersonnel OR practitioner* OR clerk* OR fellow* OR internship* OR residen*) AND (skill OR knowledge OR score OR performance* OR "objective structured clinical examination" OR osce OR practice) AND (simulat* OR fidelity OR "human patient" OR manikin* OR mannequin* OR scenario*)
Scopus	TITLE-ABS-KEY ((medic* OR premedic* OR dent* OR laborator* OR predent* OR midwi?e* OR nurs* OR nutrition* OR orthop* OR podiat* OR pharmac* OR psycholog* OR psychiatr* OR health OR healthcare OR occupational therap* OR physiotherap* OR physical therap* OR clinical orsurg* OR radiolog* OR obstetric* OR gyn?ecolog* OR orthodont* OR Anesthesi* OR Dermatolog* OR Oncolog* OR Rheumatolog* OR Neurolog* OR Patholog* OR Pediatric* OR Cardiolog* OR Urolog*) AND (student* OR graduate* OR undergraduate* OR staff orpersonnel OR practitioner* OR clerk* OR fellow* OR internship* OR residen* OR educat* OR train* OR novice* OR tutor*) AND (simulat* OR fidelity OR "human patient" OR manikin* OR mannequin* OR scenario*) AND ("fitness to practice" OR gain* OR "objective structured clinical examination" OR osce OR perceive* OR perception* OR performance* OR "physical assessment" OR retention* OR retain* OR efficac* OR skill*))[Article types：Article, Article in Press]
Web of Science	TS= (((medic* OR premedic* OR dent* OR laborator* OR predent* OR midwi?e* OR nurs* OR nutrition* OR orthop* OR podiat* OR pharmac* OR psycholog* OR psychiatr* OR health OR healthcare OR occupational therap* OR physiotherap* OR physical therap* OR clinical orsurg* OR radiolog* OR obstetric* OR gyn?ecolog* OR orthodont* OR Anesthesi* OR Dermatolog* OR Oncolog* OR Rheumatolog* OR Neurolog* OR Patholog* OR Pediatric* OR Cardiolog* OR Urolog*) AND educat*) AND (student* OR graduate* OR undergraduate* OR staff orpersonnel OR practitioner* OR clerk* OR fellow* OR internship* OR residen* OR educat* OR train* OR novice* OR tutor*) AND (simulat* OR fidelity OR "human patient" OR manikin* OR Man nequin* OR scenario*) AND ("fitness to practice" OR gain* OR "objective structured clinical examination" OR OSCE OR perceive* OR perception* OR performance* OR "physical assessment" OR retention* OR retain* OR efficac* OR skill*))[All years, Document Types：Article]

（二）纳入和排除标准

（1）研究对象：已注册或预先注册的医疗保健专业人员，以及医学、护理、医学诊疗技术、物理治疗和康复、药学等学科的学生。

（2）干预措施：VP 模拟、HFVP 模拟、SDL、数字教育（DE）、DTM、HFVP 模拟 +SDL（HFVP+SDL）或 HFVP 模拟 +DTM（HFVP+DTM）。

（3）结局指标：报告至少一个感兴趣的结果（知识、技能）。

（4）研究设计：平行组随机研究、准随机对照研究和聚类随机试验，排除交叉试验。

（三）资料提取

采用资料提取表进行资料提取，提取内容包括研究基本信息（作者姓名、出版年份、研究设计和国家）、被试信息（样本量、被试特征和测量工具）和结局指标信息（知识和技能）。

（四）偏倚风险评估

采用 Cochrane 偏倚风险评估工具（RoB）来评估纳入研究的偏倚风险。主要包括 7 个领域：序列生成、分配隐藏、被试和研究人员盲法、结果评估盲法、结果数据不完整、选择性报告偏倚和其他偏倚。每个条目均被评估为“高风险”、“不明确”或“低风险”。

（五）结果的测量

1. 对知识的定义

知识指为临床实践提供的理论基础，通过纸笔测试来衡量，包括多项选择题、填空题、真假题、自由文本回答或简答题。

2. 对技能的定义

技能指学生展示临床表现的能力，通过人体模型进行评估。书面分配一个标准化患者或虚拟患者，将病例和虚拟患者混合，基于计算机评估或客观结构化进行临床检查。

（六）数据综合和统计分析

首先，进行传统的 Meta 分析，直接比较不同的教育方法。固定效应和德西蒙–莱尔德随机效应模型均采用反方差法，计算两种教育方法间的比值比及其 95% CI。采用 Cochran’s Q 检验和 I^2 统计值进行异质性评估。其次，使用频率法进行网状 Meta 分析，来比较不同的教育方法。通过为研究对象生成一个具有节点的网络图来检验证据的对称性和几何形状。根据直接处理效应的方差和网络结构，计算每一个直接比较对网状总效应估计的贡献。最后，对于技能和知识的结果，计算了标准化均数差及其 95% CI。

采用多元 Meta 回归模型分析了学科领域、研究设计、教育状况、研究地点和评估测量工具的调节效应，采用亚组分析对比学科领域（如医学或护理）、东方或西方国家，以及教育场景（心肺或非心肺）的差异。采用 Begg 检验评估潜在的发表偏倚和小样本研究。

（七）证据质量评估

采用 GRADE 判断纳入网状 Meta 分析的证据质量，包括五个方面：偏倚风险、间接性、不一致性、不精确性和发表偏倚。

三、结果

（一）文献检索和筛选结果

如 PRISMA 流程图所示（图 10.2），从电子数据库中初步检索到 3 119 篇文献的标题和摘要，其他来源获取文献 84 篇，删除重复数据后，剩下 2 234 条记录。按照纳入和排除标准对标题或摘要进行筛选，排除了 1 833 篇。最后，对 401 篇文献进行全文评估，其中 347 篇因各种原因被排除。

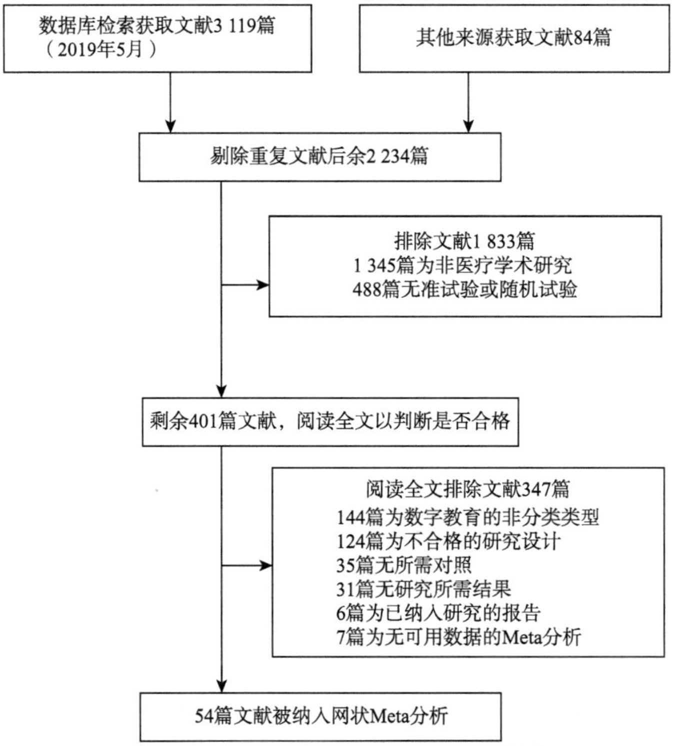

图10.2　网状Meta分析的PRISMA流程图

（二）知识获得结果

在知识获得方面，共纳入 34 项研究，共计 2 976 名被试和 8 种教育方法（图 10.3）。所有的教育方法，包括无干预，都与网状中其他至少两种教育方法进行了比较。在模拟教育的比较中，只有 HFVP+SDL 没有直接与无干预进行比较。我们发现所有的教育方法都比无干预更有效，SMD 的范围为 2.66（95%CI：1.20～4.12），DTM 的范围为 1.73（95%CI：0.66～2.80）。HFVP+SDL 的累计排序概率曲线下面积（SUCRA）为 0.78，显示在网络分析中作为最佳干预选择的累积排名概率为 78%，在所有干预措施中最高（图 10.4）。

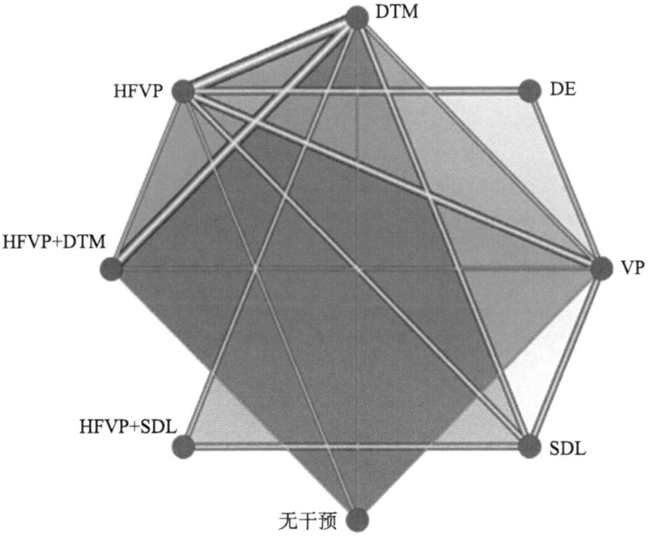

图10.3　网状Meta分析中知识获得使用的证据网络示意图

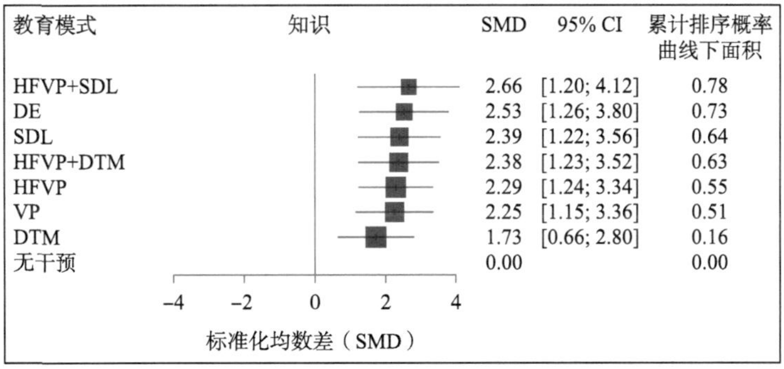

图10.4　知识获得的网状Meta分析结果

（三）技能表现结果

在技能表现方面，共纳入 34 项研究，共计 2 399 名被试和 8 种教育方法（图 10.5）。除 HFVP+SDL 外，所有的教育方法都与至少两种其他教育方法进行了比较。在整个干预比较中，技能表现的结果保持了过渡性。所有干预措施都根据它们的排名进行了排序。涉及 HFVP 模拟的教育方法明显比无干预更有效，HFVP+SDL 的 SMD 为 1.81（95%CI：0.42 ～ 3.21），DE 的 SMD 为 0.97（95% CI：0.02 ～ 1.92）。HFVP+SDL 的累计排序概率曲线下面积为 0.89，在所有干预措施中最高（图 10.6）。

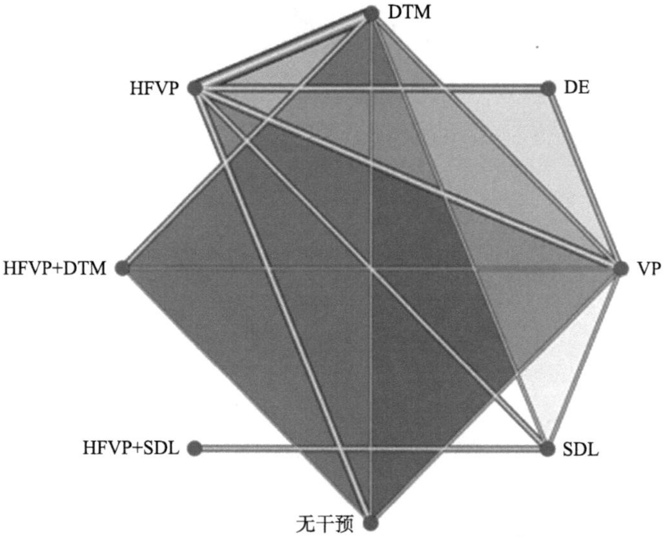

图10.5　网状Meta分析中技能表现使用的证据网络示意图

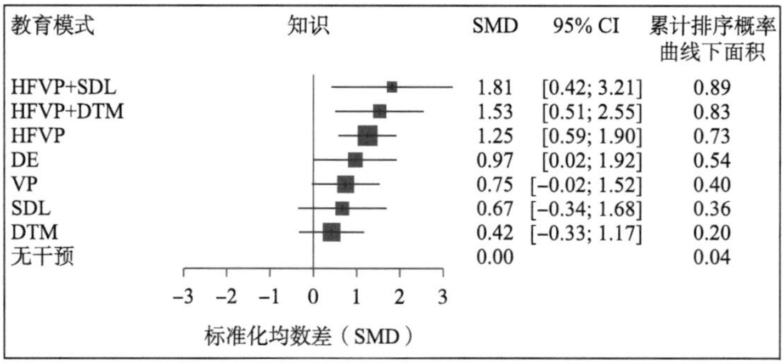

图10.6　技能表现的网状Meta分析结果

图 10.7 显示了网状 Meta 分析的详细结果，而图 10.8 显示了所有研究中知识和技能提高的二维图。在知识获得和技能表现方面，HFVP+SDL 是最有效的

教育方法。

结果：知识（标准化均数差）

HFVP+SDL	—	0.29 (−0.74～1.31)	—	—	—	0.92 (−0.51～2.35)	—
0.13 (−1.14～1.40)	DE	—	—	0.39 (−0.49～1.26)	−0.08 (−1.13～0.97)	—	—
0.27 (−0.70～1.24)	0.14 (−0.77～1.05)	SDL	—	−0.04 (−0.90～0.81)	0.17 (−0.69～1.03)	0.81 (−0.22～1.84)	—
0.29 (−0.88～1.45)	0.15 (−0.81～1.12)	0.01 (−0.78～0.81)	HFVP+DTM	−0.89 (−2.35～0.57)	−0.09 (−1.58～1.41)	0.67 (0.11～1.23)	4.03 (2.33～5.74)
0.37 (−0.68～1.42)	0.24 (−0.51～0.99)	0.10 (−0.48～0.68)	0.08 (−0.56～0.73)	HFVP	0.35 (−0.26～0.97)	0.51 (0.01～1.00)	0.61 (−0.87～2.08)
0.41 (−0.68～1.50)	0.28 (−0.50～1.06)	0.14 (−0.48～0.76)	0.12 (−0.61～0.85)	0.04 (−0.44～0.51)	VP	1.16 (0.09～2.22)	4.12 (2.40～5.84)
0.93 (−0.12～1.98)	0.80 (−0.04～1.64)	0.66 (0.03～1.29)	0.64 (0.10～1.18)	0.56 (0.13～0.99)	0.52 (−0.05～1.09)	DTM	3.12 (1.49～4.75)
2.66 (1.20～4.12)	2.53 (1.26～3.80)	2.39 (1.22～3.56)	2.38 (1.23～3.52)	2.29 (1.24～3.34)	2.25 (1.15～3.36)	1.73 (0.66～2.80)	无干预

网状Meta分析估计　对照组　直接估计

（a）知识

结果：技能（标准化均数差）

HFVP+SDL	—	—	—	—	1.15 (0.18～2.11)	—	—
0.29 (−1.21～1.79)	HFVP+DTM	—	—	−0.02 (−1.65～1.60)	—	0.97 (0.15～1.80	3.58 (1.80～5.36)
0.57 (−0.68～1.81)	0.28 (−0.60～1.16)	HFVP	0.11 (−0.70～0.91)	0.84 (0.22～1.47)	0.65 (−0.30～1.60)	0.89 (0.35～1.44)	0.49 (−0.25～1.24)
0.84 (−0.58～2.27)	0.56 (−0.56～1.67)	0.28 (−0.44～0.99)	DE	0.08 (−1.07～1.23)	—	—	—
1.07 (−0.24～2.38)	0.78 (−0.17～1.73)	0.50 (−0.01～1.01)	0.22 (−0.56～1.01)	VP	0.35 (−1.26～1.96)	0.93 (−0.21～2.08)	2.01 (0.79～3.22)
1.15 (0.18～2.11)	0.86 (−0.29～2.01)	0.58 (−0.21～1.37)	0.30 (−0.75～1.36)	0.08 (−0.81～0.97)	SDL	0.82 (−0.79～2.43)	—
1.39 (0.09～2.70)	1.11 (0.32～1.90)	0.83 (0.35～1.31)	0.55 (−0.29～1.40)	0.33 (−0.31～0.97)	0.25 (−0.63～1.13)	DTM	2.15 (0.87～3.43)
1.81 (0.42～3.21)	1.53 (0.51～2.55)	1.25 (0.59～1.90)	0.97 (0.02～1.92)	0.75 (−0.02～1.52)	0.67 (−0.34～1.68)	0.42 (−0.33～1.17)	无干预

网状Meta分析估计　对照组　直接估计

（b）技能

图10.7　网状Meta分析中知识获得和技能表现的正面比较结果

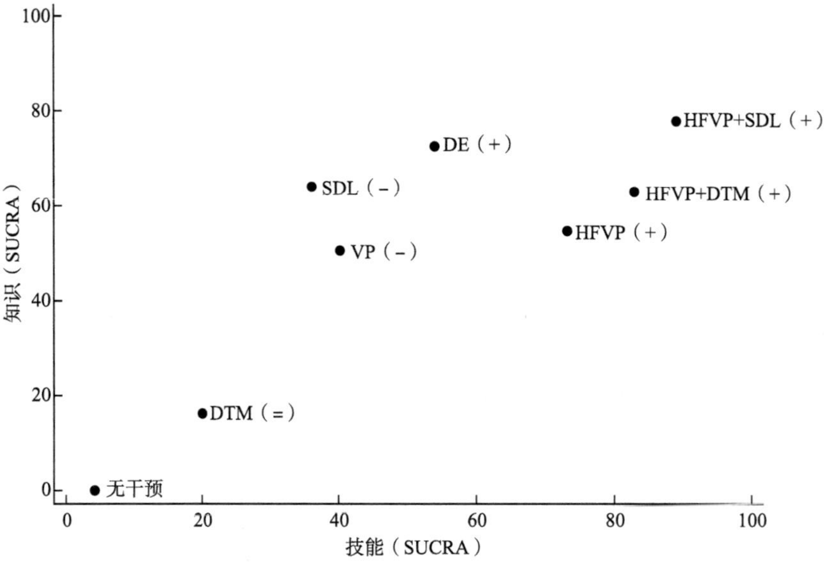

图10.8 网状Meta分析结果的散点图

注：越接近右上半部分，就意味着该干预措施可以更好地提高知识获得和技能表现。正号表示该干预措施是非常有效的干预措施，负号表示该干预措施比无干预更有效，等号表示该干预措施较无干预有轻微的改善

（四）不一致性、偏倚风险和发表偏倚

1. 不一致性

使用逐个设计的干预交互模型和节点分裂模型评估了这些结果的不一致性。结果显示，无干预与其他教育方法之间可能存在一些不一致性。研究者使用了随机效应多元 Meta 回归模型（变量包括医学领域、研究设计、学术层次、地区和评估方法）来分析技能表现和知识获得的结果。结果显示，当使用不同的教育方法时，不同的医学领域对技能的表现有影响。此外，研究者还对多臂研究的缺失研究进行了敏感性分析，排除了无干预，并排除了多臂试验。这些结果显示，如果排除无干预或多臂试验，这两种结果的不一致性都会减少。

2. 偏倚风险

采用 RoB 对纳入的随机对照试验进行偏倚风险评估（图 10.9）。结果显示，高偏倚风险在任何领域都很罕见，而不明确的评估是常见的，因为一些文章没有描述随机化和分配的方法。关于选择性报告，报告知识获得性和技能表现结果试验的低风险概率分别为 92% 和 85%。

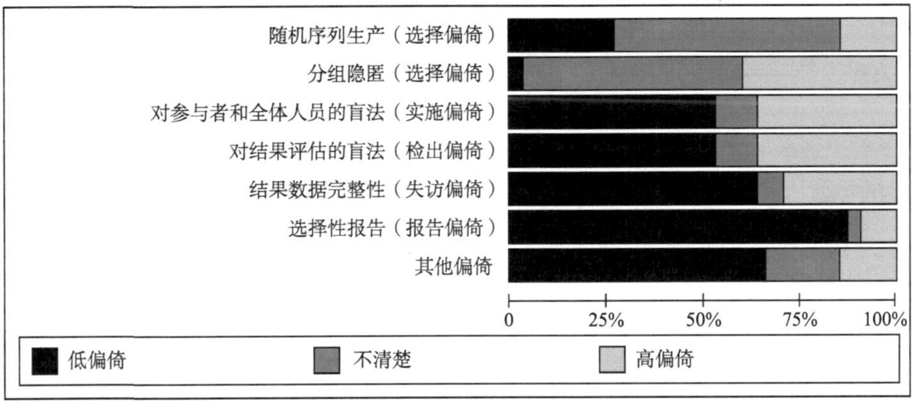

图10.9　纳入研究的偏倚风险评估

3. 发表偏倚

漏斗图显示，知识获得和技能表现结果没有明显的视觉不对称性，Begg 检验结果也显示没有明显的偏倚。

知识获得和技能表现的 GRADE 评估结果显示，网状 Meta 分析纳入的证据质量较低（表 10.6、表 10.7）。

表 10.6　关于知识获得证据的 GRADE 评估结果

类型	直接证据		间接证据		网状 Meta 分析	
	OR 值（95%CI）	证据质量	OR 值（95%CI）	证据质量	OR 值（95%CI）	证据质量
DE v DTM	—	—	0.80（−0.04 ～ 1.64）	低	0.80（−0.04 ～ 1.64）	低
DE v HFVP	0.39（−0.49 ～ 1.26）	极低	−0.16（−1.59 ～ 1.27）	极低	0.24（−0.51 ～ 0.99）	极低
DE v HFVP+DTM	—	—	0.15（−0.81 ～ 1.12）	低	0.15（−0.81 ～ 1.12）	低
DE v HFVP+SDL	—	—	0.13（−1.14 ～ 1.40）	低	0.13（−1.14 ～ 1.40）	低
DE v Nol	—	—	2.53（1.26 ～ 3.80）	低	2.53（1.26 ～ 3.80）	低
DE v SDL	—	—	0.14（−0.77 ～ 1.05）	低	0.14（−0.77 ～ 1.05）	低
DE v VP	−0.08（−1.13 ～ 0.97）	高	0.70（−0.45 ～ 1.85）	极低	0.28（−0.50 ～ 1.06）	高
DTM v HFVP	−0.51（−1.00 ～ −0.01）	极低	−0.71（−1.55 ～ 0.13）	低	0.56（0.13 ～ 0.99）	低
DTM v HFVP+DTM	−0.67（−1.23 ～ −0.11）	低	−0.31（−2.30 ～ 1.69）	低	0.64（0.10 ～ 1.18）	低
DTM v HFVP+SDL	−0.92（−2.35 ～ 0.51）	低	−0.94（−2.48 ～ 0.60）	极低	0.93（−0.12 ～ 1.98）	低
DTM v Nol	3.12（1.49 ～ 4.75）	低	0.68（−0.74 ～ 2.10）	低	1.73（0.66 ～ 2.80）	低

续表

类型	直接证据		间接证据		网状 Meta 分析	
	OR 值（95%CI）	证据质量	OR 值（95%CI）	证据质量	OR 值（95%CI）	证据质量
DTM v SDL	−0.81（−1.84 ~ 0.22）	极低	−0.57（−1.36 ~ 0.23）	低	0.66（0.03 ~ 1.29）	低
DTM v VP	−1.16（−2.22 ~ −0.09）	低	−0.27（−0.94 ~ 0.40）	低	0.52（−0.05 ~ 1.09）	低
HFVP v HFVP+DTM	0.89（−0.57 ~ 2.35）	低	−0.32（−1.03 ~ 0.40）	低	0.08（−0.56 ~ 0.73）	低
HFVP v HFVP+SDL	—	—	0.37（−0.68 ~ 1.42）	低	0.37（−0.68 ~ 1.42）	低
HFVP v Nol	0.61（−0.87 ~ 2.08）	低	4.01（2.52 ~ 5.50）	低	2.29（1.24 ~ 3.34）	低
HFVP v SDL	0.04（−0.81 ~ 0.90）	低	−0.22（−1.01 ~ 0.57）	极低	0.10（−0.48 ~ 0.68）	低
HFVP v VP	0.35（−0.26 ~ 0.97）	极低	−0.43（−1.18 ~ 0.32）	低	0.04（−0.44 ~ 0.51）	低
HFVP+DTM v HFVP+SDL	—	—	0.29（−0.88 ~ 1.45）	低	0.29（−0.88 ~ 1.45）	低
HFVP+DTM v Nol	4.03（2.33 ~ 5.74）	低	1.03（−0.51 ~ 2.57）	低	2.38（1.23 ~ 3.52）	低
HVP+DTM v SDL	—	—	0.01（−0.78 ~ 0.81）	低	0.01（−0.78 ~ 0.81）	低
HFVP+DTM v VP	−0.09（−1.58 ~ 1.41）	低	−0.09（−1.58 ~ 1.41）	低	0.12（−0.61 ~ 0.85）	低
HFVP+SDL v Nol	—	—	2.66（1.20 ~ 4.12）	低	2.66（1.20 ~ 4.12）	低
HFVP+SDL v SDL	0.29（−0.74 ~ 1.31）	低	0.29（−0.74 ~ 1.31）	低	0.27（−0.70 ~ 1.24）	低
HFVP+SDL v VP	—	—	0.41（−0.68 ~ 1.50）	低	0.41（−0.68 ~ 1.50）	低
Nol v SDL	—	—	2.39（1.22 ~ 3.56）	低	2.39（1.22 ~ 3.56）	低
Nol v VP	−4.12（−5.84 ~ −2.40）	低	−4.12（−5.84 ~ −2.40）	低	2.25（1.15 ~ 3.36）	低
SDL v VP	0.17（−0.69 ~ 1.03）	低	0.17（−0.69 ~ 1.03）	极低	0.14（−0.48 ~ 0.76）	低

注：Nol 为无干预，后同

表 10.7　关于技能表现证据的 GRADE 评估结果

类型	直接证据		间接证据		网状 Meta 分析	
	OR 值（95%CI）	证据质量	OR 值（95%CI）	证据质量	OR 值（95%CI）	证据质量
DE v DTM	—	—	0.55（−0.29 ~ 1.40）	低	0.55（0.29 ~ 1.40）	低
DE v HFVP	−0.11（−0.91 ~ 0.70）	极低	−0.90（−2.46 ~ 0.66）	低	0.28（−0.44 ~ 0.99）	低
DE v HFVP+DTM	—	—	0.56（−0.56 ~ 1.67）	低	0.56（0.56 ~ 1.67）	低

续表

类型	直接证据		间接证据		网状 Meta 分析	
	OR 值（95%CI）	证据质量	OR 值（95%CI）	证据质量	OR 值（95%CI）	证据质量
DE v HFVP+SDL	—	—	0.84（−0.58 ~ 2.27）	低	0.84（−0.58 ~ 2.27）	低
DE v Nol	—	—	2.53（1.26 ~ 3.80）	极低	0.97（0.02 ~ 1.92）	极低
DE v SDL	—	—	0.14（−0.77 ~ 1.05）	极低	0.30（−0.75 ~ 1.36）	极低
DE v VP	0.08（−1.07 ~ 1.23）	低	0.35（−0.72 ~ 1.42）	极低	0.22（−0.56 ~ 1.01）	低
DTM v HFVP	−0.89（−1.44 ~ −0.35）	极低	−0.61（−1.62 ~ 0.40）	中	0.83（0.35 ~ 1.31）	中
DTM v HFVP+DTM	−0.97（−1.80 ~ −0.15）	中	−2.58（−5.32 ~ 0.16）	低	1.11（0.32 ~ 1.90）	中
DTM v HFVP+SDL	—	—	−0.94（−2.48 ~ 0.60）	低	1.39（−0.09 ~ 2.70）	低
DTM v Nol	2.15（0.87 ~ 3.43）	极低	−0.48（−1.40 ~ 0.44）	低	0.42（−0.33 ~ 1.17）	低
DTM v SDL	−0.82（−2.43 ~ 0.79）	中	−0.01（−1.06 ~ 1.04）	中	1.39（0.09 ~ 2.70）	中
DTM v VP	−0.93（−2.08 ~ 0.21）	中	−0.06（−0.82 ~ 0.71）	中	0.33（−0.31 ~ 0.97）	中
HFVP v HFVP+DTM	—	—	−0.32（−1.03 ~ 0.40）	极低	0.28（−0.60 ~ 1.16）	极低
HFVP v HFVP+SDL	—	—	0.37（−0.68 ~ 1.42）	低	0.57（−0.68 ~ 1.81）	低
HFVP v Nol	0.49（−0.25 ~ 1.24）	极低	3.79（2.42 ~ 5.17）	极低	1.25（0.59 ~ 1.90）	极低
HFVP v SDL	0.55（−0.30 ~ 1.60）	中	0.42（−1.03 ~ 1.87）	极低	0.58（−0.21 ~ 1.37）	中
HFVP v VP	0.84（0.22 ~ 1.47）	极低	−0.21（−1.10 ~ 0.69）	中	0.50（−0.01 ~ 1.01）	中
HFVP+DTM v HFVP+SDL	—	—	0.29（−0.88 ~ 1.45）	低	0.29（−1.21 ~ 1.79）	低
HFVP+DTM v Nol	3.58（1.80 ~ 5.36）	低	0.52（−0.72 ~ 1.77）	极低	1.53（0.51 ~ 2.55）	低
HFVP+DTM v SDL	—	—	0.01（−0.78 ~ 0.81）	中	0.86（0.29 ~ 2.01）	中
HFVP+DTM v VP	−0.02（−1.65 ~ 1.60）	低	1.20（0.03 ~ 2.36）	中	0.78（−0.17 ~ 1.73）	中
HFVP+SDL v Nol	—	—	2.66（1.20 ~ 4.12）	极低	1.81（0.42 ~ 3.21）	极低
HFVP+SDL v SDL	1.15（0.18 ~ 2.11）	低	—	—	1.15（0.18 ~ 2.11）	低
HFVP+SDL v VP	—	—	0.41（−0.68 ~ 1.50）	低	1.07（−0.24 ~ 2.38）	低

续表

类型	直接证据		间接证据		网状 Meta 分析	
	OR 值（95%CI）	证据质量	OR 值（95%CI）	证据质量	OR 值（95%CI）	证据质量
Nol v SDL	—	—	2.39（1.22 ~ 3.56）	极低	0.67（−0.34 ~ 1.68）	极低
Nol v VP	−2.01（−3.22 ~ −0.79）	极低	0.10（−0.90 ~ 1.09）	低	0.75（−0.02 ~ 1.52）	低
SDL v VP	−0.35（−1.96 ~ 1.26）	中	0.04（−1.03 ~ 1.11）	中	0.08（−0.81 ~ 0.97）	中

四、讨论

本篇系统评价从广泛的视角对涉及医疗保健教育方法的 RCT 进行了评价，同时也总结了这些使用 GRADE 系统方法的有效性证据。结果表明，所有的教育方法在知识获得方面都有了显著提高，其中 VP 和 HFVP 方法具有相似的效果。在技能表现方面，涉及 HFVP 模拟的教育方法优于传统方法，其中 HFVP 和 HFVP+SDL 或 HFVP+DTM 是最有效的。Kononowicz 等之前描述过这一现象，并且这一现象与布鲁姆分类的较低级别的水平有关。知识的传递、理解和记忆过程都是时间依赖性的，所以人们会期望所有的教育方法都会产生一些效果。

本研究也存在几点局限。为了评估以不同的方式进行衡量的相同结果，我们将研究结果使用 SMD 标准化为统一的量表，并估计教育干预的相对排名，以量化研究的效应，并为临床教师提供强有力的证据。但在收集的 8 种教育方法中，单个研究的被试数量相对较少。此外，虽然纳入了 55 个试验，但确定有效因素的证据很少，且存在非常多样化的研究问题。

综上所述，本篇网状 Meta 分析证明了所有的教育方法对知识获得都有积极的影响，但涉及 HFVP 模拟的教育方法在提高技能表现方面优于其他方法。

第三节　证据差距图

本节以《关于改善低收入和中等收入国家儿童福祉的干预措施的证据差距图》（*Mega-map of systematic reviews and evidence and gap maps on the interventions to improve child well-being in low- and middle-income countries*）研究为例，对证据差距图进行解读。[3, 4]

一、研究背景

根据联合国儿童基金会《2017年世界儿童状况报告》，全球18岁以下人口达22亿，其中大多数人生活贫困。来自许多国家的证据表明，在贫困中长大的儿童，获得优质教育的机会更少，未来的收入更低或面临失业。据估计，全球有近3.85亿儿童生活在极端贫困中。贫困、歧视、武装冲突、紧急情况和气候变化都阻碍了儿童的发展。儿童所遭受的家庭和环境风险因素往往是他们无法控制的，而这些因素对儿童的认知、运动和社交情感的发展会产生不利影响。尽管儿童福利干预已经进行了几十年，但关于这些干预措施有效性的证据往往是分散的，其价值可能被低估，很少被纳入国家战略和规划。未能有效实施循证干预措施，是许多中低收入国家儿童福祉朝着实现可持续发展目标前进的一个关键障碍。由于证据基础薄弱，现有研究没有向决策者和方案管理人员提供做出决定所需的信息。国际组织和国家组织应该共同努力，填补证据方面的空白，更好地了解在儿童福利方面什么有效，什么无效。

二、研究目的

该证据差距图有以下两个主要目的。

（1）识别、绘制和描述关于改善低收入和中等收入国家儿童福祉的干预措施有效性的系统评价和证据差距图。

（2）识别在方法、干预措施、结果、地理和人群分组方面的现有差距，以帮助研究人员和政策制定者进行循证研究和做出资助决策。

三、研究方法

（一）制定概念框架

最初的干预和结果框架矩阵是根据联合国儿童基金会的战略计划制定的，其间参考了包括联合国教科文组织、世界卫生组织和世界银行在内的其他主要儿童福利项目框架和实施方的战略计划文件，以确定其他相关的关键干预措施和成果。根据咨询委员会收到的反馈意见，本研究的作者修订了初始的框架。

在初始概念框架制定完成后，使用来自3ie数据库的30个关键系统评价对框架进行试点编码，并根据实践结果对框架做进一步修订。此外，伦敦举办了一个证据差距图的工作坊，邀请了该领域的主要利益攸关方和专家参加，他们在实践交流中对此领域中的相关研究进行了分类，以确定纳入的研究符合当前建议的分类，并对当前的框架进行反馈。最后，发展出关于儿童福利干预措施的系统评价和证据地图的证据差距图的概念框架（图10.10）。

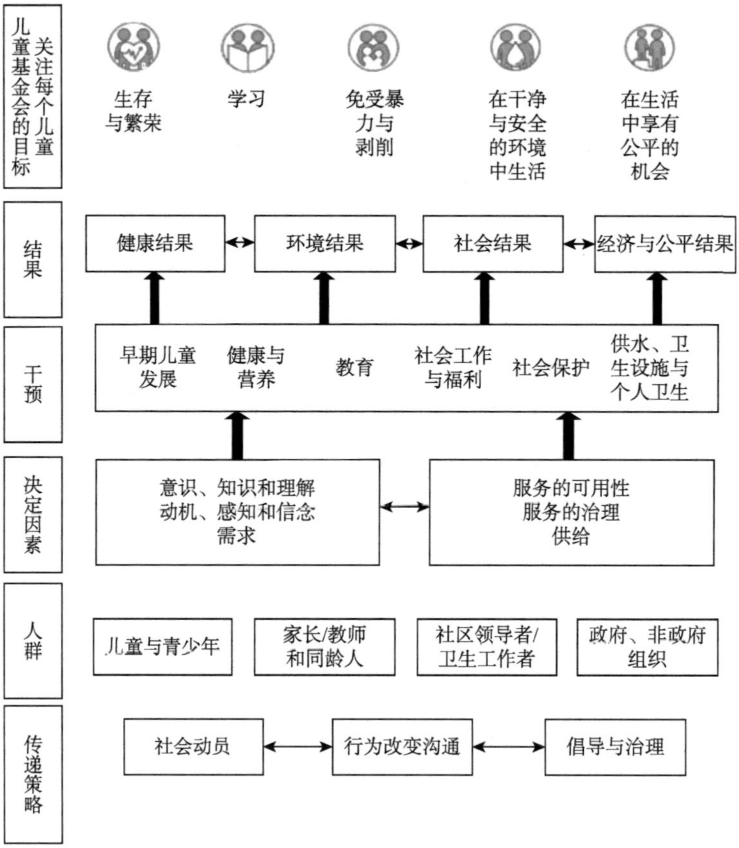

图10.10　证据差距图的概念框架

（二）纳入和排除标准

1. 研究对象

根据《儿童权利公约》1989 年的定义，这张巨型证据差距图所关注的主要人群是 18 岁及以下的儿童，包括来自低收入和中等收入国家的儿童，以及不同年龄范围的儿童：新生儿（0 ～ 3 岁）、儿童（3 ～ 10 岁）、青少年（10 ～ 18 岁）。关注的人群分组包括：受冲突影响地区的儿童、残疾儿童、来自代表性不足社区（如社区人群收入较低）的儿童和营养不良的儿童。

2. 干预措施

干预措施和成果框架矩阵主要基于联合国儿童基金会的战略计划所包括的干预措施，包括改善儿童福利结果的所有主要战略，主要分为七个干预类别：儿童早期发育、健康和营养、教育程度、社会工作和福利、社会保障制度、环境健康状况和政府干预（表 10.8）。

表 10.8 纳入证据差距图的干预类别

干预类别	干预子类别
儿童早期发育	儿童早期健康干预； 儿童早期营养干预； 儿童早期教育与抚养； 妇女 / 产妇教育和赋权
健康和营养	传统助产士 / 熟练助产士的产前、产中和产后护理； 儿童免疫； 农业干预 / 生物强化； 营养补充计划； 严重急性营养不良的处理； 社区卫生干预； 驱虫； 预防和治疗艾滋病毒 / 艾滋病的干预措施； 儿童疟疾的预防和管理； 大众媒体健康教育运动； 儿童健康干预； 产妇援助
教育程度	心理健康； 教育券 / 减少费用； 权力下放和地方社区参与； 学校供餐计划和午餐； 学校健康干预； 教育系统重建； 替代学校教育 / 非正规教育； 学校卫生； 奖学金； 教师激励； 教师培训； 补习教育； 教学方法
社会工作和福利	出生登记； 防止贩卖儿童； 虐待儿童干预措施； 针对性别暴力的方案； 药物滥用预防； 儿童保护服务
社会保障制度	社会保险计划； 劳动力市场保险； 社会援助干预
环境健康状况	改善环境卫生和供水； 卫生教育； 防止室外和室内空气污染； 烟草、烟雾的预防； 防止接触铅、汞和农药等毒素； 安全的游戏场所； 车辆减速措施
政府干预	儿童权利； 立法改革； 儿童保护条例

3. 结局指标

证据差距图包含七个主要结局指标：健康、健康发展、教育情况、可减少风险因素、安全性、平等权利和经济情况及其相对应的子类别（表 10.9）。

表 10.9　纳入证据差距图的结局指标类别

结局指标类别	结局指标子类别
健康	死亡率； 发病率； 残疾和儿童疾病； 免疫覆盖率； 心理健康和社会心理改善； 营养
健康发展	产前和产后护理，包括母乳喂养； 认知发展； 免疫、儿童保育等卫生服务的利用状况； 性别角色 / 决策制定； 饮食和体育活动； 家长报告的行为变化
教育情况	入学人数； 出勤； 辍学和逃学； 学习和成绩； 社交技能的发展； 教育质量
可减少风险因素	母亲吸烟； 避孕药具的使用； 酗酒 / 药物滥用； 儿童伤害； 洗手； 清洁的环境
安全性	虐待和忽视儿童； 无家可归； 对儿童的性暴力（贩卖儿童）和身体暴力； 儿童权利； 童婚； 童工； 女性割礼流行率
平等权利	公平
经济情况	成本效益； 成本效率； 正式储蓄

4. 研究类型

该巨型证据差距图只包括对干预措施效果的系统评价和证据差距图，其中系统评价需具备以下关键特征。

（1）有一套明确陈述目标和预先定义的纳入研究标准。

（2）有明确的、可重复的方法论。

（3）试图识别所有符合纳入标准的研究的系统检索。
（4）对所纳入研究的特征和结果进行了系统介绍和综合。

（三）制定检索策略

1. 检索关键词

（1）关于发展中国家的检索式 / 检索词。

(developing OR less-developed OR less* developed OR "under developed" OR underdeveloped OR under-developed OR middle-income OR "middle income" OR "low income" OR low-income OR underserved OR "under served" OR deprived or poor*) adj3 (countr* OR nation OR population OR world OR state OR economy OR economies).mp.

("third world" OR L&MIC OR L&MIC OR LAMIC OR LDC OR LIC OR lami countr* OR transitional countr*).mp.

(Africa OR "Sub-Saharan Africa" OR "North Africa" OR "West Africa" OR "East Africa" OR Algeria OR Angola OR Benin OR Botswana OR Burkina Faso OR Burundi OR Cameroon OR "Cape Verde" OR "Central African Republic" OR Chad OR "Democratic Republic of the Congo" OR "Republic of the Congo" OR Congo OR "Cote d' Ivoire" OR "Ivory Coast" OR Djibouti OR Egypt OR "Equatorial Guinea" OR Eritrea OR Ethiopia OR Gabon OR Gambia OR Ghana OR Guinea OR Guinea-Bissau OR Kenya OR Lesotho OR Liberia OR Libya OR Madagascar OR Malawi OR Mali OR Mauritania OR Morocco OR Mozambique OR Namibia OR Niger OR Nigeria OR Rwanda OR "Sao Tome" OR Principe OR Senegal OR "Sierra Leone" OR Somalia OR Somaliland OR "South Africa" OR "South Sudan" OR Sudan OR Swaziland OR Tanzania OR Togo OR Tunisia OR Uganda OR Zambia OR Zimbabwe).mp.

("South America" OR "Latin America" OR "Central America" OR Mexico OR Argentina OR Bolivia OR Brazil OR Chile OR Colombia OR Ecuador OR Guyana OR Paraguay OR Peru OR Suriname OR Uruguay OR Venezuela OR Belize OR "Costa Rica" OR "El Salvador" OR Guatemala OR Honduras OR Nicaragua OR Panama).mp.

("Middle East" OR "South-East Asia" OR "Indian Ocean Island*" OR "South Asia" OR "Central Asia" OR Caucasus OR Afghanistan OR Azerbaijan OR Bangladesh OR Bhutan OR Burma OR Cambodia OR China OR Georgia OR India OR Iran OR Iraq OR Jordan OR Kazakhstan OR Korea OR "Kyrgyz Republic" OR Kyrgyzstan OR Lao OR Laos OR Lebanon OR Macao OR Mongolia OR Myanmar

OR Nepal OR Oman OR Pakistan OR Russia OR "Russian Federation" OR "Saudi Arabia" OR Bahrain OR Indonesia OR Malaysia OR Philippines OR Sri Lanka OR Syria OR "Syrian Arab Republic" OR Tajikistan OR Thailand OR Timor-Leste OR Timor OR Turkey OR Turkmenistan OR Uzbekistan OR Vietnam OR "West Bank" OR Gaza OR Yemen OR Comoros OR Maldives OR Mauritius OR Seychelles).mp.

("Pacific Islands" OR "American Samoa" OR Fiji OR Guam OR Kiribati OR "Marshall Islands" OR Micronesia OR New Caledonia OR "Northern Mariana Islands" OR Palau OR "Papua New Guinea" OR Samoa OR "Solomon Islands" OR Tonga OR Tuvalu OR Vanuatu).mp.

("Eastern Europe" OR Balkans OR Albania OR Armenia OR Belarus OR Bosnia OR Herzegovina OR Bulgaria OR Croatia OR Cyprus OR "Czech Republic" OR Estonia OR Greece OR "Isle of Man" OR Kosovo OR Latvia OR Lithuania OR Macedonia OR Malta OR Moldova OR Montenegro OR Poland OR Portugal OR Romania OR Serbia OR "Slovak Republic" OR Slovakia OR Slovenia OR Ukraine).mp.

（2）关于系统评价的关键词。

meta analysis/((systematic* adj2 review*) or "meta-analy*" or "meta analy*").

（3）关于证据差距图的关键词。

Evidence maps、evidence adj3 map、Evidence mapping-Evaluation map、Evaluation mapping、Systematic map、Systematic mapping、Descriptive mapping、Scientific uncertainties。

（4）关于儿童福利的关键词。

[(child abuse* OR child welfare OR child well-being OR child protect* service* OR foster care OR child* adj3 abus* OR schoolchild*, adolescen*, teen*)]

（5）针对年龄群体的关键词。

(young child* OR children OR pre-schooler* OR pre-schoolers*, kindergarten* OR kindergartener*, early child OR childhood, and early year OR years)

("adolescen*" OR juvenile OR minors OR youth OR "young adult" OR "young women" OR "young men" OR girl* OR boy* OR (school adj6 student*) OR teen* OR schoolgirl* OR schoolboy*)

2. 检索的数据库

检索的数据库具体见表 10.10。

表 10.10　检索来源和数据库

来源	数据库
国际组织	- 联合国儿童基金会（UNICEF）; - 国际发展部（DFID）; - 联合国人口活动基金会评估数据库（UNFPA Evaluation Database）; - 世界卫生组织（WHO）
证据差距图数据库	- 影响评估国际倡议证据差距图存储库（3ie EGM Repository）; - 瑞典卫生技术评估和社会服务评估机构（Swedish Agency for Health Technology Assessment and Assessment of Social Services）; - 环境证据协作网（Collaboration for Environmental Evidence）; - 全球证据地图倡议（Global Evidence Mapping Initiative）; - 循证综合方案（Evidence based Synthesis Programme）; - 基于证据的警务矩阵（Evidence based Policing Matrix）; - EPPI 中心教育研究评估数据库（EPPI Centre Evaluation Database of Education Research）
系统评价数据库	- Cochrane 协作网; - Campbell 协作网; - 影响评估国际倡议系统评价数据库（3ie Systematic Review Database）; - 发展研究（Research for Development）
学术数据库	- 世界银行电子图书馆（World Bank e-Library）; - 国家经济研究局（The National Bureau of Economic Research，NBER）; - 社会科学研究网络（Social Science Research Network，SSRN）; - 国际社会科学书目（International Bibliography of the Social Sciences，IBSS）; - 应用社会科学索引与文摘（Applied Social Sciences Index and Abstracts，ASSIA）; - 荷兰医学文摘（EMBASE）; - 心理学文摘数据库（PsycINFO）; - 美国医学索引（MEDLINE）; - 美国教育资源信息中心（ERIC）
灰色文献搜索 / 网站	- 世界银行（World Bank）; - 联合国儿童基金会依诺森蒂研究中心（UNICEF Innocenti Research Centre）; - 联合国妇女组织（UN Women）; - 联合国教科文组织（UNESCO）; - 联合国人口基金（United Nations Population Fund）; - 联合国经济及社会理事会（UN Economic and Social Council）; - 美国医疗服务网站（CARE）; - 救助儿童会（Save the Children）; - 非洲开发银行（African Development Bank）; - Young Lives; - 非洲发展协会（Association for the Development of Africa）; - 无国界医生组织（Médecins Sans Frontières）; - 消除饥饿行动（Action Against Hunger）; - 世界为世界组织（World for World Organisation）; - 项目关注（Project Concern）; - 一个国际（One International）; - 世界宣明会（World Vision）; - 国际发展部（Department for International Development）; - 世界粮食计划署（World Food Programme）; - 有效国际（Valid International）; - 全球关注（Concern Worldwide）; - 行动援助（Action Aid）; - 儿童投资基金会（CIFF）; - 国际红十字会（International Red Cross）; - 国际临床试验注册平台（WHO ICTRP）; - 早期儿童发展工作组儿童基金会社会政策与发展部门（Working Group on Early Childhood Development，Division for Social Policy & Development，Child Fund International）; - 灰网国际（GreyNet International）; - ProQuest 论文与学位论文（ProQuest Dissertations & Theses）; - 灰色文献公开网（Open Grey）; - 盖茨基金会（Gates Foundation）; - 克林顿基金会（Clinton Foundation）; - Abdul Latif Jameel 减贫行动研究所（Abdul Latif Jameel Poverty Action Lab，J-PAL）; - 城市青年证据综合（Urban Youth Evidence Synthesis）; - IPA 创新减贫行动数据库（Innovations for Poverty Action Database）; - 国际儿童储蓄基金会（Child and Youth Finance International）

（四）筛选和编码

1. 筛选

首先进行标题和摘要筛选，然后是全文筛选；由两位研究人员背对背筛选，如果有分歧，将由第三名研究人员决定。

2. 编码

编码将由两位编码员独立完成，如果出现分歧，将由第三名研究人员决定。编码形式非常简单，所有编码都是用 Excel 进行的。编码表见表 10.11。

表 10.11　数据编码表

编码变量	可能记录的信息示例
完整的参考文献	作者、标题、出版日期
出版物类	学术、期刊、书籍、会议、学位论文
研究区域	按照世界银行划分的地区
研究国家	国家名称
研究现状	正在进行 / 已完成
数据类型	定性 / 定量
子类别	目标群体（例如，儿童 / 青少年）
干预措施	包括的干预类型 / 领域，如幼儿干预类别
人群过滤器	孤儿、弱势儿童等
结果	评估结果的类型，如安全、健康等
研究质量	低、中、高

（五）纳入研究的质量评价

使用标准化清单 AMSTAR-2 来评估纳入的系统评价的质量。

四、研究结果

（一）文献筛选结果

如 PRISMA 流程图（图 10.11）所示，最初从数据库中检索到 9 056 条关于中低收入国家证据的系统评价记录。在第一阶段，经过标题和摘要筛选、全文筛选，302 篇文献被纳入，其中包含 286 篇系统评价和 16 个 EGM；在第二阶段，进行了灰色文献检索和参考文献检索，进一步纳入 76 项研究。在第三阶段，22 篇文献被排除。最终，该研究纳入了 356 篇文献，其中包含 333 篇系统评价和 23 个 EGM。

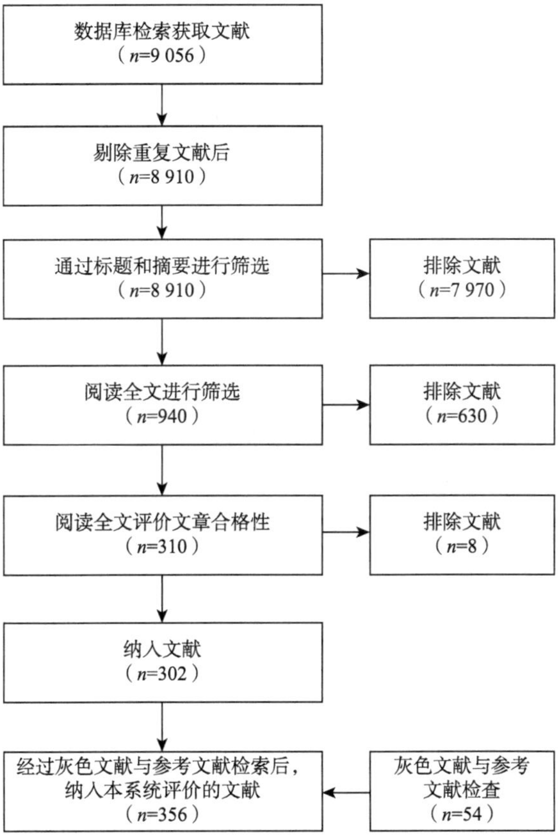

图10.11　文献筛选流程图

（二）质量评价结果

图 10.12 显示了纳入的系统评价的质量评价结果。超过一半的系统评价的研究结果有很高和中等的可信度。其他系统评价被评为低质量的原因主要有：①没有明确的纳入和排除标准；②在系统评价开始前未注册计划书；③检索策略的设计不够全面；④在解释系统评价结果时未考虑偏倚风险；⑤检索和筛选过程不符合标准。

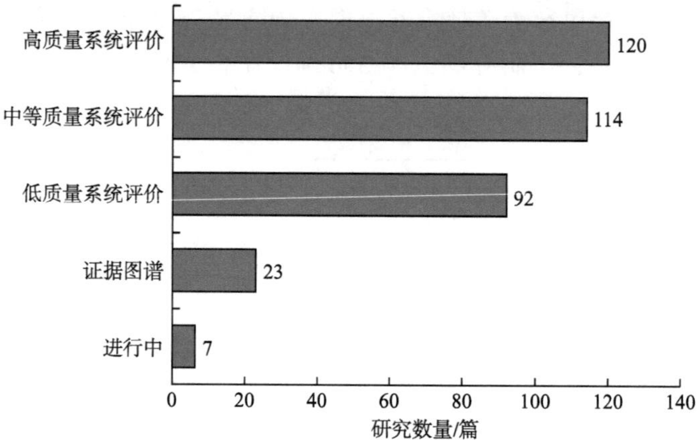

图10.12　纳入的系统评价的质量评价结果

（三）结果可视化展示

本实例在证据差距图中呈现了系统评价的基本特征表、PICOS 研究问题特征表和质量评价表，并对儿童疾病的严重程度进行了描述性分析，从而设计了一个气泡图，其中，每个气泡代表一个系统评价。如图 10.13 所示，该证据差距图从 3 个维度呈现了相关信息。

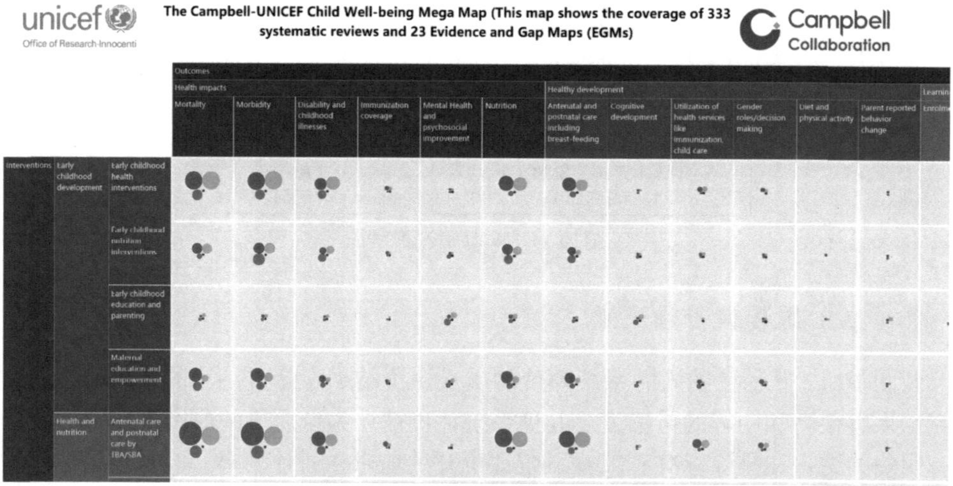

图10.13　证据差距图的气泡图

（1）作者的结论：在横轴上的评级为有益、可能有益、有害、无差别效应和不确定。

（2）气泡颜色深浅程度的差异代表不同的文献质量。例如，AMSTAR-2 评估结果分为高、中、低和极低四个等级，在纵轴上展示。图中深色气泡对应研究结果可信度较低的系统评价。

（3）系统评价中包含的主要研究数量在每个气泡中显示并由气泡大小表示。气泡越大，研究数量就越多。

此地图还具有捕捉研究或干预特征的额外维度，如研究设计、位置和人群亚组，这些维度可作为过滤器应用，仅显示该过滤器的证据。

参考文献

[1] Tam W，Lo K，Pacheco J. Prevalence of depressive symptoms among medical students：overview of systematic reviews[J]. Medical Education，2019，53（4）：345-354.

[2] Jhou H-J，Ou-Yang L-J，Lin M-H，et al. Different pedagogies for acquisition of knowledge and skill：a systematic review and network meta-analysis[J]. Postgraduate Medical Journal，2021：（1162）：604-609.

[3] Saran A，White H，Albright K，et al. Mega-map of systematic reviews and evidence and gap maps on the interventions to improve child well-being in low- and middle-income countries[J]. Campbell Systematic Reviews，2020，16（4）：e1116.

[4] Saran A，Albright K，Adona J，et al. PROTOCOL：Megamap of systematic reviews and evidence and gap maps on the effectiveness of interventions to improve child well-being in low- and middle-income countries[J]. Campbell Systematic Reviews，2019，15（4）：e1057.

附录1　系统评价和Meta分析参考书籍

1. 王家良 . 循证医学 [M]. 北京：人民卫生出版社，2005.
2. 李幼平 . 循证医学 [M]. 北京：高等教育出版社，2003.
3. 王吉耀 . 循证医学与临床实践 [M]. 北京：科学出版社，2006.
4. 杨克虎 . 循证医学 [M]. 3 版. 北京：人民卫生出版社，2019.
5. 杨克虎，田金徽 . 循证医学证据检索与评估 [M]. 北京：人民卫生出版社，2018.
6. 孙鑫，杨克虎 . 循证医学 [M]. 2 版. 北京：人民卫生出版社，2021.
7. 胡晓玲 . 循证教育学概论 [M]. 北京：中国社会科学出版社，2021.
8. 杨克虎 . 系统评价指导手册 [M]. 北京：人民卫生出版社，2010.
9. 杨克虎，李秀霞，拜争刚 . 循证社会科学研究方法：系统评价与 Meta 分析 [M]. 兰州：兰州大学出版社，2018.
10. 马彬 . 系统评价 /Meta 分析在基础医学领域的应用 [M]. 兰州：兰州大学出版社，2018.
11. 哈立德 · 卡恩，等 . 系统评价——循证医学的基础 [M]. 2 版 . 曾宪涛，耿培亮，靳英辉，译 . 北京：北京科学技术出版社，2018.
12. 刘鸣 . 系统评价、Meta 分析设计与实施方法 [M]. 北京：人民卫生出版社，2011.
13. 詹思延 . 系统综述与 Meta 分析 [M]. 北京：人民卫生出版社，2019.
14. 罗杰，冷卫东 . 系统评价 /Meta 分析理论与实践 [M]. 北京：军事医学科学出版社，2013.
15. 田金徽，李伦 . 网状 Meta 分析方法与实践 [M]. 北京：中国医药科技出版社，2017.
16. 田金徽，陈杰峰 . 诊断试验系统评价 /Meta 分析指导手册 [M]. 北京：中国医药科技出版社，2015.
17. 陈耀龙 . GRADE 在系统评价和实践指南中的应用 [M]. 兰州：兰州大学出版社，2017.
18. Card N A. Applied Meta-Analysis for Social Science Reasearch[M]. New York：The Guilford Press，2012.
19. Cooper H. Synthesizing Research：A Guide for Literature Reviews[M]. 3 ed. Thousand Oaks：Sage Publications，Inc.，1998.
20. Cooper H. Research Synthesis and Meta-analysis：A Step-by-Step Approach[M]. Los Angeles：Sage，2010.
21. Cooper H，Hedges L V，Valentine J C. The Handbook of Research Synthesis and Meta-analysis[M]. New York：Russell Sage Foundation，2019.
22. Daniel J M，Richard W M. Evidence-based Educational Methods[M]. London：Elsevier Academic Press，2004.
23. Egger M，Smith G W，Altman D G. Systematic Reviews in Health Care：Meta-analysis in Context[M]. 2 ed. London：BMJ Books，2001.

24. Geoff P. Evidence-based Teaching[M]. 2 ed. New York：Oxford University Press，2009.
25. Glasziou P，Irwig L，Bain C，et al. Systematic Reviews in Health Care：A Practical Guide[M]. Cambridge：Cambridge University Press，2001.
26. Gordon G，Drummond R，Maureen M，et al. Users' Guides to the Medical Literature：Essentials of Evidence-Based Clinical Practice[M]. 2 ed. New York：McGraw-Hill Professional，2008.
27. Hannes K，Lockwood C. Synthesizing Qualitative Research：Choosing the Right Approach[M]. Oxford：Wiley Blackwell，2012.
28. Hartung J，Knapp G，Sinha B K. Statistical Meta-Analysis with Applications[M]. Hoboken：John Wiley & Sons，Inc.，2008.
29. Hedges L V，Okin I. Statisical Methods for Meta-Analysis[M]. Washington：Academic Press，1985.
30. Higgins J P T，Green S. Cochrane Handbook for Systematic Reviews of Interventions[M]. Chichester：John Wiley & Sons，Ltd.，2008.
31. Hunter J E，Schmidt F L. Methods of Meta-analysis：Correcting Error and Bias in Research Findings[M]. 2 ed. Newbury Park：Sage，2004.
32. Khan K S，Kunz R，Klejnen J，et al. Systematic Reviews to Support Evidence-Based Medicine：How to Review and Apply Findings of Healthcare Research[M]. London：Royal Society of Medicine Press Ltd.，2003.
33. Lipsey M W，Wison D B. Practical Meta-analysis[M]. Thousand Oaks：Sage Publications，Inc.，2001.
34. Littell J H，Corcoran J，Pillai V. Systematic Reviews and Meta-analysis[M]. New York：Oxford University Press，2008.
35. Borenstein M，Hedges L V，Higgins J P T，et al. Introduction to Meta-Analysis[M]. Chichester：John Wiley & Sons，Ltd.，2009.
36. Noblit G W，Hare R D. Meta-ethnography：Synthesizing Qualitative Studies[M]. Thousand Oaks：Sage Publication，Inc.，1988.
37. Petticrew M，Roberts H. Systematic Reviews in the Social Sciences：A Practical Guide[M]. Malden：Blackwell，2006.
38. Rothstein H R，Sutton A J，Borenstein M. Publication Bias in Meta-analysis：Prevention，Assessment and Adjustments[M]. Chichester：John Wiley & Sons，Ltd.，2005.
39. Stangl D K，Berry D A. Meta-analysis in Medicine and Health Policy[M]. Boca Raton：CRC Press，2019.
40. Sutton A J，Abrams K R，Ades A S，et al. Evidence Synthesis for Decision Making in Healthcare[M]. Chichester：John Wiley & Sons，Ltd.，2012.
41. Sutton A J，Abrams K R，Jones D R，et al. Methods for Meta-Analysis in Medical Research[M]. Chichester：John Wiley & Sons，Ltd.，2000.
42. Whitehead A. Meta-Analysis of Controlled Clinical Trials[M]. Chichester：John Wiley & Sons，Ltd.，2002.

43. Zawacki-Richter O，Kerres M，Bedenlier S，et al. Systematic Reviews in Education Research[M]. Wiesbaden：Springer VS，2020.
44. Biondi-Zoccai G. Umbrella Reviews：Evidence Synthesis with Overviews of Reviews and Meta-Epidemiologic Studies[M]. Switzerland：Springer International Publishing，2016.
45. Dias S，Ades A E，Welton N J，et al. Network Meta-Analysis for Decision Making[M]. Chichester：John Wiley & Sons，Ltd.，2018.
46. Glenny A，Altman D，Song F，et al. Indirect Comparisons of Competing Interventions[M]. Tunbridge Wells：National Coordinating Centre for Health Technology Assessment，2005.
47. Wells G A，Sultan S A，Chen L，et al. Indirect Evidence：Indirect Treatment Comparisons in Meta-Analysis[M]. Ottawa：Canadian Agency for Drugs and Technologies in Health，2009.
48. Zoccai G B. Network Meta-Analysis：Evidence Synthesis with Mixed Treatment Comparison[M]. New York：Nova Science Publishers，Inc.，2014.

附录2　Campbell教育组系统评价一览表

序号	第一作者	发表时间	题目	协作组
1	C. J. Fong	2021-07-03	Interventions for improving employment outcomes for persons with autism spectrum disorders	教育 / 伤残
2	J.Dietrichson	2021-04-06	Targeted school-based interventions for improving reading and mathematics for students with or at risk of academic difficulties in Grades K-6：a systematic review	教育
3	J. Dietrichson	2020-04-01	Targeted school-based interventions for improving reading and mathematics for students with or at risk of academic difficulties in Grades 7 to 12：a systematic review	教育
4	K.Rogde	2019-11-07	The effect of linguistic comprehension instruction on generalized language and reading comprehension skills：a systematic review	教育
5	D.Fitzpatrick	2019-09-24	Single-track year-round education for improving academic achievement in U.S. K-12 schools:results of a meta-analysis	教育
6	R.M.Bernard	2019-07-19	Twenty-first century adaptive teaching and individualized learning operationalized as specific blends of student-centered instructional events：a systematic review and meta-analysis	教育
7	B.R.Maynard	2019-07-17	Effects of trauma-informed approaches in schools：a systematic review	教育
8	T.Filges	2018-10-11	Small class sizes for improving student achievement in primary and secondary schools：a systematic review	教育
9	E.A.Hennessy	2018-10-04	Recovery schools for improving behavioral and academic outcomes among students in recovery from substance use disorders：a systematic review	教育 / 社会福利
10	H.Turner	2018-06-25	What are the effects of teach for America on math, English language arts, and science outcomes of K-12 students in the USA?	教育
11	M.Bøg	2018-06-01	Deployment of personnel to military operations: impact on mental health and social functioning	教育 / 社会福利
12	S.Valdebenito	2018-01-09	School-based interventions for reducing disciplinary school	教育 / 司法犯罪
13	R.Marx	2017-12-19	Later school start times for supporting the education, health, and well-being of high school students	教育
14	H.N.Hjetland	2017-12-15	Preschool predictors of later reading comprehension ability：a systematic review	教育
15	J.Kluve	2017-12-04	Interventions to improve the labour market outcomes of youth: a systematic review of training,entrepreneurship promotion,employment services, and subsidized employment interventions	教育 / 国际发展 / 社会福利
16	A.Baron	2017-10-16	The tools of the mind curriculum for improving self-regulation in early childhood：a systematic review	教育
17	S.Krowka	2017-08-28	“No Excuses” charter schools for increasing math and literacy achievement in primary and secondary education：a systematic review	教育

续表

序号	第一作者	发表时间	题目	协作组
18	B.R.Maynard	2017-03-10	Mindfulness-based interventions for improving cognition, academic achievement, behavior, and socioemotional functioning of primary and secondary school students	教育 / 社会福利
19	A.Rohwer	2017-01-20	E-learning of evidence-based health care (EBHC) to increase EBHC competencies in healthcare professionals：a systematic review	教育
20	M.Manning	2017-01-20	The relationship between teacher qualification and the quality of the early childhood education and care environment	教育
21	C.W.Graham	2016-09-01	Employment interventions for return to work in working aged adults following traumatic brain injury	教育
22	E.Spier	2016-03-23	Parental, community, and familial support interventions to improve children's literacy in developing countries：a systematic review	教育 / 国际发展
23	J.Tripney	2015-11-02	Interventions to improve the labour market situation of adults with physical and/or sensory disabilities in low- and middle-income countries：a systematic review	教育 / 国际发展
24	B.Maynard	2015-05-04	Psychosocial interventions for school refusal with primary and secondary school students：a systematic review	教育
25	C.J.Fony	2015-01-02	Behavioral, psychological, educational, and vocational interventions to facilitate employment outcomes for cancer survivors	教育
26	L.De La Rue	2014-11-03	School-based interventions to reduce dating and sexual violence：a systematic review	教育
27	B.Reichow	2014-11-03	Early intensive behavioral intervention (EIBI) for young children with autism spectrum disorders (ASD)	教育
28	H.Waddington	2014-09-01	Farmer field schools for improving farming practices and farmer outcomes in low- and middle-income countries：a systematic review	教育 / 国际发展
29	J.D.Westbrook	2013-09-02	Pre-graduation transition services for persons with autism spectrum disorders: effects on employment outcomes	教育
30	J.Tripney	2013-09-02	Technical and vocational educational and training (TVET) interventions to improve the employability and employment of young people in low-and middle-income countries：a systematic review	教育 / 国际发展
31	S.Baird	2013-09-02	Relative effectiveness of conditional and unconditional cash transfers for schooling outcomes in developing countries：a systematic review	教育 / 国际发展
32	A.Petrosino	2012-11-01	Interventions in developing nations for improving primary and secondary school enrollments of children：a systematic review	教育 / 国际发展
33	B.Reichow	2012-09-01	Social skills groups for people aged 6 to 21 with autism spectrum disorders (ASD)	教育 / 社会福利
34	B.R.Maynard	2012-07-05	Indicated truancy interventions: effects on school attendance among chronic truant students	教育
35	R.M.Oliver	2011-06-24	The effects of teachers' classroom management practices on disruptive or aggressive student behavior	教育 / 社会福利
36	S.J.Wilson	2011-04-14	Dropout prevention and intervention programs: effects on school completion and dropout among school-aged children and youth	教育
37	B.Kristjansson	2006-12-31	School feeding for improving the physical and psychosocial health of disadvantaged students	教育 / 社会福利

续表

序号	第一作者	发表时间	题目	协作组
38	C.Nye	2006-06-21	Approaches to parent involvement for improving the academic performance of elementary school age children	教育
39	G.Ritter	2006-06-21	The effectiveness of volunteer tutoring programs： a systematic review	教育
40	S.G.Zief	2006-05-07	Impacts of after-school programs on student outcomes	教育